Helmut Zierl
Follow the Sun

# HELMUT ZIERL

# FOLLOW THE SUN

## Der Sommer meines Lebens

LÜBBE

Dieser Titel ist auch als E-Book erschienen.

Originalausgabe

Copyright © 2020 by Bastei Lübbe AG, Köln

Textredaktion: Angela Kuepper, München
Alle Fotos im Innenteil, wenn nicht anders angegeben: Privatarchiv Helmut Zierl
Umschlaggestaltung: ZERO Werbeagentur, München
Umschlagfotos: © Helmut Zierl
Satz: Dörlemann Satz, Lemförde
Gesetzt aus der Garamond
Druck und Einband: GGP Media GmbH, Pößneck

Printed in Germany
ISBN 978-3-431-05011-0

2  4  5  3  1

Sie finden uns im Internet unter luebbe.de
Bitte beachten Sie auch: lesejury.de

*Widmen möchte ich dieses Buch all den Zerbrochenen,*
*den Liegengebliebenen, den Gestrandeten, den Fehlgeleiteten,*
*die mir damals begegnet sind.*
*Sie alle waren einmal genau wie ich, hoffnungsfrohe Kinder,*
*Stolz ihrer Eltern, die fröhlich und arglos mit neugierigen,*
*unschuldigen Kinderaugen ins Leben starteten,*
*bis sich ihr Blick aufs Leben verdunkelte …*
*Sie wurden zu Opfern.*
*Sie stolperten, strauchelten, fielen und standen*
*nicht mehr auf.*
*Ich werde sie nie vergessen.*

# 1

## DER FEHLSTART

*Mai 1971*

Manchmal entscheidet sich der Verlauf des Lebens in einem einzigen kurzen Moment. Wohin genau es einen führt, ist noch nicht klar, aber dass etwas vorbei ist, daran gibt es keinen Zweifel …

»Zierlchen, Zierlchen, was machst du nur?«

Ich stand im Büro des Schuldirektors und versuchte, meine Nervosität zu verbergen. Was hatte ich jetzt schon wieder verbockt?

Er saß hinter seinem schlichten, hässlichen Kiefernholzschreibtisch und fixierte mich mit seinen winzigen Schweinsaugen. Dieser immer leicht lauernde Blick war es, der mir schon zwei, drei Jahre zuvor solche Angst eingeflößt hatte, dass ich nachts schweißgebadet aufgewacht war und morgens Kopfschmerzen vorgeschoben hatte, um nicht in die Schule gehen zu müssen.

Von der Statur her war er nicht besonders ehrfurchtgebietend: Mitte fünfzig, klein, dicklich und ein wenig hohlwangig. Seine Glatze wies merkwürdige Dellen auf und wurde seitlich von ein paar grauen Haaren gerahmt. Eine Narbe zog sich über sein Gesicht; ich vermutete insgeheim, dass er sie sich bei einem Gefecht in einer Burschenschaft zugezogen hatte. Wie immer trug er einen seiner grauen, zu kurz geratenen Anzüge. Und dennoch strahlte dieser Mann eine unglaubliche Autorität aus. Wenn er den Klassenraum mit leicht nach vorn gebeugtem Kopf betrat, wurde es augenblicklich mucksmäuschenstill. Seine Körperhaltung verlieh ihm etwas Bulliges. Das war auch der Grund, warum er von uns Schülern den Spitznamen Bulli erhalten hatte: Bulli Scholz.

In seiner Funktion als Lateinlehrer und Direktor des Gymnasiums, das ich besuchte, hatte er sich eine perfide Taktik zugelegt, die Schüler zu zermürben. Wenn er Vokabeln abfragte, pickte er sich treffsicher immer genau die »Wackelkandidaten« heraus, die unsicher waren. Drei Vokabeln nicht gewusst gab eine Sechs.

Mein Platz war in der hintersten Reihe im Klassenraum, aber das hielt ihn nicht davon ab, das Pult zu verlassen, um mich abzufragen. Mit jeder Vokabel, die ich nicht wusste, kam er näher auf mich zu. Sein Timing war immer perfekt: Er schien genau zu wissen, wann ich das dritte Mal versagen würde, denn exakt in dem Moment baute er sich dicht vor mir auf. Mit den Augen ging er mir gerade mal bis zum Kinn. Ich konnte seinen Atem spüren und wich unwillkürlich zurück.

Bis zur rückwärtigen Wand waren es ungefähr drei Meter, drei endlos erscheinende, qualvolle Meter, die er mich Schritt für Schritt zurückdrängte, bis ich buchstäblich mit dem Rücken zur Wand stand. Sein Gesicht blieb immer in gleichem Abstand zu mir. Mit seinen winzigen, zu Schlitzen verengten Augen blickte er direkt in die meinen. Im Gleichmaß unserer Schritte erreichten wir die Mauer. Hier gab es kein Entkommen mehr. Er rückte noch näher und sagte dann mit leiser, bedrohlicher Stimme:

»Zierlchen, du hast schon wieder deine Vokabeln nicht gelernt. Was machen wir denn jetzt? Du kriegst erst mal eine Sechs, und schon bald knöpf ich mir dich wieder vor. Und ich warne dich: Beim nächsten Mal bist du dran.«

Was auch immer er damit meinte.

Tja, und nun schien es so weit zu sein. Ich spürte, wie meine Hände feucht wurden.

Minuten zuvor hatte mich der Hausmeister, ein kleiner, stämmiger Typ, unter dem Spott meiner Sitznachbarn aus dem Deutschunterricht geführt. Peinlich hoch drei war das gewesen! Wir Schüler mochten den Hausmeister – er drückte immer ein Auge zu, wenn er uns in den Pausen auf dem Klo beim Abschreiben der Hausaufgaben erwischte. Auf unserem Weg zum Direktorenzimmer aber war er ungewöhnlich ernst gewesen, und mir war immer mulmiger geworden. Kurz bevor er mich abgeliefert hatte, hatte er noch etwas wie »Viel Glück, mein Junge« gemurmelt, sich umgedreht und war Richtung Pausenhalle verschwunden. Verdammt, das roch nach Ärger.

Bulli Scholz hatte inzwischen seine Musterung beendet und kam hinter seinem Schreibtisch hervor. Betont langsam ging er auf mich zu und blieb einen Schritt entfernt von mir stehen. Der Blick aus seinen Schweinsäuglein hatte, wie mir schien, etwas Bedauerndes, als er zu sprechen begann.

»Ich kann nichts mehr für dich tun, Zierlchen. Die Polizei schalte ich nur deswegen nicht ein, weil ich Rücksicht auf deinen Vater nehmen möchte. Ich denke, der hat sowieso schon genug Ärger.«

Ich schwieg, starrte ihn an, Trotz und Verständnislosigkeit malten sich auf meinem Gesicht ab. Ich musste unbedingt cool bleiben, aber in meinem Kopf wirbelten die Gedanken wild durcheinander. Was sollte das? Wieso Polizei? Warum diese merkwürdige Veranstaltung hier im Direktorenzimmer? Könnte das etwa sein, weil …

»Schade um dich, Zierlchen. Du hättest es geschafft. Das Zeug dazu hast du. Aber wie man so blöd sein kann, so dämlich, auf dem Raucherschulhof mit Haschisch zu handeln, das musst du mir erst mal erklären.«

Also doch! Jetzt war es raus.

Mit trotzig-verlogenem Ton entgegnete ich: »Wie kommen Sie denn darauf?«

»Zierlchen, wir haben es schon lange geahnt, und jetzt bist du verpfiffen worden. So einfach ist das.«

»Und wer erzählt so einen Stuss?« Ich konnte mir schon denken, wer. »Jens?«, fragte ich mit trockenem Mund.

Der Direktor überging meine Frage. Von seinem Pokerface ließ sich nichts ablesen, aber das war auch gar nicht nötig.

Es gab noch einen anderen Bullensohn außer mir auf diesem Gymnasium – Jens eben. Er war einer, bei dem ich immer das Gefühl hatte, er würde mich argwöhnisch belauern. Im Gegensatz zu fast allen anderen Schülern hatte er noch total kurze Haare und machte einen braven, angepassten Eindruck. Zu Partys wurde er erst gar nicht eingeladen und hatte auf der Schule auch kaum Freunde. In gewisser Weise war er ein armer Kerl und hatte das gleiche Schicksal wie ich. Er musste sich zu Hause sicher auch andauernd Sprüche anhören wie: »Du bist ein Polizistensohn. Du hast der Dorfjugend ein Vorbild zu sein. Du ziehst dich vernünftig an und rennst nicht in diesen Hippieklamotten rum. Was sollen die Lehrer denken und was erst die Nachbarn? Du hast Meldung zu machen, wenn irgendeiner von deinen Kumpanen krumme Dinger dreht. Du hast dazwischenzugehen, wenn jemand verprügelt wird …« Letzteres war eigentlich das einzig Annehmbare, diese Aufforderung zur Zivilcourage, aber ansonsten war das Leben als Bullensohn wirklich nicht einfach. Im Gegensatz zu mir, der ich auf dem Weg war, extrem zu rebellieren, fügte sich Jens, dieser Langweiler, in sein Schicksal, tat, was seine Alten von ihm erwarteten. Vielleicht hatte er sich ja einen kleinen Vorteil erhofft, indem er mich verpetzte. Während ich noch fieberhaft überlegte, welche Konsequenzen dieser Verrat haben könnte, räusperte sich Bulli Scholz.

»Das war's jetzt, Zierlchen. Ich habe schon mit deinem Vater telefoniert. Deine Eltern wissen Bescheid. Der Verweis wird heute noch schriftlich rausgehen.«

Verweis? Ich wurde von der Schule geschmissen?!

»Ich wünsche dir für dein weiteres Leben, dass du es doch noch zu etwas bringst. Vor allem aber: Lass die Finger von den Drogen. Es täte mir leid um dich.«

Das saß. Sein Bedauern wirkte ehrlich, was mich irritierte. Er schien besorgt. Ich hatte zum ersten Mal in den fünf Jahren, die ich jetzt auf der Schule war, das Gefühl, dass er mich vielleicht sogar mochte. Er gab mir die Hand. Ich nickte ihm zu und versuchte zu verbergen, dass ich einen riesigen Kloß im Hals hatte. Ohne ein weiteres Wort drehte ich mich um und schloss die blaue Tür seines Büros hinter mir. Alle Türen und auch die Fenster dieser Schule waren blau, die der Klassenräume genauso wie die der Lehrerzimmer und Büroräume. Selbst die vom Klo. Ich durchquerte die Aula und trat hinaus auf den asphaltierten Schulhof, in die herrlich warme Maisonne.

Und so verließ ich die hässlichste Schule der Welt. Sie war erst fünf Jahre zuvor fertiggestellt worden, ein typischer Sechzigerjahrebau aus Beton und roten Ziegelsteinen mit zwei großen Türmen, die durch einen kasernenähnlichen Flachbau verbunden waren, und »verschönert« eben durch die schrecklichen blauen Fenster. Die hässlichste Schule der Welt war errichtet worden, um den Kindern und Jugendlichen aus entlegeneren Dörfern im Nordosten Hamburgs den Weg zur Schule zu erleichtern. Der Ort war adäquat gewählt: groß genug, eines eigenen Gymnasiums würdig zu sein, relativ urban und mit einer eigenen U-Bahn-Verbindung nach Hamburg. Hier waren die akademischen Wohlstandsbürger zu Hause, zumeist Hamburg-Emigranten, die es zu etwas gebracht hatten und nun im Grünen lebten, aber die Nähe zur Großstadt nicht missen wollten. Die meisten von ihnen hießen Herr und Frau Neureich: Herr und Frau Neureich, glücklich in ihrem neuen weißen Sechzigerjahrebungalow mit ihren vereinbarten zwei, maximal drei Kindern, die natürlich alle einmal auf dieses schicke, moderne Gymnasium gehen sollten. Sie unterstützten die Schule, indem sie einen Förderverein für Freunde des Gymnasiums gründeten. Das war natürlich sehr hilfreich, da floss Geld – nicht das Geld des Polizeiobermeisters Helmut Zierl senior, der verdiente zu wenig, aber das Geld des Rechtsanwaltes Harders oder des Neurologen Forster oder des ehrwürdigen hanseatischen Kaufmanns Westbrook – und ich schwöre, deren Kinder waren, was ihre schulischen Leistungen anging, nicht viel besser als ich. Aber sie wurden immer mit Bravour versetzt, während ich die Untersekunda gerade mehr schlecht als recht wiederholte.

Nun also überquerte ich den Schulhof und drehte mich nicht mehr um. Ich wollte diese scheußlichen Türme nie wieder sehen, und ich wollte auf gar keinen Fall den Direktor sehen, der mir möglicherweise aus seinem Bürofenster mitleidig hinterherglotzte. Dann hätte ich wahrscheinlich losgeheult.

Ich erreichte die Fahrradständer am Ende des Schulhofs, eine großzügige überdachte Fläche mit Platz für mindestens hundert Fahrräder und Mofas. Dort schnappte ich mir meine Zweigang-Victoria, riss sie vom Ständer, schmiss sie an und fuhr, die Schule keines Blickes mehr würdigend, Richtung Lütjensee, Richtung zu Hause.

Eines war klar: Hier war gerade etwas Gravierendes passiert. Es würde Konsequenzen haben, und es bescherte mir eine ungewisse Zukunft. Das war kein Spiel, das war nichts, was man mit ein paar Gesprächen hätte kitten können. Unwiderruflich hatte sich etwas entschieden, was ich selbst herausgefordert hatte. Es gab einen Bruch, der unerwartet schmerzhaft war, wie ich überrascht feststellte. Ich spürte es im tiefsten Innern: Ein Lebensabschnitt war vorbei.

Ich knatterte mit meinem Mofa die Straßen entlang und kam dann zu dem geteerten Fahrradweg, der quer durch den Wald nach Lütjensee führte. Ich heulte inzwischen wie ein Schlosshund. Auch wenn ich den ganzen Ärger provoziert hatte, war der Rausschmiss doch endgültig, und ich hatte keine Ahnung, was mich zu Hause erwartete. Die Tränen schossen mir regelrecht aus den Augen, sodass ich zeitweise kaum noch den Weg vor mir sehen konnte.

Das eintönige Knattern des Motors gab mir den Grundton für

einen Song, den ich einige Monate zuvor mit zwei Freunden von der Schule einstudiert hatte. Wir hockten im Keller eines Mitschülers, hatten ein Schlagzeug, eine Gitarre und ein Mikrofon und spielten »Heya« von Jeronimo. Dieser Song war extrem simpel komponiert und ließ sich leicht covern. Dieses »Heya« sang ich jetzt laut zum Motorengeräusch vor mich hin. Anfangs konnte man es vielleicht tatsächlich noch als singen bezeichnen, aber bald fing ich an, es zu schreien, laut und verzweifelt. »Heya, heya, heya, heya, heya, heya, heya, heya, hey.« Heulend, greinend schrie ich es in den Wald hinein. Immer und immer wieder, bis meine Stimme versagte.

Die Sonne schien herab, es war einer dieser Tage, an denen sich die Wälder in und um Lütjensee herum noch einmal so richtig Kraft aus dem Boden holten, um dann in einem saftigen, frischen Grün aufzuleuchten und den Sommer zu erwarten, der ein besonders schöner und warmer werden sollte.

Erschreckt durch mein Gebrüll flatterten unzählige Vögel um mich herum auf. Vermutlich fühlten sie sich durch mich bei ihrem Nestbau gestört.

Schließlich erreichte ich die ersten Häuser Lütjensees. Gleich am Ortsanfang musste ich den Fahrradweg, der auf einer ehemaligen Gleisstrecke entlangführte, links hinunterfahren. Ich passierte zwei Gärten, die unseren Nachbarn gehörten. Sie grüßten mich schon seit einem guten Jahr nicht mehr. Ich war ihnen ein Dorn im Auge, denn sie fürchteten, ich könnte ihre Kinder, die zwei, drei Jahre jünger waren als ich, verderben, sie möglicherweise mit Drogen anfüttern … Totaler Quatsch. Vor zwei Jahren hatte ich den Jungs noch Nachhilfe in Englisch gegeben. Jetzt bewunderten sie mich heimlich, weil ich im Ort die längsten Haare hatte und man mir, dem Bullensohn, alles Mögliche andichtete. Zum Beispiel exzessiven Drogenkonsum.

Ich musste nur noch die Straße überqueren und kam direkt auf das Polizeigehöft zu. Das kleine Rotklinkerhaus stand direkt in der Kurve. Ein niedriger Jägerzaun begrenzte unser Grundstück. Alle Häuser in der Straße sahen ziemlich gleich aus, typische Siedlungsbauten aus den Fünfziger- und Sechzigerjahren. Mitten in unserem Haus befand sich ein »Dienstzimmer« – und das war sie dann auch schon, die Polizeistation Lütjensee.

Ich hielt vor der kleinen Holzpforte und stieß sie mit dem Fuß auf. Sie quietschte fürchterlich und musste dringend mal geölt werden. Ich schob mein Mofa in den Garten, lehnte es an einen Pfahl der Wäscheleinen, die über den Rasen gespannt waren, nahm meine Tasche vom Gepäckträger und lief ums Haus herum zur Eingangstür. Meine Beine wurden mit jedem Schritt schwerer, und mein Herz pochte wie wild. Was würde mich erwarten?

Mir war absolut klar, was ich meinen Eltern in den letzten zwei Jahren zugemutet hatte: unzählige Fünfen und Sechsen, hauptsächlich in Mathe und Chemie, unzählige Male die Schule geschwänzt, stattdessen mit der S-Bahn nach Hamburg gefahren, um in dem verruchtesten Kifferlokal der Stadt, *Bei Charly*, ein paar Joints zu rauchen. *Charly* machte schon morgens um sechs auf, um die Leute aufzufangen, die direkt aus den beiden einschlägigen Diskotheken, dem *Madhouse* und dem *Grünspan*, kamen und noch nicht nach Hause gehen wollten oder kein Zuhause hatten. Charly selbst war ein gemütlicher, dicker älterer Herr mit einem großen Herzen für Gestrandete. Bei ihm wurde offen gedealt und geraucht. Man saß an normalen Kneipentischen, bestellte sich Tee, und irgendwann wurde aus irgendeiner Richtung ein Joint herumgereicht. Mittags fuhr ich dann nach Ahrensburg zurück und erwischte gerade noch den Schulbus, der mich zur gewohnten Zeit nach Hause brachte. Wenn ich dann von den Alten gefragt wurde, wie es denn in der Schule gewesen sei, antwortete ich stereotyp: »Wie immer«, ging in mein Zimmer und schlief erst mal zwei Stunden. An den Wochenenden kam ich oft und entgegen der Absprache mit meinen Eltern gar nicht nach Hause, sondern blieb bei Freunden.

Einmal wurde ich nachts von Kollegen meines Vaters an der Bushaltestelle in Trittau aufgegriffen. Man hatte mich verleumdet, es hieß, ich würde mit Drogen dealen. Ich musste mit zur Polizeiwache, wo sie mich durchsuchen wollten. Das winzige Piece Haschisch, das ich tatsächlich in Silberpapier eingewickelt in meiner Hosentasche hatte, konnte ich gerade noch wegschnipsen, bevor sie mich in den Streifenwagen bugsierten. Es landete ausgerechnet am Hosenbein eines der beiden Polizeibeamten. Mir blieb fast das Herz stehen, aber er bemerkte es Gott sei Dank nicht. Jedenfalls fanden sie nichts und mussten mich, weil der Bus inzwischen weg war, auch noch nach Hause fahren.

Von meinem Zimmer aus, das mit dem Dienstzimmer durch ein Ofenrohr verbunden war, konnte ich das Gespräch der Polizisten mit meinen Eltern belauschen. Sie waren verzweifelt, offenbarten ihre Hilflosigkeit, ihre vergeblichen Versuche, mich zu ändern. Sie suchten händeringend nach Möglichkeiten, mir vor Augen zu führen, was ich gerade aus oder, besser, mit meinem Leben machte. Sie wären sogar bereit, mich irgendwo hinzugeben, wenn sie nur wüssten, wohin. Ein Internat könnten sie sich nicht leisten, aber vielleicht gäbe es ja eine Art Jugendheim oder Fürsorge … Die beiden waren völlig ratlos, im Grunde verzweifelt.

Ich war mir all dessen total bewusst, es berührte mich auch, aber ich konnte einfach nicht anders. Ich hasste die Piefigkeit des Dorfes, diese Straße, die Nachbarn, das ewige Getratsche und Geglotze, die Kollegen meines Vaters, die zuerst mich und dann vorwurfsvoll ihn anstarrten. Er hatte versagt, meine Mutter auch, sie hatten sich einen ausgeflippten, verwarzten »Gammler« oder »Hippie« herangezogen. Kein Wunder bei dem Vater, der mehr Zeit damit verbrachte, Geige und Klavier zu spielen, zu malen und die Volleyballabteilung des TSV Lütjensee zu leiten, als sich vernünftig um seine Kinder zu kümmern. Der Mutter konnte man die Erziehung doch nicht allein überlassen. Die musste ja sogar eigenhändig den Garten umgraben, während er seinen Hobbys nachging, die arme Frau. Unter solchen Bedingungen musste die Erziehung der Kinder ja schiefgehen. Das hatten sie jetzt davon: einen Haschisch rauchenden Kriminellen von sechzehn Jahren. Totalversager, rotzfrech und provokativ.

Inzwischen hatte ich die Tür erreicht, musste nur noch die drei Stufen hochgehen und klingeln. Den Schlüssel hatte mir meine Mutter einige Monate zuvor abgenommen. Sollte ich vielleicht besser umdrehen und einfach abhauen? Ich zögerte noch eine halbe Ewigkeit, dann legte ich den Finger auf den Klingelknopf. Man musste etwas schief und mehr auf die linke Seite des Knopfes drücken, damit der Kontakt zustande kam. Ich gab mir einen Ruck, und dann … öffnete sich die Tür wie von Zauberhand. Meine Mutter stand mir mit verweinten Augen gegenüber und sah mich mit einem Blick an, den ich nie vergessen werde, so traurig, so enttäuscht, so hoffnungslos, so resigniert … Sie hatte mich aufgegeben. Die Nachricht aus der Schule war die Bestätigung all ihrer Befürchtungen der vergangenen Monate. Es konnte so nicht mehr weitergehen.

Mein Vater trat aus dem Wohnzimmer, kreidebleich, er stellte sich hinter meine Mutter. Mir fiel auf, wie fahl sein Gesicht plötzlich war. In seinem Blick lagen Enttäuschung, Trauer, aber auch Wut. Ich hielt ihm stand. Für einen Moment schien die Zeit stillzustehen, keiner rührte sich. Dann presste mein Vater hervor: »Raus mit dir, wir wollen dich hier nicht mehr sehen.«

Das war alles. Mehr kam nicht. Zehn Worte.

Ich glaube, weder ihm noch mir war die Tragweite dieser paar Worte bewusst. Froh darüber, dass er mir keine gewischt hatte, drängte ich mich an den beiden vorbei und rannte die Treppe hinauf, um in meinem Zimmer zu verschwinden. Ich setzte mich auf mein Bett und starrte minutenlang ins Leere.

So hatte ich meinen Vater noch nie erlebt. Er war eher weich, überließ meiner Mutter gerne die Entscheidungen und sprach nur dann ein Machtwort, wenn es sich nicht vermeiden ließ. Dabei war er immer bemüht, diplomatisch zu bleiben und die Wogen zu glätten. So machte er auch seinen Job im Dorf und war durchaus beliebt. Kein scharfer Hund, sondern ein gerechter Bulle mit Verständnis. Immer positiv, immer lebensbejahend und immer humorvoll. Nur einmal, etwa vor einem halben Jahr, hatte ich ihn ähnlich niedergeschlagen erlebt wie heute. Da war es ihm richtig schlecht gegangen, aber aus einem anderen Grund: Als heimatverbundener Schlesier hatte es ihn bis ins Mark getroffen, als Willy Brandt in Warschau den symbolischen Kniefall gemacht und die polnischen Grenzen anerkannt hatte. Für meinen Vater hieß das, sein geliebtes Schlesien sollte für immer polnisch bleiben. An jenem Tag war die SPD für ihn gestorben, und er schwor, fortan nur noch die CDU zu wählen.

Was sollte ich machen? Wie sollte ich reagieren? Ich war geschockt. Damit hatte ich nicht gerechnet. Das erste Mal bekam ich Angst vor der Zukunft. Sosehr und sooft ich mich gegen meine Eltern und ihre Erziehung aufgelehnt hatte, so wenig war mir klar, was ich ohne sie, komplett ohne sie, tun sollte. Das war ein klarer Rauswurf. Sie waren durch mit mir. Ich war hier nicht mehr erwünscht. Zu viel hatte ich ihnen zugemutet, zu sehr und zu lange hatte ich sie überfordert.

Was tun?

Ich konnte gehen. Da hatte ich sie plötzlich, meine seit Langem ersehnte Freiheit. Mit einem Mal durfte ich machen, was ich wollte. Keine Schule mehr, kein Zuhause, toll. Aber wohin? Ich hatte ungefähr zweihundert Mark gespart. Das Geld würde nicht lange reichen. Ich müsste mir einen Job suchen. Aber wo?

Ich griff unter mein Bett und zog meinen völlig versifften Ami-Rucksack und den Schlafsack hervor. Wie ferngesteuert holte ich Zahnbürste, Zahnpasta, ein Handtuch und ein Stück Seife aus dem Badezimmer. Ich schnappte mir mehrere Paar Socken,

Unterhosen, T-Shirts, einen Pulli und noch 'ne Jeans. Die braune Jeans mit der bunten Borte unten an den Hosenbeinen behielt ich an. Dann nahm ich meine geliebte F-Flöte, die so einen schönen Klang hatte und auf der ich, wenn ich etwas geraucht hatte, gern improvisierte. Meinen Pass und das Geld stopfte ich in den Rucksack, zog meinen Ami-Parka an und ging leise die Treppe hinunter. Meine Eltern waren im Wohnzimmer. Ich öffnete die Haustür, zog sie lautlos hinter mir zu, nahm Anlauf und sprang mit einem Satz über die Gartenpforte. Unwillkürlich dachte ich in dem Moment an den Beatles-Song »She's leaving Home«. Nun verließ ich also mein Zuhause. Ich drehte mich noch einmal um, inzwischen nicht mehr traurig oder sentimental, sondern eher trotzig und verwundet, aber bereit für das Leben. Ich hatte mich entschieden.

Und so ging ich die Königsberger Straße hinunter zur Bushaltestelle und passierte noch einmal all die spießigen Rotklinker-Siedlungshäuser, die ich endlich hinter mir lassen konnte. Keiner würde mir hier hinterherheulen. Im Gegenteil: Froh würden sie sein. Ein Chaot weniger im Dorf.

# 2

## AUF DER STRASSE

Typisch für so ein Provinzkaff, fuhr der nächste Bus erst Stunden später. Also hieß es für mich wie so oft: Daumen raus, trampen.

Nach gar nicht langer Zeit wurde ich von einem Hafenarbeiter, der in Trittau wohnte, mitgenommen, und als wäre es Fügung, ließ er mich in Hamburg-Veddel wieder raus. Die Autobahnauffahrt Veddel war ein idealer Ausgangspunkt, um gen Süden zu trampen. Follow the sun. Mein Abenteuer Freiheit konnte beginnen.

Verkehrsmäßig war an diesem Mittag nicht viel los. Außer einigen LKWs fuhr kaum jemand Richtung Bremen/Hannover, wahrscheinlich war es die falsche Tageszeit. Also beschloss ich, was ziemlich gefährlich und streng verboten war, die Auffahrt direkt bis zur Autobahn runterzugehen. Dort rasten die Leute in nur wenigen Metern Abstand laut hupend an mir vorbei. Einige gestikulierten wild oder zeigten mir den Vogel. Besonders erschreckend und furchteinflößend waren die Lastwagen, deren Fahrtwind mich fast umwarf. Ich bekam allmählich Schiss und überlegte mir, ob ich nicht besser zur Auffahrt zurückkehren wollte. Mitten in meine Gedanken hinein stoppte ein R4. Ein Typ mit Vollbart und kurzen dunkelblonden Locken sprang aus dem Wagen, fragte mich, ob ich nicht ganz dicht sei, und stopfte meinen Rucksack hinten ins Auto. Ich öffnete die Beifahrertür und schob mich auf den Sitz, während er eilig wieder einstieg und losfuhr. Vorwurfsvoll machte er mich darauf aufmerksam, dass das saugefährlich sei, was ich da gemacht hätte, nicht nur für mich, sondern auch für die Autofahrer.

Ich zeigte mich einsichtig und erklärte ihm, dass ich eine Ewigkeit oben an der Auffahrt gestanden und irgendwann keine andere Chance mehr gesehen hätte.

Nachdem wir uns einige Zeit angeschwiegen hatten, entwickelte sich ein entspannteres Gespräch. Er hieß Wolfgang, war dreiundzwanzig Jahre alt, studierte in Kiel und wollte drei bis vier Wochen kreuz und quer durch England fahren. Er war schon öfter dort gewesen und hatte sich in das Land verliebt.

Das war natürlich der Hammer! Mit ein bisschen Glück hatte ich vielleicht die Möglichkeit, durch einen einzigen Stopp bis nach England zu kommen. Die Fähre würde natürlich Geld kosten, aber warum nicht? Ich war noch nie in England gewesen. Mir fiel sofort das legendäre Open-Air-Festival auf der Isle of Wight ein. Das war nicht mal ein Jahr her. So gern wäre ich in den Sommerferien dort hingefahren. Jimi Hendrix war da gewesen, kurz bevor man ihn tot in einem Hotelzimmer gefunden hatte. Die ganze Generation war geschockt. Bands wie Chicago, Procol Harum, Jethro Tull oder Leonard Cohen, The Who, Donovan und Melanie hatten auf dem Festival gespielt. Wahnsinnsgeschichten hatte ich gehört! Dann dachte ich an Liverpool, die Beatles, an London, Sessions im Hyde Park, Carnaby Street ...

Wolfgang bot mir tatsächlich an mitzukommen. Zumindest über den Kanal, ich könnte dann ja immer noch weitertrampen. Begeistert nahm ich an. Er drehte den Kassettenrekorder auf volle Lautstärke und spielte mir Live-Ausschnitte von Woodstock vor. Hendrix mit »Hey Joe« und dann Janis Joplin mit »Me and Bobby McGee«. Der Song stimmte mich melancholisch. Er hatte schon immer eine besondere Wirkung auf mich gehabt, nicht zuletzt, weil Janis darin eine traurige Trampergeschichte erzählte von Freiheit, Liebe und Verlust – genau meine Themen. »Freedom is just another word for nothing left to loose ...« – Freiheit ist nur ein anderes Wort dafür, nichts mehr zu verlieren zu haben. Virtuos improvisierte sie mit ihrer gebrochenen Stimme Teile der Melodie. Ich lehnte mich zurück und versank in Gedanken. Ich war jetzt frei, hatte eigentlich auch nichts zu verlieren, und jemand, der mich liebte, war weit und breit nicht in Sicht. In diesem Moment fühlte ich mich einsam und erbärmlich allein. Vor Selbstmitleid schossen mir Tränen in die Augen. Schnell drehte ich das Gesicht zum Seitenfenster, sodass Wolfgang es nicht mitbekam.

Was für ein Tag! Vor zehn Stunden noch war ich ahnungslos mit meinem Mofa zur Schule gefahren. Mir schwirrte der Kopf. Bleierne Müdigkeit befiel mich. Ich wollte ein bisschen schlafen und fragte Wolfgang, ob ihm das etwas ausmachen würde. Er schüttelte nur den Kopf, konzentriert aufs Fahren und auf die Musik. Wir hörten inzwischen Santana, »Abraxas«. Berieselt von Carlos Santanas unnachahmlichen Gitarrenklängen schlief ich ein.

Als ich wieder aufwachte, waren wir schon in Belgien. Ich hatte gar nicht mitbekommen, dass wir die Grenze bei Aachen passiert hatten. Mir fiel sofort auf, dass das Licht der Straßenlaternen hier anders war als in Deutschland, ein eigenartiges, hässliches Gelb und so grell, dass mir die Augen wehtaten.

Plötzlich verspürte ich einen Riesenkohldampf. Ich hatte seit dem Morgen nichts mehr gegessen. Wolfgang griff nach hinten und zauberte in Pergamentpapier eingewickelte Stullen hervor. Alle Achtung, er war perfekt auf seine Reise vorbereitet. Zwei Scheiben zusammengeklapptes frisches Vollkornbrot kamen zum Vorschein, fett mit Butter und Leberwurst bestrichen. Ich schlang die Stulle heißhungrig runter und konnte nicht widerstehen, noch drei weitere zu essen. Als ich merkte, dass er langsam unruhig wurde, voller Sorge, ich könnte ihm die gesamte Ration wegfuttern, riss ich mich zusammen.

Ich war so satt, dass ich wieder müde wurde und direkt hätte weiterschlafen können, aber ich musste plötzlich an England denken. Wollte ich wirklich dahin? Eigentlich wäre ich doch lieber in den Süden gefahren, Frankreich oder so oder vielleicht nach Griechenland. Das wäre geil. Sollte ich wirklich gleich das ganze

Geld für eine Fährfahrt nach England verballern? Dieser Kanal hatte für mich fast etwas Symbolisches. Wenn ich den überqueren würde, hätte ich anschließend vielleicht gar keine Bindung mehr zu meinem bisherigen Leben. Ich würde das Festland verlassen und damit alles hinter mir lassen. Der Gedanke war eigentlich ziemlich blöd, schließlich war ich doch mehr als bereit, ein anderes, neues Leben zu führen. Nicht nur aus Trotz, sondern aus Überzeugung. Monatelang hatte ich mich nach genau dieser Freiheit gesehnt. Aber irgendwie hatte ich auch Angst vor dem Schritt.

Ich fragte Wolfgang, an welchen Städten wir denn noch vorbeikommen würden. Er meinte, Brüssel sei nicht mehr weit. Aha, dachte ich. Was wusste ich denn über Brüssel? Die Hauptstadt von Belgien, so viel war klar. Und dann gab es da noch dieses Atomium, so eine Art Wahrzeichen der Stadt, welches das Atomzeitalter symbolisieren sollte. Aber sonst? Keinen blassen Schimmer.

»Okay, dann steig ich da aus«, sagte ich kurz entschlossen.

Wolfgang glotzte mich an, als wäre ich nicht ganz dicht.

»Hä, ich denk, du kommst mit nach England. Und überhaupt, es ist mitten in der Nacht.«

»Ich weiß«, antwortete ich. »Aber nach Brüssel wollte ich immer schon mal.«

»Okay«, sagte er nur, schwieg dann und wirkte enttäuscht und auch ein bisschen sauer. Trotzdem machte er keine Anstalten, mich zu überreden, doch mitzukommen. Er reagierte total cool.

Als wir die Hauptstadt erreichten, fuhr er von der Autobahn ab und orientierte sich an Hinweisschildern Richtung Zentrum. Ich bot ihm an, mich am Stadtrand rauszulassen, damit er nicht so einen großen Umweg fahren müsste. Aber er winkte ab. Es würde ihm nichts ausmachen.

Irgendwo, als wir das Gefühl hatten, die Innenstadt erreicht zu haben, fuhr er rechts ran, und wir stiegen aus. Er öffnete die Heckklappe und gab mir meine Klamotten. Stumm blickten wir uns an.

Ich hatte ein schlechtes Gewissen, weil er echt nett war und ich das Gefühl hatte, ihn hängen zu lassen. Schließlich gab ich ihm die Hand und bedankte mich herzlich bei ihm. Wir wünschten uns Glück und eine gute Reise, dann stieg er wieder in seinen klapprigen, aber gemütlichen R4 und fuhr los. Ich sah ihm hinterher, bis er um die nächste Ecke bog.

# 3

## DIE ERSTE NACHT

Es war stockdunkel, und ich stand mitten auf der Straße. Obwohl ich offenbar im Zentrum von Brüssel gelandet war, hörte ich absolut nichts. Keine Musik, die aus den Kneipen kam, keine Stimmen von Passanten, nichts. Das wäre in Hamburg anders gewesen.

Unwillkürlich fragte ich mich, was mich da eigentlich gerade geritten hatte. Hatte ich wirklich hier aussteigen müssen? Der Typ hätte mich sicher nach England gebracht, sich vielleicht noch ein bisschen um mich gekümmert und mir so eine Art Start- oder Lebenshilfe geboten auf meinem Weg ins Ungewisse. Es war ja doch ein gewagter Sprung ins eiskalte Wasser. Schlagartig wurde mir klar, wie hilflos und unselbstständig ich noch war, und ich kriegte regelrecht Angst. Was für große Sprüche ich zu Hause immer geklopft hatte! Wie oft hatte ich gedroht abzuhauen – und jetzt war ich plötzlich ganz klein mit Hut. Ich stand da in einer fremden Stadt, in einem fremden Land, bei totaler Dunkelheit, mitten in der Nacht. Ich konnte nicht einmal die Sprache dieses Landes. Französisch ein bisschen, Englisch na ja, aber Flämisch überhaupt nicht. Was sollte ich jetzt machen? Wo sollte ich hin? Ich konnte mich ja schlecht auf den Bürgersteig legen.

Ich schnappte meinen Armeesack und schlenderte ziellos vor mich hin. Vereinzelt begegneten mir nun doch einige Menschen. Schließlich fasste ich den Mut, einen älteren Mann, der an mir vorbeihasten wollte, anzusprechen. Ich fragte ihn auf Englisch, ob es in der Nähe ein Lokal oder eine Bar gebe, in der sich Jugendliche meines Alters aufhalten könnten, so Typen eben mit langen Haaren. Leider verstand er nur Bahnhof. Also versuchte ich das Ganze noch mal auf Französisch, was mich große Überwindung kostete, weil mein Französisch, wie ich jetzt bitter feststellte, erbärmlich war. Spätestens in diesem Moment merkte ich, dass es für mich besser gewesen wäre, doch an ein paar mehr Unterrichtsstunden teilgenommen zu haben, anstatt sie zu schwänzen. Aber die Franzlehrerin, eine etwa dreißigjährige Hexe mit kurzen Haaren, die uns Jungs abgrundtief hasste und die ach so lernwilligen Mädchen aus den vordersten Reihen deutlich bevorzugte, war einfach nur zum Kotzen gewesen. Mir war ernsthaft der Gedanke gekommen, ihr einen Molotowcocktail in den Briefkasten zu schmeißen.

Die Antwort des älteren Herrn war entmutigend. Er hatte keine Ahnung, wo sich Hippies und Gammler um diese Zeit in der Stadt herumtrieben. Ich bedankte mich brav und trottete weiter. Irgendwann tauchte ein etwas jüngerer Anzugträger auf und sagte mir, dass es ganz in der Nähe, in einer Nebenstraße des Grand Place, ein Lokal mit »schräger Musik« gebe, in dem ich »meinesgleichen« treffen könne. Hoffnungsvoll und gespannt zugleich folgte ich seiner Wegbeschreibung – und siehe da, als ich um die nächste Ecke bog, hörte ich vertraute Töne. »Whole Lotta Love«, Led Zeppelin. Ein paar Freaks mit Haaren, die länger waren als meine, standen Bier trinkend vor einer Kneipe, die neonhell beleuchtet war, und glotzten mich an. Ich startete einen erneuten Versuch und fragte auf Englisch, ob sie jemanden kennen würden, bei dem ich die Nacht pennen könnte. Sie zuckten mit den Achseln, aber einer machte sich tatsächlich die Mühe, reinzugehen und, wie ich durch die Fensterscheiben erkennen konnte, mit einem Mädchen zu sprechen. Es schüttelte den Kopf und verschwand im hinteren Teil der Kneipe. Mutlos setzte ich mich auf mein Gepäck und wartete. Inzwischen rauchten die Typen neben mir einen Joint und reichten ihn ganz selbstverständlich an mich weiter. Das tat gut. Nicht unbedingt der Joint selbst, sondern das Gefühl, wahrgenommen und akzeptiert zu werden.

Nach einer Weile kam das Mädchen, das ich durch die Scheibe gesehen hatte, raus und hatte zwei Jungs im Schlepptau, die etwas älter waren als ich. Sie fragte mich, ob ich der Typ sei, der eine Schlafgelegenheit suchte. Ich nickte erwartungsvoll, und sie sagte einfach: »Follow us.«

Die drei trotteten los, und ich lief schweigend neben ihnen her. Was sollte ich auch sagen? Das Mädchen und einer der Jungs gingen Hand in Hand, sie wirkten schwer verliebt. Hin und wieder blieben sie stehen, um zu knutschen.

Mir fiel auf, dass wir ständig leicht bergauf gingen. Erst später erfuhr ich, dass es in Brüssel eine Oberstadt gibt. Mir kam der Weg ziemlich lang vor. Soweit ich es bei der Straßenbeleuchtung erkennen konnte, veränderte sich die Architektur. In dem Viertel, das unser Ziel zu sein schien, standen schäbige, nicht besonders hohe Häuser. Vor einem völlig heruntergekommenen vierstöckigen Mietshaus direkt an der Gabelung zweier Straßen blieben wir stehen. Es ragte wie ein Dreieck spitz nach vorn. Die dreckige graue Eingangstür stand einen Spalt weit offen. Ich folgte den anderen in ein enges Treppenhaus, von dem in jeder Etage jeweils links und rechts eine Wohnung abging. Inzwischen hatte ich begriffen, dass einer der beiden Jungs, Claude, der Mieter der obersten Wohnung und damit mein Retter für diese Nacht war. Im vierten Stock angekommen, bekam ich zunächst mal einen riesigen Schreck. Das Treppengeländer bildete mit der schrägen Wand eine Art Nische, in der eine gammelige Matratze lag. Auf dieser hauste ein zum Fürchten aussehender, nach Schnaps stinkender alter Mann, der offenbar durch uns geweckt worden war und sich mit einem lauten Hustenanfall bemerkbar machte. Ich starrte ihn bloß an. Die anderen spürten meine Irritation, und alle lachten. So lernte ich Henry kennen, einen waschechten Brüsseler Clochard, der hier vor Monaten einen Schlafplatz gefunden hatte. Henry kriegte erst mal einen weiteren Hustenanfall und fluchte dann irgendwas mit rauer, völlig versoffener Stimme. Ich hörte immerhin

»merde« und »putain« heraus. Dann fragte er Claude, ob er eine Zigarette habe.

Mein nächtlicher Retter hatte inzwischen die Tür aufgeschlossen und ließ uns alle in seine Wohnung. Henry kam mit. Ich hielt mich möglichst weit von ihm entfernt, weil er so gotterbärmlich stank. Von einem winzigen Flur aus gelangte man direkt in die Küche. In der Mitte stand ein runder Tisch mit vier komplett unterschiedlichen Stühlen. Zur Linken befanden sich ein Waschbecken und ein Gasherd, dahinter ein Fenster. Ein vermutlich aus dem Sperrmüll organisierter Küchenschrank stand gleich rechts neben der Tür. Überall türmten sich schmutziges Geschirr, Kaffeebecher, Teller mit Resten von Tomatensoße, und Bierflaschen. Aber mir gefiel die Küche. Irgendwie fand ich sie richtig gemütlich. Das Pärchen – Hanneke und Rudi, beide aus Holland – teilte sich einen Stuhl. Sie saß auf seinem Schoß und kuschelte sich an ihn. Henry setzte sich auf den Stuhl am Fenster und fixierte mich. Er war mir unheimlich. Claude erzählte ihm, dass ich Deutscher sei, und meinte, dass ich erst mal im Zimmer nebenan schlafen würde. Neben Renee wäre ja noch Platz. Ich fragte, wer denn Renee sei. Daraufhin öffnete Claude die Tür zum Nebenzimmer leise einen Spalt weit, und ich konnte einen bärtigen Typen erkennen, der seelenruhig auf einer Matratze lag und schlief. Wenn ich mich ganz schmal machen würde, wäre neben ihm noch genügend Platz zum Pennen. Renee, meinte Claude, sei eine arme Sau. Er wurde von der Polizei wegen Raubüberfalls gesucht, obwohl er gar nichts erbeutet hatte. Ich hoffte, mich verhört zu haben, aber auf mein Nachhaken hin erzählte Claude, dass Renee eine Tankstelle überfallen habe. Der Kassierer hatte offensichtlich blitzschnell geschaltet und die Polizei noch rechtzeitig verständigen können. So war Renee dann in totaler Panik und ohne einen einzigen Franc geflüchtet. Freunde hätten ihn hierher zu Claude gebracht. Ich fragte mich, ob denn keiner Schiss vor Renee hatte, aber das behielt ich lieber für mich. Mittlerweile war Henry aufgestanden und hatte sich von draußen eine Flasche Schnaps geholt. Sie war noch etwa zu einem Viertel voll. Er wollte meinen Namen wissen. Dann reichte er mir die Flasche und grölte ein lautes »Prost, Heil Hitler, Helmut!« in den Raum.

Die anderen lachten, aber ich fand's nicht komisch – und aus dieser Flasche trinken wollte ich schon gar nicht. Henry hatte vielleicht noch fünf angefaulte Zahnstumpen im Mund. Ich war mir sicher, mir bei der Berührung des Flaschenhalses mit den Lippen sofort eine unheilbare Zahnfäule einzufangen. Was tun? In der Hoffnung, dass niemand es sehen würde, stülpte ich den Daumen über die Öffnung, legte den Kopf weit in den Nacken und tat so, als würde ich mir einen Riesenschluck genehmigen. Dann schüttelte ich mich angewidert und simulierte ein grausames Brennen in der Kehle. Mein Trick schien zu funktionieren, denn es ertönte wieder allgemeines Gelächter. Ich bedankte mich bei Henry und versuchte ihm zu erklären, dass Hitler scheiße war. Auch vor den anderen war es mir wichtig, das gleich klarzustellen. Es war mir schon immer auf den Sack gegangen, im Ausland als Deutscher sofort mit Hitler in Verbindung gebracht zu werden. Ein bisschen konnte ich es natürlich verstehen. Der Zweite Weltkrieg war erst seit sechsundzwanzig Jahren vorbei, und schließlich war es Deutschland gewesen, das in einem Jahrhundert zwei Weltkriege angefangen und sich an dem Mord von Millionen Menschen schuldig gemacht hatte. Wir waren zwar eine andere Generation, hatten es aber jetzt auf diese penetrante Weise auszubaden.

Anstatt mir zu antworten, sang Henry plötzlich stolz und viel zu laut mit französischem Akzent: »Die rote Front, schlagt sie entzwei, drei, vier – SA marschiert, Achtung, die Straßen frei.«

Ich konnte es nicht fassen. Der Typ konnte Nazilieder auswendig! Ich war zu ausgepowert, um mich aufzuregen und unter größten Verständigungsschwierigkeiten eine politische Diskussion zu beginnen. Hanneke merkte mir an, dass ich von Henry, der mich offenbar ins Herz geschlossen hatte, genervt war. Sie hatte mittlerweile einen Riesendreiblattjoint gedreht und gab ihn mir rüber. Damit hatte ich die Ehre, ihn anzurauchen. Ich inhalierte tief und reichte ihn an Claude weiter. Ich war gespannt, ob Henry mitkiffen würde, aber Gott sei Dank setzte er lieber seine Schnapsflasche an und kippte sich den Alkohol rein. Ich war allmählich entsetzlich müde und überlegte, wie ich es am besten anstellen konnte, mich zurückzuziehen. Vom Flur ging ein weiteres Zimmer ab, Claudes Privatbereich, und dann gab es noch die Toilette. Wo war die Dusche? Ich fragte, aber Rudi grinste nur und gab mir den Joint zurück. Duschen würde er auch gerne mal wieder und Hanneke auch.

Henry mischte sich ein. »Alles egal, alles scheißegal, nicht wichtig. Schnaps ist wichtig und schlafen. Hunger und Sorgen wegschlafen.«

Das war mein Stichwort. Ich ging zu meinem Rucksack und tastete mich zu meiner Zahnbürste durch. Ich holte sie zusammen mit der Zahnpasta raus und ging zum Waschbecken. Plötzlich juchzte Hanneke auf.

»Der hat 'ne Zahnbürste. Wahnsinn. Wie geil!«

Sie kriegte sich gar nicht mehr ein. Auch Rudi glotzte verzückt. Selbst Claude schien seinen Augen nicht zu trauen. Henry war zum Glück gerade dabei, sich mental zu verabschieden, und stierte mit ausdruckslosem Gesicht aus dem Fenster. Hanneke erhob sich, kam auf mich zu, zeigte auf meine Zahnbürste und fragte schüchtern und sehr süß: »Darf ich?«

Wie hätte ich da widerstehen können? Mir war klar, dass sich die Sache mit meiner Zahnbürste damit für mich erledigt hatte. Sie würde unweigerlich zur Gemeinschaftszahnbürste mutieren. Jeder würde sich damit heute Nacht die Zähne putzen. Erst Hanneke, dann Rudi, dann Claude. Falls Henry es wagen sollte, mich zu fragen, würde ich es ihm ausreden mit der Begründung, fünf Zähne seien zu wenig und es würde sich wirklich nicht mehr lohnen, sie zu putzen. Ziemlich sicher würde es sogar zu entsetzlichen Zahnschmerzen führen. Das müsste ihn doch überzeugen. Aber er fragte gar nicht, sondern sah immer noch geistesabwesend hinaus.

Ich ging erst mal pinkeln. Als ich zurückkam, war die Zahnputzorgie in vollem Gang. Hanneke konnte gar nicht mehr aufhören. Sie schrubbte mit einer Ausführlichkeit und Vehemenz in ihrem Mund herum, als wäre es seit Jahren das erste Mal. Rudi übertraf sie, glaube ich, noch um Minuten. Während sich Claude die Zähne putzte, zog Hanneke ihre Socken aus und stellte ihren rechten Fuß in die Spüle, um ihn ausführlich zu waschen. Danach trocknete sie ihn mit dem Geschirrhandtuch ab und tat das Gleiche mit dem linken Fuß. Ich weiß nicht, ob das ein allabendliches Ritual war, jedenfalls machten es Claude und Rudi ihr nach. Füße in die Spüle, mit dem Geschirrhandtuch abtrocknen – ganz einfach und effektiv. Dann machten sie mir Platz. Ich presste mir Zahnpasta auf den Zeigefinger und versuchte damit, so gut es ging, meine Zähne zu reinigen. Auf Hannekes fragenden Blick hin erklärte ich ihr, dass es bestimmt nicht gut für die Zahnbürste sei, wenn sie so überstrapaziert würde, und sie alle sollten schließlich noch ein bisschen was von ihr haben. Wahrscheinlich checkte sie, dass ich mich ekelte, aber es war mir egal. Dieser hygienische Absturz kam definitiv zu früh, den musste ich erst mal verdauen. Ich schnappte mir meinen Schlafsack und trollte mich Richtung Tür. Plötzlich dröhnte ein lautes »Heil Hitler, Helmut, deutscher Freund« hinter mir her. Henry war wieder unter den Lebenden. Über das Lachen der anderen hinweg erwiderte ich ein ebenso lautes »Bonne nuit«, grinste und öffnete die Tür zu Renees Zimmer. Im einfallenden Licht aus der Küche rollte ich meinen Schlafsack aus, schloss die Tür und krabbelte leise und vorsichtig über Renee hinweg.

Mir war ziemlich mulmig zumute. Ich würde jetzt also neben einem Typen schlafen, der von der Polizei wegen Raubüberfall gesucht wurde. Wenn das Polizeiobermeister Zierl wüsste … Wie es meinen Eltern wohl ging? Ob sie es schon bereuten, mich rausgeschmissen zu haben? Ob sie sich Sorgen machten? Ich versuchte, mir ihre Gesichter vorzustellen.

Kurz bevor ich einschlief, drehte sich mit einem Mal Renee zu mir um und schnarchte mir direkt ins Gesicht. Es war doch reichlich eng, und ich hatte kaum eine reelle Chance, von ihm wegzurücken. Also drehte ich ihm den Rücken zu, und er legte mitten im Schlaf den Arm auf meine Rippen und rüsselte selig weiter.

Super. What a day. Dann war ich weg.

# 4

## IM SOG DES GRAND PLACE

Als ich aufwachte, blickte ich direkt in Renees Gesicht. Sein Schnarchen war mittlerweile in ein Grunzen übergegangen. Es mochte etwa zwölf Uhr mittags sein, doch er schlief immer noch tief und fest. Hinter ihm lagen seine wüst zusammengeschobenen Klamotten. Unter einem Pullover erkannte ich den Griff eines Revolvers. Ich konnte es nicht fassen! Da hatte ich tatsächlich die Nacht neben einem Schwerverbrecher verbracht.

Leise und auch etwas ängstlich stand ich auf, stieg über ihn rüber, öffnete die Tür zur Küche und staunte nicht schlecht, als ich Hanneke und Rudi sah, die sich noch in genau derselben Haltung befanden wie am Abend zuvor. Er saß aufrecht und unbequem auf dem Stuhl und sie eingekuschelt auf seinem Schoß. Wie hatte er das die ganze Nacht über aushalten können? Beide umschlangen sich so liebevoll, so zärtlich, dass ich unwillkürlich an ein Bild von Gustav Klimt denken musste. Ein Paar im Goldregen … Ein Poster davon hing im Flur einer WG in Hamburg, daher kannte ich es.

Auf dem Tisch lag ein halbes Baguette. Claude hatte es wohl gekauft. Er jobbte in einem Getränkemarkt und war schon seit sieben Uhr unterwegs. Ich wunderte mich ein bisschen über das Vertrauen, das er uns entgegenbrachte. Mich kannte er gar nicht. Und wieso beherbergte er einen Verbrecher und einen Penner vor der Tür?

Langsam räkelten sich auch Hanneke und Rudi. Sie schienen trotz ihrer seltsamen Schlafposition fit zu sein. Unter der Spüle standen mehrere Kisten Wasser und Orangensaft, vermutlich aus dem Getränkemarkt. Wir spülten schnell drei Gläser ab, tranken O-Saft und teilten uns das Baguette. Dann hörten wir Geräusche aus dem Nebenzimmer. Renee war wach. Er gähnte laut, Schritte ertönten, und schon polterte er in die Küche. Das Erste, was er realisierte, war, dass es für ihn nichts zu frühstücken gab. Sein Bick verfinsterte sich. Dann entdeckte er mich. Er fragte die anderen beiden, wer ich sei, gab sich mit der Antwort, ich hätte gestern einen Schlafplatz gesucht, zufrieden und ging aufs Klo. Als er zurückkam, wurde er gleich laut und wollte wissen, warum wir ihm kein Brot übrig gelassen hätten. Wir seien Egoisten und Arschlöcher, und er hätte sowieso keinen Bock mehr, hier zu wohnen. Er würde zurück nach Frankreich in die Bretagne fahren, nach Nantes. Dort würde man nicht nach ihm fahnden, und er könnte neu anfangen.

»Richtet Claude aus, dass er ein Arsch ist!«

Mit diesen Worten ging er ins Zimmer, packte seine Sachen, fluchte, als ihm etwas Schweres – wahrscheinlich sein Revolver – runterfiel und haute ab. Wir hörten das Getrampel seiner Schritte, als er die Treppe hinunterlief. Ich war heilfroh, dass er weg war.

Hanneke guckte Rudi an und sagte dann trocken:

»Geil, jetzt können wir uns das Zimmer zu dritt teilen.«

Offenbar ging sie davon aus, dass ich bleiben würde, und das freute mich. Aber natürlich hatte Claude das zu entscheiden.

Rudi fragte, ob ich Lust hätte, mit ihm und Hanneke zum Grand Place zu gehen. Das sei der Treffpunkt aller Jugendlichen, aller Hippies, die auf der Durchreise waren, keine Bleibe hatten oder einfach nur was zum Kiffen suchten. Gern willigte ich ein, und kurze Zeit später machten wir uns auf den Weg.

Zuallererst brauchte ich belgische Francs. Also tauschte ich bei einer Bank, die sich in unmittelbarer Nähe des Wohnhauses befand, einhundert Mark um. Mit sage und schreibe eintausendfünfhundert Francs in der Tasche zogen wir weiter.

Der Weg kam mir kürzer vor als in der vergangenen Nacht,

aber es ging diesmal ja auch bergab. Als wir an den hässlichen alten Häusern vorbeikamen, entdeckte ich eine Drogerie. Ich ging kurz hinein und überraschte Hanneke und Rudi, als ich mit fünf Zahnbürsten wieder rauskam, je eine für uns drei, eine für Claude und sogar eine für Henry. Die beiden prusteten vor Lachen, fanden die Idee aber klasse und bedankten sich überschwänglich.

Wir zogen weiter Richtung Altstadt. Die Häuser wurden allmählich nobler, und schließlich kamen wir zum prunkvollen Grand Place, einem großen, beeindruckenden Platz direkt im Zentrum der Stadt. Das berühmteste und zugleich schönste Gebäude war eindeutig das Brüsseler Rathaus mit seiner barocken, teils vergoldeten Fassade.

Es war ein fast wolkenloser Sommertag, und wir ließen uns gegenüber vom Rathaus an einer Mauer nieder, die zur Vorderfront eines Museums gehörte. Mindestens dreißig andere langhaarige Gestalten lungerten dort herum. Sie sahen ganz zufrieden und relaxt aus, redeten miteinander, lachten, und einige von ihnen schnorrten Passanten um etwas Geld an. Die meisten schienen sich untereinander zu kennen. So wurde ich gleich einigen vorgestellt, die sich erkundigten, woher ich kam, wohin ich wollte und ob ich was zum Rauchen dabeihätte. Ein bisschen erinnerte mich das Ganze an die Szene am Mönckebrunnen in Hamburg. Dort trafen sich Hippies, Stadtstreicher, resignierte Arbeitslose, Schulschwänzer wie ich und manchmal auch Rocker, die aber nur selten stressten. Es ging meist sehr friedlich zu. Am Mönckebrunnen galt ich immer nur als der kleine Schüler, der den Unterricht schwänzte, aber jederzeit nach Hause gehen konnte. Der harmlose Schnorrer und Möchtegernhippie. Manchmal durfte ich einen Joint mitrauchen. Dann fühlte ich mich schon fast geadelt. Hier aber war es anders. Ich wurde gar nicht erst hinterfragt. Ich war der Typ aus Deutschland, der kein Zuhause mehr hatte. Ich war jetzt einfach da, ich gehörte dazu. Offene Sympathie, Akzeptanz und Anerkennung flogen mir entgegen. Schon am zweiten Tag meiner Reise schien ich das erreicht zu haben, was ich mir immer ersehnt hatte. Ich war unabhängig, ich war frei, ich war einer von ihnen – und ich genoss es.

Peu à peu überwand ich meine Scham, Französisch und Englisch zu sprechen. Ich hatte nie gedacht, mit meinen mageren Fremdsprachenkenntnissen irgendetwas anfangen zu können. Aber dadurch, dass alle irgendein Kauderwelsch sprachen, traute ich mich, einfach draufloszuquatschen. Es war egal, ob ich Fehler machte oder nicht. Ich wurde verstanden. Was für ein Erfolg.

Einer der Typen auf der Mauer erinnerte mich an John Lennon, er hätte sein Doppelgänger sein können. Er war vielleicht Mitte zwanzig, trug auch so eine Nickelbrille, und die welligen Haare waren nahezu identisch. Kurioserweise hieß er auch noch John. Irgendwann kam er mit mir ins Gespräch, er interessierte sich für meine Geschichte. Als ich ihm erzählte, dass ich der Sohn eines Bullen sei, meinte er treffend, das sei schon eine Art Höchststrafe.

John kam aus England, er war seit zwei Jahren unterwegs und durch Deutschland, Frankreich und Italien gereist. Bisher habe er nicht einen Tag bereut, sagte er. Seine Ausbildung als Zimmermann hatte er abgebrochen, aus Todesangst. Immer vollgekifft auf irgendwelchen Gerüsten und Dächern rumzuturnen sei einfach nicht sein Ding gewesen. Er wäre ein paar Mal fast abgestürzt. Als seine Freundin sich dann auch noch jemand anders gesucht hatte, war das für ihn der Startschuss für ein neues Leben gewesen. Seine handwerklichen Fähigkeiten waren immerhin so gut, dass er überall auf der Welt damit Geld verdienen konnte. Für den Herbst und Winter hatte er sich Griechenland vorgenommen. Dort gab es eine Insel namens Ios, die für die kalte Jahreszeit ideal sei. Traumstrände, einfache, freundliche Menschen, billig und noch nicht von Normaltouris überschwemmt. Ein absoluter Geheimtipp. Möglicherweise käme aber auch Ibiza infrage. Einige seiner Freunde seien vor Jahren dort gestrandet, und er habe den

Eindruck, dass es mittlerweile immer mehr Hippies dorthin ziehe. Hippie-Island eben. Mal sehen …

Ich fand es faszinierend, ihm zuzuhören. Er sinnierte über Reiseziele, von denen ich noch nie etwas gehört hatte, die ich aber, von Fernweh gemartert, unbedingt sehen und erleben wollte. Passend zum Thema summte er schließlich einen Song von den Beatles, der für mich schon immer eine ganz besondere Bedeutung gehabt hatte, so schön, so melodisch und so treffend, was die damalige Zeit betraf: »I'll follow the Sun«.

John fragte mich, ob ich mich überhaupt schon ein bisschen orientiert habe. Er könne mir ja mal die nähere Umgebung zeigen. Den Manneken Pis zum Beispiel und die vielen bunten Gassen um den Grand Place herum. Er wollte mir auch verraten, wo es die besten Dealer der Stadt gebe, bei denen ich auch härtere Dinge als Shit bekäme. Ich freute mich über sein Angebot und kam gerne mit.

Der Manneken Pis, immerhin eines der Wahrzeichen Brüssels, war nur wenige Straßen vom Grand Place entfernt. In meinen Augen war er eher eine Enttäuschung: ein vielleicht sechzig Zentimeter großes Knäblein, aus Bronze gefertigt, das mit seinem Minipimmel Wasser in einen Brunnen pinkelt. Es standen mindestens hundert Touristen drum herum, fotografierten ihn und amüsierten sich köstlich. John erklärte mir, dass man den Manneken zu bestimmten Anlässen verkleiden würde. Zu Weihnachten bekäme er das Kostüm eines Weihnachtsmanns angezogen, zu irgendwelchen Nationalfeiertagen das eines Soldaten und so weiter. Na ja, heute war er nackig, und das schien den Leuten zu gefallen. Ich fand's nur albern und wenig beeindruckend.

Bald zogen wir weiter. Jetzt, im Sommer, wimmelte es in den unzähligen Gassen von Touristen. Sie drängelten sich durch die Straßen und mischten sich mit den buntesten Gestalten.

Eine Weile beobachtete ich die vielen Modeschmuckhändler. Sie saßen am Wegesrand und hantierten geschickt mit kleinen

Zangen, Drähten, Perlen und Steinen. Blitzschnell entstanden fili-grane Ketten, Armreife, Broschen und andere Kunstgegenstände. Viele Frauen, durchaus auch ältere, blieben bei ihnen stehen und legten sich das Geschmeide an Arme, Hände und Hals. Nachdem sie sich von den Künstlern hatten beraten lassen, zeigten sie den Schmuck ihren Männern, die einige Schritte abseits warteten und langsam ungeduldig wurden. Dann fingen sie knallhart und uner-bittlich an zu feilschen. Nachdem sie sich mit den Händlern einig geworden waren, stolzierten sie grinsend von dannen, stolz dar-auf, solch ein Schnäppchen erstanden und den Verkäufer über den Tisch gezogen zu haben. War ihnen der Preis zu hoch, ließen sie den Schmuck lieblos fallen und gingen ungerührt weiter. Absolut cool legten die Händler die Sachen zurück und arbeiteten stoisch weiter. Ich sah auch viele Maler, die Porträts anboten. Gekonnt und schnell skizzierten sie die Passanten.

In mehreren Gassen fielen mir grell gekleidete, meist aus Togo stammende Schwarzafrikaner auf, die große, kunstvoll geschnitzte Holzfiguren herumschleppten und versuchten, diese zu verkaufen. Ein mühsames, kräftezehrendes Geschäft, aber sie waren bester Laune, lachten viel, und ich bestaunte immer wieder ihre schnee-weißen Zähne. Die kräftigen, lebendigen Farben ihrer Kleidung verliehen dem gesamten Treiben ein ganz besonderes Flair. Er-staunlicherweise verstand ich das Französisch der Afrikaner besser als das der Belgier.

Und dann gab es natürlich noch die Straßenmusiker. Alle fünf-zig Meter saß einer von ihnen auf dem Bürgersteig, sang, trom-melte und klampfte, was das Zeug hielt, oder spielte Mundhar-monika auf einem Gestell, das er um den Hals trug. Einige hatten wirklich außergewöhnliche Stimmen. Ich kannte fast alle Songs, die sie anstimmten. Viel Beatles, Simon & Garfunkel und Bob Dylan. Die Vielseitigkeit der Musiker beeindruckte die Touris-ten. Wenn jemand gut singen, sich dabei auf der Gitarre begleiten und obendrein Mundharmonika spielen konnte, so wie Dylan es virtuos tat, dann saß auch das Kleingeld lockerer, und so mancher belgische Franc fand seinen Weg in die Mütze, die vor dem Musiker auf dem Boden lag. Ich überlegte, ob ich mit meiner F-Flöte hier nicht auch ein bisschen Geld verdienen könnte. Warum eigentlich nicht? Es mussten ja nicht immer nur Gitarre, Bongo und Gesang sein, und ein Flötenspieler war weit und breit nicht zu sehen. Das wäre doch eine Idee …

Irgendwann kamen wir zu einer kleinen Grünanlage. John hatte eine Honigmelone, Wasser und ein Baguette gekauft. Er zog ein Messer aus seiner verwarzten Umhängetasche und schnitt die Melone auf. Saft tropfte über unsere Hände. Zusammen mit dem Brot war es das Beste, was ich seit längerer Zeit gegessen hatte. Als er dann noch ein Celum, ein in Jointform geformtes Tonröhrchen, mit einem kleinen Lederbeutel voller Haschisch und Tabak hervorzauberte, war unser Glück perfekt. Er stopfte das Celum wie eine Pfeife. Genüsslich legten wir uns auf den Rasen und rauchten sein Dope. Tief zog ich es in die Lunge und merkte relativ schnell die angenehme Dröhnung, die mich überkam.

Es war immer schwer zu beschreiben, was es denn eigentlich für ein Zustand war, in dem ich mich nach dem Kiffen befand. Zu Hause versuchte ich Freunden, die noch keine Erfahrung damit hatten, zu erklären, dass es harmlos sei, so als ob man zwei Gläschen Korn direkt hintereinander getrunken hätte, was es aber nicht wirklich traf. Eine plötzliche Schwere im Kopf, die angenehm war, die einen aber nicht außer Gefecht setzte, sondern eher zu überraschendem, absurdem Denken inspirierte. Plötzlich überkam einen eine Art Rauschzustand, obwohl man gleichzeitig hellwach war und völlig normal reagieren konnte. Die Wahrnehmung veränderte sich leicht. Wenn die Dosierung nicht stimmte und man zu viel geraucht hatte, dann konnte es passieren, dass man total *stoned*, also lasch und müde, in der Ecke lag, nur noch der Musik oder seinem eigenen Herzschlag lauschte und teilnahmslos, aber völlig frei von allem seinen Gedanken nachhing.

Besonders lustig fand ich es immer dann, wenn ich mit Freunden auf einer Kellerparty rauchte und einer anfing zu lachen. Meist konnte er nicht mehr aufhören, und nacheinander fielen alle anderen mit ein. Von albernem Gekicher bis zur Schnappatmung, weil man keine Luft mehr bekam vor lauter Lachen, war alles drin. Das konnte ewig so gehen. Kaum hatte sich einer beruhigt, fing der Nächste wieder an. Es reichte meist schon ein Blickkontakt. So ging es endlos weiter, bis zum Schluss alle total ausgepowert waren und schwer atmend auf den Matratzen lagen. Und dann lachte wieder einer los.

Es hieß, Haschisch sei eine bewusstseinserweiternde Droge. Wenn das Bewusstsein erweitert wird, kann die Droge ja nicht falsch sein, denn eine Erweiterung wäre doch eine Verbesserung, oder?, sagte ich mir. Dieser Theorie konnten meine Eltern nie folgen, obwohl sie in meinen Augen völlig logisch war. Ich konnte tatsächlich wesentlich intensiver Musik hören, wenn ich etwas geraucht hatte. Wie geil war es zum Beispiel auf einem Konzert von Deep Purple gewesen! Vor dem Einlass saß ich mit Freunden in deren VW-Käfer direkt vor der Hamburger *Musikhalle*. Bei geschlossenen Fenstern zogen wir noch schnell einen fetten Joint durch und gingen anschließend angenehm bekifft in den Saal, voller Erwartung, was gleich passieren würde. Eine Vorband, die ziemlich gut war, brachte das Publikum in eine aufgeregte Stimmung, und als dann die Jungs kamen, gab es kein Halten mehr. Der ganze Saal tobte. Sie spielten die gesamte LP »Deep Purple in Rock« runter. Wir kannten jedes Lied, jedes Solo, und als Ian Gillan dann mit seiner begnadeten Stimme zu »Sweet Child in Time« ansetzte, wurde es beinahe beängstigend. Alle bewegten sich nach vorn. Meine Freunde und ich wurden bis fast zur Bühne geschoben und waren unseren Idolen plötzlich viel näher, als wir es uns je erträumt hätten. Ich glaube, ich hatte sogar einen kurzen Blickkontakt mit Gillan, als er sich die langen Haare, die fast seinen ganzen Rücken bedeckten, aus dem verschwitzten Gesicht strich. Sein verzaubernder Gesang, die Lautstärke, das Gedränge der Masse, der kollektive Ruf nach einer Zugabe und die Wirkung des Joints machten dieses Erlebnis so intensiv, so berauschend, dass ich fast geheult hätte. Merkwürdigerweise bekam ich immer dann, wenn ich mich in einer anonymen Masse von Menschen befand, wahnsinnige Einsamkeitsgefühle. Zwar waren Freunde um mich herum, aber sie trösteten mich nie über das Gefühl hinweg, allein zu sein.

Dieses Wirrwarr an Emotionen, diese Berg-und-Tal-Fahrt meiner Gefühle, war mit Sicherheit auf den Konsum von Haschisch zurückzuführen. Solche Gefühlsaufwallungen konnten einen natürlich auch nüchtern überkommen, aber ich war überzeugt davon, dass diese Vielfalt des Erlebten, so euphorisch und traurig zugleich, direkt etwas mit dem Dope zu tun hatte. Für mich war es jedes Mal eine Bereicherung.

Ich hatte noch nie verstanden, warum Alkohol erlaubt war und sogenannte weiche Drogen wie Haschisch und Marihuana nicht. Bisher hatte ich nie jemanden erlebt, der sich ins Koma gekifft hätte. Ins Koma gesoffen hatten sich schon viele.

Unter Alkohol passieren die unkontrolliertesten Dinge. Das sah sogar mein Vater genauso. Man verliert im Suff die Orientierung, kann nicht mehr Auto fahren und tut es trotzdem. Viele Besoffene werden aggressiv, kotzen ins Taxi, grölen laut und hemmungslos durch die Gegend, schlagen sich brutal. Besonders verhasst waren mir immer schon die sogenannten Schützenfeste auf den Dörfern. Betrunkene Idioten stürmen in Gruppen aus dem Festzelt und schlagen mit Fäusten und Bierflaschen aufeinander ein.

Jemand, der Haschisch oder Gras raucht, ist friedlich. Er hat überhaupt keine Lust auf Aggression, Provokation, Konfrontation. Stattdessen will er seine Ruhe haben und sich seinen Empfindungen hingeben. Er ist völlig harmlos.

»Make love, not war«, hieß es damals oder: »Stell dir vor, es ist Krieg, und keiner geht hin.« Das waren Slogans der Friedensbewegung, die wir Kiffer mit Überzeugung adaptierten. Wie schön wäre es gewesen, wenn sie nicht nur Slogans geblieben wären …

Langsam kehrte ich wieder in die Realität zurück. John und ich hatten seit dem Dope gar nicht mehr miteinander gesprochen, jeder hatte seinen eigenen Gedanken nachgehangen.

»Hast du schon mal gedrückt?«, fragte er.

»Du meinst H, also Heroin?«, erwiderte ich.

»Na klar«, sagte er und grinste. »Was denn sonst?«

»Nee«, antwortete ich. »Bist du verrückt? Ich bin doch kein Junkie. Drückst du etwa?«

»Nee, ich auch nicht. Aber das Zeug kannst du hier an jeder Ecke kaufen. Falls du mal Bedarf hast.«

»Alter, dann müsste ich schon total im Arsch sein, wenn ich damit anfange. Ich glaub, das wäre der Anfang vom Tod.«

»Du übertreibst«, entgegnete er. »Ich kenn hier so einige, die drücken. Seit Jahren. Auch Freunde von mir. Die sind immer gut drauf und denken gar nicht daran, zu krepieren.« Er grinste, schlug mir freundschaftlich auf die Schulter und sagte abschließend: »Forget it!«

Wir gingen zum Grand Place zurück, wo Hanneke und Rudi schon auf mich warteten. Sie machten mich noch kurz mit Patrique bekannt. Er kam aus Quebec und lispelte erbärmlich, außerdem hatte er entsetzliche Akne. Sein ganzes Gesicht war mit Pickeln übersät. Auf seiner Stupsnase trug er eine Brille mit dicken Gläsern, die seine Augen riesig erscheinen ließen. Er hatte immer eine weiße, inzwischen aber total verdreckte Lammfelljacke an, egal wie warm es war.

»Ssa va, Elmüt«, begrüßte er mich.

»Ça va, Patrique, et toi?«

»Merssi! Ssa va ausssi«, entgegnete er.

Mehr habe ich mit Patrique so gut wie nie gesprochen, auch an den folgenden Tagen nicht. Es sollte aber ein wichtiges Ritual für uns beide werden. Er gehörte zur Szene und ich jetzt auch.

John hatte inzwischen ein paar andere Typen entdeckt, die er gut zu kennen schien, und rief mir zu: »See you tomorrow, Helmut. Nice to meet you.« Dann verschwand er mit ihnen.

Hanneke, Rudi und ich hatten für heute auch genug und beschlossen, zurück zu Claude zu gehen. Wir verabschiedeten uns noch von einigen Leuten mit einem kurzen »See you« oder »Good luck«, dann bogen wir um die Ecke und befanden uns wieder auf der langen, bergauf führenden Straße in die Oberstadt.

Als wir vor dem Eckhaus standen, in dem sich Claudes Wohnung befand, fiel mir auf, wie alt, kaputt und hässlich es wirklich war, im Grunde ein richtiges Abbruchhaus. Die enge, ausgelatschte Treppe knarrte bei jedem Schritt, das Geländer wackelte gefährlich, und die Türen zu den anderen Wohnungen sahen so aus, als wären sie das letzte Mal vor dem Zweiten Weltkrieg gestrichen und schon mehrmals gewaltsam aufgebrochen worden. Und es stank. Als wir oben ankamen, war Henrys Matratze leer. Ich war froh, dass er nicht da war. Aus der Wohnung ertönten Geräusche, vermutlich von Claude. Wir klopften, und wer öffnete mit breitem Grinsen? Henry. Er strahlte mich an, presste mich an seine Brust und rief: »Elmüt, deutscher Freund, abe isch gekocht für Ehrengast extra.«

Ich löste mich aus seiner Umarmung und glotzte an ihm vorbei. Was war denn da los? Auf dem Tisch stand ein riesiger Topf mit Spaghetti und Tomatensoße. Claude kam schmunzelnd aus seinem Zimmer und meinte, Henry hätte mich so in sein Herz geschlossen, dass er nicht davon abzubringen gewesen sei, für mich zu kochen. Das hätte er für ihn noch nie gemacht. Henry sei extra noch mal Richtung Innenstadt gegangen, um ein wenig Geld zu erbetteln, denn seine Barschaft hätte nur noch für Schnaps gereicht, nicht aber für Tomaten und Käse. Ich war einerseits gerührt, andererseits mochte ich diese Nähe nicht, die Henry zu mir aufbaute. Ich ekelte mich vor ihm, auch wenn ich natürlich versuchte, es ihm nicht zu zeigen. Ich griff in meine Umhängetasche und holte die Zahnbürsten raus. Damit ging ich auf ihn zu, drückte ihm eine in die Hand und sagte: »Für dich, Henry.«

Hätte ich geahnt, was ich mit dieser Geste auslöste, hätte ich wahrscheinlich drauf verzichtet. Er hielt sie in seiner Hand, betrachtete sie wie einen Rohdiamanten, drehte und wendete sie, als ob er noch nie so etwas Kostbares gesehen hätte. Dann schossen ihm plötzlich Tränen in die Augen.

»Ein Geschenk? Für mich? Elmüt?«

Er riss mich wieder an seine Brust, schlug mir wild auf den Rücken, rief dabei immer wieder: »Danke, danke, merci!«, dann nahm er meinen Kopf in die Hände und drückte mir ohne Vorwarnung einen feuchten, nach Schnaps stinkenden Kuss auf den Mund. Ich erstarrte. Die anderen lachten, verstummten aber sogleich, denn Henry heulte jetzt hemmungslos. Er könne sich gar nicht erinnern, wann er das letzte Mal ein Geschenk bekommen habe, und dann noch ein so schönes. Ich war bestürzt und beschämt zugleich. Da brachte ich ihm eine lächerliche Zahnbürste mit, und das eigentlich auch nur aus Selbstschutz, weil ich Sorge hatte, dass er vielleicht doch eines Tages Gefallen daran finden könnte, sich die Zähne mit meiner zu putzen, und er war total gerührt.

Claude, Hanneke, Rudi und ich waren mit Henrys intensiven Gefühlen völlig überfordert. Hanneke versuchte ihn aufzuheitern, indem sie sagte, dass er nicht der Einzige sei, der von mir beschenkt worden sei. Sie, Rudi und Claude hätten auch Zahnbürsten bekommen. Nun heulte Henry erst recht los.

»So ist der Deutsche, so viele gut. Nur nicht Scheiß-Hitler. Hitlääär und Scheiß-Guerre. Das ist mein Leben!«, rief er.

Mir wurde es zu viel, und ich sagte energisch, dass ich Riesenkohldampf hätte. Das wirkte. Sofort hörte Henry auf zu weinen und rief: »Recht ast du, Elmüt, deutscher Freund.« Unter fließendem Wasser wusch er sich zuerst das Gesicht, dann mehrere Teller. Einen nach dem anderen trocknete er mit dem Geschirrhandtuch ab – jenem, mit dem sich gestern noch alle die Füße trockengerubbelt hatten – und stellte die Teller auf den Tisch. Gabeln und Löffel folgten. Claude steuerte Wein und Wasser aus dem Supermarkt bei, Hanneke drehte einen Riesenjoint, und wir setzten uns zu Tisch. Heißhungrig fielen wir über die Spaghetti her. Sie schmeckten so lecker, dass ich gar nicht genug davon bekommen konnte. Immer wieder füllte ich meinen Teller. Offenbar war ich total ausgehungert. Inzwischen verschwendete ich keinen Gedanken mehr an Dreck, Handtücher und Tischmanieren. Es wurde gefressen, und das mit Inbrunst. Das Tollste war, dass der Käse, den wir über die Nudeln raspelten, sofort zerlief. Von seiner Konsistenz her sah er wie Kaugummi aus, fühlte sich im Mund auch so an und verklebte die ganze Pampe miteinander. Köstlich.

»Très, très bon«, lobte ich Henry. Der nahm gerade einen tiefen Schluck aus seiner Pulle, rülpste laut in die Runde und fing an, ein Lied zu singen, irgendwas Französisches. Dabei vergaß er nicht, zwischen den einzelnen Strophen die Flasche an den Mund zu setzen und mit großen Schlucken den Fusel in sich reinzukippen. Mit seiner rauchigen, versoffenen Stimme klang es gar nicht mal schlecht, was er sang. Andächtig hörten wir zu, rauchten den Joint und schwiegen einfach. Vermutlich dachten wir alle das Gleiche: Was für ein zerstörter, armer Hund. Was mochte er für ein Schicksal haben? Was hatte dazu geführt, dass er so tief abgerutscht war?

Henry hatte sich auch den anderen gegenüber nie offenbart. Irgendwann vor Monaten war Claude morgens aus seiner Wohnung gekommen und mächtig erschrocken, als plötzlich Henry direkt vor seiner Tür auf der Matratze gelegen und geschnarcht hatte. Als Claude am Abend zurückgekehrt war, war Henry immer noch da gewesen und hatte es für das Selbstverständlichste auf der ganzen Welt gehalten. Warum denn auch nicht? Claude hatte sich mittlerweile an ihn gewöhnt. Wenn Henry mal nicht auf seiner Matratze lag, machte er sich Sorgen. Henry war sozusagen der WG-Partner vor der Tür. Er sang und rülpste, er hustete, schnarchte und keuchte. Manchmal krakeelte er auch im Suff durchs ganze Haus. Dann wurde es Claude zu viel, und er drohte damit, ihn rauswerfen zu lassen, aber sobald Henry seinen Rausch ausgeschlafen hatte, war er wieder lammfromm, und sie wohnten beide friedlich nebeneinander …

Plötzlich hörte Henry auf zu singen. Etwas anderes schien ihn mehr zu beschäftigen. Er stand auf, ging zum Fenster und blickte wehmütig zur Straße hinab. Es war dunkel geworden. Außer den Lichtern der Straßenlaternen und einigen beleuchteten Fenstern in den benachbarten Häusern war nichts zu sehen. Henry wirkte wie weggetreten. Mit leiser, unverständlicher Stimme führte er Selbstgespräche. Manchmal wurde er lauter und fluchte, dann wieder ebbte seine Stimme ab. Unentwegt starrte er dabei in die Finsternis. Dann fing er wieder an zu singen, als wäre nichts gewesen, lauter, fröhlicher jetzt. Schließlich ging seine Darbietung in ein unangenehmes Gegröle über. Claude ermahnte ihn. Henry grinste verschmitzt. Konspirativ sah er mich an und holte mit funkelnden Augen seine Zahnbürste hervor. Behutsam, fast ehrfürchtig drückte er etwas von der Zahnpasta, die noch immer neben der Spüle lag, auf die Borsten. Seine Hand zitterte dabei, denn seine Feinmotorik funktionierte nicht mehr. Endlich hatte er es geschafft. Er tröpfelte etwas Wasser über die Borsten, zwinkerte mir mit einem Auge zu und führte die Zahnbürste zum Mund. Langsam und andächtig putzte er seine wenigen Zahnstummel. In dem Blick, den er auf mich richtete, lag tiefe Dankbarkeit. Mit einem Mal aber schrie er laut auf, ließ die Bürste fallen und hielt sich mit beiden Händen den Mund zu. Dabei wimmerte er vor Schmerzen. Jetzt war Wirklichkeit geworden, was ich gestern noch als blöden Scherz hatte zum Besten geben wollen. Er war wohl mit der Bürste an einen entzündeten Nerv gekommen. Jedenfalls hörte er nicht auf zu schreien. Dann mischte sich lautes Fluchen unter sein Gejammer. Wütend schlug er mehrmals auf den Tisch. »Merde! Mes dents, mes dents! Merde!« Er griff zu seiner Schnapsflasche, die noch halb gefüllt war, und stürzte den gesamten Inhalt hinunter. Wir redeten auf ihn ein und fragten ihn, ob wir ihn nicht in ein Krankenhaus bringen oder einen Arzt rufen sollten. Aber er schrie nur: »Merde, merde, merde!« Darauf folgte noch das unvermeidliche »Heil Hitler, Elmüt, deutscher Freund – vive la France, merde la guerre«, und schon polterte er aus der Tür. Mit einem lauten Rülpser und einem noch lauteren Fluch ließ er sich auf die Matratze fallen. Wir hörten einen dumpfen Schlag, als wenn er gegen das Treppengeländer gestoßen wäre. Dann war Ruhe.

Betroffen blickten wir uns an. Musste ich nun Schuldgefühle haben? Nein, nicht ernsthaft. Die Zahnbürste war letztendlich gut gemeint gewesen, das fanden auch die anderen. Claude erzählte uns, er wache manchmal nachts von Schreien auf. Dann würde er ins Treppenhaus stürzen und mitbekommen, dass Henry entsetzliche Albträume habe. Er glaubte, dass etwas im Krieg passiert sein musste, da hätte Henry wohl alles verloren und nie wieder Anschluss an ein normales Leben gefunden. Irgendwann sei er dann wohl auf der Straße gelandet und Alkoholiker geworden, wenn es nicht umgekehrt gewesen war.

Ich erzählte von meinem einzigen Kontakt mit Pennern in Hamburg. Wenn ich mit Freunden sonntagmorgens um fünf stoned aus dem *Grünspan* kam, gingen wir öfter rüber zum Bismarck-Denkmal unweit der Reeperbahn, von wo aus man bei Sonnenaufgang einen herrlichen Blick auf den Hamburger Hafen hat. Dort schliefen im Sommer die Penner, und wir machten uns einen Spaß daraus, sie zu wecken. Sie schimpften und warfen mit leeren Bierflaschen nach uns, und wir lachten sie aus und verarschten sie nach Strich und Faden. Wir fühlten uns ihnen haushoch überlegen. Keiner von uns hatte sich jemals Gedanken darüber gemacht, welche Schicksale sich hinter diesen verwahrlosten Kreaturen verbargen und warum sie so geworden waren. Wir hätten ihnen eigentlich Hilfe anbieten sollen, anstatt sie zu provozieren und auszulachen. Nach der heutigen Erfahrung würde ich komplett umdenken.

»Das hoffe ich«, entgegnete Claude engagiert. »Das ist nämlich auch genau der Grund, warum ich anderen helfe. Deshalb hast du Unterschlupf bei mir gefunden, Helmut, und du, Rudi, und du, Hanneke. Für andere da zu sein habe ich mir zur Lebensaufgabe gemacht. Ich habe nämlich hautnah miterlebt, wie qualvoll einer meiner besten Freunde krepiert ist. Man muss sich dessen bewusst sein, dass es jedem von uns – auch einem selbst – passieren kann, plötzlich auf die Hilfe anderer angewiesen zu sein. Das hab ich damals gecheckt.«

Ich war überrascht. Das hatte Größe. Ich wunderte mich schon die ganze Zeit, warum Claude so ohne weiteres Leute wie Renee, Henry oder mich aufnahm. Er war zweiundzwanzig Jahre alt, also nur sechs Jahre älter als ich, und übernahm schon so viel Verantwortung. Was für ein Typ.

Andererseits wollte ich mich natürlich sofort abgrenzen und machte ihn darauf aufmerksam, dass mein Leben und das von Henry nicht zu vergleichen seien. Ich sei ja nicht wirklich hilflos.

»Warum machst du solche Unterschiede?«, fragte er mich. »Wo darf Hilfe denn anfangen? Es ist doch ignorant, erst dann Hilfe anzubieten, wenn jemand kurz vorm Abkratzen ist. So war es nämlich bei meinem Freund. Mir war schon lange bewusst, dass Tim ein Junkie war. Ich hab dauernd mit mir gekämpft, ob ich es seinen Eltern sagen soll oder ob das Verrat wäre. Irgendwann hab ich's dann getan, weil seine Alten Tomaten auf den Augen hatten und es anscheinend nicht sehen wollten. Zum Dank haben die mich auch noch beschimpft. Mein schlechter Umgang sei schuld und der seiner anderen Freunde, die ihren Sohn dahin getrieben hätten. Aber der würde sich schon noch fangen, er hätte nämlich Charakter im Gegensatz zu uns.« Claude atmete tief ein und stieß die Luft wieder aus. »Also passierte rein gar nichts. Erst als er mit einer heftigen Überdosis in einem Park gefunden und ins Krankenhaus eingeliefert wurde, wachten die Eltern auf und forderten sofort einen Entzug unter Aufsicht. Aber so was geht nicht von heute auf morgen. Es kann Wochen dauern, manchmal sogar Monate, bis in einer dafür zuständigen Einrichtung endlich ein Platz frei wird. Für Tim war es zu spät. Er kam aus dem Krankenhaus und drückte trotz aller Beschwörungen sofort weiter. Er hatte einfach nicht die Kraft aufzuhören. Ihm fielen die Zähne aus, er bekam furchtbare Ausschläge im Gesicht, magerte total ab und war nur noch glücklich oder wenigstens ›normal‹, wenn er gedrückt hatte. Irgendwann fand man ihn tot im Bett. Die Nadel steckte noch in seinem Arm. Das war dann der sogenannte goldene Schuss.« Er rieb sich die Augen.

Wir drei hörten Claude gebannt zu. Ich merkte ihm an, dass er mit der Geschichte noch längst nicht abgeschlossen hatte. Er schüttelte den Kopf, dann meinte er: »Ich könnte kotzen, wenn ich Diskussionen miterlebe und Leute auf der Straße höre, die sich über Junkies oder Clochards aufregen. Die haben doch überhaupt keine Ahnung, was für eine schreckliche Krankheit eine Sucht ist. Da gibt es immer wieder Arschlöcher, die sagen: ›Warum sollen wir Mitleid mit solchen Kreaturen haben? Das sind schließlich erwachsene Menschen. Die wissen doch, was sie tun. Und dann werden die auch noch von unseren Steuergeldern kostspielig therapiert. Nee, die sind alle selber schuld.‹ Wenn ich so was höre, gehe ich dazwischen und frage, ob sie schon mal gehört hätten, dass Sucht eine schwer zu behandelnde Krankheit ist, dass so was schleichend kommt und dass Drogen auch oft die Wahrnehmung beschädigen. Und was antworten die darauf? ›Das wissen die doch vorher.‹ Mann, die kapieren nichts, gar nichts.«

Damit endete Claudes Redeschwall, der mich nachhaltig beeindruckte. Ich verstand ein paar seiner Eigenheiten jetzt besser. Zwar kiffte er immer mit, aber mir war schon aufgefallen, dass er relativ schnell den Joint weitergab, also eher in Maßen rauchte.

»Ich werde niemals was Stärkeres nehmen«, sagte er. »Dafür

habe ich viel zu sehr mit meinem Freund mitgelitten. Ein bisschen bekifft sein ist super, ein bisschen angesoffen sein auch, aber die Kontrolle zu verlieren, das ist richtig scheiße.«

Irgendwann fragte ich Claude nach seinem Job, denn ich hoffte, dass ich dort vielleicht auch arbeiten könnte.

»Nee«, meinte er, »ich bin selber froh, da untergekommen zu sein. Es ist zwar ein beschissener, stumpfsinniger Job, nur Kisten schleppen und Flaschen sortieren und dann auch noch arschfrüh aufstehen, aber dafür ganz gut bezahlt.« Er grinste. »Jedenfalls verdiene ich genug, um meinen Gästen morgens ein Baguette übrig zu lassen.« Wir lachten alle.

»Aber wenn du so ein ausgeprägtes soziales Verständnis hast«, überlegte ich, »wäre es da nicht besser, in dem Bereich zu arbeiten?«

Claude zuckte die Achseln. »Wie denn? Schule geschmissen, keine Ausbildung. Ich weiß ehrlich gesagt auch gar nicht, ob ich das wirklich als Hauptjob machen möchte. Ich bin mal zu Amnesty International gegangen und hab gefragt, ob ich irgendwie mithelfen kann. Weißt du, was die gesagt haben? Ich könnte Post beantworten. Dafür suchen sie immer Leute. Also wenn zum Beispiel jemand aus Hinterindien schreiben würde, er wird gefoltert, dann sollte ich ihm antworten, dass Amnesty alles tun würde, um solche Missstände aufzudecken, und es prima wäre, dass er uns geschrieben hätte.« Er verschränkte die Arme. »Ich will nicht am Schreibtisch sitzen, ich will wirklich helfen, vor Ort helfen, mit meinen Händen, mit richtiger Arbeit, gern auch am Arsch der Welt. Genau das hab ich denen gesagt. Da haben die mich nur arrogant abgewimmelt und gemeint, das würden viele gern, aber da müsste man sich eben erst hinarbeiten, und zwar über den Büroweg.« Völlig entrüstet sah er mich an. »Also echt jetzt! Da wollen Leute ernsthaft einsteigen und helfen, und dann kommen die einem mit so einer verfickten Hierarchie.«

Rudi, Hanneke und ich bestärkten ihn in seiner Meinung und wunderten uns, dass Amnesty derart unflexibel war.

»So«, sagte Claude und blickte in die Runde. »Genug gelabert, jetzt kiffen wir noch schnell einen, und dann muss ich ins Bett. Ihr wollt doch morgen wieder was zu essen haben, oder?«

Hanneke hatte im Handumdrehen einen klassischen Dreiblattjoint gebaut, der wie aus dem Lehrbuch aussah. Ich fragte mich, wie sie das machte, in einer Affengeschwindigkeit und mit einer Präzision, die ich nie so hingekriegt hätte. Na ja, sinnierte ich, meine Feinmotorik war noch nie besonders gut gewesen, deswegen hatte ich in Kunst und Werken auch immer nur eine Vier gehabt.

Wir rauchten und gingen dann alle total müde ins Bett. Hanneke und Rudi schliefen jetzt mit in dem kleinen Zimmer und waren froh, dass Renee weg war und dadurch Platz für sie frei geworden war. Zu dritt war es natürlich noch viel enger als in der Nacht zuvor. Wir lagen wie die Rollmöpse aneinandergequetscht in unseren Schlafsäcken. Ich dachte noch eine Weile über den spannenden, ereignisreichen Tag nach, dann fielen mir die Augen zu. Allerdings nicht für lange. Ich wurde wach, hellwach sogar, weil ich ständig rhythmisch gegen die Wand gedrängt wurde. Rudi vögelte Hanneke. Es war so verdammt eng, dass ich automatisch in Mitleidenschaft gezogen wurde. Immer wieder bekam ich von Hanneke, die hinter mir lag, leichte Stöße in den Rücken. Der Rhythmus wurde schneller, und ich hoffte, die beiden würden bald fertig sein. Aber leider hatte Rudi Kondition. Es kam mir ewig vor, und weil es so penetrant war, überlegte ich kurz, ob das vielleicht Absicht war, also eine Art unausgesprochene Aufforderung zu einem Dreier. Aber da hatte ich doch starke Zweifel, und irgendwann war es auch vorbei. Ich hörte die beiden noch kurz kichern, sie tauschten ein paar zärtliche Küsse aus, dann war Ruhe, und wir schliefen friedlich bis zum nächsten Morgen durch.

Der begann allerdings, wie der Abend aufgehört hatte. Ich wurde wach, weil ich den Kopf von Hanneke in meinem Rücken spürte. Wieder wurde ich rhythmisch gegen die Wand geschoben. Ich war ziemlich müde und hätte gern noch ein bisschen gepennt, aber keine Chance. Die Stöße wurden leidenschaftlicher. Ich räusperte mich und hustete leicht. Ruhe trat ein. Doch nach wenigen Minuten ging es wieder los. Vorsichtige, heimliche Stöße, die mich trotzdem nicht wieder einschlafen ließen. Ich richtete mich auf, kroch aus meinem Schlafsack, stieg mehr oder weniger elegant über die beiden drüber und grummelte halblaut: »Bonjour – good luck.«

Als ich die Zimmertür hinter mir schloss, hörte ich die zwei befreit lachen, und ich bin mir sicher, dass sie heilfroh waren, jetzt endlich keine Rücksicht mehr nehmen zu müssen.

In der Küche sah es verheerend aus. Alle Teller, Schüsseln und Töpfe vom Vorabend standen auf dem Tisch herum, voll mit angetrockneten Essensresten. Dazwischen lagen ein frisches Baguette und ein Zettel, auf dem stand: »Bon appétit.« Claude war echt ein Schatz.

Ich weichte das Geschirr in der Spüle ein und fing an aufzuräumen. Dann brach ich ein Drittel des Baguettes ab, aß es und trank dazu eine ganze Flasche Orangensaft. Nachdem ich sämtliches Geschirr abgewaschen hatte, griff ich zum Handtuch, schnüffelte, nichts Gutes ahnend, vorsichtig daran und fiel fast in Ohnmacht. Es stank bestialisch. Damit konnte ich auf keinen Fall mehr irgendwas abtrocknen, aber ein anderes Tuch war nirgends zu finden. Es gab auch nicht genügend Platz, um die Sachen einfach nass stehen zu lassen. Also erschnüffelte ich die Stelle, die am wenigsten roch, und trocknete damit penibel alles ab. Nebenan hörte ich das Liebespaar heftig stöhnen. Zwischendurch gab Hanneke kurze, schrille Laute von sich, und Rudi feuerte sie an, indem er immer wieder »Oui« flüsterte, aber doch so laut, dass ich es hören konnte.

Ich hatte noch nicht wirklich viel Erfahrung mit Sex. Meine Sexualität beschränkte sich eher auf »Petting«, ein Begriff, den ich von Oswald Kolle, einem Sexualaufklärer der Sechzigerjahre, aufgeschnappt hatte: fantasievoll und aufgegeilt streicheln und fummeln, bis einer von beiden kam. Gevögelt hatte ich das erste Mal etwa acht Monate vorher, kurz vor meinem sechzehnten Geburtstag. Ein ziemlich frustrierendes Ereignis, besonders für das Mädchen, befürchtete ich, weil ich mich total dämlich angestellt hatte …

Wir feierten bei einem Freund. Er hatte sturmfrei. Wild tanzten wir zu Hardrockklängen wie »Satisfaction« von den Stones oder »Whole Lotta Love« von Led Zeppelin. Auch »A hard Day's Night« von den Beatles, »In-a-Gadda-da-Vida« von Iron Butterfly und »School's out« von Alice Cooper gehörten zum Pflichtprogramm unserer Feten. Einige von uns verrenkten sich beim Tanzen derartig, dass sie bestimmt irgendwann mit Spätschäden zu rechnen hatten.

Spannend wurde es bei »Eloise« von Barry Ryan. Alles wartete auf den soften Part, den Schmuseteil des Songs, und als er endlich kam, nutzte jeder von uns Jungs die Gelegenheit, seine Tanzpartnerin an sich heranzuziehen.

Eng umschlungen und uns zärtlich streichelnd bewegten wir uns zu Ryans einschmeichelndem Gesang. Die Takte reichten meist, dass man wenigstens kurz den Busen seiner Tanzpartnerin ertasten konnte, dann kam wieder der schnelle Part. Man trennte sich mit bedauerndem Blick, rockte weiter und ließ die Haare wirbeln.

Manuela, ein Mädchen aus dem Nachbarort, in das ich schon seit Längerem verliebt war, ohne dass sie es ernsthaft wahrnahm, ließ sich von mir überreden, mit in den Keller zu gehen. Monatelang hatte ich ihr vorgegaukelt, ein erfahrener Typ zu sein, der schon mit etlichen Mädchen geschlafen hatte. Unsicher stolperten wir in die Waschküche, weil alle anderen Zimmer belegt waren, und verschlossen die Tür. Auf dem Boden lag ein größerer Wäschehaufen, der uns als Lager dienen sollte. Wir knutschten, und blitzschnell war Manuela nackt. Uns beiden war klar, worum es gleich gehen würde. Während ich sie küsste, versuchte ich, mich gleichzeitig meiner Klamotten zu entledigen. Ich durfte auf keinen Fall den Anschluss verpassen oder die Stimmung vermasseln. Richtig schwierig wurde es, als ich meine geschnürten Wildlederstiefel ausziehen wollte, die mir, der damaligen Mode entsprechend, fast bis zu den Knien reichten. Während ich mit einer Hand Manuelas Busen streichelte, versuchte ich mit der anderen, die Schnürsenkel des ersten Stiefels zu lösen. Das klappte leider überhaupt nicht, im Gegenteil, ich machte einen schier unlösbaren Knoten aus der Schleife. So schaffte ich es erst recht nicht, den bescheuerten Stiefel auszuziehen.

Nur mit der Ruhe, ermahnte ich mich, immer schön locker bleiben!

Leicht schwitzend versuchte ich meinen Kampf mit dem Schuhband zu überspielen, indem ich mich entschied, mich für einen Moment aufzusetzen, so lässig wie möglich, um mit Manuela zu knutschen. Dann beschloss ich erst mal, den anderen Stiefel auszuziehen. Aber dort passierte mir das Gleiche. Verzweifelt zerrte ich an beiden Schnürsenkeln und verknotete sie dabei immer hoffnungsloser. Jetzt war ich wirklich kurz davor, den erotischen Anschluss zu verlieren. Der Kopf setzte ein, und das ist immer scheiße. Also zog ich mir die Hose bis zu den Knien runter und tat so, als wäre es das Selbstverständlichste der Welt, mit angezogenen Stiefeln zwischen ihre Beine zu gleiten. Manu guckte zwar verunsichert, aber als ich sie mit unzähligen Küssen und Liebkosungen übersäte, verlor sie ihre Zweifel, und wir gaben uns dem eigentlichen Anlass hin. Mit quasi gefesselten Beinen verlor ich also meine Unschuld.

Ich schwitzte furchtbar, stand unter unglaublichem Stress und stellte mich vermutlich extrem ungeschickt an. Arme Manuela. Gott sei Dank hatten wir in den darauffolgenden Wochen doch noch ein paar sehr schöne Begegnungen dieser Art. Trotzdem war die Beziehung nach etwa zwei Monaten beendet. Danach gab es noch Gaby, ein Mädchen, das in der Nähe der Schule wohnte, aber auch das hielt nicht lange, und mittlerweile war ich schon wieder über ein Vierteljahr ohne feste Freundin.

Im Nebenzimmer war es jetzt still, die Ruhe nach dem Orgasmus. Hanneke hatte ihr Dope auf dem Tisch liegen lassen, und ich drehte schnell einen Joint. Er gelang nur mäßig, hatte einen leichten Knick in der Mitte, zog aber gut. Ich rauchte ihn an und schlich mich ins Zimmer. Die beiden waren eingeschlafen und lagen völlig entspannt und zufrieden da. Rudis Kopf ruhte auf Hannekes Busen.

Vorsichtig blies ich ihnen Rauch ins Gesicht. Davon wachten sie auf. Hanneke lachte und bestand darauf, ab jetzt jeden Morgen so von mir geweckt zu werden. Wir rauchten den Joint zu Ende, dann standen Hanneke und Rudi auf. In der Küche machten sie mir Komplimente, weil es so aufgeräumt war. Claude würde sich freuen. Das war auch meine Absicht.

Während die beiden frühstückten, ergriff ich die Gelegenheit, sie ein bisschen auszufragen. Im Grunde wusste ich gar nichts über sie. Woher kamen sie genau? Warum waren sie nicht mehr zu Hause? Was hatten sie früher gemacht?

Hanneke erzählte munter drauflos.

»Wir kommen aus Den Haag, sind auf dieselbe Schule gegangen und seit der achten Klasse zusammen. Auf einer Klassenfahrt haben wir uns verliebt und gespürt, dass wir zusammengehören.«

»Für immer und ewig!«, ergänzte Rudi und küsste sie. Hanneke sah ihn liebevoll an und strich ihm zärtlich die Haare aus dem Gesicht.

»Meine Eltern sind Ärzte, sehr gute Ärzte sogar«, erzählte sie weiter. »Sie arbeiten beide in einem Krankenhaus in Den Haag. Mein Vater leitet die psychiatrische Abteilung, während meine Mutter als Chirurgin arbeitet. Sie opfern sich auf für ihren Beruf. Ich glaube, der war ihnen immer wichtiger als meine Schwester Merlin und ich. Wir liefen eher so am Rande mit. Merlin ist zwei

Jahre älter als ich und schon vor zwei Jahren abgehauen. Sie hat sich nie wieder bei uns gemeldet, nicht mal bei mir, und ich mach mir größte Sorgen. Aber meine Alten sagen immer, sie ist volljährig und kann tun und lassen, was sie will.« Hanneke sah zu Boden, und Rudi legte den Arm um ihre Schultern.

»Merlin hatte schon früh einen wahnsinnigen Freiheitsdrang. Mit vierzehn war sie das erste Mal weg. Meine Eltern schalteten damals die Polizei ein, und Merlin wurde an der deutschen Grenze aufgegriffen. Danach lief es eigentlich wieder ganz gut, sie machte ihre Schule zu Ende und wollte studieren. Merlin war eine Leseratte und hasste Drogen, aber irgendwie verhielt sie sich immer merkwürdiger. Zu der Zeit befasste sie sich viel mit Esoterik, Schamanen und Meditation und so und hörte nur noch Vanilla Fudge, Jefferson Airplane und Ravi Shankar. Also, ich würde bestimmt Depressionen kriegen, wenn ich andauernd so einen spirituellen Scheiß hören würde, aber sie liebte das … Ich glaube, sie ist nach Indien abgehauen.« Hanneke stockte jetzt, und ich merkte, wie schwer es ihr fiel, über ihre Schwester zu sprechen. Sie wischte sich ein paar Tränen aus den Augen. Rudi nahm sie in den Arm und drückte sie zärtlich an sich.

»Ich hab eine Scheißwut auf sie! Sich gar nicht zu melden ist so fies, so egoistisch, so verantwortungslos!« Jetzt weinte sie heftiger. »Ich mache mir bis heute mehr Sorgen um sie als meine Alten. Die gehen so kalt damit um, dass ich 'ne Gänsehaut kriege. Reine Kopfmenschen. Merlin ist doch immerhin ihre Tochter und kein biologisches Fremdwesen!« Trotzig ergänzte sie: »Diese Kälte hat mich dazu gebracht, im letzten Jahr abzuhauen. So können sich meine Alten wenigstens ungestört ihrer Arbeit hingeben.«

Sie schmiegte sich enger an Rudi, dann wandte sie mir ihr verweintes Gesicht zu. »Wenn ich Rudi nicht hätte, ich weiß echt nicht, was ich tun würde. Er fängt mich auf … und ich fang ihn auf, weil er auch viel Scheiße erlebt hat.«

»Komm, hör auf«, sagte er sanft, aber bestimmt. »So schlimm

sind deine Eltern nun auch wieder nicht. Zu mir waren sie immer total okay.«

»Klar«, entgegnete sie. »Weil sie froh waren, dass sie sich wegen dir nicht weiter um mich kümmern mussten. Das war ganz bequem für sie. Als das mit deinem Vater passiert ist, hätten sie ruhig ein bisschen auf dich eingehen und dich trösten können. Stattdessen geht es immer nur um ihre Patienten. Alle Probleme im privaten Umfeld werden ignoriert, die könnten sie ja ablenken von ihrer ärztlichen Mission.«

»Was war denn mit deinem Vater, Rudi?«, hakte ich nach.

»Ach«, sagte er, »der ist vor zwei Jahren gestorben. Herzinfarkt. Der hat sich auch wundgearbeitet. Aber nicht weil er eine Mission gehabt hätte, sondern weil er musste. Wir hatten nie genug Kohle. Er war Klempner, Tag und Nacht einsatzbereit. Wenn seine Kunden nachts anriefen, weil bei denen die Heizung nicht mehr lief und es arschkalt wurde, dann fuhr er ohne Murren hin und reparierte den Scheiß. Er sagte immer: Es gibt zu viele Klempner in Den Haag, du musst am Ball bleiben, wenn du weitere Aufträge haben willst. Meine Mutter war zu Hause und kümmerte sich um uns. Ich hab noch drei jüngere Brüder.« Er stockte und warf Hanneke einen kurzen Blick zu. »Zwei jüngere Brüder … Für meine Mutter war es immer wichtig, dass ihre Söhne auf die höhere Schule gehen und irgendwann mal Akademiker werden. Sie hat totale Komplexe, weil sie selbst jahrelang als Verkäuferin im Supermarkt gearbeitet hat und ihr Mann eben ›nur‹ Klempner war. Das hat ihn wahnsinnig unter Druck gesetzt. Einerseits war er stolz darauf, dass ich mein Abi gemacht habe, 'ne Arzttochter als Freundin hab und auch meine Brüder bis auf einen in der Schule klarkamen. Andererseits vermisste er seine Freizeit. Früher hatte er viele Kumpels, war ein guter Torwart, hat in Den Haag sogar in der ersten Mannschaft gespielt. Er ging mit meiner Mutter tanzen, stand auf Elvis. Zum Schluss hatte er nur noch Zeit, um sich hin und wieder zu Hause mal einen zu ballern und mit meiner Mutter zu streiten. Sie hat überhaupt nicht gecheckt, was sie ihm alles abverlangte. Er sollte ordentlich arbeiten, die Kohle nach Hause bringen, sich auch mal um die Jungs kümmern, in der Wohnung alles reparieren und Überstunden machen, gerne auch in Schwarzarbeit. Sie hat es gut gemeint, er hat es gut gemeint. Aber die beiden haben vergessen zu leben. Das mit meinem Bruder hat er dann nicht mehr verkraftet.« Hanneke zog Rudi behutsam zu sich heran. »Mein jüngerer Bruder Marc war Kleptomane. Weißt du, was das ist?« Ich nickte. »Der hat alles geklaut, was nicht angebunden war, und wurde x-mal erwischt. Dazu war er tierisch aggressiv und fing dauernd irgendwelche Schlägereien an. Als ihm dann Jugendknast drohte, hat er sich vor den Zug geschmissen. Mit siebzehn Jahren. Einfach so, ohne Abschiedsbrief, ohne Vorankündigung, ohne dass jemand auch nur ahnte, dass er dazu fähig sein könnte. Ihn tangierte das alles anscheinend doch viel mehr, als wir dachten. Weil er nie Reue zeigte, weil er bockig und stur war und selbst auf mich, seinen großen Bruder, den er eigentlich verehrte, nicht hören wollte.« Rudi starrte für einen Moment ins Leere und griff dann nach Hannekes Hand. »Tja, und ein halbes Jahr später war mein Vater tot. Er war nach Marcs Selbstmord nur noch am Grübeln, trank und arbeitete noch mehr als vorher. Meine Mutter trank inzwischen mit. Ich hätte meine Alten zwar nicht als Alkoholiker bezeichnet, aber es war schon auffällig, dass sie nur in angesoffenem Zustand miteinander klarkamen. Meine Mutter war mit der Situation nach Vaters Tod total überfordert. Sie fing wieder an, im Supermarkt zu arbeiten. Sie war tapfer und kriegte das mit dem Alkohol in den Griff. Sie kämpfte, aber es war nur noch trist und grau zu Hause, als wäre alles unter einer schweren, dunklen Glocke. Ich dachte, wenn ich mit Hanneke zusammen abhaue, würde es leichter für sie werden. Sie müsste sich dann nur noch um meine beiden jüngeren Brüder kümmern, und dazu würde das Geld vielleicht reichen. Ich schreib ihnen hin und wieder eine Karte.«

Ich wusste überhaupt nicht, wer von beiden mir mehr leidtun sollte. Rudi schien resigniert, Hanneke traurig, aber auch wütend.

Schweigen machte sich breit. Sie spürten wohl, was in mir vorging, und Hanneke löste die Situation auf, indem sie mich knuffte.

»Selber schuld. Du wolltest unsere Geschichten hören.« Sie lachte kurz. »Mach dir keine Sorgen. Das liegt schon eine ganze Weile zurück, und in Holland sagt man, Zeit heilt alle Wunden.«

»Den Spruch gibt's auch in Deutschland«, entgegnete ich.

»Na, dann ist doch alles gut. Es ist eine tolle Erfahrung, ohne Sicherheit zu leben. Wir lernen täglich neue, coole Menschen kennen. Wir haben Spaß und müssen uns nicht mehr mit den Problemen zu Hause beschäftigen. Wir dürfen jetzt an uns denken und zusehen, wie wir unser Leben auf die Reihe kriegen. Und wir schaffen das! Das ist das Geilste. Es bedeutet ja nicht, dass wir unsere Eltern und Geschwister verdammen und nie wieder Kontakt mit ihnen haben wollen. Wer weiß, vielleicht gibt's eines Tages ein Zurück.«

Das war das Beste, was sie im Moment sagen konnte. Es war für mich eine Erleichterung zu sehen, dass beide nicht in Depressionen und Verbitterung versanken, sondern optimistisch und humorvoll nach vorne blickten. Hanneke stand auf und drückte mir unvermittelt einen Kuss auf die Wange. Ich war so verblüfft, dass sie und Rudi schmunzelten.

»We like you, Helmut.«

»Me too«, erwiderte ich schüchtern.

»Oh«, sagte Rudi und grinste. »You like you too?« Hanneke lachte laut auf. Ich begriff, dass ich mich missverständlich ausgedrückt hatte, und verbesserte mich schnell: »No, I like you too!«

Nun lachten wir alle gemeinsam, und das tat gut!


Nachdem die beiden fertiggegessen hatten, beschlossen wir, wieder zum Grand Place zu trotten.

Als wir die Wohnungstür öffneten, sahen wir sogleich, dass Henry nicht auf seiner Matratze lag. Und nicht nur das: Sein Kopfkissen, bestehend aus einer alten zusammengerollten Wolldecke, war voll von geronnenem Blut. Wir waren bestürzt. Wo war Henry? Besorgt rannten wir die Treppe hinunter und suchten alle Straßen in der näheren Umgebung ab. Doch er war unauffindbar. Wir überlegten, ob das Blut etwas mit seinen Zähnen zu tun haben könnte oder ob er sich beim Hinlegen vielleicht den Kopf angeschlagen hatte. Wenn das tatsächlich so gewesen war, dann war er vermutlich von sich aus in ein Krankenhaus gegangen, um sich helfen zu lassen, sagten wir uns. Der Gedanke beruhigte uns ein wenig. Schweigend gingen wir weiter, während jeder für sich überlegte, was wir noch anstellen könnten, um Henry zu finden.

Am Grand Place war schon einiges los. Die Mauer war genauso belagert wie am Vortag. Ich sah Patrique.

»Ssa va, Elmüt?«

»Oui, ça va – et toi, Patrique?«

»Mersssi. Ssa va aussssie.«

Das war geklärt. Ich sah John, der mir zuwinkte, und setzte mich mitten rein in die Schar derer, die dort abhingen. Man unterhielt sich mit jemandem links, dann mit jemandem rechts und genoss das herrliche Wetter und die entspannte Atmosphäre.

Ich kam mit einem sehr sympathischen Amerikaner schwedischer Abstammung ins Gespräch. Er trug die gleiche Kleidung wie fast alle, Jeans, T-Shirt und Jeansjacke, aber irgendwie wirkte er gepflegter, adretter als die anderen. Wie sich herausstellte, hatte er Semesterferien und wollte drei Monate durch Europa trampen, auch nach Schweden. Ihn interessierte, wo er seine Wurzeln hatte und wie es in dem Dorf aussah, aus dem sein Urgroßvater stammte. Er kam aus Los Angeles und war Filmstudent, hatte aber auch schon ein paar Male als Regieassistent in Hollywood gearbeitet.

Ich dachte, er verarscht mich. Hollywood. Wie kam der denn auf so was? Und das fragte ich ihn dann auch.

»Wieso?«, entgegnete er. »Das ist doch was ganz Normales, Filme zu machen. Auch wenn das von den meisten Menschen überbewertet wird, so als wären in Hollywood nur Götter. Auch Humphrey Bogart musste zehnmal am Tag pinkeln.«

Den Spruch kannte ich von meiner Mutter, wenn sie über Queen Elizabeth oder John F. Kennedy sprach. Auch die würden sicher ganz normal auf Toilette gehen und sich anschließend den Hintern allein abputzen.

»Und du wirst dann später mal Hollywoodregisseur?«

Er grinste: »Vielleicht, wenn ich gut bin.«

»Wie heißt du?«

»Jeremy … Jeremy Sungaard.«

»Den Namen merke ich mir.«

»Das kannst du gerne machen.« Er lachte.

Ich hatte den Eindruck, dass er maßlos untertrieb. Für einen Polizistensohn aus Dithmarschen, der mit seinen Eltern brave Edgar-Wallace-Filme mit Klaus Kinski und Dieter Borsche sehen durfte oder Lou van Burg mit seiner Show »Der goldene Schuss«, in der ein paar internationale Stars zu bewundern waren – biederstes deutsches Fernsehen eben –, war Hollywood eine andere Dimension.

Wir sprachen noch ein bisschen über den Kultfilm »Easy Rider« mit Peter Fonda, den ich dreimal gesehen hatte. Das war im letzten Jahr ein Muss für jeden gewesen, der raus und rebellieren wollte. Die Filmmusik mit dem genialen Song »Born to be wild« von Steppenwolf wurde über Nacht zum Inbegriff von Freiheit und Hardrock. Der Song prägte auf Anhieb die Gesinnung Hunderttausender Motorradfahrer auf der ganzen Welt.

# 5

## TIRSHATA

Plötzlich erregte etwas ganz anderes meine Aufmerksamkeit: Ein
weißer VW-Bus hielt mitten auf dem Grand Place. Die Schiebetür öffnete sich, mindestens zehn junge Leute stiegen aus und
strömten in alle Richtungen. Vom Alter her schätzte ich sie alle
um die zwanzig. Ein paar von ihnen mischten sich unter uns und
begannen sofort Gespräche über Gott. Ein bildhübsches Mädchen mit einem schwarzen Umhang, viel zu warm für diesen Tag,
kam direkt auf mich zu und fragte mich ohne Umschweife, ohne
Scheu und ohne Vorwarnung: »Do you believe in Jesus?« Dabei
sah sie mich so offen und aufrichtig an, dass ich zunächst sprachlos
war. Sie hatte braune Augen, lange Wimpern, ein paar Sommersprossen, einen sehr schönen Mund, und ihr Gesicht war eingerahmt von langen braunen, leicht welligen Haaren, die ihr bis zur
Taille reichten. Ich verliebte mich schlagartig in sie, so fasziniert
war ich.

»I don't believe in Jesus, but I believe in you«, antwortete ich.
Sie lächelte, und ich fragte sie nach ihrem Namen.

»Tirshata«, antwortete sie.

Was für ein sonderbarer Name, wie aus einem Hermann-
Hesse-Roman. Für jemanden, der sich mit Pazifismus, Freiheit,
Meditation und auch Buddhismus beschäftigte, waren seine Ro-
mane in der damaligen Zeit Pflichtprogramm – allen voran »Siddhartha«.

Tirshata, so erfuhr ich, war Brasilianerin, seit zwei Jahren in
Europa und jetzt bei den Jesus People.

»Oh, dann bist du ein Child of God?«, fragte ich leicht ironisch.

Sie sah mich entsetzt an. »Bist du verrückt? Child of God ist eine sexbesessene Sekte, in der jeder mit jedem schlafen kann. Damit werden die Leute geködert. Das hat mit uns Jesus People nichts, aber auch gar nichts zu tun.«

»Schade«, entgegnete ich frech. »Klang doch eigentlich ganz verlockend, was du da über die Kinder Gottes erzählt hast.«

Sie sah mich enttäuscht an, drehte sich wortlos um und ging. Mir wurde schlagartig klar, dass das Gespräch in eine vollkommen falsche Richtung gelaufen war, und rannte ihr hinterher.

»Sorry, sorry, sorry – das war nur ein blöder Witz. Ich wollte dich nicht verletzen, Tirshata … ehrlich.«

Sie blieb stehen, drehte sich zu mir um und blickte mir prüfend in die Augen. Mir tat es aufrichtig leid. Sie spürte das offenbar, lächelte milde und gesellte sich wieder zu mir. Wir lehnten uns an die Mauer und fingen an, über Glauben, Liebe, Moral, Frieden, Kirche und Sekten zu diskutieren. Ehe wir uns versahen, waren mehrere Stunden vergangen, und ich merkte, dass wir uns noch viel, viel mehr zu sagen hatten. Aber ich verspürte plötzlich einen riesigen Hunger. Ich hatte noch genügend Geld in der Tasche und konnte es mir leisten, Tirshata einzuladen. Wir gingen in ein italienisches Restaurant gleich um die Ecke. Sie aß nur einen Salat, und ich bestellte mir meine geliebten Spaghetti mit dem Kaugummikäse, den es anscheinend überall in Brüssel gab. Währenddessen erzählte sie mir von ihrer Herkunft. Ihre Eltern waren relativ wohlhabend für brasilianische Verhältnisse. Sie wohnten in Rio de Janeiro, hatten aber noch ein Wochenendhaus in Buzios, einem kleinen Luxusvorort direkt am Meer. Nach der Schule hatten sie ihr ermöglicht, mit einer Freundin nach Frankreich zu fliegen, um dort die Sprache zu lernen und ein bisschen herumzureisen. Sie war auch in Griechenland und in Rom gewesen, aber als sie wieder nach Paris gekommen war, hatte sie ihre neue Familie kennengelernt und war deshalb nicht nach Rio zurückgeflogen. Ich fragte sie, ob sie mit »neuer Familie« die Jesus People meinte und was denn mit ihrer alten Familie sei. Darauf meinte sie, dass sie den Kontakt abgebrochen habe und froh sei, endlich ihre wahre Bestimmung gefunden zu haben. Sie würde mit ihrer neuen Familie in einem Haus in der Nähe Brüssels wohnen, einer Art Groß-WG mit mindestens zwanzig Brüdern und Schwestern. Jeden Tag würden sie hierherfahren, um neue Mitglieder anzuwerben.

»Wovon lebt ihr denn?«, fragte ich.

»Jedes neue Familienmitglied bringt etwas Geld in die Gemeinschaft mit ein«, erzählte mir Tirshata. »Wir singen, diskutieren und bitten die Leute um Spenden. Damit finanzieren wir unser Haus und unser Essen. Nach ein paar Monaten ziehen wir weiter, meistens in ein anderes Land, und fangen wieder von vorn an. Ich war schon in Österreich und in der Schweiz.«

»Wer ist denn euer Oberguru?«, fragte ich, und sie lachte.

»Es gibt keinen Oberguru. Wir sind eine Gemeinde von weltweit über hunderttausend Geschwistern. Wir bilden eine riesige Gemeinschaft, und aus ihr heraus wollen wir die Welt missionieren.«

»Aber die Welt ist doch schon seit Hunderten von Jahren christlich missioniert worden«, entgegnete ich. »Ob katholisch oder evangelisch, der Glaube an Gott beziehungsweise Jesus wird sich ja wohl nicht so wahnsinnig von eurem Glauben unterscheiden, oder?«

»Doch«, entgegnete sie. »Natürlich existiert der Mythos Jesus Christus bei uns genauso wie bei den anderen christlichen Glaubensgemeinschaften. Wir wollen jedoch seine wahre Botschaft verbreiten. Die heißt: Frieden auf Erden. Liebe deinen Nächsten. Weißt du, wie viele Kriege es im Namen der christlichen Kirche über Jahrhunderte hinweg gegeben hat? Wie viele Menschen gefoltert, verbrannt, bestialisch umgebracht worden sind? Alles im Namen Jesu Christi, aber in Wahrheit im Namen der Kirche, die um ihren Einfluss bangte. Der Kirche ging es immer schon um Macht und Politik. Schau dir die katholische Kirche an, die ist so was von verlogen. In meinem Land gibt es Tausende Favelas. In denen wiederum leben Millionen Menschen, die kurz vorm Verhungern sind. Sie haben nichts, gar nichts. Es bleibt ihnen oft nichts anderes übrig, als kriminell zu werden. Alle glauben an Gott. Die Brasilianer sind schon vor zweihundert Jahren missioniert worden und extrem gottesgläubig. Da haben die Missionare ganze Arbeit geleistet. Anstatt ihnen aber wirklich zu helfen, mit Nahrung oder mehr sozialen Einrichtungen zum Beispiel, setzte die Kirche ihren Reichtum dafür ein, ihre Gotteshäuser immer prunkvoller zu gestalten. Schau dir nur den Vatikan an. Ich war dort. Denen geht es nur darum, nach außen hin zu protzen, etwas darzustellen, aber innen sind sie so verlogen und korrupt, dass man heulen könnte. Und dann ziehen sie den Ärmsten der Armen noch die letzten Cruzeiros aus der Tasche, indem sie in den entlegensten Gebieten Brasiliens für die Renovierung irgendeines Altars oder den Neuanstrich einer Kirche in den Dörfern sammeln. Und die Leute spenden tatsächlich im Glauben, sie würden etwas Gutes tun und Gott würde es ihnen danken. Ich könnte schreien vor Wut …« Sie ballte die Fäuste, ergänzte dann aber etwas versöhnlicher: »Andererseits tun sie es gern, weil die Kirche meist der einzige Zufluchtsort für sie ist, an dem alles sauber ist und geordnet und strahlend. Das tut ihnen gut bei all der Armut. Sie sind so naiv.«

Sie hatte sich dermaßen in Rage geredet, dass sie lauter hektische Flecken an ihrem Hals bekam und schwitzte. Ich riet ihr, den schwarzen Umhang abzulegen, es sei doch viel zu warm. Aber sie wollte nicht, sie meinte nur, der Umhang sei ihr Schutz. Sie würde sich sogar nachts mit ihm zudecken. Wovor sie denn Angst habe, wollte ich wissen, und sie antwortete, ich könne das nicht verstehen. Sie würde einfach spüren, dass dieses Cape sie schützen würde … vor allem!

Dann warf sie einen Blick zur Uhr an der Wand und erschrak.

»Es ist schon fünf. Die anderen warten auf mich. Ich muss zum Platz zurück, sonst ist Bastian böse auf mich.«

»Wer ist Bastian?«

»Unser Familienoberhaupt, ein Deutscher. Wir fahren jetzt nach Hause, essen gemeinsam, dann reden, beten und singen wir noch. Willst du mitkommen?«

Ich wäre zu gern mitgegangen, nur um bei ihr zu sein. Sie faszinierte mich. Fast war ich bereit, mich ihr anzuschließen. Alles, was sie gesagt hatte, klang überzeugend.

Ich hatte solche Diskussionen über christliche Themen schon in der Schule und auch im Konfirmandenunterricht geliebt. Die anderen Konfirmanden lehnten den Unterricht ab und machten sich darüber lustig. Ich aber mochte den modernen, jungen Pastor, der noch nicht besonders lange in Lütjensee arbeitete. Er hatte es geschafft, den richtigen Ton zu treffen, um mit uns vierzehn-, fünfzehnjährigen Knirpsen über Gott und Religion zu reden. Er ergänzte die Diskussionen, indem er über Politik und soziale Missstände sprach: Themen, die ich nicht im Zusammenhang mit dem Konfirmandenunterricht erwartet hätte. Eine Zeit lang wollte ich damals sogar selbst Pastor werden, so sehr hatten mich die Gespräche gefordert.

Tirshata blickte mir auffordernd in die Augen, aber ich war noch nicht so weit. Einem Instinkt folgend, spürte ich, was für eine Anziehungskraft Sekten auf Jugendliche hatten, die sich auf der Sinnsuche oder in einer Sinnkrise befanden. Sie boten einen anderen Weg, sich bürgerlichen Zwängen zu entziehen. Überall, wo man unter Gleichgesinnten war, fühlte man sich ein bisschen zu Hause, hatte kurzfristig eine Heimat. Dazu musste man aber auch voll und ganz hinter dieser neuen Glaubensrichtung stehen. Wie sollte das so schnell gehen? Ich sah nur dieses wunderschöne Mädchen, mehr interessierte mich für den Moment nicht. Außerdem hatte ich doch gerade erst eine kleine Ersatzfamilie gefunden. Meine ganzen Sachen waren bei Claude.

Plötzlich schoss mir Henry durch den Kopf. Was war mit ihm?

»Sorry, Tirshata«, sagte ich. »Heute kann ich nicht mitkommen. Vielleicht morgen. Sehen wir uns morgen?«

Sie lächelte mich vielsagend an und ging zur Tür. Dort drehte sie sich noch einmal zu mir um.

»Helmut heißt du?«

Ich nickte.

»Danke für das Essen. Bis morgen. Ich freu mich auf dich. Am Grand Place …« Dann trat sie auf die Straße hinaus.

Tirshata … was für ein exotischer Name, was für ein Traummädchen. Ich war überwältigt. Schnell zahlte ich und rannte zum Platz. Ich konnte gerade noch sehen, wie sie vor dem Bus von einem Typen aufgehalten wurde, mit dem sie dann zusammen einstieg. Wahrscheinlich Bastian, der Oberguru … Augenblicke später fuhren sie los. Würde sie morgen wiederkommen?

An der Mauer war Hochbetrieb. Ich entdeckte Claude unter den Leuten, das war ungewöhnlich. Er arbeitete normalerweise um diese Uhrzeit noch. Sorgenvoll blickte er mich an, als ich auf ihn zuging.

»Ich mache mir wahnsinnige Sorgen um Henry«, sagte er. »Eben war ich noch mal in der Wohnung. Seine Matratze ist unberührt. Das ganze Blut auf dem Boden … Hoffentlich ist nichts Schlimmes passiert.«

»Wollen wir ihn suchen, am Bahnhof vielleicht, oder irgendwelche Krankenhäuser anrufen?«, meinte ich. »Wir können aber auch nach Hause gehen und dort auf ihn warten. Er wird bestimmt wiederkommen. Ich meine, selbst wenn er etwas Ernsthaftes mit den Zähnen haben sollte, davon stirbt er nicht.«

Das leuchtete Claude ein. Zusammen schlenderten wir in die Oberstadt. Als wir das Haus betraten, fiel mir wieder auf, wie muffig es dort roch. Ich hatte eine Idee.

»Wenn Henry zurückkommen sollte, wovon ich ausgehe, dann könnten wir ihn doch überraschen.«

»Und wie und womit?«, wollte Claude wissen.

»Es stinkt hier immer so. Was hältst du davon, wenn wir seine eklige Matratze entsorgen und ihm stattdessen ein vernünftiges Lager bauen? Jetzt, wo auch noch alles voller Blut ist, freut er sich bestimmt. Das wird wie ein neues Zuhause für ihn sein.«

»Keine schlechte Idee. Aber wo kriegen wir eine neue Matratze her?«

Ich zuckte die Schultern.

»Wir könnten vielleicht ein paar Krankenhäuser abklappern und fragen, ob sie möglicherweise eine alte Matratze loswerden wollen. Es ist ja schließlich für einen guten Zweck. Oder wir klingeln bei den Nachbarn. Das kann doch nicht so schwer sein.«

Inzwischen waren wir oben angekommen. Es sah wirklich schrecklich aus, so als ob jemand abgestochen worden wäre. Es war nicht zu übersehen, dass sich Henrys Matratze sowieso schon halb aufgelöst hatte. Das Obermaterial war an vielen Stellen aufgerissen, und Schaumstoff oder Watte oder was auch immer bröselte heraus.

Claude hatte eine Idee. Er hatte einen Kumpel, der in einem Hotel arbeitete. Den wollte er fragen, ob die nicht eine Matratze entbehren könnten, schließlich mussten die doch hin und wieder welche ersetzen. Das erschien uns logisch. Also räumten wir die paar Sachen, die sonst noch herumlagen, zur Seite: eine alte, verdreckte Stofftasche, die leer war, eine Blechtasse und ganz hinten in der Ecke noch ein paar ausländische Münzen neben leeren Schnapsflaschen. Wir packten die Matratze, die erstaunlich schwer war, an den Ecken und schleiften sie die Treppe runter. Im zweiten Stock öffnete sich plötzlich eine Wohnungstür, und ein etwa dreißigjähriger, unrasierter Araber kam heraus. Claude begrüßte ihn kurz und fragte prompt, ob er zufällig eine Matratze oder etwas Ähnliches übrig habe. Der Araber guckte angewidert auf das, was wir da mühevoll runterschleppten, und fluchte dann: »So weit kommt's noch. Dem Penner auch noch was zum Schlafen zur Verfügung stellen. Wir können doch froh sein, wenn der endlich weg ist. Krepieren soll der.« Damit schlug er seine Wohnungstür zu und rannte vor uns die Treppe hinunter.

»Rassist«, meinte Claude lakonisch.

Als wir draußen vor der Eingangstür standen, überlegten wir, wohin wir dieses Monstrum von Matratze schaffen sollten.

Wir überquerten die Straße und näherten uns einem Haus, das ähnlich heruntergekommen schien wie unseres. Claude stieß die Tür auf, guckte kurz rein und gab mir ein Zeichen, dass dies der geeignete Ort sei, die blutverschmierte Schlafunterlage zu entsorgen. Gesagt, getan – wir lehnten die Matratze so gut es ging innen an die Flurmauer. Sie fiel immer wieder in sich zusammen. Als sie endlich einigermaßen stand, sicherten wir uns nach links und rechts ab, ob uns auch ja keiner gesehen hatte. Dann rannten wir wieder Richtung Innenstadt.

Unweit vom Grand Place begaben wir uns zum Hinterausgang eines größeren Hotels. Es war mittlerweile früher Abend, und Claude hoffte, dass sein Freund Pierre heute arbeiten und bald Feierabend haben würde. Als niemand kam, ging er nach vorn zur Rezeption und erkundigte sich nach ihm. Man sagte ihm, dass sein Freund bald mit der Arbeit fertig sei und jeden Moment kommen müsste. Also warteten wir geduldig weiter. Nach vielleicht einer halben Stunde kamen ein paar Hotelangestellte raus. Unter ihnen war auch Pierre. Claude erzählte ihm von Henry und der Notwendigkeit, eine neue Matratze zu beschaffen, und zwar möglichst heute noch. Pierre überlegte. Dann hatte er eine Idee. Er würde zurück ins Hotel gehen. Dort gab es einen Extraraum für Ersatzmatratzen, Zustellbetten und kleinere Möbel, falls in irgendeinem Zimmer Bedarf dafür war. Hinter diesem Raum lag ein abgesperrter Innenhof. Über eine Mauer, die leicht zu überklettern sei, könnte man da reinkommen, meinte er. Wenn ihn niemand sehen würde, wollte er eine der Ersatzmatratzen einfach aus dem Fenster in den Hof werfen. Wir sollten warten, bis es dunkel wäre, und dann in den Hof klettern, um sie dort abzuholen. Das sei aber unser eigenes Risiko. Wenn wir erwischt würden, dürften wir ihn auf keinen Fall verpfeifen.

Das war selbstverständlich. Also ging Pierre zurück ins Hotel und kam überraschend schnell zurück. Alles hatte geklappt. Es war zufällig gerade niemand in dem Trakt des Hotels gewesen. So hatte er sich in den Extraraum schleichen und die Matratze blitzschnell in den Hof schmeißen können. Jetzt hoffe er nur, dass sie dort niemand entdecken würde. Er zeigte uns die Mauer, über die wir später rüberklettern sollten. Dann unterhielten er und Claude sich noch über ein paar andere Dinge, über gemeinsame Freunde und seine Arbeit, auf die er keinen Bock mehr hatte, zu stressig, beschissene Arbeitszeiten, zu schlecht bezahlt und so weiter. Über unseren bevorstehenden »Einbruch« wurde kein Wort mehr verloren. Wir bedankten uns herzlich für seine Hilfe, dann wandte sich Pierre zum Gehen.

Es war erst zwanzig Uhr. Bis es dunkel wurde, dauerte es noch. Claude schlug vor, in eine ziemlich verrückte Bar zu gehen, eher eine Mischung aus Bar und Diskothek. Sehr futuristisch, aber mit einer super Anlage und geiler Musik. Eigentlich war es noch viel zu früh. Wir versuchten es trotzdem.

Ein paar Straßen weiter stoppte Claude vor einem alten Brüsseler Wohnhaus. Erst auf den zweiten Blick sah ich, dass sich neben der Eingangstür noch eine kleinere Tür befand. Auf einem Schild stand *Le Cube*, der Würfel. Musik ertönte von innen. Wir hatten Glück, es war schon geöffnet.

Hintereinander traten wir in einen rund sechzig Quadratmeter großen, komplett weiß gehaltenen Raum. Links war die Bar, und auf der rechten Seite befand sich ein Ensemble aus riesigen Quadern unterschiedlicher Größe, die mit Filzteppich beklebt waren. Der erste Würfel war etwa einen halben Meter hoch. Von ihm aus konnte man auf andere Würfel und Quader steigen und sich dort niederlassen. Auf der obersten Ebene lagen überdimensionale weiße Stoffkissen, um sich an die Wand zu lehnen. Einige Freaks saßen schon da, hörten Musik oder rauchten und unterhielten sich. Claude und ich sicherten uns einen Eckplatz ganz oben. Man konnte sich in die Kissen richtig reinkuscheln, es war total bequem. Ich fühlte mich sofort sauwohl. Über ein perfektes Soundsystem hörten wir guten Rock. Fleetwood Mac, »Oh well, Part one«.

Wie erwartet wurde von irgendeiner Seite ein Joint gereicht. Wir rauchten und versanken, eingebettet in die Kissen, in dem Klang der Musik. Jeder hing seinen Gedanken nach. Alles war entspannt.

Plötzlich wurde die Eingangstür energisch aufgestoßen. Vier Polizisten stürmten den Raum. Zwei postierten sich an der Tür, die anderen beiden riefen laut: »Ausweiskontrolle!« Sie waren mit Maschinengewehren bewaffnet, das wirkte angsteinflößend und militant. Wo war ich denn hier gelandet? Ich dachte sofort an meine Eltern. Hatten sie am Ende Interpol eingeschaltet, um mich zu suchen? Quatsch! Bekiffter Verfolgungswahn! Wie naiv! So eine Aktion hier würde vielleicht bei Schwerverbrechern gemacht, bei einer Drogenrazzia, aber bestimmt nicht, um einen sechzehnjährigen entlaufenen Sohn zurückzuholen. Und überhaupt … Sie hatten mich schließlich rausgeschmissen. Ich war im Recht. Trotzdem wurde mir angst und bange. Ich hatte meinen Perso nicht dabei. Die Bullen forderten einen nach dem anderen auf, sich auszuweisen. Jeder wurde nach Drogen befragt, einer sogar an die Wand gestellt und abgetastet. Er musste die Schuhe und Socken ausziehen, seine Jacke wurde komplett umgekrempelt. Sie fanden nichts.

Schließlich war ich an der Reihe. Ich holte mein bestes Französisch hervor und erklärte, dass ich Schüler aus Deutschland sei, meinen Personalausweis in der Jugendherberge gelassen und ihn extra nicht mitgenommen hätte aus Angst, bestohlen zu werden.

Der Bulle sah mich ernst und reglos an. Ich versuchte verzweifelt, einen Witz anzubringen, und erzählte ihm, mein Vater sei ein Kollege von ihm in der Nähe von Hamburg, aber mit einer Maschinenpistole hätte der noch nie nach Ausweisen gefragt. Das half tatsächlich. Er schmunzelte leicht, verwies darauf, dass ich bald gehen müsse, sonst würde ich nicht mehr in die Jugendherberge kommen, und ich antwortete rasch: »Eben, wir wollten sowieso gerade los.«

Damit erhoben Claude und ich uns, schoben uns an ihm und den beiden Polizisten am Eingang vorbei und verließen lässig den Raum. Kaum waren wir draußen, rannten wir wie von Sinnen die Straße runter und stoppten erst, als wir völlig außer Atem waren und nicht mehr konnten.

Claude hatte auch Schiss gehabt. Jetzt grinste er und sagte anerkennend: »Alter, wie kann man nur so abgefuckt sein.«

Das machte mich richtig stolz. An Ausreden hatte es mir noch nie gemangelt, weder in der Schule noch zu Hause.

Inzwischen war es dunkel, also machten wir uns auf den Weg zum Hotel. Der Innenhof war nicht beleuchtet. Das war gut so, denn es erhöhte die Chancen, unbemerkt über die Mauer zu kommen. Claude wollte das allerdings allein machen. Er würde die Matratze über die Mauer heben, und ich sollte sie auf dieser Seite entgegennehmen. Schon schwang er sich mit einem Klimmzug hoch, bekam einen Fuß auf die Kante und landete beinahe lautlos auf der anderen Seite. Sekunden später fiel mir die Matratze vor die Füße. Er kletterte zurück, wir schnappten uns das Teil und trugen es durch die Straßen. Auch diese Matratze war erstaunlich schwer, und es wurde mühevoller, als wir gedacht hatten. Ein paar Leute, die uns begegneten, guckten uns verwundert hinterher. Endlich erreichten wir das Haus und stellten fest, dass es im Treppenhaus mehr stank als vorher. Aber wieso? Nun hatten wir das versiffte Zeug von Henry entsorgt, und es roch immer noch so übel. Mit jeder Etage wurde der Gestank widerlicher. Als wir vor Claudes Wohnung standen, wussten wir, warum. Auf der Schwelle seiner Eingangstür lag ein riesiger Haufen breiiger Scheiße. Wir vermuteten, dass Henry zurückgekommen war, und als er gesehen hatte, dass seine Sachen weg waren, war er wahrscheinlich so enttäuscht oder sauer gewesen, dass er Claude einfach vor die Tür gekackt hatte. Er hatte natürlich nicht ahnen können, dass wir es nur gut gemeint hatten.

Claude war außer sich, so hatte ich ihn noch gar nicht erlebt. Er fluchte, schloss die Tür auf und schrie:

»So ein Arschloch! Erst darf er monatelang vor meiner Tür hausen, kriegt von mir zu fressen, wird wie ein Familienmitglied aufgenommen, und dann das hier. Der kriegt so auf die Fresse, wenn er wiederkommt.«

Wie aber sollten wir die Scheiße jetzt wegmachen? Weder Claude noch ich hatten ein Interesse daran, diese undankbare Aufgabe zu übernehmen. Wir beschlossen, Hanneke und Rudi zu wecken. Die konnten schließlich auch mal was tun. Leider waren sie nicht da. Wahrscheinlich hingen sie noch irgendwo in der Innenstadt rum. Claude und ich blickten uns unglücklich an. Ich spürte, dass er von mir erwartete, etwas zu unternehmen. Als Gegenleistung für seine Gastfreundschaft vielleicht …

Ich blickte mich um und entdeckte einen Getränkekarton. Also fragte ich Claude, ob er eine Schaufel oder etwas Ähnliches besaß. Er zuckte mit den Schultern und machte sich auf die Suche. Schließlich kam er mit einem Esslöffel zurück.

»Aha«, sagte ich. »Und morgen essen wir wieder Spaghetti damit?«

Claude grinste kurz. »Genau! Wir lassen Rudi damit essen, damit er auch ein bisschen was davon hat.«

Ich machte ein Würgegeräusch und sagte: »Igitt, du bist ein Schwein.«

Endlich lachte er wieder. Dann kniete ich mich mit zugehaltener Nase neben den Haufen. Löffel für Löffel wanderte in den Karton. Ich hätte kotzen können.

Claude verschwand in der Küche, vermutlich konnte er den Anblick nicht ertragen. Ich dachte im Stillen, dass ich jetzt, nach dieser Großtat, wenigstens kein schlechtes Gewissen mehr haben müsste, bei ihm zu wohnen. Immerhin machte ich im wahrsten Sinne des Wortes die Scheißarbeit.

Nachdem alles im Karton war, schrubbte ich mit herumliegendem Zeitungspapier so gut es ging den Boden, deckte mit den Zeitungen die Scheiße ab, warf den Löffel gleich mit dazu und trug den Karton runter vor die Tür. Ich fand keine Mülltonne, also blieb mir nichts anderes übrig, als ihn ein paar Straßen weiter irgendwo am Rand des Bürgersteigs abzustellen.

Als ich wieder oben war, sah ich, dass Claude sich überwunden hatte, mit einem nassen Lappen und viel Spülmittel die Stelle komplett sauber zu wischen. Anschließend setzten wir uns an den Küchentisch. Er fragte mich, ob ich was rauchen wolle. Ich lehnte ab.

»Ein bisschen Baguette von heute Morgen?«, bot er an.

Ich lehnte auch das ab. Mir war der Appetit gründlich vergangen. Stattdessen schlug ich ihm vor, schlafen zu gehen. Claude war auch müde und musste sowieso am nächsten Morgen wieder arbeiten. Ich schlüpfte sofort in meinen Schlafsack und schlief gleich ein. Glücklicherweise kamen Hanneke und Rudi diese Nacht nicht zurück. So hatte ich viel Platz und konnte mich so richtig ausbreiten.

Am Morgen hörte ich Claude in der Küche hantieren. Der Typ hatte eine unglaubliche Disziplin. Einerseits war er total lässig und verkifft, andererseits arbeitete er nach festen Zeiten und Regeln und verdiente das Geld, um alles zu finanzieren, letztendlich sogar uns. Ich drehte mich auf die Seite und schlief weiter. Leider bekam ich schreckliche Albträume. Ich sah meine Mutter mit verheulten Augen, meinen Vater, der kreidebleich und besorgt hinter ihr stand. Ich sah mehrere Bullen, die mich irgendwo im Hamburger Hafengebiet verfolgten, mit Maschinengewehren im Anschlag. In die Enge getrieben, wollte ich gerade von einem riesigen Container in die Elbe springen, als ich schweißgebadet aufwachte. Mein Herz raste. Mit meinen Gedanken war ich sofort bei meinen Eltern. Ich wollte sie unbedingt heute anrufen, ihnen eine Nachricht zukommen lassen. Ihre traurigen Gesichter aus meinem Traum machten mir ein furchtbar schlechtes Gewissen. Trotz allem, was passiert war, ahnte ich, dass sie sich schreckliche Sorgen machten.

Ich stand auf und wusch mich in der Küche. Heißhungrig fiel ich über das Brot her, das Claude wieder besorgt hatte. Ich war extrem schlecht drauf und schlurfte Richtung Grand Place. Als ich an einer Telefonzelle vorbeikam, kramte ich in meinen Taschen nach Kleingeld und rief klopfenden Herzens zu Hause an. Der Anrufbeantworter schaltete sich ein, und ich hörte die vertraute Stimme meines Vaters: »Hier ist der automatische Anrufbeantworter der Polizeistation Lütjensee. Im Moment ist niemand zu erreichen. Sprechen Sie bitte eine Nachricht auf Band, und hinterlassen Sie Ihre Telefonnummer.«

Ich überlegte. Was sollte ich tun? Sollte ich tatsächlich etwas draufsprechen? Schließlich rang ich mich nach einer langen Pause zu einem hektischen »Mir geht es gut« durch. Danach legte ich sofort den Hörer auf. Das musste reichen. Es war ein Signal für sie, dass sie sich nicht allzu sehr zu sorgen brauchten, dass ich am Leben war und trotz allem, was zwischen uns vorgefallen war, an sie dachte.

Ich musste mir eingestehen, dass es mir guttat, die Stimme meines Vaters gehört zu haben. Beruhigt und zugleich beschwingt ging ich weiter. Ich würde heute Tirshata treffen.

Am Platz angekommen, wiederholten sich die üblichen Rituale.

Patrique rief schon von Weitem: »Sssa va, Elmüt?«

»Oui, ça va, et toi, Patrique?«

»Mersssi, sssa va aussssi.« Ich grinste. Das wäre schon mal abgehakt.

Von den Jesus People war niemand zu sehen. John war da und Hanneke und Rudi auch. Ich ging auf sie zu.

»Hey, wo wart ihr denn letzte Nacht?«

Sie erzählten, dass sie Leute aus einer Kommune kennengelernt und dort geschlafen hätten. Sie wären zu stoned gewesen, um noch in die Oberstadt zu laufen. Liebevoll nahm Rudi Hanneke in den Arm, strich mit der Hand über ihre Haare und küsste sie zärtlich auf die Wange. Ich beneidete die beiden um ihre Liebe und das Selbstverständnis, mit dem sie ihre Zärtlichkeiten austauschten.

Wo blieb Tirshata? Würde sie heute wirklich kommen?

Plötzlich entdeckte ich zwei exotisch aussehende, braunhäutige Typen, die sich gerade mit John und noch einigen anderen unterhielten. Ich stellte mich dazu und erfuhr so, dass es sich bei den beiden um Jonathan von den Fidschi-Inseln und Abdul aus Malaysia handelte. Sie interessierten sich sehr für all die Leute, die sich täglich an der Mauer trafen. Ich erfuhr, dass es nur wenige Meter vom Grand Place entfernt eine Einrichtung gab, die von der Kirche finanziert und von einem Pastor geleitet wurde und in der junge Leute, die auf der Straße lebten, übernachten konnten. Ich schaltete sofort und überlegte, ob das nicht sogar eine Alternative für mich wäre, um Claude nicht weiter zu belasten, geschweige denn auszunutzen. Andererseits waren mir meine drei Mitbewohner in der Oberstadt ziemlich ans Herz gewachsen. Ich war gern mit ihnen zusammen, so beengt man dort auch wohnte.

Jedenfalls interessierten mich Jonathan und Abdul auf Anhieb. Allein schon ihrer Herkunft wegen! Fidschi und Malaysia – die Namen lösten in mir unsagbares Fernweh aus. Die Südsee und Fernost mit dem ältesten Regenwald der Erde … Das wusste ich nicht aus der Schule, sondern aus meiner Zeit als Briefmarken-

und Miranda-Bilder-Sammler. Als ich als acht- oder neunjähriger Knirps in Dithmarschen wohnte, gab es Sammelalben der Firma Miranda. Darin waren alle Länder der Erde aufgelistet, und jedes einzelne wurde genau beschrieben – Größe, Einwohnerzahl, Bodenschätze und vieles mehr. Man musste Miranda-Kaugummis kaufen und bekam dann eine Sammelbildertüte dazu. In der befanden sich Fahnen, Wappen oder geografische Bilder all der Länder, die man in dafür vorgesehene Kästchen im Album einkleben konnte. Ich war süchtig danach, und mit Sicherheit war diese Sammelleidenschaft mitverantwortlich für mein Fernweh und meine Neugier auf fremde Länder, Menschen, Sitten und Gebräuche. Die Einsamkeit Dithmarschens und meine Karl-May-Bücher hatten meine diesbezüglichen Wünsche noch zusätzlich verstärkt. Ich hatte ja nur meine Fantasie, um in die Ferne zu schweifen.

Schnell kam ich mit Jonathan und Abdul ins Gespräch. Beide waren Studenten aus London, die befreundet waren und zurzeit Semesterferien hatten. Auf ihrer Reise durch Europa war ihnen nun das Geld ausgegangen, und durch Zufall hatten sie hier am Grand Place Bob, den Pastor, kennengelernt. Bob war der Leiter einer Einrichtung, die den Namen Infor Jeunes trug, was so viel wie »Hilfe für Jugendliche« bedeutet. Möglicherweise war Infor Jeunes auch nur der Name einer Organisation, die solche Einrichtungen förderte, ich hatte es nicht so genau verstanden. Bob, erzählten sie, würde auch Jobs besorgen. Jeden Abend würde man zusammenkommen und gemeinsam eine Suppe essen. Danach – das war die einzige zwingende Aufgabe, die man zu erfüllen hatte – musste man ein Gespräch mit Bob führen. Dabei ging es nicht unbedingt um religiöse Themen, sondern eher darum, was man vom Leben erwartete, wie man sich selbst in eine Gemeinschaft einbrachte oder was man für andere tun konnte. Ich fragte die beiden, ob man denn überzeugter Christ sein müsse, um mit diesem Bob zu reden.

»Darum geht es nicht«, sagte Jonathan. »Ich bin zwar gläubiger Christ, und Abdul ist gläubiger Moslem, aber die verschiedenen Religionen haben bei Bob eine untergeordnete Rolle. Es geht darum, miteinander zu leben, sich gegenseitig zu respektieren und zu helfen. Verstehst du? Es geht um den sozialen Umgang miteinander. Es ist doch egal, wie wir unseren Gott nennen. Bei uns heißt er Gott, bei den Moslems Allah, bei den Indianern Manitou, bei den Buddhisten Buddha, und die Hindus haben ganz viele verschiedene Götter. Toleranz ist wichtig. Jeder hat seinen individuellen Glauben, und das ist gut so. Der Frieden, den alle miteinander anstreben sollten nach diesen ganzen wahnsinnigen Religionskriegen, die besonders die katholische Kirche über Jahrhunderte geführt hat, der muss das Ziel sein! Peace on earth, verstehst du?«

Seine Worte machten mich nachdenklich. Erst gestern hatte ich ein ähnliches Gespräch mit Tirshata geführt. Das hatte mich nachhaltig beeindruckt, und jetzt kam mir der Typ von den Fidschi-Inseln mit dem gleichen Thema. Wieso führte ich jeden Tag solche Gespräche?

Jonathan wartete auf eine Antwort von mir.

»Warum sagst du nichts?«, fragte er.

»Weil du gerade so redest, als wärst du selbst ein ausgebildeter Priester, der die Welt missionieren will.«

Er lachte.

»Nein, um Gottes willen, das will ich ganz bestimmt nicht. Ich möchte in zwei Jahren in meine Heimat zurückkehren und dort als Lehrer arbeiten. Ich studiere Physik und Chemie, und in den Fächern gibt's auf den Fidschis großen Nachholbedarf. Generell ist das Schulsystem dort noch sehr unterentwickelt.« Er erzählte mir, dass sich die Fidschis aus Hunderten kleiner und größerer Inseln zusammensetzten und einige davon total unbewohnt waren.

Abdul schaltete sich in unser Gespräch ein, auch er wollte Lehrer werden. Er kam direkt aus Kuala Lumpur und erzählte von unglaublicher Armut in seinem Land, aber auch von der Schönheit und den Urwäldern mit ihrem Tierreichtum.

Während ich den beiden völlig fasziniert zuhörte, bekam ich plötzlich aus den Augenwinkeln mit, dass der Bus mit den Jesus People am Grand Place eintraf.

Gespannt beobachtete ich, ob Tirshata aussteigen würde. Die Fahrertür öffnete sich. Zuerst erschien der Typ, der gestern als Letzter mit ihr zusammen eingestiegen war. Er schien tatsächlich der Chef oder, besser, das »Familienoberhaupt« zu sein. Er orientierte sich kurz und rief den anderen im Wageninneren etwas zu. Dann öffnete er die Schiebetür. Etwa acht Personen sprangen aus dem Bus. Sofort liefen sie in verschiedene Richtungen davon. Als Letzte stieg schließlich Tirshata aus. Mein Herz schlug heftig. Ich fand, sie war noch schöner als tags zuvor. Eingehüllt in ihr schwarzes Cape, mit blassem Gesicht und den langen dunklen Haaren, sah sie aus wie ein Engel. Der Chef rief ihr noch irgendwas zu, sie nickte nur. Er ließ sie stehen und fuhr weiter. Sie wirkte einsam und allein, so mitten auf dem Platz. Ein Zauber schien sie zu umgeben. Sie schaute suchend in Richtung unserer Gruppe. Schließlich trafen sich unsere Blicke. Sie lächelte erleichtert und kam zögernd auf mich zu. Ich rief Jonathan und Abdul noch ein kurzes »Sorry, see you later« zu und stürmte Tirshata entgegen. Am liebsten wären wir uns beide spontan in die Arme gefallen, aber kurz bevor wir uns erreichten, stoppten wir ab und gaben uns nur verlegen die Hand. Immerhin fand ich den Mut, sie dann doch für einen kurzen Moment in die Arme zu nehmen und ihr einen schüchternen Kuss auf die Wange zu geben. Dabei fiel mir auf, wie wunderbar ihr Haar duftete.

»Ich hab schon die ganze Zeit auf dich gewartet«, stammelte ich. »Wie schön, dass du wirklich gekommen bist.«

Sie lächelte nur und sah mir direkt und ohne Scheu in die Augen. Der Glanz ihrer Pupillen faszinierte mich. Ich nahm eine unfassbare Tiefe, Reinheit und Ehrlichkeit in ihrem Blick wahr, aber auch etwas Suchendes und Aufforderndes, als wollte sie fragen: »Meinst du es ernst mit mir?«

Ich nahm ihre Hand und zog sie zur Mauer. Dort stellte ich ihr Jonathan und Abdul vor. Es entstand ein kurzes, oberflächliches Gespräch. Ich wäre so gern mit ihr allein gewesen und fragte sie deshalb, ob sie mit mir durch die Stadt schlendern wolle. Sie nickte nur, und so spazierten wir Hand in Hand durch Brüssel und entfernten uns immer weiter vom Platz. Es schien ganz selbstverständlich, dass wir uns an den Händen hielten. Zwischen uns war eine spontane Nähe entstanden, die weder sie noch ich hinterfragen wollten. Wir ließen uns einfach treiben, redeten nicht viel und genossen die Selbstverständlichkeit unseres Beieinanderseins. Irgendwann entdeckten wir einen kleinen Spielplatz. Sie lächelte mich verschmitzt an und fragte:

»Wollen wir spielen?«

Einen Moment lang überlegte ich, ob ich ihr sagen sollte, dass das ziemlich doppeldeutig klang, aber nach den Erfahrungen von gestern schluckte ich die Erwiderung schnell hinunter. Ich hatte schon begriffen, dass sie bei Themen, die in irgendeiner Weise das Sexuelle streiften, absolut blockiert und humorlos war.

Wir gingen zuerst zu der Sandkiste, in der sich einige Backformen aus Blech befanden. Sterne, Elefanten, Monde … Obwohl es nicht besonders originell war, nahm ich einen Stock und malte ein Riesenherz in den Sand, in das ich die Buchstaben T und H schrieb. Sie beobachtete mich lächelnd und trat nah an mich heran. Ich wollte sie küssen, aber sie entzog sich mir und entdeckte eine Wippe, auf die sie zurannte. Wir setzten uns auf die jeweiligen Enden und fingen an, wie kleine Kinder stürmisch zu wippen. Da sie bedeutend leichter war als ich, ließ ich die Schwerkraft walten und schlug immer heftig mit dem Hintern auf den Boden auf, sodass sie jedes Mal zwanzig Zentimeter in die Luft flog. Endlich sah ich sie das erste Mal herzlich lachen. Bisher hatte sie immer eine

Melancholie umgeben, jetzt aber brach auf fast kindliche Weise ihre Fröhlichkeit durch. Wir lachten ausgelassen und befreit. Nach kurzer Zeit tat mir der Hintern weh. Wir stoppten, und sie lief zu einer Schaukel. Ich holte sie schnell ein und setzte mich vor ihr aufs Brett. Sie kletterte ganz selbstverständlich auf meinen Schoß, das Gesicht mir zugewandt und die Beine um meine Hüften geschlungen. Ich holte mächtig Schwung, und wir schaukelten los. Schnell gewannen wir an Höhe. Ihre Haare wehten im Wind. Sie lachte laut und kreischte jedes Mal, wenn es für sie in die Tiefe ging. Ich schmiss den Kopf in den Nacken und spürte die wärmenden Sonnenstrahlen auf meinem Gesicht, die mich durch das Laub der Riesenbuche über uns trafen. Sie blendeten mich, darum schloss ich die Augen. Ich war ehrgeizig, und wir schaukelten höher und höher. Die Glückseligkeit, die ich in diesem Moment verspürte, erinnerte mich intensiv an das, was ich mit Susann, meiner ersten großen Liebe, vor anderthalb Jahren erlebt hatte. Diese Nähe, diese beinahe schon schmerzliche Sehnsucht nach Zärtlichkeit und Wärme, das Bedürfnis, zu jemandem zu gehören, sie zu umarmen und nie wieder loszulassen … Genau das empfand ich jetzt wieder. Mein Wegrennen von zu Hause war der richtige Entschluss gewesen. Die Erlebnisse und all die Gefühle der letzten Tage machten mich schwindelig. Ich war glücklicher denn je … glaubte ich zumindest.

»Stopp, genug!«, rief sie mit einem Mal.

Langsam verloren wir an Höhe und schaukelten allmählich aus. Sie blickte mir ernst, aber liebevoll in die Augen und fing dann an, mich zärtlich zu küssen. Anfangs waren es kleine, eher verspielte Küsse, doch dann trafen sich unsere Lippen zu einem hingebungsvollen Kuss, der niemals mehr enden sollte. Ich vergrub mein Gesicht in ihren Haaren, die so gut dufteten, und presste Tirshata noch enger an mich heran.

»Ich liebe dich!«, flüsterte ich ihr ins Ohr. »Spürst du, wie sehr ich dich liebe?«

Sie legte einen Finger auf meine Lippen und sagte sanft: »Pssst, lass uns diesen Augenblick genießen.«

Dann küsste sie mich erneut. Ihre Hände streichelten meinen Kopf, meinen Rücken. Unsere Zungen tanzten wild miteinander, und ich verspürte große Lust, ihren Busen zu berühren, aber ich traute mich nicht. Sie schien zu merken, was in mir vorging. Da sie auf meinem Schoß saß, konnte ich vor ihr auch nicht verbergen, dass ich körperlich ein großes Verlangen nach ihr hatte. Gott sei Dank war sie nicht entsetzt, sondern schaute mich milde strafend an und flüsterte: »Zu früh! Das geht noch nicht.«

Das »noch« ließ mich hoffen, und ich antwortete: »Es ist okay. Ich kann warten. Wir haben Zeit.«

»Einfacher wäre es, wenn du in unsere Familie kommen würdest.«

»Na klar«, sagte ich provozierend, »aber dann wäre es doch Inzucht, Schwester.«

Sie nahm meinen Einwand mit Humor und lachte.

»Ganz sicher nicht!«

Ich merkte, dass mir die Beine allmählich durch ihr Gewicht einschliefen. Voller Bedauern gestand ich es ihr, worauf sie wieder lachte und mir ein »sweet« ins Ohr hauchte. Wir standen auf, küssten uns noch mal lange und zärtlich im Stehen, verließen den Spielplatz und schlenderten Arm in Arm in Richtung Grand Place zurück.

Wieder sprachen wir über Sekten.

»Sagt dir Sharon Tate etwas?«, fragte ich.

»Natürlich«, meinte sie. »Wer kennt sie nicht? Sie war eine der schönsten Frauen der Welt, Schauspielerin, Model. Sie wurde hochschwanger mit einigen ihrer Freunde vor zwei Jahren umgebracht. Die ganze Welt war geschockt. Sie war verheiratet mit dem Regisseur Roman Polanski. Das alles ist in Hollywood passiert.«

»Genau«, entgegnete ich. »Sie wurde von Charles Manson, dem Oberhaupt der Manson Family, und seinen Jüngern bestialisch ermordet. Manson glaubte, er selbst sei Gott. Ich finde, der Begriff Familie wird total überstrapaziert, oder?«

»Was willst du damit sagen?«, entgegnete sie. »Glaubst du etwa, unsere Familie wäre mit seiner zu vergleichen? Manson hat seine Jünger unter Drogen gesetzt und sexuell gefügig gemacht. Bei uns ist es komplett anders. Die Basis, das Credo unserer Familie, ist eigentlich ganz einfach. Es ist der Glaube an Jesus, der Glaube an Liebe, Frieden und Zusammenhalt. In unseren Häusern spüren wir Sicherheit und Geborgenheit. Jesus liebt uns, und ich bin sicher, er wird auch dich lieben!«

Es verunsicherte mich, dass sie mich unbedingt in diese Sekte schleppen wollte. War es ihr Auftrag, Leute aufzureißen und dorthin zu locken, oder ging es ihr wirklich um mich? Hatte sie sich genauso in mich verliebt wie ich mich in sie, oder war sie nur ein ausführendes Organ ihres Obergurus? Sie musste meine plötzlichen Zweifel gespürt haben. Liebevoll umarmte sie mich und sagte: »Du musst nicht mitkommen. Ich muss für mich klären, ob ich jemanden lieben kann und darf, der nicht zu uns gehört. Aber ich empfinde tief für dich. Es zerreißt mich gerade ein bisschen. Das tut weh.«

»Komm mit zu mir, Tirshata. Ich kenne inzwischen tolle Leute hier in Brüssel. Dort können wir erst mal bleiben, und dann können wir, wenn du willst, die ganze Welt bereisen.«

Jetzt bekam sie wieder diesen ernsten, melancholischen Blick, der sie noch schöner aussehen ließ und der wie ein Sog auf mich wirkte.

»Die ganze Welt … Ja, das wäre schön. Ich bin irritiert, Helmut. Bitte, gib mir etwas Zeit. Wir sehen uns morgen wieder, ja? Und wir denken beide heute Nacht über unsere Möglichkeiten nach. Entweder ich zu dir oder du zu mir … wir zu uns …«

Dann nahm sie mich noch mal in ihre Arme und küsste mich intensiv und leidenschaftlich. Ich fühlte, dieser Kuss war ehrlich. Er war echt. Alle Zweifel waren verflogen. Ich sah wirklich eine

Chance für Tirshata und mich. Vielleicht eine gemeinsame Zukunft. Das wäre so schön …

Schließlich waren wir wieder am Grand Place. Erschrocken sah sie, dass ihr Bus schon bereit zur Abfahrt war. Sofort ließ sie meine Hand los. Sie blickte mir ernst in die Augen und sagte bedeutsam: »Morgen bin ich wieder hier. Ich freu mich auf dich … sehr!« Mit diesen Worten eilte sie zum Jesus-People-Bus.

Ihr »Familienoberhaupt« Bastian stand wie gestern davor und empfing sie. Die beiden redeten miteinander. Er sah zu mir herüber, taxierte mich und schien ihr zu befehlen, in den Bus zu steigen. Jedenfalls nickte sie nur und verschwand, ohne noch einmal zurückzuschauen, hastig hinter der Schiebetür.

Was für ein autoritäres Arschloch, dachte ich voller Wut. Oder war es Eifersucht?

# 6

## KÖLNER KLAUS

Nachdenklich schlenderte ich zu den anderen und entdeckte ein neues Gesicht, oder besser gesagt, es entdeckte mich. Ein Junge mit extrem engen Schlaghosen und relativ kurzen, lockigen Haaren stand plötzlich neben mir. Ich schätzte ihn auf um die zwanzig.

»Du bist aus Deutschland?«, fragte er.

»Ja, und woher kommst du?«

Im breitesten rheinischen Dialekt und mit einer unglaublich kaputten, heiseren Stimme antwortete er: »Isch komm aus Kölle und heiß Klaus.« Er erzählte, dass er schon oft in Brüssel gewesen sei und die Stadt ziemlich geil finde. Es ließen sich hier auch wesentlich bessere Geschäfte machen als in Köln.

Irgendwie war er mir suspekt. Wie ein Geschäftsmann sah er auf keinen Fall aus mit seiner Hose, die ihm alles abzuklemmen schien. Er sprach sehr laut, quatschte unheimlich viel, lachte dauernd an völlig unangebrachten Stellen und war in seiner Ausdrucksweise wahnsinnig ordinär. Der passte gar nicht hierher. Ich hätte mich gern schon längst von ihm abgewendet, da fragte er mich, ob ich auch so einen Kohldampf hätte wie er. Den hatte ich tatsächlich. Er kannte ein gutes Steakhaus in der Nähe. Ob ich ihn begleiten würde.

Ich meinte nur: »Ein Steakhaus? Bist du verrückt? Das ist zu teuer.«

»Ach, Quatsch«, sagte er. »Komm mit, ich zahle. Ich bin froh, wenn ich mal wieder deutsch labern kann.«

Der Hunger ließ mich dieses Angebot annehmen. Ich hatte

schon ewig kein richtiges Stück Fleisch mehr gegessen. Wir betraten ein typisches Touri-Steakhaus. Alles war überteuert und wahrscheinlich auch nicht besonders gut, aber was konnte man bei einem Steak schon falsch machen? Als das Essen kam, war ich überrascht. Es schmeckte vorzüglich. Während Klaus eine nach der anderen qualmte, verschlang ich heißhungrig das Fleisch und nagte noch lange am Knochen des T-Bone-Steaks rum. Er grinste.

»Kannibale! Alter, da ist doch gar nichts mehr dran.«

»Das Fleisch am Knochen ist das beste«, erwiderte ich. »Ich liebe es, am Knochen zu pulen. Außerdem ist es das erste Stück Fleisch seit Ewigkeiten für mich.«

Wider Erwarten war Klaus ein recht guter Zuhörer. Ich erzählte ihm die ganze Story vom Rausschmiss, von meinen Eltern, von Henry, Claude, Renee und den anderen. Er unterbrach mich kein einziges Mal, ehe er mich fragte: »Wovon lebst du denn jetzt?«

»Ich hab ein bisschen gespart und überlege, ob ich vielleicht Straßenmusik mache oder einfach ein bisschen bettle. So machen es die anderen ja auch. Ich hätte aber kein Problem damit, zu jobben. Aber was und wo? Was machst du denn für Geschäfte?«

Er lachte. »Auf keinen Fall solche Geschäfte wie dein Renee. Tankstellen überfallen. Ist der nicht ganz dicht? Nee, nee, ich kann immer und überall Kohle machen. Legal, und dabei lern ich die geilsten Leute kennen. Im wahrsten Sinne des Wortes.« Er lachte sich schlapp über seine Bemerkung und ergänzte: »Der war geil, oder? Der war echt geil.«

Ich kapierte überhaupt nichts und sagte in sein lautes Lachen hinein: »Ah, verstehe, du dealst.«

Er wurde sofort ernst. »Bist du bescheuert? Ich sagte, legal. Drogen finde ich zum Kotzen. Hasch macht lasch, das weiß doch inzwischen jeder. Kiffst du etwa?«

»Na klar«, antwortete ich. »Schon lange, seit zwei Jahren.«

»Na, dann pass besser auf, dass du in ein paar Monaten nicht genauso ein Laschei wirst wie die ganzen anderen Typen hier. Die pennen doch alle gleich im Stehen ein. Und nächstes Jahr hängen sie an der Nadel. Ein paar von denen sind in Ordnung, aber ich brauch das alles nicht. Ich bin mehr der Action-Typ.«

»Aha«, sagte ich ironisch. »Und womit verdient der Action-Typ nun seine Kohle? Und wo wohnt der Action-Typ?«

Er wich mir grinsend aus. »Rate mal – ich mach mal dies, mal das und wohne mal hier, mal da.« Dann prustete er wieder los. »Du musst zugeben, das war echt geistreich, oder? Gar nicht mal so schlecht, oder nicht?«

Es wurde mir allmählich zu blöd. Ich fühlte mich verarscht. Okay, er bezahlte mein Essen, aber das war's dann auch. Ich bedankte mich bei ihm und wollte mich vom Acker machen. Als er das begriff, wurde er handgreiflich: Er hielt mich am Arm fest und drückte mich wieder auf den Stuhl.

»Sag mal, bist du so blöd, oder tust du nur so?«

»Wahrscheinlich bin ich so blöd«, antwortete ich. »Was soll das, lass mich los, Alter. Das Steak war klasse, aber jetzt muss ich wieder zu meinen WG-Leuten auf dem Platz. Die warten nämlich auf mich.«

»Hör zu, wir können Kohle machen ohne Ende. Ich nehm dich mit, wir sind dann ein Team. Du hast 'nen geilen Arsch. Den musst du bloß hinhalten. Hör mal, ich mach, wenn ich will, umgerechnet mindestens ein bis zwei Hunnis, also zweihundert Mark am Tag. Wo kriegst du das sonst?«

Ich glotzte ihn verständnislos an.

»Keine Angst, ich bin nicht schwul. Ich steh total auf Ischen, aber es macht mir nichts aus, mich auf'm Bahnhofsklo von irgendeinem Freier kurz bumsen zu lassen oder ihm mal eben einen runterzuholen. Das dauert nicht lange, und du kannst dir sogar ein Hotelzimmer leisten. Ich wohn gerade in 'ner kleinen Pension hier um die Ecke für umgerechnet fünfundzwanzig Mark am Tag, mit Dusche auf'm Flur, mit Klo und allem. Kannst du rechnen? Siehst du, wie viel da am Tag hängenbleibt? Na, was meinst du?«

Ich meinte gar nichts, sondern musste mich erst mal sortieren, so geschockt war ich. Klaus war ein Stricher – und er bot mir gerade an, mit ihm zusammen am Brüsseler Hauptbahnhof Schwule zu befriedigen. Wenn ich früher die Schule geschwänzt hatte und zum Mönckebrunnen gefahren war, dann war mir schon bewusst gewesen, dass einige der älteren Männer am Hauptbahnhof, die in Anzügen rumliefen, so pseudogepflegt und gelackt aussahen und mir anzüglich hinterherstarrten, Freier sein mussten. Es waren auch immer dieselben Typen. Irgendwann kannte man sich vom Sehen, und sie hatten geschnallt, dass ich wohl kein Stricher war.

Jetzt, als ich Klaus gegenübersaß, ekelte ich mich. Am liebsten hätte ich das Steak wieder ausgekotzt. Doch ich bemühte mich, locker zu bleiben. Schließlich wollte ich nicht als Oberklemmi dastehen.

»Wenn das dein Job ist, ist es total okay«, sagte ich. »Ist doch geil, dass du so viel Geld damit machst. Aber wozu brauchst du mich?«

»Weil es zu zweit sicherer ist. Einige von denen, die einen geblasen haben wollen, sind nicht ganz sauber. Ich mein, die rasten schon mal aus, wenn du nicht gut bist. Verstehst du? Ich hab ein paarmal richtig auf die Fresse gekriegt, oder sie sind abgehauen, ohne zu zahlen. Wenn wir zusammenarbeiten, dann kann immer einer von uns in der Nähe bleiben und aufpassen. Kapierst du das? Und mit der ganzen Kohle können wir dann nachts richtig Gas geben und Torten knallen ohne Ende.« Er lachte wieder viel zu laut.

Oh Gott, war der Typ mir unangenehm. Wie konnte ich den nur loswerden?

»Ich fand das am Anfang auch scheiße«, meinte er. »Aber wenn du erst mal im Job bist und ein paar Tricks kennst, ist das tierisch leicht verdiente Kohle. Ich mein, jede Krankenschwester muss ihren Patienten doch auch am Sack rumfummeln, wenn die nicht pissen können. Manchmal brauchst du einen auch nur ganz kurz anblasen. Der hat dann seine Hose unten, ist geil wie

Sau, und dann greifst du schnell in seine Jackentasche, ziehst das Portemonnaie raus und machst die Flatter. Ehe der seine Hose wieder oben hat, bist du schon beim Steakfressen. Und der Typ steht da mit seinen runtergelassenen Hosen wie ein Pinguin und kann nicht hinterher.« Diesmal brüllte er so richtig los vor Lachen. »Alter, war der gut? Ehrlich mal, der war doch richtig geil.« Er wiederholte laut: »Dann bist du schon beim Steakfressen, und er steht da wie 'n Pinguin. Hahahahaha. Ich schiff mich ein.«

Im Lokal glotzten die Leute zu uns herüber. Jesus, war der Kerl peinlich, ordinär und primitiv. Ich wollte nur noch weg.

»Und warum ist Brüssel besser als Köln?«, fragte ich.

»Alter, mach die Augen auf. Wir sind am Grand Place. Hier sind die Börse und das Rathaus. Was glaubst du, wie viele perverse reiche Ärsche hier rumlaufen? Die kommen mittags aus ihren Büros, latschen kurz zum Bahnhof, lassen sich schnell einen blasen, zahlen korrekt, meistens jedenfalls, und dann spekulieren sie wieder mit Millionen. Einige wollen auch nur 'n bisschen gehauen werden. Das ist dann richtig schnelles Geld. Die besorgen es sich dann nämlich sogar selbst.« Und schon wieherte er wieder los. »Vorhin hatte ich gerade so einen. Alter, du haust dem ein paarmal auf den Arsch, und dafür bezahlt der dich. Ist das nicht geil?«

Ich fand nichts Geiles daran. Mir war das echt zu viel. »Sorry, Klaus, meine Freunde warten wirklich am Platz auf mich. Lass uns rübergehen und da weiterlabern. Ist ja total locker gemeint von dir, und natürlich ist so viel Kohle reizvoll, ich gönn sie dir, aber ich könnte das nicht. Niemals. Schon bei der Vorstellung könnte ich kotzen. Such dir 'nen anderen Partner, okay?«

Er guckte mich bedauernd an. »Okay«, sagte er. »Dann eben nicht. Aber die Schwulen stehen auf dich, ich kenn mich da aus. Ist echt schade.« Er griff in seine Hosentasche und holte ein ganzes Bündel Geldscheine hervor. Kurz zählte er es nach und schmiss die Kohle einfach auf den Tisch.

»Hier, das hab ich gerade alles von dem Typen mit dem rot

geprügelten Arsch gekriegt. Der hat dir das Steak quasi bezahlt.«
Noch einmal ließ er eine Lachsalve durchs volle Lokal los. Endlich
stand er auf, und wir gingen raus.

»Brauchst du 'n bisschen Kohle? Na, logo brauchst du Kohle.
Hier sind hundert Francs. Schenk ich dir.« Ich lehnte ab.
»Nee, danke. Das hast du dir gerade schwer verdient. Behalt
das mal lieber.«
»Alter, du hast es nicht gecheckt. Das ist nicht schwer verdient.
Das hab ich in fünf Minuten gemacht, das ist ein Kinderspiel.«
Jetzt war ich es, der spöttisch wurde. »Oh, geiles Kinderspiel.
Aber Cowboy spielen als Kind war für mich garantiert geiler.«
Klaus lächelte und schien einzusehen, dass es mit mir zwecklos
war.

»Okay«, meinte er. »Ich hab jetzt aber keinen Bock, am Platz
rumzuhängen. Da mach ich lieber noch 'n bisschen Kohle auf'm
Bahnhof. Die Bullen müssten jetzt auch langsam wieder weg sein.
Und dann besorg ich mir heute Nacht 'ne scharfe Nutte. Wenn du
mal 'ne richtig geile Schwatte ficken willst, dann bist du in Brüssel
genau richtig.«

»Wieso hast du denn Schiss vor den Bullen? Du hast doch gesagt, dass es legal ist, was du machst.«

»Quatsch, das mein ich nicht. Vorhin waren lauter Bullen und
Ambulanz da. Wegen so 'nem Penner, der sich vor 'n Zug geschmissen hat. Das hat selbst den Freiern die Stimmung versaut.«

»Was sagst du da?« Ich verlor beinahe die Fassung. »Ein Penner
hat sich vor einen Zug geschmissen? Hast du ihn gesehen? Wie
sah er aus?«

Klaus schaute mich verblüfft an.

»Alter, tickst du noch richtig? Meinst du, ich schau mir jeden
Idioten an, der sich da auf die Gleise legt? So was passiert jede
Woche. Die haben keinen Bock mehr auf ihr Scheißleben, und
dann ist so was doch 'ne geile Lösung, oder? Ich mein, die warten,
bis 'n Zug in den Bahnhof donnert, und dann heben sie ab. 'ne

Sekunde später sind sie schon in ihrem Säuferhimmel.« Er lachte wieder schallend. Am liebsten hätte ich ihm eine gescheuert. Ich dachte an Henry. Hatte er sich womöglich das Leben genommen? Ich konnte es mir durchaus vorstellen.

»Weißt du, wie man rauskriegen kann, wer der Penner war?«, fragte ich.

»Nä, bin ich Jesus? Keine Ahnung. Ich muss los, Alter. Da sind bestimmt schon wieder ein paar Säcke, die auf mich warten.« Mit diesen Worten ging er los, Richtung Hauptbahnhof. »Man sieht sich«, rief er mir noch aus der Ferne zu, und ich dachte: Hoffentlich nicht. »Und überleg's dir noch mal, Alter. Die Schwulen werden dich lieben. Bei deinem Arsch …«

Dann war er weg. Gott sei Dank!

# 7

## AM BAHNHOF

Ich rannte, so schnell ich konnte, rüber zum Platz. Zum Glück waren Hanneke und Rudi immer noch da. Sofort erzählte ich ihnen von dem Selbstmord am Hauptbahnhof und dass ich Sorge hätte, es könne sich um Henry handeln. Zu dritt eilten wir zum Bahnhof. Dort war zunächst nichts Ungewöhnliches zu entdecken. Es war laut, Hunderte von Menschen hetzten umher, aber wir sahen weder einen Krankenwagen noch Polizisten. Wir gingen zu den einzelnen Gleisen, um uns einen Überblick zu verschaffen. Mit einem Mal rief Rudi: »Da … da sind zwei Bullen!«

Wir waren uns nicht sicher, ob es sich wirklich um Bullen oder um Sicherheitsleute der Bahn handelte. Hanneke und Rudi sprachen sie an und fragten höflich, ob es vorhin einen Unfall oder gar Selbstmord auf den Gleisen gegeben habe.

»Was geht euch das an?«, fragte einer der Männer schroff.

»Wir kennen einen Clochard«, sagte Rudi ohne Umschweife. »Er ist ein Freund von uns, und wir haben wahnsinnige Angst, dass er es vielleicht ist, der sich da umgebracht hat.«

»Wir dürfen dazu keine Angaben machen, aber wisst ihr überhaupt, wie viele Penner es in Brüssel gibt? Warum sollte es ausgerechnet euer Kumpel sein, der sich da vor den Zug geschmissen hat?«

»Weil er wahrscheinlich verletzt war und Schmerzen hatte und nachts nicht zu seinem Lager zurückgekommen ist«, sagte Hanneke jetzt.

»Habt ihr euch um den gekümmert?«, fragte der andere Sicherheitsmann.

»Nicht direkt, aber er schlief immer vor unserer Wohnungstür und war total schlecht drauf. Es ging ihm wirklich nicht gut«, sagte Hanneke und fing an zu weinen. Das rührte die beiden.

»Passt mal auf, ihr drei«, ergriff der Erste wieder das Wort. »Ich würde mir an eurer Stelle nicht so viele Gedanken machen. Erstens gibt's wirklich Hunderte von Pennern hier. Vielleicht war er es gar nicht. Zweitens kommt es x-mal im Monat vor, dass sich hier einer vor den Zug wirft, und da sind weiß Gott auch andere Menschen dabei und nicht nur Clochards. Und drittens, selbst wenn er es wäre, ist es so doch garantiert besser, als irgendwo auf der Straße rumzuliegen und zu verhungern oder im Winter zu erfrieren oder mit zerstörter Leber in irgendeinem Krankenhaus zu verrecken.«

Jetzt heulte Hanneke erst recht los.

»Er hieß Henry. Wissen Sie, ob er Henry hieß? Haben Sie seinen Namen rausbekommen?«, stammelte sie verzweifelt.

»Tut mir leid«, sagte der Mann bedauernd. »Keine Ahnung. Wir dürfen keine Angaben machen.« Die beiden drehten sich um und wollten weitergehen.

»Hat er denn vielleicht überlebt? Oder ist er wirklich tot?«, wollte Hanneke noch wissen und rannte den beiden Männern hinterher. »Wenigstens das können Sie uns doch sagen!«

Einer drehte sich noch mal um und sagte, inzwischen doch etwas genervt: »Ja, er ist tot.« Damit gingen die beiden weiter.

Hanneke schluchzte nur noch und hockte sich hin. Rudi und ich richteten sie wieder auf. Er nahm sie fest in die Arme, und gemeinsam brachten wir sie nach draußen.

»Vielleicht war er es ja wirklich nicht«, sagte Rudi in dem Versuch, sie zu trösten. »Das stimmt schon, was die gesagt haben, sieh dich doch mal um ... Gerade hier am Bahnhof wimmelt es nur so von Pennern. Henry war garantiert vernünftig genug, um freiwillig ins Krankenhaus zu gehen. Manchmal war er doch ganz klar.«

Wir setzten uns vor dem Bahnhof auf eine Bank. Hanneke weinte immer noch. Endlich wischte sie sich die Tränen ab und hatte offenbar einen Entschluss gefasst.

»Bestimmt war er's. Ich hab ein Gespür für so was, und wisst ihr, was wir jetzt machen?«

Rudi und ich sahen sie erwartungsvoll an.

»Helmut, hast du ein bisschen Kohle dabei?«

»Ja«, sagte ich. »Ich hab mein gesamtes Geld immer bei mir. Warum?«

»Wir machen bei Claude ein Henry-Gedächtnis-Essen. Was haltet ihr davon? Wir kaufen Spaghetti, Tomatensoße und gutes Hackfleisch und dazu noch vier Flaschen Bier, und damit feiern wir ihn.«

Genauso machten wir es. In der Nähe gab es jede Menge Geschäfte. Hanneke kaufte zusätzlich ein paar Teekerzen. Ich drängte darauf, auch noch ein neues Geschirrhandtuch zu kaufen, was dazu führte, dass Hanneke endlich wieder lachen konnte. Danach gingen wir direkt »nach Hause« zu Claude und warteten auf ihn.

Am lauten Scheppern aus dem Treppenhaus erkannten wir, dass er im Anmarsch war. Er hatte zwei Kisten Orangensaft mitgehen lassen. Überrascht glotzte er uns an.

»Was, ihr seid schon da? Was ist denn mit euch los?«

Als wir ihm die ganze Geschichte erzählten, war er geschockt. Er überlegte eine Zeit lang schweigend, während wir Anstalten machten, gemeinsam zu kochen und den Tisch zu decken.

»Das war bestimmt nicht Henry«, sagte er dann. »Dazu ist der viel zu umtriebig. Der singt, säuft und erzählt gerne und ist manchmal ganz schön aggressiv. Ich meine, der hat mehr Power, als man ihm zutraut. Allein schon die Nummer von gestern, hier hochzukommen und uns vor die Tür zu scheißen. Darauf muss man erst mal kommen, oder? In dem steckt noch jede Menge Leben.«

Hanneke schien seine Worte aufzusaugen. Sie taten ihr gut. Die

Story von Henrys Rache kannten sie und Rudi ja noch gar nicht, und so wurde schließlich herzhaft darüber gelacht.

»Wer weiß, womöglich taucht der morgen schon wieder hier auf, freut sich, dass er 'ne neue Matratze hat, und futtert sich bei Claude durch. Besser kann er es doch gar nicht haben. Ich glaub auch, dass er noch lebt.« Mit diesen Worten öffnete Rudi die Bierflaschen, und wir stießen mit einem lauten »Prost, auf Henry« an.

Die Spaghetti waren schnell fertig. Hanneke stellte die Teekerzen auf und entzündete sie, dann legte sie auf Claudes Plattenspieler die LP »Déjà vu« von Crosby, Stills, Nash & Young auf. Der Song »Our House« passte genau zur Situation. Das Licht wurde ausgeknipst, und so entstand eine wunderbare, romantische Atmosphäre. Ich berichtete ausgiebig von Klaus, dem Stricher. Die drei johlten vor Vergnügen. Hanneke drehte noch ein paar Joints, alle waren pappsatt, und so wurde aus dem Henry-Gedächtnis-Essen ein richtig ausgelassener Abend. Da ich der Spender dieser Mahlzeit war, beruhigte sich endlich auch mein schlechtes Gewissen. Spät krochen wir in unsere Schlafsäcke und fielen nach den Aufregungen des Tages ermattet in einen tiefen Schlaf.

Als ich am Morgen aufwachte, waren alle schon weg. Ich hatte nichts gehört, so fest musste ich geschlafen haben. Meine Gedanken wanderten sofort zu Tirshata. Schnell machte ich mich fertig, verschlang das halbe Baguette, das mir die Freunde übrig gelassen hatten, und beeilte mich, zum Grand Place zu kommen. Inzwischen genoss ich die Zeremonie. »Bonjour, Elmüt, sssa va?« – »Oui, merci, Patrique, ça va. Et toi?« – »Mersssi, sssa va ausssi.«

John war auch schon da. Wir begrüßten uns, und ich versprach ihm, dass ich mich bald für die leckere Honigmelone revanchieren würde, denn das war noch offen. Ich beobachtete das Geschehen auf dem Platz. Die ganzen Tage schon war mir aufgefallen, dass immer wieder hübsche junge Frauen auf Vespa-Rollern zum Platz kamen. Sie hatten alle orangefarbene Overalls an, die sie wie eine Art Uniform trugen.

»Was machen die eigentlich?«, fragte ich John.

»Ach«, sagte er. »Die meisten von denen sind Studentinnen. Die sind von der Stadt engagiert worden. Sie gurken mit ihren Rollern umher, und immer wenn sich irgendwelche Touristen verfahren oder verlaufen haben, dann können sie die Mädchen anquatschen, und die führen sie dann zu den jeweiligen Sehenswürdigkeiten.«

»Das ist ja 'ne geile Idee«, sagte ich. »Und wieso sind die alle so hübsch?«

»Keine Ahnung«, entgegnete er. »Das ist wahrscheinlich die Grundbedingung und wichtiger als das Rollerfahren.«

Wir lachten, und John flachste noch eine ganze Weile herum. Deren Chef müsste man sein, ob wir uns nicht auch mal ganz schnell verlaufen sollten, ob wir ihnen nicht mal beibringen sollten, wie man richtig Roller fährt, und, und, und …

Im nächsten Moment bog der weiße VW-Bus der Jesus People um die Ecke. Sogleich raste mein Herz voller Vorfreude. Wie die Tage zuvor hielt er mitten auf dem Platz. Die Fahrertür ging auf, Bastian stieg aus und öffnete die Schiebetür, und die Jünger sprangen einer nach dem anderen raus. Tirshata kam wieder als Letzte. Er gab ihr noch ein paar Anweisungen, während die anderen schon losrannten. Sie hatte den Kopf gesenkt und nickte nur zu allem, was er sagte. Dann stieg er wieder ein und fuhr weiter. Sie blickte in unsere Richtung. Ich winkte ihr zu und rannte ihr entgegen. Sie kam eher zögerlich auf mich zu. Ich wollte sie gleich in die Arme reißen, aber sie drückte mich sanft von sich weg.

»Was ist los?«, fragte ich irritiert. »Ist was nicht in Ordnung?«

Sie hatte geweint. Mit ihren wunderschönen braunen Augen und den riesigen Pupillen sah sie mich traurig an. Ihre Lippen bebten leicht.

»Wir müssen reden, Helmut.« Sie kämpfte mit den Tränen. Ich nahm ihren Kopf in beide Hände.

»Was ist passiert, um Gottes willen?«, fragte ich. »Du machst mir Angst. Ich hab mich so auf dich gefreut!«

Ich versuchte, sie zu küssen, aber sie nahm meine Hände behutsam in ihre und zog mich in eine der nahen Gassen.

»Helmut, ich habe dir doch erklärt, dass wir die ganze Welt mit unserem Glauben missionieren wollen. Das bedeutet, dass wir immer weiterziehen müssen. Bastian hat uns gestern Abend darüber informiert, dass es Zeit wird, umzuziehen. Wir werden morgen unser Haus verlassen, einige Wochen nach Antwerpen gehen und von da aus nach Amsterdam. Dort ist eines unserer Haupthäuser, und wer da erst mal angekommen ist, kann davon ausgehen, dass er länger bleiben darf. Das wird dann ein bleibendes Zuhause.«

Ich war wie vor den Kopf gestoßen. Verstand ich das gerade richtig? Sie würde nicht mehr hierherkommen? Unsere Liebe wäre damit vorbei. Das durfte nicht sein! Ich hatte so viel Zuversicht. Ich war mir sicher, endlich den Menschen getroffen zu haben, den ich aus tiefster Seele lieben wollte. Die ganze aufgestaute Sehnsucht, die ich als Sechzehnjähriger überhaupt empfinden konnte, sollte mit einem Mal zerstört werden? Und das nur, weil ein Oberguru es so entschied? Das konnte einfach nicht sein. Ich würde um Tirshata kämpfen.

»Ich komme mit. Ich will bei dir sein … Ich werde Mitglied deiner Familie, wenn es nur so geht. Ich liebe dich, Tirshata! Ich habe noch nie in meinem Leben so tief empfunden. Nimm mich nachher mit zu dir. Ich hole meine Sachen, und dann bleibe ich bei dir, okay?«

Jetzt war sie es, die meinen Kopf in beide Hände nahm. Lange sah sie mir schweigend in die Augen. Ihr Blick war ganz klar, zugleich liebevoll, warm und sehr, sehr traurig. Sie lächelte mich in ihrer melancholischen Art an, und ich fühlte mich ihr in diesem Moment hoffnungslos unterlegen.

»Nein, Helmut, das geht jetzt nicht mehr. Es ist zu spät. Bastian hat gespürt, dass ich mich verändere, mich von der Gruppe entferne. Gestern hatte ich ein langes Gespräch mit ihm. Ich habe ihm von dir erzählt. Er ist sehr enttäuscht von mir. Er hat gesagt, dass er mich für die wichtigste Person in seiner Familie hält. Ohne mich würde sie auseinanderbrechen, Monate des Reisens und Missionierens wären umsonst gewesen, und warum? Weil mir plötzlich ein Ungläubiger innerhalb von zwei Tagen den Kopf verdreht. Das beweist ihm, dass der wahre Glaube an Jesus sich in mir noch nicht manifestiert hat. Er hat so viel Liebe und Kraft in mich investiert. Er hat mich auch gerettet, denn bevor ich zu den Jesus People kam, ging es mir nicht gut. Ich war am Ende. Ich darf jetzt nicht undankbar sein. Ich muss meiner Familie und meiner Berufung folgen.«

»Tirshata«, erwiderte ich heftig. »Der Typ ist eifersüchtig, das ist alles. Merkst du das denn nicht? Dem geht es nicht um seinen oder deinen Glauben, dem geht es nur um dich!«

»Hör auf«, sagte sie. »Du kennst Bastian nicht. Du weißt gar nicht, was er für uns alle tut. Rede bitte nicht so gemein über ihn!«

Ich war kurz davor, zu heulen. Ich war mir sicher, dass er ein Arschloch war, aber je mehr ich über ihn schimpfte, desto mehr verteidigte sie ihn. Was für ein Albtraum! Ich hatte mich hoffnungslos in sie verliebt, und ich glaubte, dass es ihr ähnlich ging. Aber die Regeln, die ihr die Sekte oder, besser gesagt, dieser Bastian auferlegte, waren ihr wichtiger als ich, waren ihr wichtiger als unsere Liebe. Ich war verzweifelt und zugleich resigniert. Was konnte ich tun, wenn sie derart fremdgesteuert war? Sie spürte, dass sie in diesem Augenblick viel stärker war als ich. Plötzlich nahm sie mich fest in die Arme und küsste mich. Ich ließ es geschehen und blieb völlig passiv. Es schmeckte eher nach Abschiedskuss als nach Leidenschaft und Begehren.

»Du wolltest doch sowieso nach Amsterdam kommen«, sagte sie schließlich. »Vielleicht sehen wir uns ja wieder? Du bist in meinem Herzen. Vielleicht ergibt sich dort die Chance für dich, zu uns und damit zu mir zu kommen. Ich wünsche mir das so, und ich werde dafür beten.« Langsam löste sie sich von mir. »Ich muss jetzt gehen. Wir sind heute nur ganz kurz am Grand Place, weil wir nachher nach Antwerpen fahren. Wir sehen uns das Haus an, in dem wir ab morgen leben werden. Komm, Helmut, geh noch die paar Meter mit mir.« Sie nahm meine Hand, und wir liefen schweigend nebeneinanderher. Ich war nicht fähig, mit ihr locker über irgendwas zu plaudern. Ich war einfach nur traurig und fühlte mich unglaublich einsam. Tatsächlich war dieser Scheißbus schon wieder da. Wir blieben stehen, und mit einem Mal riss ich sie dann doch an mich und küsste sie voller Verzweiflung und Leidenschaft. Dieser Kuss durfte nie wieder enden. Er sollte für die Ewigkeit sein. Sie erwiderte ihn anfangs, dann ließ sie ihn nur noch geschehen und löste sich schließlich sanft, aber bestimmt von mir. Ich hatte Tränen in den Augen, sie auch. Noch einmal kam sie zu mir und flüsterte mir ins Ohr: »Good luck, Helmut. Jesus loves you. Komm nach Amsterdam.«

Dann drehte sie sich um und ging auf den Bus zu. Bastian stieg aus, er konnte mich nicht sehen. Er fragte sie etwas, sie nickte gehorsam. Daraufhin ließ er sie in den Wagen, setzte sich hinters Steuer und fuhr, ohne dass ich noch einmal Blickkontakt zu Tirshata bekommen hätte, auf und davon.

# 8

## DER SCHMUCK,
## DER PIANIST UND DIE GRIPPE

Ich trottete wie ein geprügelter Hund zur Mauer.

»Was ist los mit dir? Du siehst gar nicht gut aus«, meinte John.

»Ach ja?«, antwortete ich sarkastisch. »Hast du was zu kiffen da?«

Und ob er das hatte. Wir gingen ein paar Gassen weiter, vorbei an den Modeschmuckverkäufern und Straßenmusikern, suchten uns eine Nische, und dann baute er erst mal einen Joint. Wir rauchten ihn genüsslich. Ich inhalierte tief, und es dauerte nicht lange, bis ich angenehm bedröhnt war. Mich befiel eine Scheißegalstimmung. Würde ich Tirshata jemals wiedersehen? War Henry vielleicht doch tot? Suchten meine Eltern mich möglicherweise polizeilich? Konnte ich wirklich noch länger bei Claude wohnen, ohne dass er sich ausgenutzt fühlte? Egal, alles scheißegal. Ich war hier in Brüssel und wollte das »Jetzt« leben. Nicht angstvoll in die Zukunft sehen, nicht verbittert in die Vergangenheit. Nein, leben, einfach nur leben und meine Freiheit genießen. Ich hatte das Recht dazu.

Als wir schließlich zurückgingen, bekam ich Lust, einem der Schmuckverkäufer über die Schulter zu blicken. Bei ihm standen mehr Touristen als bei seinen Konkurrenten. Seine Ketten, Ohrringe und Armreife sahen auch weit schöner aus als die der anderen. Er drehte mir den Rücken zu, während er mit einer kleinen Zange an einem Schmuckstück arbeitete. Dabei kam es mir so vor, als wollte er etwas vor mir verbergen.

99

Nach einer Weile kam ich mit ihm ins Gespräch. Er hieß Christophe, war Franzose und stammte aus Nizza. Mit einem alten Renault-Kastenwagen tourte er durch Holland und Belgien, war einige Monate in Amsterdam gewesen und froh, dass er mit dem Verkauf seines Schmucks ganz gut über die Runden kam. Während wir uns unterhielten, arbeitete er emsig weiter. Merkwürdigerweise drehte er sich aber in Abständen von mir weg, um tatsächlich etwas zu verbergen. Ich fragte ihn nach dem Grund.

Er zuckte die Schultern. »Hier gibt's viele Leute aus meiner Branche, und jeder kann etwas Besonderes. Aber guck mal, diese kleine, filigrane Schleife aus Metall, die kann nur ich, und darauf fahren die Touris total ab.«

Er zeigte mir einen Ohrring, der wirklich besonders kunstvoll, beinahe verspielt aussah. »Siehst du? Die anderen beobachten mich, die wollen wissen, wie ich das hinkriege. Das ist auch tatsächlich nicht ganz einfach. Aber wenn du den Trick erst mal kennst, ist es nicht mehr besonders schwer. Ich muss höllisch aufpassen, dass keiner den Dreh mitkriegt. Alles Neider um mich rum. Ich verkauf hier besser als die meisten.«

»Du brauchst dir, was mich angeht, keine Sorgen zu machen. Ich bin handwerklich eine Katastrophe. Ich könnte so was nie. In Deutschland würde man sagen, ich hab zwei linke Hände, und im Schulfach Werken hatte ich immer nur 'ne Vier.«

Er schmunzelte. »Quatsch, das kann man alles lernen. Ich bin ein guter Lehrer. Es kommt doch immer drauf an, wer und wie man es dir zeigt.«

Damit hatte er absolut recht. Ich sah ihm schweigend bei seiner Arbeit zu. Stoned, wie ich war, klangen seine letzten Worte noch in mir nach. Er sei ein guter Lehrer, und es komme immer drauf an, wer und wie man es einem zeige … Unwillkürlich dachte ich zurück an meine Schulzeit und verlor mich total in meinen Erinnerungen. Ich war mir sicher: Hätte ich in bestimmten Fächern andere, modernere Lehrer gehabt, dann hätte ich mich garantiert auch mehr reingehängt und wäre nicht so gnadenlos gescheitert. Es gab ja Fächer, die mich im Grunde genommen interessierten, wie zum Beispiel die Sprachen oder Geschichte oder anfangs sogar Chemie. Aber im Lehrerkollegium waren einige alte Säcke, die den Krieg noch mitgemacht hatten. Einer von denen erzählte immer wieder mit leuchtenden Augen davon. Wenn man es geschickt anstellte und pseudonaiv eine Frage stellte, die den Zweiten Weltkrieg betraf, dann laberte er so euphorisch darüber, dass er gar nicht mitbekam, wie die Mathestunde verstrich. Ich war mir sicher, dass es auf meinem ehrenwerten Gymnasium einige Altnazis gab, die uns unterrichteten. Ein Beweis für meine Theorie war in meinen Augen ihre perfide Idee, Schüler der oberen Klassenstufen als Pausenaufsicht einzusetzen. Das hatte etwas von Blockwarttaktik. Die Mitschüler mussten in den Pausen die Klassenräume überwachen und darauf achten, dass sich niemand darin aufhielt, um Schularbeiten abzuschreiben. Wenn sie jemanden erwischten, hatten sie das Heft zu konfiszieren und dem zuständigen Fachlehrer auszuhändigen. Ich werde nie vergessen, wie mich ein Kumpel, mit dem ich im Jahr zuvor noch in derselben Klasse gewesen war und sogar zusammen in der Schulmannschaft Fußball gespielt hatte, beim Abschreiben der Chemiehausaufgaben entdeckte. Er betrat den Klassenraum, griff, ohne ein Wort zu sagen, nach meinem Heft und wollte damit zurück in den Flur gehen. Aufgabe erledigt, Bonuspunkt beim Fachlehrer gesammelt.

»Das machst du jetzt nicht wirklich, oder?«, rief ich ihm hinterher.

Er drehte sich zu mir um. »Was denn? Du bist doch selber schuld. Du weißt genau, dass das verboten ist.«

»Ja, schon«, sagte ich. »Verboten ist vieles, aber du kannst mich doch jetzt nicht ernsthaft verraten. Hey, wir sind Kumpels.«

Er grinste bloß, hielt das Heft hoch, um mir damit zu winken, und drehte sich arrogant um.

»Arschloch«, rief ich ihm hinterher. Das saß. Er blieb stehen, drehte sich langsam um und kam auf mich zu. Dann baute er sich vor mir auf, und ehe ich es ahnen konnte, verpasste er mir eine Ohrfeige. Er war ein großer, stämmiger Typ, bei einer Schlägerei mit ihm hätte ich keine Chance gehabt. Also blickte ich ihm ruhig in die Augen und wiederholte leise: »Arschloch!« Erneut holte er aus und schlug mir ansatzlos ins Gesicht. Es tat weh, aber ich sagte noch mal: »Arschloch!« Ein drittes Mal bekam ich eine gewischt. Wir standen uns ganz nah gegenüber und blickten uns weiter direkt in die Augen. Es war ein echtes Kräftemessen. Und wieder kam von mir: »Arschloch!«

Ohne auch nur die geringste Veränderung seiner Mimik schlug er mir ein viertes Mal ins Gesicht. Es tat jetzt so weh, dass ich lieber schwieg. Er nahm das siegesgewiss zur Kenntnis, grinste spöttisch und ging, mein Heft in den Händen, aus dem Klassenraum. Minuten später bekam ich es vom Chemielehrer zurück. Kopfschüttelnd, weil es nicht das erste Mal war, trug er mich ins Klassenbuch ein und verpasste mir eine Sechs …

Langsam driftete ich zurück in die Gegenwart. Es war interessant, einen Einblick in die Modeschmuckbranche zu bekommen. Christophe spürte meine Neugier und bot lachend an, mir in den nächsten Tagen einen kleinen »Nachhilfekurs« im Werken zu geben. Netter Typ! Ich versprach, wieder vorbeizuschauen. Er hatte es geschafft, mich wenigstens ein bisschen aufzuheitern.

In meinem bekifften Zustand kam ich fast gar nicht mehr raus aus der Gasse. Ich blieb längere Zeit bei einem Sänger stehen, der mit wirklich guter Stimme viele Songs von den Beatles zum Besten gab und sich dabei auf der Gitarre begleitete. Mir war schon oft aufgefallen, dass viele Straßenmusiker eigentlich besser waren als die Originalinterpreten, wobei die Beatles, das muss man fairerweise sagen, nie zu toppen waren.

Zum Repertoire dieses Sängers gehörte auch »I'll follow the Sun«. Ich summte die Melodie leise mit und wurde daran erinnert, wie ich meine Zukunft gestalten wollte. Ich wollte frei und ungebunden sein und einfach der Sonne folgen. Das war nicht nur ein schönes Bild, fand ich, sondern sogar eine Aufgabe. So konnte man auch Liebeskummer, Einsamkeit und Lebensängste verkraften. Der Sonne folgen, meinen Sehnsüchten folgen, das müsste doch zu schaffen sein …

Als ich wieder am Platz war, lief ich Hanneke und Rudi direkt in die Arme. Sie hatten eine Riesentüte mit Pommes dabei. Für sie war es selbstverständlich, sie mit mir zu teilen. Beide waren in dieser kurzen Zeit echte Freunde für mich geworden.

An diesem Tag war an der Mauer noch mehr los als sonst. Ich genoss die Situation in vollen Zügen. Franzosen, Engländer, Kanadier, Amerikaner, Afrikaner, Asiaten, auch Jonathan und Abdul aus Fidschi und Malaysia – und ich mittendrin. Ein internationaler Haufen friedvoller, unbekümmerter, offener, lachender, toleranter Freaks in allen Hautfarben. Mein Fernweh, das mich so gequält hatte, als ich noch ein kleiner Junge in Dithmarschen gewesen war, wurde hier endlich ein bisschen gestillt. Ich war nicht mehr nur Deutscher oder Europäer, nein, ich fühlte mich als Weltbürger. Ich war stolz darauf.

Plötzlich merkte ich, dass ich beobachtet wurde. Ein Mann, er war vielleicht um die vierzig, fixierte mich schon eine ganze Weile. Er stand einfach nur da und glotzte mich an. Seine Haare waren lockig, aber schon ein bisschen schütter. Er trug eine Bügelfaltenhose und ein weißes Oberhemd. Ich musste unwillkürlich an Klaus, den Stricher, denken. War das nun so ein Schwuler, der auf mich abfuhr? Der Mann trat langsam auf mich zu. Er zögerte kurz, aber dann fragte er mich höflich auf Englisch: »Woher kommst du?«

»Was geht Sie das an?«, antwortete ich ziemlich schroff.

Der Fremde war verblüfft und guckte so, als könnte er es gar nicht fassen. Er wich einen Meter zurück.

»Oh, du bist ein Junge? Du bist gar kein Mädchen? Sorry, ich hab die ganze Zeit gedacht, du wärst ein Mädchen. Sorry!«

Jetzt war ich es, der verblüfft war – und gekränkt. Wie konnte der Arsch mich für ein Mädchen halten? So feminin sah ich nun wirklich nicht aus.

»Ja, stellen Sie sich das mal vor, ich bin ein Junge«, sagte ich wütend und drehte mich weg.

Er entschuldigte sich noch mal, und es klang echt. Ihm war inzwischen wohl klar geworden, dass er mich in meiner »Männerehre« verletzt hatte. Dann fragte er noch mal: »Also, woher kommst du denn nun?«

»Aus Deutschland.«

»Und von wo dort?«

»Aus der Nähe von Hamburg.«

Er wirkte überhaupt nicht schwul, sondern war aus irgendwelchen Gründen an meiner Person interessiert.

»Oh, aus Hamburg?«, rief er begeistert. »Ich liebe Hamburg und gebe im nächsten Monat ein Konzert dort. Ich bin Pianist. Morgen Abend spiele ich hier in Brüssel. Willst du kommen? Ich lade dich gern ein. Wie alt bist du?«

»Sechzehn«, antwortete ich, und meine Skepsis verflog. Alles, was er bisher gesagt hatte, klang ehrlich. Sogar das mit der Verwechslung nahm ich ihm nicht mehr allzu übel. Aber was wollte er von mir? Auf jeden Fall mehr als irgendeinen Small Talk.

»Hast du Ferien? Du gehst doch noch zur Schule, oder?«

»Nein«, sagte ich. »Ich bin per Anhalter unterwegs.«

»Und wo wohnst du hier?«

»Auf der Straße«, log ich.

»Ja, aber du kannst mit sechzehn Jahren doch nicht auf der Straße wohnen. Du bist viel zu jung. Hast du denn kein Zuhause? Wo sind deine Eltern?«

»Die sind in Hamburg und haben mich rausgeschmissen. Also, warum sollte ich nicht auf der Straße wohnen? Das ist okay für mich. Ich bin frei, und das ist tausendmal besser als ein spießiges Zuhause.«

Er wirkte ehrlich besorgt. »Tu mir den Gefallen und fahr wieder nach Hause. Das ist doch Wahnsinn. In deinem Alter. Du brauchst noch deine Eltern oder wenigstens irgendeinen Halt.«

»Ich hab Ihnen doch schon gesagt, dass die mich rausgeschmissen haben. Aber ich hab damit auch gar kein Problem mehr. Ehrlich! Mir geht es gut. Noch mal: Ich bin frei!«

Er nahm einen weiteren Anlauf. »Liegt es am Geld? Hast du kein Geld mehr? Pass auf, ich bin im nächsten Monat in Hamburg. Ich leihe dir jetzt etwas, und du kannst es mir dann zurückgeben. Ist das ein Deal?«

»Nein«, antwortete ich. »Ich will überhaupt nicht nach Hause. Ich hab Freunde hier. Es geht mir gut, wirklich. Machen Sie sich keine Sorgen.«

Er gab nicht auf. »Junge, du bist erst sechzehn! Du kommst unter die Räder. Du bist noch viel zu jung! Glaub mir! Ich weiß, wovon ich rede.«

Er zückte sein Portemonnaie und holte ein Bündel Scheine hervor. »Hier«, sagte er. »Das sind umgerechnet zweihundert Mark. Damit kommst du auf jeden Fall bis Hamburg. Ich vertraue dir. Ich schreib dir meine Adresse auf. Du wirst mir das Geld zurückgeben. Aber ich bitte dich inständig: Fahr damit nach Hause!«

Jetzt fing er an, mich zu nerven. »Hier«, ich zeigte auf Hanneke und Rudi. »Das sind Freunde von mir. Die sind auch nicht viel älter als ich, und wir kommen alle total gut zurecht. Auf der Straße. Vielen Dank, aber ich brauche Ihr Geld nicht, weil ich auf keinen Fall nach Hause fahren werde.«

Hanneke und Rudi wurden auf uns aufmerksam und hatten das Gefühl, mir aus der Patsche helfen zu müssen.

»Wollen wir los?«, fragte Rudi.

»Ja«, antwortete ich. »Lass uns zu Claude gehen.« Wir lösten uns von der Mauer und bewegten uns Richtung Oberstadt. Der Mann wirkte ziemlich betroffen und tat mir fast ein bisschen leid. »Sorry, das ist wirklich nett gemeint von Ihnen, aber wir gehen jetzt zu einem Freund«, sagte ich versöhnlich. »Da kann ich auch schlafen und bin nicht auf der Straße. Okay? Vielen Dank.«

Damit machten wir uns endgültig auf den Weg. Hanneke und Rudi wollten natürlich sofort wissen, was es mit dem Typen auf sich hatte.

»Er wollte mir Geld leihen, um nach Hause zu fahren.«

»Und warum hast du es nicht genommen?«, wollte Rudi wissen.

»Weil ich hierbleiben will. Bei euch. Ganz einfach.«

»Dann hättest du es doch trotzdem nehmen können«, sagte er und grinste frech.

»Nein«, erwiderte ich. »Das mach ich nicht. Der Typ war in Ordnung.« Ich drehte mich noch mal um und wollte es kaum glauben. Der Mann folgte uns im Abstand von etwa fünfzig Metern. Wir forcierten unser Tempo, aber er blieb immer noch hinter uns. Allmählich reichte es mir dann doch.

»Wartet mal auf mich«, sagte ich zu Hanneke und Rudi und ging auf den Pianisten zu. Als ich ihn erreichte, fragte ich nur: »Was wollen Sie denn noch?«

Er sah mich nur ernst und besorgt an, griff wieder zu seinem Portemonnaie, nahm das Geld heraus und sagte: »Hier, ich schenke es dir. Bitte fahr nach Hause. Du musst es mir nicht zurückgeben.«

Der Mann wollte mir das Leben retten, so kam es mir vor. Natürlich hätte ich die Kohle gut gebrauchen können, und es wäre ein Leichtes gewesen, das Geld anzunehmen, aber das war für mich eine Frage der Ehre. So abgefuckt war ich noch nicht.

»Nein«, sagte ich. »Behalten Sie es. Sie begreifen es anscheinend nicht. Ich geh nicht nach Hause zurück, weil ich es nämlich gar nicht will. Ich bin komplett frei von allem, und das genieße ich sehr.« Mit diesen Worten ließ ich ihn endgültig stehen.

Gemeinsam mit meinen Freunden setzte ich den Weg in die Oberstadt fort. Nachdem wir uns schon ein ganzes Stück entfernt hatten, drehte ich mich noch mal nach ihm um. Einsam und ohne sich vom Fleck zu rühren, stand er da und sah mir traurig hinterher. Was für eine merkwürdige Begegnung ...

In den folgenden Tagen kühlte es merklich ab. Bisher war es dafür, dass erst Juni war, unverhältnismäßig warm gewesen, wie im Hochsommer. Aber jetzt, bei kälterem Wetter, überschätzte ich meine Widerstandskräfte und bekam plötzlich Fieber. Ich ging trotzdem täglich mit den anderen zum Grand Place, aber ich fühlte mich echt beschissen und war durch das Fieber reichlich geschwächt.

Ich suchte Hilfe bei einem freakigen Wirt, der eine Bar in einer der umliegenden Gassen betrieb. Er sah selbst wie ein Althippie aus und spendierte uns hin und wieder mal 'ne Cola. Anscheinend sah er mir an, dass es mir nicht besonders gut ging, und er fragte mich nach dem Grund.

»Ich habe Fieber«, sagte ich. »Hast du ein Aspirin für mich oder etwas anderes, das mir helfen könnte?«

Er guckte mich erstaunt an. »Du hast Fieber? Alter, dann genieß es doch. Das ist ein geiler Trip.«

Ich war perplex. Ich fühlte mich echt scheiße, und dann so ein Spruch. Er aber meinte es ernst und zapfte ungerührt weiter sein Bier für die Touris. Frustriert schlich ich zurück zu meinen Freunden. Auf dem Weg kam ich wieder an einer Telefonzelle vorbei. Sollte ich meine Eltern anrufen?

Nein, die Blöße konnte ich mir trotz meines erbärmlichen Zustands nicht geben. Kaum geht's mir schlecht, schon ruf ich Mutti an ...

Meine Mutter hätte mich jetzt garantiert liebevoll umsorgt. Sie hatte ein großes Herz und half, wo sie konnte. War ich krank, verwöhnte sie mich so lange, bis ich wieder gesund war. Sie sorgte aufopfernd für meine Geschwister und mich. Ihren Beruf der Hebamme hatte sie noch bis vor zwölf Jahren ausgeübt. Sie betonte immer, dass es für sie weit mehr gewesen sei als nur ein Beruf. Es war eine Aufgabe, die sie total erfüllte, eine Herzensangelegenheit.

Als wir dann von Hemmingstedt in die Köge direkt an die Nordsee zogen, weil mein Vater dorthin versetzt wurde, steckte sie zurück und gab ihren Beruf auf. Zu einsam war die Gegend dort, zu kleine Dörfer, zu große Entfernungen, zu wenige Menschen, und vor allem war sie nicht mobil. Sie hatte weder Auto noch Führerschein, und mit ihrem Moped die weiten Strecken zurückzulegen, so wie sie es bis dahin im etwas urbaneren Hemmingstedt gemacht hatte, war kaum möglich. Also hatte sie keine Chance mehr, zu arbeiten. Sie ergab sich in ihr Schicksal, zu Hause zu bleiben und meine Geschwister und mich liebevoll zu erziehen, während mein Vater sich in seine Arbeit kniete. Er war voller Überzeugung Dorfsheriff, kurvte mit seinem DKW durch sein Revier und war damit zufrieden. Für ihn war die Welt damit in Ordnung. Für meine Mutter im Prinzip auch, denn sie war gerne Mutter, aber ich glaube, sie vereinsamte total, genau wie meine viereinhalb Jahre ältere Schwester Gerdi und ich. Nur meine älteste Schwester Herti, die zwölf Jahre älter war als ich, konnte sich mit Dithmarschen gut arrangieren. Sie lernte ihren Mann kennen, war inzwischen verheiratet und lebte dort. Als meine Eltern schließlich mit mir und Gerdi nach Lütjensee zogen, war es wie eine Erlösung. Meine Mutter blühte auf und war endlich wieder unter Menschen. Aber es war zu spät für sie, wieder in den Beruf einzusteigen. Und so blieb es bei der Rollenverteilung. Vater sorgte fürs Geld und Mutter für den Haushalt, aber ich bin mir ziemlich sicher, dass sie ohne ihren Beruf nie wieder richtig glücklich war. Er fehlte ihr. In meinen Träumen sah ich sie immer mit einem melancholischen Blick.

Als ich nun so intensiv an sie dachte und das Fieber in mir hochkochte, war ich kurz davor, doch anzurufen. Es kostete mich Überwindung, energisch zu sein. Nein und noch mal nein, ich rufe nicht an.

Hanneke hatte eine Idee. Sie selbst hatte ihr Fieber einmal durch eine Überdosis Haschisch wegbekommen, und das sollten wir nun versuchen. Ich hatte inzwischen nicht mehr besonders viel Geld.

Weil ich nicht ständig bei den anderen schnorren wollte, hatte ich öfter mal Stoff gekauft, und jetzt gab ich meine letzten Francs für rund vier Gramm Haschisch aus. Damit gingen wir nach Hause. Sofort fing Hanneke an, einige Joints zu drehen. Claude war auch schon da, beteiligte sich mit einem kleinen Piece, und wir kifften drauflos. Zwischendurch wurde mir Tee verabreicht, und nach vielleicht drei Stunden war die gesamte Ration weggeraucht. Ich war so stoned, dass ich auf allen vieren zu meinem Schlafplatz eierte. Ich schlief wie ein Stein. Als ich am nächsten Morgen aufwachte, war ich tatsächlich fieberfrei. Ich habe keine Ahnung, ob es an der Überdosierung lag oder ob es Zufall war. Eventuell war es auch der Tee, der mich kuriert hatte, denn ich hatte nachts geschwitzt wie der Teufel. Wie auch immer, ich war wieder gesund und von diesem Experiment echt beeindruckt. Wenn ich das unserem Hausarzt in Lütjensee erzählt hätte, dann hätte der mich für komplett verrückt erklärt und meinen Eltern den Tipp gegeben, mich in eine Entzugsklinik einweisen zu lassen.

# 9

## PORNO UND TM

Die nächsten Tage fühlte ich mich noch etwas schwach, aber der Sog der Innenstadt ließ nicht nach. Jeden Tag schlenderte ich zum Grand Place. Ich konnte nicht genug kriegen von all dem Trubel und den Eindrücken.

An einem der Tage weckte ein Chevrolet-Cabrio meine Neugier, das mitten auf den Platz fuhr und vorm Rathaus hielt. Drei hübsche, üppige Blondinen aus Schweden setzten sich auf die Rücklehnen der Sitze und posierten für den Fahrer, der gleichzeitig der Fotograf zu sein schien. Die Frauen waren nur mit extrem knappen Hotpants und kurzen Hemden bekleidet, die sie unterhalb ihrer Brüste verknotet hatten. Sie räkelten sich auf der Motorhaube oder benutzten die Türen als Sitz. Währenddessen wurden sie so fotografiert, dass immer das Rathaus im Hintergrund zu erkennen war. Schweden galt zu der Zeit als sexuell freizügigstes Land der Welt. Ganz Europa wurde mit Pornos oder billigen Sexzeitungen aus Schweden überschwemmt. Das entging natürlich auch mir und meinen Klassenkameraden nicht. Wir pubertierten fröhlich vor uns hin und tauschten die Heftchen untereinander. Man konnte ihnen deutlich ansehen, wie abgegriffen sie nach ein paar Tauschaktionen waren, und mochte sich nicht wirklich vorstellen, warum das so war.

Der Fotograf erklärte einigen Neugierigen, dass es sich um eine Reportage handele. Er wollte europaweit klassische Denkmäler und historische Bauten mit moderner Freizügigkeit in Form von ausgefallenen Autos und ein bisschen Sex verbinden. Immer wieder motivierte er die Models mit dem selten dämlichen Satz: »Yeah, it's a happy, happy day!« Die wiederum kreischten dann genauso dämlich und zeigten in übertriebener Form ihr schönstes Lächeln und gewagteste Posen.

Dann blickte sich der Fotograf absichernd nach allen Seiten um und gab seinen Models ein Zeichen. Blitzschnell entledigten die sich ihrer gesamten Klamotten und stellten sich nackt in den obszönsten Stellungen vors Auto, mit dem Rathaus im Hintergrund. Jetzt wurden es tatsächlich Pornoaufnahmen. Die Mädels rissen sich die Arschbacken auseinander oder leckten sich gegenseitig die Brüste. Die Zuschauer reagierten mit Anfeuerungsrufen. Sie johlten, lachten und konnten gar nicht genug vom Anblick dieser heißen Frauen bekommen. Natürlich gab es auch einige, die empört waren und »Aufhören! Unverschämtheit! Polizei!« zeterten. Es waren ja schließlich auch Kinder anwesend, die sich allerdings an dem Anblick eher ergötzten, als daran Anstoß zu nehmen. Ich selbst beobachtete das Spektakel mit großem Staunen und konnte ihm nichts Negatives abgewinnen. Ich fand's spannend und geil.

Plötzlich näherte sich ein Polizeiwagen. Die Models sprangen, nackt, wie sie waren, geübt ins Auto. Der Fotograf schmiss die Kamera auf den Rücksitz und raste mit durchdrehenden Reifen durch die Menschenmenge, die entsetzt auseinanderstob. Das war's dann mit dem »happy day«.

An einem anderen Tag wurde ich Zeuge, wie ein etwa gleichaltriger Junge mit langen dunkelblonden Haaren, die ihm bis zum Hintern reichten, von zwei Arabern mitten auf dem Platz zusammengeschlagen wurde. Sie zerrten ihn an den Haaren bis zur Mauer, auf der wir alle saßen, und droschen immer wieder auf ihn ein. Er blutete stark im Gesicht. Endlich hörten sie mit den Schlägen auf. Sie beschimpften und bedrohten ihn, bevor sie verschwanden. Ich war schockiert. Es war bisher immer so friedlich gewesen. Einer der Umstehenden erklärte mir, dass der Vorfall nicht der erste seiner Art war. Der Zusammengeschlagene hieß François und war Belgier. Er musste auf irgendeinem LSD-Trip hängen geblieben sein. Jedenfalls tauchte er alle paar Wochen auf dem Platz auf und wurde regelmäßig verprügelt. Irgendwann käme dann immer seine Mutter und würde ihn abholen.

»Aber warum, verdammt noch mal, wird er denn dauernd geschlagen?«

»Weil er nicht ganz dicht ist. Er bepöbelt alle möglichen Leute als Arschlöcher, Wichser und sonst was, und Momente später entschuldigt er sich dann dafür.«

François heulte gotterbärmlich. Einige Leute kümmerten sich um ihn und trösteten ihn. Im nächsten Moment bekam ich selbst eine Kostprobe von seinem Verhalten. Denn obwohl ein älterer Mann sich ganz besonders um ihn bemühte, schrie er ihn aus heiterem Himmel an: »Arschloch! Hau ab.« Zwei, drei Sekunden später stammelte er: »Entschuldige. Das wollte ich nicht. Tut mir leid.« Der Beschimpfte schien das schon zu kennen und beruhigte ihn wieder. Da kam eine ältere Frau auf François zu, offenkundig seine Mutter. Sie musste bei seinem Anblick weinen.

»Warum machst du das?«, sagte sie zu ihm. »Warum läufst du immer wieder weg, und warum ausgerechnet hierher, zum Grand Place? Du weißt doch, was man hier mit dir macht.«

François guckte schuldbewusst zu Boden und schwieg. Sie nahm ein Taschentuch und versuchte, ihm das Blut aus dem Gesicht zu wischen. Bei jeder Berührung zuckte er zusammen, es tat ihm weh. Dann griff sie ihrem Sohn unter die Arme und führte ihn weg. Es war ein trauriger Anblick. Niemand hatte sie gefragt, aber sie drehte sich noch mal zu uns um und rief resigniert: »François nimmt keine Drogen. Er ist krank. Er hat Tourette.«

Ich hatte von der Krankheit noch nie gehört, die anderen auch nicht. Irgendjemand erklärte dann, dass es sich dabei um eine psychische Krankheit handele. François könne nichts dagegen tun, es seien Zwänge. Bei einigen Tourette-Kranken seien es sich immer wiederholende Bewegungen, die sie nicht kontrollieren könnten, bei anderen Beschimpfungen.

»Es passiert ihm einfach. Er bepöbelt Leute, checkt das sofort und entschuldigt sich dann dafür. So was ist wie ein Tick, den er nicht unterbinden kann. Und wenn er dann ausgerechnet auf Araber trifft, die sich bei Beleidigungen gleich in ihrer Ehre verletzt fühlen, dann kriegt er halt was aufs Maul. Die scheißen auf seine Psyche.«

Horror, dachte ich, was für ein armer Kerl.

Immer wieder fügten sich in das bunte Bild der Menschen rund um den Grand Place herum auch Hare-Krishna-Jünger ein. Fast täglich konnte ich sie mit ihren orangefarbenen Gewändern und hässlichen Glatzen durch die Gassen tänzeln sehen. Beseelt sangen sie ihr Mantra. Es klang so einfach und ging deshalb auch sofort ins Ohr: »Hare Krishna, Hare Krishna, Krishna, Krishna, Hare, Hare, Hare Rama, Hare Rama, Rama, Rama, Hare, Hare.«

Sogar George Harrison hatte es im letzten Jahr in seinen Song »My sweet Lord« eingebaut. Ein unglaublich schönes Lied, das ich zu Hause nonstop gehört hatte. Aber am bekanntesten wurde Hare Krishna in Deutschland durch das geniale Musical »Hair«.

Gerne hätte ich mich mal mit einem der Hare-Krishna-Anhänger unterhalten, aber sie wirkten immer total entrückt. Wenn sie an mir vorbeizogen, versuchte ich, einen Blickkontakt mit ihnen herzustellen. Es klappte nicht, sie sahen durch mich hindurch. Man hätte glauben können, dass sie auf Droge waren, weil ihre Augen so einen merkwürdigen Glanz hatten. Aber es war wohl tatsächlich dieser feste Glaube an ihren Gott Krishna, der sie derart leuchten ließ. Sie sangen ihr Mantra und stellten damit den Zusammenhang zwischen Körper, Geist und Seele her, wie mir jemand erklärte. So wurde man »erleuchtet«.

Über diesen Vorgang wusste ich ein bisschen Bescheid, weil Freunde, die sich mit TM, also Transzendentaler Meditation, beschäftigten, ihn mir erklärt hatten. Diese Meditationstechnik war berühmt geworden, als die Beatles 1968 ihren Indien-Trip machten und dabei ihrem Guru Maharishi Mahesh Yogi begegneten. Das Treffen hatte einen großen Einfluss auf sie und ihre Musik. Ich hatte immer ein wenig das Gefühl, dass sich die Beatles damals benutzen ließen. Es gab riesige Fotosessions mit Maharishi. Er wurde zum Star, und plötzlich meditierte die ganze Welt, weil Fans immer ihren Idolen nacheifern. Trotzdem muss wohl irgendwas dran gewesen sein, sonst hätten besonders John Lennon und George Harrison nicht so viel an ihrem Leben und ihrer Musik geändert.

Über eine Mitschülerin hatte ich eine neue Clique in Hamburg kennengelernt. Sie meditierten alle und wollten damals auch mich überreden, mitzumachen, aber es kostete Geld. Das hatte ich nicht. Ich hätte an einem TM-Kurs teilnehmen sollen, der damit endete, dass ich mein Mantra bekam, ein bestimmtes Wort, das auf meine ganz spezifische Persönlichkeit abgestimmt sei und das ich zweimal täglich in der Meditation leise aufsagen sollte. Auf diese Weise fände ich zur Ruhe, tankte Kraft, würde meinen Weg und meine wahre Bestimmung erkennen. Ich würde transzendieren. So zumindest hatte ich es verstanden.

Ich fühlte mich nie richtig wohl, wenn man mich so in die Mangel nahm, wie diese neuen Freunde es bei mir taten. Natürlich hatte ich Probleme mit der Schule und meinen Eltern und hätte mir gerne helfen lassen, aber ich hatte Hemmungen und Vorbehalte, auf so einen Zug aufzuspringen.

Problemlösung durch Meditation. Mantra. Weg nach innen. Woher sollte ich denn wissen, dass dieser Typ, dieser Maharishi, mir wirklich aus meinem Dilemma half? Es gab ja keine Garantie. Und dazu kostete es zu viel Geld.

Als ich es ablehnte, den Kurs zu machen, ließen die meisten meiner neuen »Freunde« mich links liegen, und ich fand sie nur noch arrogant.

Zu der Clique gehörte ein sehr hübsches Mädchen mit langen brünetten Haaren, Niki. In sie hätte ich mich glatt verlieben können, aber sie war mit dem Ältesten aus der Runde zusammen. Er war schon über dreißig und hatte einen spannenden Job bei einem Radiosender. Wir besuchten ihn oft in seiner geilen Wohnung direkt an einem Alsterkanal. Er schenkte uns Schallplatten und bekochte uns. Altersbedingt war er uns natürlich in allem weit voraus. Ich hatte den Eindruck, dass er es auch nicht ganz so verbissen mit der Meditation nahm wie die anderen. Das gefiel mir. Leider merkte ich irgendwann, dass der Typ es eigentlich nur darauf abgesehen hatte, Gruppensexorgien mit uns allen bei sich zu feiern. Der alte Sack. Unter dem Deckmantel des »Miteinander-meditieren-Wollens« machte er derart eindeutige Angebote, dass ich Missbrauch witterte.

»Helmut, bring doch auch mal 'ne Freundin mit oder zwei. Ich hab ein breites Bett. Da ist für euch neben Niki und mir auch noch Platz.« Dabei grinste er verschmitzt.

Ich war fünfzehn, Niki siebzehn. Ich verabschiedete mich relativ schnell von dieser Clique und zog es vor, ohne Mantra zu leben. Wäre wahrscheinlich eh nicht mein Ding gewesen. Ich transzendierte lieber mit einem vernünftigen Joint.

# 10

## BIAFRA, NIZZA

Eines Abends kehrte ich spät zu meiner kleinen Ersatz-Family zurück. Es passierte immer öfter, dass ich allein unterwegs war. Ich wollte nicht ständig an Hanneke und Rudi kleben. Inzwischen kannte ich so viele Leute am Platz, dass ich mich auch ohne die beiden gut aufgehoben fühlte.

Ich spürte sofort eine bedrückte Stimmung im Raum.

»Was ist los?«, fragte ich. Einen Atemzug lang herrschte Schweigen.

»Ihr müsst euch 'ne neue Bleibe suchen«, druckste Claude schließlich herum. Das schlechte Gewissen stand ihm ins Gesicht geschrieben. »Ich hab ein paar Leute getroffen, die nach Biafra gehen, um da den hungernden Kindern zu helfen. Es ist eine Privatinitiative ohne Fördermittel, aber es ist genügend Kohle da, um dort hinreisen zu können, in einem Krankenhaus unterzukommen und verpflegt zu werden. Ihr wisst ja, dass ich so was schon immer machen wollte. Endlich könnte ich mich nützlich machen. Helfen, Leben retten. Nur für euch tut es mir wahnsinnig leid.« Jetzt heulte er fast. »Ich will euch nicht im Stich lassen … aber vielleicht könnt ihr mich ja verstehen.«

Hanneke fing sich als Erste. »Das ist doch klar, dass du das machen musst, Claude. Das ist deine Chance. Die musst du nutzen.«

Auch ich war davon überzeugt, dass er so eine Gelegenheit nicht verpassen durfte.

»Hey, mir klingen noch die Ohren von deiner Amnesty-Erfahrung, von der du uns erzählt hast. Das ist jetzt genau das, wonach du gesucht hast – und dann noch für so eine gute Sache.« Biafra war ein südöstlicher Landesteil Nigerias, der nach Unabhängigkeit gestrebt und einen eigenen Staat gegründet hatte. Zur Strafe war die Bevölkerung im Biafra-Krieg geradezu vernichtet worden. Fast zwei Millionen Menschen waren dabei ums Leben gekommen. Da es natürlich auch um große Erdölvorkommen gegangen war, waren die nigerianischen Truppen von den Amis, den Engländern, aber auch von den Russen mit modernsten Waffen beliefert worden. Es war sogar Napalm eingesetzt worden. Die Armee Biafras hatte dem nicht viel entgegenzusetzen gehabt. Das Volk war komplett eingekesselt worden, Nigeria hatte eine Hungerblockade verhängt. Die Schwächsten, also hauptsächlich Kinder, waren durch den Nahrungsentzug grausam verreckt. Erschütternde Bilder der verhungernden Kinder von Biafra waren um die ganze Welt gegangen. Im Januar 1970 war der Krieg mit der Kapitulation Biafras endlich vorbei gewesen. Es würde sicher noch Jahre dauern, bis sich dort so etwas wie Normalität einstellen würde. Immer noch hörte man von brutalsten Übergriffen der Nigerianer.

Kurz nach Ende des Völkerkrieges hatte auch ich in Hamburg an einem Biafra-Schweigemarsch teilgenommen. Es war meine erste Demo, ich war mächtig stolz. Ich fand es wichtig, dabei zu sein, ein Zeichen zu setzen und mich politisch zu positionieren. Trotzdem hatte diese Demo in Hamburg einen faden Beigeschmack. Ein paar Idioten von der DKP und KPD/ML nutzten den Anlass, sich gegenseitig die Köpfe einzuschlagen. Unbegreiflich. Es ging doch um Frieden! Ich fragte mich damals, warum diese linken Splittergruppen immer Stress untereinander hatten. War denn links nicht gleich links? Wahrscheinlich musste ich tiefer in das Thema eintauchen, um es zu verstehen.

Rudi hatte bisher noch gar nichts zu Claudes Plänen gesagt. Liebevoll zog er Hanneke auf seinen Schoß.

»Wir wollten doch sowieso demnächst nach Amsterdam trampen. Wir kennen da viele Leute, sind nicht so weit weg von Den Haag, falls wir doch mal wieder Kontakt zu unseren Familien aufnehmen möchten – und Amsterdam ist einfach die geilste Stadt der Welt. Außerdem kannst du ja nicht ewig in diesem Getränkemarkt ackern und uns mitversorgen, Claude. Also mach das! Fahr nach Afrika!«

Afrika … Das war wieder so ein Reizwort für mich. Sofort packte mich das Fernweh. Ich wusste, dass es im Moment lukrative Jobs für Studenten gab, die Renaults, Citroëns und Volvos von Europa aus quer durch die Sahara nach Togo überführten. Dabei war nicht nur genügend Geld für den Rückflug übrig, sondern die meisten konnten es sich auch leisten, noch mehrere Monate im Land zu bleiben. Ich hätte das sofort gemacht, aber ich hatte ja nicht mal einen Führerschein. Das hebe ich mir für später auf, dachte ich. Dann entdecke ich Westafrika.

Claude war gerührt von unserem Zuspruch.

»Trotzdem … Es fühlt sich ein bisschen so an, als würde ich euch rausschmeißen.«

»Quatsch!«, »Blödsinn!«, »Bullshit!«, riefen wir vehement durcheinander.

»Du hast die ganze Zeit so viel für uns getan. Niemals wären wir so lange in Brüssel geblieben, wenn wir dich nicht gehabt hätten. Hör auf mit irgendwelchen Schuldgefühlen. Du bist das Beste, was uns passieren konnte«, sagte Hanneke und sprach aus, was wir alle fühlten.

Claude war sichtlich beruhigt.

»Okay«, sagte er. »Ich hab zum 15. Juli gekündigt. Bis dahin ist die Wohnung bezahlt. Vorher komm ich nicht aus dem Mietvertrag raus. Von euch kann und will ja bestimmt keiner den Vertrag übernehmen, oder? Irgendwann Anfang Juli geht's für mich los. Vielleicht aber auch schon übermorgen. Ein genaues Datum konnten sie mir noch nicht nennen. Ihr könnt bis zum 15. bleiben. Ich lass meine Klamotten, Bett, Schrank und die Küchenmöbel einfach hier. Das soll der alte Doret selbst entsorgen. Bei der Bruchbude, die er mir zwei Jahre lang viel zu teuer vermietet hat, kann er das ruhig machen.«

»Heute ist der 20. Juni. Dann bist du ja nur noch zehn Tage hier, Claude! Lass uns eine gigantische Abschiedsparty für dich organisieren, ja?«, schlug Hanneke vor.

Die Idee mit der Abschiedsparty fanden alle klasse, auch wenn jeder seinen Gedanken nachhing. Mir wurde mit einem Mal bewusst, dass ich schon fast vier Wochen unterwegs war. Vier Wochen weg von zu Hause … Vier Wochen, die so schnell vergangen waren wie nie zuvor. Mir kam es so vor, als wären es mindestens zwei Jahre gewesen, so viel hatte ich erlebt.

Auch wurde mir klar, dass ich jetzt nur noch wenige Tage Zeit haben würde, mir eine neue Bleibe zu suchen. Denn das wollte ich auf jeden Fall. Nach Hause zu fahren kam für mich nicht infrage. Allerdings spürte ich schon wieder das Verlangen, mich bei meinen Alten zu melden. Sie in solch einer Ungewissheit zu lassen war nicht fair. Ich war mir sicher, dass es ihnen nicht gut gehen konnte. Es überraschte mich ein bisschen, aber als ich jetzt an sie denken musste, wichen erstmals Wut und Trotz einer Art Versöhnlichkeit. Sie taten mir sogar ein bisschen leid. Schnell wischte ich die Gedanken weg.

Mit Rudi und Hanneke nach Amsterdam zu trampen war vielleicht auch eine Option. Tirshata war vermutlich noch in Antwerpen. Allerdings war das Thema Brüssel für mich längst nicht ausgereizt. Ich hatte mich in diese Stadt verliebt …

Claude erzählte uns, dass er auf jeden Fall bis zum Abreisetag arbeiten würde. Er wollte so viel Geld wie möglich als Notgroschen mitnehmen. Das konnten wir gut verstehen. Nachdem wir noch einen Joint zusammen geraucht hatten, ging er, doch ein bisschen nachdenklich und angeschlagen, ins Bett. Er musste ja wieder früh aufstehen.

Wir schliefen in der Nacht alle sehr schlecht. Unruhig wälzte ich mich hin und her, und den beiden anderen ging es ähnlich. Ich machte mir Sorgen, aber nicht nur um mich, sondern auch um meine drei Freunde. Würden wir uns je wiedersehen? Keiner von uns dreien würde in absehbarer Zeit einen festen Wohnsitz haben, man könnte sich nicht einmal schreiben. War es nicht maßlos gefährlich für Claude in Biafra? Ein Bürgerkriegsland, das noch längst nicht befriedet war? Die Gedanken wirbelten durch meinen Kopf. Irgendwann schlief ich doch noch ein.

Leicht verkatert standen wir am nächsten Morgen auf. Gerührt fanden wir in der Küche wie immer Baguette und Orangensaft vor. Claude ließ sich von seinen Plänen nicht beirren, sondern behielt seinen normalen Tagesablauf bei. Und er sorgte weiterhin für uns.

Hanneke fand, dass es nun an uns sei, Claude zum Schluss noch mal richtig zu verwöhnen, nachdem er so viel für uns getan hatte. Jeder von uns sollte ein bisschen Geld auftreiben, das wir ihm für seine Reise schenken würden. Außerdem mussten Lebensmittel besorgt werden. Hanneke wollte gern etwas für ihn kochen. Das war natürlich leicht gesagt. Woher nehmen, wenn nicht stehlen?

Auf dem Weg zur Innenstadt lief ich wieder an der Telefonzelle vorbei. Wie ein Mahnmal kam sie mir mittlerweile vor. Ruf zu Hause an. Lass sie nicht im Ungewissen. Schenk ihnen ein Lebenszeichen!

Ich wühlte in meinen Hosentaschen nach etwas Kleingeld, fand ein paar Francs und steckte sie in den Münzapparat. Wie von selbst wählte mein Zeigefinger die Nummer. Es tutete einige Male, aber niemand nahm ab. Der Anrufbeantworter schaltete sich auch nicht ein. Fast erleichtert wollte ich schon wieder auflegen, ich hatte es immerhin versucht. Plötzlich hörte ich meine Mutter sagen: »Zierl, Polizeistation Lütjensee.«

Der Klang ihrer Stimme schnürte mir fast die Kehle zu. Ein dicker Kloß bildete sich in meinem Hals, und ich hätte losheulen können. Ich brachte kein Wort hervor, ich musste mich erst mal fassen.

Nach einigen Sekunden fragte meine Mutter: »Hallo, ist da jemand?«

»Mir geht's gut«, presste ich heraus und legte den Hörer schnell auf die Gabel. Jedes weitere Wort von ihr hätte mich zum Weinen gebracht. Ihre weiche, warme Stimme hatte mich tief berührt. Nachdenklich ging ich weiter.

Am Grand Place schnorrten die meisten Freaks die Touristen an. »Faire la mange«, nannten sie es: das Essen organisieren.

»Guten Tag, Monsieur, Madame ... Könnten Sie mir vielleicht ein paar Francs geben? Man hat mir am Bahnhof sämtliche Sachen gestohlen. Ich habe solchen Hunger und heute noch nichts gegessen.«

Bei jedem Zehnten funktionierte die Masche, und so kam dann doch immer einiges zusammen. Jedenfalls reichte es tatsächlich, um sich den Tag über zu ernähren. Ich hatte es auch schon ein paarmal versucht.

Am Platz angekommen, beobachtete ich die Straßenmusiker, die überall in den kleinen Gassen um den Grand Place herum spielten. Konnte ich von ihnen lernen? Hatten sie vielleicht irgendeine Technik, die ich mir abgucken konnte, um den Leuten das Geld aus der Tasche zu ziehen? Ich hatte ja immer noch die Option, mit meiner F-Flöte ein bisschen was zu verdienen. Ich ärgerte mich, dass ich sie nicht mitgenommen hatte. Immerhin hätte ich ausprobieren können, ob mein Spiel mir ein paar Francs einbrachte.

Es war Mittagszeit. Die paar Jungs, die jetzt schon spielten, hatten ein Käppi oder ihre Jacken vor sich ausgebreitet und legten fünf bis zehn Francs hinein. Das war wirklich sehr wenig, aber es war Absicht und hatte Methode. Eben weil es so wenig war, sollten die Touris angeregt werden, etwas Geld dazuzugeben. Sobald sich mehr als zwanzig, dreißig Francs im Käppi befanden, nahmen die

Jungs die Differenz raus, sodass es wieder nur fünf Francs waren. Das sah einfach kläglicher aus. Auffällig war auch, dass die Musiker, die lächelten und »good vibrations« versprühten, mehr Geld bekamen als diejenigen, die blass und traurig aussahen und die Mitleidsmasche wählten.

Ich nahm mir vor, es am nächsten Tag mit meiner F-Flöte zu versuchen. Dann hielt ich Ausschau nach Christophe, dem Modeschmucktypen. Er hockte tatsächlich wieder in derselben Gasse und an derselben Stelle wie einige Tage zuvor. Sogleich erkannte er mich und rief:

»Elmüt, ça va?«

Ich war überrascht. Er hatte sich meinen Namen gemerkt.

»Oui, ça va, Christophe.«

Er hielt mir eine Art Kneifzange entgegen.

»Komm her, setz dich zu mir«, sagte er. »Versuch's mal hiermit. Ich zeig dir ein paar einfache Schleifen, die du mit der Zange hier aus einem Kupferfaden drehen kannst.«

Er machte es mir vor. Es sah ganz einfach aus. In Sekundenschnelle hatte er einen schneckenartigen Anhänger gezaubert. Jetzt sollte ich es ihm nachmachen. Er drückte mir die Zange und einen Kupferdraht in die Hand und zeigte mir, wo und wie ich ansetzen sollte. Es brauchte nur Sekunden, bis ich zwei Drähte draus gemacht hatte. Ohne viel Kraftaufwand war er sofort durchgebrochen. Bedauernd guckte ich Christophe an.

»Ich hab's dir doch gesagt. Im Werken bin ich eine Niete.«

Er lachte. »Das wird schon. Ich hatte am Anfang auch Schwierigkeiten. Denkst du, ich konnte das sofort? Ich schaff das schon, dich auszubilden.« Dann fragte er mich, als wäre es das Selbstverständlichste auf der ganzen Welt: »Hast du Lust, mitzukommen, Elmüt? Ich will nach Nizza fahren.«

»Nach Nizza? Warum ausgerechnet nach Nizza?«

»Ich komm aus der Ecke«, sagte er. »Im Juli geht da die Post ab. Touris über Touris. Die Côte d'Azur war schon immer der Hit.

Und zum Nationalfeiertag am 14. Juli kannst du dich nicht mehr retten vor Leuten und verkaufst so viel wie sonst das ganze Jahr nicht.«

Den französischen Nationalfeiertag kannte ich. Im vergangenen Jahr war ich am 14. Juli in der Bretagne gewesen. Die Nachbargemeinde hatte einen Schüleraustausch organisiert. Meine Eltern hatten darauf bestanden, dass ich mitmachte. Es war nicht teuer gewesen, und sie hatten sich natürlich erhofft, dass meine Französischkenntnisse danach besser wären. Ich zögerte damals, aber dann war ich dabei, und im Nachhinein war es eine der geilsten Reisen, die ich bis dahin gemacht hatte. Ich wurde mit einem anderen Schüler aus der Gemeinde, den ich bis dahin gar nicht gekannt hatte, bei einer Bauernfamilie in Le Loroux-Bottereau untergebracht, nicht weit entfernt von Nantes, der nächstgrößeren Stadt. All die Dörfer, auf die wir Austauschschüler verteilt wurden, hatten solche exotischen, toll klingenden Namen, Saint-Julien-de-Concelles, La Chapelle-Basse-Mer ... Namen, die ich nie vergessen werde.

Zwei etwa gleichaltrige Jungen waren unsere »Tauschpartner«. Sie kamen nach den zwei Wochen, die wir dortbleiben sollten, mit zu uns nach Hause. Wir hatten unglaublich viel Spaß, lernten tatsächlich etwas Französisch, durften in Frankreich ohne Führerschein Moped fahren und hatten erste harmlose Knutschereien mit den französischen Mädchen. Es war sehr spannend, konnten wir uns doch kaum mit ihnen unterhalten. Das Reden wurde einfach durch Knutschen ersetzt. Am 14. Juli fuhren alle gemeinsam, deutsche und französische Austauschschüler, nach Nantes und sahen ein fantastisches Feuerwerk. Die Gruppe bestand aus mindestens dreißig Leuten. Wir bekamen auch Böller geschenkt und schmissen sie uns logischerweise direkt vor die Füße. Die Franzosen lachten sich schlapp, dass wir all die neuen Vokabeln, die sie uns beigebracht hatten, sofort einsetzten. So rief ich einem Polizisten »Bonjour, Monsieur Flic« zu, was so viel wie »Guten

Tag, Herr Bulle« hieß. Einige Frauen bedachten wir mit »Hallo, Madame Putain«, das kam allerdings weniger gut an, und wir wurden von den Veranstaltern der Reise wütend zurechtgewiesen. Schließlich gehörte es sich bei allem Spaß einfach nicht, Frauen als Huren zu bezeichnen. Auch wenn es wirklich nur Spaß gewesen war …

Christophes Idee fand ich reizvoll, obwohl ich die Côte d'Azur eher mit Schickimicki in Verbindung brachte. Bei Nizza, St. Tropez, Monaco, Cannes fielen mir lauter Prominamen wie Brigitte Bardot, Alain Delon und Gunter Sachs ein, also Reichtum und Glamour pur. Filmfestspiele, Segelyachten, Fotografen … Die Gegend war alles andere als Hippieterrain. Andererseits sollte es dort traumhaft schön sein.

Meine Mutter, die in Dithmarschen Mitglied in einem Lesering war und dadurch im Wochenrhythmus immer die neuesten Klatschzeitschriften bekam, schwärmte vom Königshaus in Monaco. Als ich acht oder neun Jahre alt war, zeigte sie mir Fotos von Caroline von Monaco. Die war wirklich sehr hübsch. Für mich stand damals fest: Die oder keine würde ich mal heiraten …

»Wann willst du denn los?«, fragte ich Christophe.

»So in drei bis vier Tagen«, antwortete er. »Ich bleibe bestimmt bis zum Herbst da. Südfrankreich ist so geil, Alter. Du bist direkt am Meer. Wir können dann entscheiden, ob wir anschließend nach Italien oder Spanien weiterfahren. Pennen können wir entweder im Auto, unter freiem Himmel am Strand oder bei ein paar Freunden, die ich da unten habe. Warm genug ist es auf jeden Fall. Das ist alles nur einen Katzensprung von Nizza entfernt. Wir folgen einfach der Sonne.«

Da war es wieder. Follow the sun. Meine eigentliche Mission. Mein Motto. Und dennoch …

»Das ist zu früh, Christophe. Ich würde schon gerne mitkommen, aber vorher muss ich einen Freund verabschieden, dem ich sehr viel zu verdanken habe. Ich habe vier Wochen bei ihm gewohnt, und er fährt jetzt nach Biafra. Wer weiß, ob ich ihn je wiedersehe.«

»Wann könntest du denn?«, fragte er.

»In zwei Wochen wäre es optimal«, antwortete ich.

»Sorry, aber das ist zu spät. Dann haben wir ja schon fast den 14. Juli, bis wir da ankommen. Ich muss noch jede Menge Schmuck herstellen, damit ich genug zum Verkauf habe, und es ist immer besser, wenn man schon ein bisschen eher in der Stadt ist, bevor das große Geschäft losgeht. Du musst die Location checken, die Konkurrenten, die Bullen und die Araber. Nachher kommen die und verscheuchen dich. Das nervt total.«

»Wer jetzt?«, fragte ich. »Die Bullen oder die Araber? Wer verscheucht da wen?«

»Beide«, sagte er. »Die Bullen haben Schiss, dass sich die Touristen belästigt fühlen, und gehen deswegen manchmal dazwischen, aber die Araber, die haben im Grunde genommen die ganze Küste in ihrer Hand. Ohne die läuft da gar nichts mehr. Drogen, Einbrüche, Rotlichtmilieu, alles Araber. Und weißt du, warum? Jahrhundertelang hat Frankreich sich an ihnen bereichert. Algerien, Tunesien, Marokko und noch andere Länder in Schwarzafrika und in der Karibik, das waren alles französische Kolonien. Die wurden von Frankreich ausgebeutet, und die Ureinwohner wurden barbarisch gefoltert und ermordet. Jetzt wundert man sich, warum die alle herkommen. Die wollen sich eigentlich nur ein Stück vom Kuchen zurückholen, den sie selbst geliefert haben … Nein, den sie liefern mussten. Die Franzosen sind selbst schuld. Das musst du dir mal reinziehen. Die schreiben sich »Liberté, Égalité, Fraternité« auf ihre Fahne und behandeln die Araber wie Menschen dritter Klasse. Wo sind denn da Gleichheit und Brüderlichkeit?«

Ich hörte ihm wie gebannt zu. Er war noch nicht fertig.

»Diese Arabertypen sind teils echt aggressiv und brutal. Und dann stinken so viele von denen. Kein Wunder, die wohnen oft zu zehnt in einer winzigen Bude mit einem kleinen Waschbecken oder pennen irgendwo draußen. Und was mich richtig anwidert: Die haben immer eine Hand in der Hose und legen sich die Eier zurecht. Mit der gleichen Hand begrüßen sie dich und wischen sich damit auch noch den Hintern ab. Echt ekelhaft. Jedenfalls leg ich mich mit denen nicht an. Lieber verzieh ich mich.« Er schüttelte sich. »Am besten ist, du verkaufst in Straßen, die so belebt sind, dass es auffallen würde, wenn sie dich anmachen oder abstechen wollen. So wie hier. Das ist optimal.« Er machte eine kurze Pause und sah mich an.

Ich war aufgewühlt. Das alles klang nach Abenteuer. Eine total neue Perspektive. Völlig unerwartet, aber warum eigentlich nicht? Meine Lebensgier und Neugier sagten Ja! Ich hatte doch null Verpflichtungen. Ich konnte tun und lassen, was ich wollte. Das wäre mal ein echter Break. Im Grunde genommen hatte ich mich längst an mein neues Leben gewöhnt. Ich lebte nach alten Mustern. Ich hatte eine Ersatzfamilie gefunden, ein neues Zuhause, einen Ort, an dem ich mich wohlfühlte und Sicherheit empfand. Wie früher hatte sich ein eigener Rhythmus eingeschlichen. Alles verlief schon wieder in geregelten Bahnen.

Genau dagegen hatte ich mich doch gewehrt. Genau das wollte ich nicht mehr. Ungebremst und ohne Sicherheit, mit vollem Risiko in den Tag hineinleben, das war mein Ziel. If life gets boring, risk it.

Trotzdem hatte ich große Bedenken. Das mit der Verabschiedung von Claude war einfach eine Ehrensache. Ich war ihm zutiefst dankbar. Tirshata würde ich wohl auch nie wiedersehen, wenn ich ihr nicht nach Amsterdam folgte. Zwar merkte ich, dass ihr Bild bereits leicht verblasste, die Zeit heilte alle Wunden, aber ich spürte immer noch Liebe für sie. Wie gern wäre ich in ihrer Nähe gewesen.

Christophe beobachtete mich und schien meine Gedanken zu lesen. Ernst sagte er zu mir: »Ich mag dich, Elmüt. Ich würde einen guten Partner aus dir machen. Du hast Bock aufs Leben.

Du bist nicht abgefuckt wie viele andere hier. Ich fänd's geil, wenn du mitkommst. Aber länger als maximal fünf Tage hast du keine Zeit, um es dir zu überlegen. In fünf Tagen bin ich hier weg. Was meinst du?«

Ich seufzte. Ich hatte schon immer Probleme damit gehabt, Entscheidungen zu treffen. Ich war immer ein »Jeinsager« gewesen, doch jetzt sagte ich grinsend:

»Okay, Christophe, das mit den Arabern, die sich ihre Eier zurechtlegen, hat mich überzeugt. Das ist ein echtes Argument. Da muss ich hin. Also gut, ich komme mit.« Wir lachten beide. »Nein, im Ernst, ich überleg's mir ehrlich«, fuhr ich fort. »Eigentlich hab ich großen Bock darauf. Treffe ich dich hier wieder?«

Er nickte. Als ich mich zum Gehen wandte, rief er mich noch mal zurück.

»Hier«, sagte er. »Nimm das mit. Du kannst sie mir in den kommenden Tagen zurückgeben. Üb einfach ein bisschen. Ich bin sicher, du lernst das.«

Grinsend drückte er mir eine Kneifzange und vier Kupferdrähte in die Hand. Ich schmunzelte, bedankte mich und wusste genau, dass er von meinen Fähigkeiten enttäuscht sein würde. Üben würde ich trotzdem.

# 11

## MONIQUE

Ich schlenderte zum Grand Place zurück. Gerade fuhren ein paar dieser Touri-Scouts in ihren orangefarbenen Overalls an unserer Mauer entlang. Es waren ausnahmslos hübsche junge Frauen. Eine von ihnen hielt plötzlich an, parkte ihren Roller ganz in meiner Nähe und machte Anstalten, in eine der Gassen zu spazieren. Ich stellte mich ihr spontan in den Weg und sagte brav meinen einstudierten Spruch auf.

»Pardon, entschuldigen Sie bitte, Madame, dass ich Sie anspreche. Man hat mir am Bahnhof sämtliche Sachen gestohlen. Ich bin auf dem Weg nach Deutschland, habe heute noch nichts gegessen. Haben Sie bitte ein paar Francs für mich?« Sie musterte mich und sagte dann schmunzelnd: »Ihr Jungs müsst euch mal 'ne neue Masche einfallen lassen. Ist doch merkwürdig, dass euch allen immer wieder sämtliche Sachen am Bahnhof geklaut werden.«

Ich sah sie verdutzt an. Verarschte die mich gerade? Ich versuchte es noch mal.

»Nein, wirklich. Das ist gestern Abend passiert. Seitdem häng ich hier rum und versuche verzweifelt, etwas Geld aufzutreiben. Ich habe wahnsinnigen Hunger.«

»Du bist doch schon länger da. Ich hab dich fast jeden Tag hier gesehen«, antwortete sie.

Das überraschte mich. Sie beobachtete also die Typen an der Mauer und hatte mich anscheinend wahrgenommen.

»Ja«, sagte ich, »das stimmt. Ich bin schon seit einigen Wochen in Brüssel, aber jetzt muss ich zurück nach Hamburg.«

Sie überlegte kurz und sagte dann: »Ich glaub dir kein Wort, aber komm einfach mit. Ich lade dich zum Essen ein. Geld kriegst du von mir jedenfalls nicht.«

Ihre direkte Art überrumpelte mich. Ich trottete ihr hinterher wie ein Schoßhund. Sie steuerte ein italienisches Lokal an. Man kannte sie dort, denn sie wurde herzlich begrüßt: »Ah, Monique, ça va?« – »Oui, merci, ça va!«

Uns wurde ein Tisch am Fenster zugewiesen und die Speisekarte gereicht. Ich beobachtete sie. Sie hatte schulterlange, glatte braune Haare und große dunkle Augen. Sie war wirklich hübsch. Leider konnte sie kaum Englisch sprechen, also versuchte ich mit meinem Französisch, das immer noch alles andere als gut war, Konversation zu machen. Ich fragte sie, ob sie Belgierin sei.

»Ja, mein Vater ist Belgier, und meine Mutter ist Ägypterin. Wir wohnen hier in der Nähe von Brüssel, in Ath. Das ist nicht weit und mit meinem Roller in einer halben Stunde zu erreichen. Kommst du wirklich aus Hamburg?«

»Ja«, sagte ich. »Auch nur eine halbe Stunde entfernt von Hamburg, aus einem kleineren Dorf.«

Sie wurde etwas weicher und war jetzt nicht mehr ganz so resolut wie am Anfang. Sie erzählte, sie sei mit einem Musiker verlobt, mit dem sie schon einmal in Hamburg gewesen sei, und sie habe sich sofort in die Stadt verliebt. Dann fragte sie mich, ob ich *Onkel Pös Carnegie Hall* kennen würde. Dort sei sie nämlich im letzten Jahr mit ihrem Verlobten gewesen.

Natürlich kannte ich die legendäre Kneipe. Dort gab es Livemusik, und viele Künstler kamen nachts nach ihren Auftritten noch dorthin und spielten gratis, just for fun, mit anderen Musikern zusammen. Manchmal fanden dort richtige Sessions statt.

»Du bist verlobt?«, fragte ich sie erstaunt. »Das ist doch völlig aus der Zeit. Wer verlobt sich denn heute noch?«

»Ich!«, antwortete sie selbstbewusst. »Das habe ich für meine Mutter getan. Sie ist Ägypterin und hat sowieso Probleme damit, dass ich mit Michel, so heißt mein Verlobter, zusammen bin. Ich wohne teilweise sogar bei ihm. Es ist schwer für sie zu verstehen, dass man in Mitteleuropa vor der Ehe mit seinem Partner zusammenlebt. Langsam kommt sie damit klar. Sie leidet darunter, spricht aber nicht mehr darüber. Vielleicht ist es ja auch nur die ganz normale Sorge einer Mutter, der bewusst wird, dass ihre Tochter erwachsen ist und das Haus wohl bald verlassen wird. Ich liebe meine Mutter sehr.«

»Darf ich fragen, wie alt du bist?«

»Zwanzig«, antwortete sie. »Und du?«

»Achtzehn«, log ich.

Sie lachte und sagte: »Du schwindelst doch schon wieder. Du bist niemals achtzehn.«

Ich bekam einen knallroten Kopf. Ich fühlte mich dermaßen ertappt, dass ich beschloss, mit meinen ganzen Lügen aufzuhören. Sie war auch viel zu nett, um sie noch weiter zu verarschen. Also packte ich aus und erzählte ihr die wahre Geschichte. Während wir Spaghetti aßen, die hier besonders lecker und mit viel Kaugummikäse bedeckt waren, berichtete ich ihr von meinem Schulrauswurf, von meinen Eltern und von Claude, Hanneke und Rudi. Auch dass Claude nach Biafra gehen würde und ich mir eine neue Bleibe suchen müsste.

Es waren ein paar deutsche Touristen im Lokal, die auf der Schallplattenbox an der Wand direkt neben den Toiletten immer wieder einen deutschen Schlager wählten, der im Hintergrund dudelte. »Schön war die Zeit zu zweit mit Monika«. Ein grässliches Lied. Ich hasste solche Schlager, ganz im Gegensatz zu meinen Schwestern, die ausschließlich Roy Black, Rex Gildo, Tony Marshall und Herman's Hermits hörten … Allesamt weit entfernt von meinem Musikgeschmack. Aber jetzt musste ich schmunzeln. Ich übersetzte den Schwachsinnstext und schlug ihr vor, diesen Schlager zu unserem Kennenlernlied zu machen. Monique und Monika, das passte doch optimal. Sie lachte herzlich über diese Idee.

»Und wie alt bist du nun wirklich?«, fragte sie wiederholt.

»Sechzehn«, antwortete ich kleinlaut.

»Du bist ein kleiner Filou«, sagte sie amüsiert, und ich wusste nicht, ob ich das positiv oder negativ einordnen sollte. Aber sie sagte es lächelnd, also konnte es nicht so schlimm gemeint sein.

»Und du? Was machst du außer Roller fahren, Touristen lotsen und verlobt sein?«, fragte ich und gewann allmählich etwas Sicherheit zurück.

Sie lächelte wieder und verzauberte mich ein wenig damit. Überhaupt irritierte sie mich zusehends.

»Ich habe mein Abitur vor zwei Jahren gemacht und will eigentlich studieren. Aber ich weiß weder was noch wo. Außerdem will ich bei Michel sein. Schließlich sind wir verlobt.« Jetzt grinste sie mich frech und überlegen an. Sie zeigte mir ihren Finger mit dem Verlobungsring. Ich wurde nicht richtig schlau aus ihr. Sie hatte das Wort so betont, dass ich den Verdacht hatte, sie fände es selbst ein bisschen altmodisch, verlobt zu sein.

»Ich würde gern mit ihm Musik machen. Aber dafür reicht es nicht. Ich kann zwar etwas singen und Gitarre spielen, aber die Jungs sind einfach zu gut. So bleibt mir im Moment nichts anderes übrig, als ihn überallhin zu begleiten. Darum war ich mit ihm in Hamburg. Zuletzt waren wir auf ein paar Festivals in Frankreich. Die Rockszene ist da unglaublich spannend. Und zwischendurch jobbe ich eben für die Stadt und führe verirrte Touristen auf den richtigen Weg.« Sie lachte, und ich glaubte, eine leichte Doppeldeutigkeit herausgehört zu haben, aber möglicherweise wollte ich sie auch nur heraushören, und sie meinte es total seriös.

»Wie heißt die Band, und was machen sie für Musik?«, fragte ich sie.

»Sie heißt Fire Of Spirit, sie spielen klassischen Rock. Alles Eigenkompositionen. Michel ist der Bandleader, spielt Rhythmusgitarre und singt, und dann gibt es noch Serge an der Sologitarre. Yves spielt Bass, und Mathieu ist unser Drummer.«

»Die würde ich ja gern mal hören«, sagte ich. »Spielen die auch in Brüssel?«

»Nein, leider nicht. Erst wieder in Koksijde auf einem kleinen Festival nicht weit von hier. In drei Wochen.«

Sie sah eigentlich gar nicht aus wie ein typischer Rockfan. Eher hätte ich ihr Flamenco oder etwas Folkloristisches zugetraut. Das lag wahrscheinlich an ihrem nordafrikanischen Einschlag.

Es war wahnsinnig warm im Lokal. Inzwischen hatte sie ihren Overall obenherum abgestreift. Darunter trug sie ein einfaches weißes T-Shirt ohne BH. Ich konnte deutlich ihre Brustwarzen erkennen. Ich zögerte kurz, ob ich mir das herausnehmen durfte, aber dann fragte ich sie frech: »Frierst du?«

»Wie bitte? Hä? Nein, warum? Im Gegenteil. Mir ist warm. Es ist irrsinnig heiß hier drinnen. Findest du nicht?«

Ich schaute demonstrativ auf ihre Nippel und sagte: »Ich dachte nur, weil es ein bisschen so aussieht.« Mir war bewusst, dass ich gerade ziemlich hoch pokerte.

Sie war sprachlos. Aber nur für einen Moment. Gott sei Dank lachte sie und sagte leicht entrüstet: »Filou!« Dabei drohte sie mir mit dem Finger und reckte sich provokativ, sodass ihre Brüste noch etwas mehr rausstanden. Sie hatte Humor. Auch das gefiel mir an ihr. Und sie flirtete mit mir, oder bildete ich mir das nur ein?

Nachdem wir gegessen hatten, zahlte sie die Rechnung. Es war mir in dem Moment peinlich, mich von ihr einladen zu lassen. Ich stammelte so etwas wie: »Beim nächsten Mal bin ich dran. Ich revanchiere mich«, wissend, dass es vielleicht gar kein nächstes Mal mit ihr geben würde, geschweige denn, dass ich überhaupt genügend Geld hätte, um sie einzuladen.

»Mmh«, sagte sie lachend. »Ich komm drauf zurück. Nein, alles okay. Ich hoffe, es hat dir geschmeckt.«

Ich brachte sie noch zu ihrem Roller und gab ihr zum Abschied die Hand, aber sie fasste mich stattdessen an den Schultern und drückte mir links und rechts einen Kuss auf die Wangen.

»In Belgien und Frankreich macht man das so«, sagte sie sanft belehrend. Ich bekam wieder einen roten Kopf. Als sie das bemerkte, lächelte sie amüsiert.

In dem Moment fand sie mich vermutlich trotz meiner Anmache vorhin »niedlich«, »schüchtern«, »unreif«, »jungenhaft«, »kindisch« oder sonst was, auf jeden Fall alles andere als souverän oder männlich. Das spürte ich, und es gefiel mir nicht. Gern wäre ich cooler gewesen.

Sie schmiss ihren Roller an und wollte gerade losfahren, als ich sie noch mal stoppte. »Entschuldige, Monique, ich bin ein Idiot, aber ich hab mich dir noch gar nicht vorgestellt. Ich heiße Helmut.«

»Stimmt«, sagte sie überrascht. »Du hast vollkommen recht. Au revoir, Elmüt. Bis bald.«

Sie fuhr lachend los und winkte mir zu, bevor sie um die Ecke bog.

Hoffentlich bis bald, dachte ich. Wann war »bis bald«? Hatte ich mich etwa schon wieder verknallt?

# 12

## JOHN IST TOT

Ich blieb noch eine Weile am Platz und versuchte, ein paar Touris anzuschnorren. Mit mäßigem Erfolg. Immerhin brachte ich ein paar Francs nach Hause. Rudi und Hanneke waren schon in der Wohnung. Der Küchentisch war voll mit eingepackten Nudeln, Zucker, Marmeladengläsern, Tuben mit Tomatensoße und Ketchup, Mayonnaise, Konservendosen mit Gemüse.

»Was soll das denn?«, fragte ich ungläubig. »Habt ihr heute so viel Kohle gemacht?«

»Nein, Rudi und ich haben einen Supermarkt ausgeraubt«, antwortete Hanneke und reichte mir einen Joint rüber, den sie gerade angeraucht hatte. Ich zeigte ihr einen Vogel und meinte lakonisch: »Ja, ja. Bestimmt.«

»Nein, im Ernst«, sagte sie kichernd. »Wir waren richtig geil klauen. Wir haben das perfekte System entwickelt. Rudi geht in den Laden und benimmt sich so auffällig, dass eigentlich jeder, selbst der Blinde mit dem Krückstock, merkt, da will einer klauen. Er versteckt alle möglichen Lebensmittel unter seiner Jacke, geht Richtung Kasse, und wenn er kurz vorm Ausgang ist, dreht er um und legt alles wieder brav an seinen Platz. Stattdessen nimmt er dann andere Sachen und versteckt die auch wieder unter seiner Jacke. Alle Kaufhausdetektive und sogar die Kunden sind sich sicher: Gleich wird er an der Kasse gestellt. Die Detektive gehen schon in Position, aber kurz vor der Kasse dreht er wieder ab, bringt alle Sachen zurück und entscheidet sich für seine erste Wahl.« Beide kicherten total bekifft und heulten fast vor Lachen.

»So wiederholt Rudi das drei- bis viermal. Keiner kapiert mehr, was er eigentlich will, aber anzeigen kann man ihn auch nicht, weil er ja noch gar nichts gemacht hat. Es ist also totale Spannung und Chaos in dem Laden, und keine Sau merkt, dass ich auch da bin und klammheimlich, während sich alle auf Rudi konzentrieren, die Sachen unter meiner Jacke rausschleppe. Genial, oder?« Damit stand sie auf und fiel mir juchzend um den Hals. »Das alles hält sich ein paar Tage. Bis zu Claudes Abschiedsparty sind wir jedenfalls versorgt. Jetzt sag doch mal was dazu, Helmut!«

»Wie soll er denn«, schaltete sich Rudi ein. »Du lässt ihn ja nicht zu Wort kommen.«

Sie blickte ihn überrascht an, griff sich noch mal schnell den Joint von mir, nahm einen tiefen Zug, presste die Lippen auf seine und blies ihm langsam und genüsslich den Rauch in die Lungen. Er übernahm ihren Zug widerstandslos, und beide fingen an, sich aus der Situation heraus leidenschaftlich zu küssen. Dann hauchte sie ein »Du hast recht, Chérie« in sein Ohr. Danach prusteten sie beide wieder los, und ich konnte gar nicht anders, als mitzulachen.

»Ihr seid ja richtig begabte Verbrecher«, sagte ich. »Mein Vater hätte bestimmt viel Spaß mit euch.«

Die Wohnungstür öffnete sich, und Claude kam herein. Er sah müde und abgekämpft aus. Wir begrüßten ihn stürmisch. Er staunte über die Fressvorräte, aber er wollte weder essen oder mit uns kiffen noch trinken oder sich länger zu uns setzen. Er wollte bloß schlafen.

»Ich versuche morgen noch mal, vierzehn Stunden durchzuackern. Das bringt mir echt gutes Geld, und ich kann's für Biafra gebrauchen. Ich kriege immer mehr Infos. Kaum zu glauben, dass man dort seit anderthalb Jahren vom Kriegsende spricht. Da gibt es überall noch so viel Folter und Mord an Einheimischen.«

»Bist du sicher, dass du dir das unter den Umständen wirklich antun willst?«, fragte ich ihn. »Hast du keine Angst?«

»Natürlich hab ich Schiss«, sagte er, »aber die Hilfsorganisationen sind gut aufgestellt und angeblich safe. Die Krankenhäuser, in denen wir untergebracht sind, werden bewacht, und es heißt, dass es täglich besser wird. Außerdem ist das doch die alte Geschichte – irgendjemand muss halt mal anfangen zu helfen. Dann werden andere folgen, da bin ich mir ganz sicher. Ich selbst bin ja auch einer von denen. Da gibt's Tausende, die vor mir den Mut und vor allem den humanitären Anspruch hatten, in Biafra zu helfen. Und jetzt ist Claudes Zeit.« Er lachte und schlug sich mit der Faust auf die Brust. »Gib mir doch mal den Joint rüber.« Er nahm drei tiefe Züge, stand auf und verabschiedete sich ins Bett. »Ich muss echt pennen. Gute Nacht.«

Wir wünschten ihm eine gute Nacht und überlegten, wie wir es schaffen könnten, ihm etwas mehr Geld mitzugeben. Es waren ja nur noch wenige Tage bis zu seiner Abreise.

Hanneke entdeckte die Kupferdrähte und die Zange, die ich auf dem Tisch abgelegt hatte. Sie nahm beides in die Hand und hatte in kürzester Zeit aus einem der Drähte eine Art Schnecke geformt. Geschickt hantierte sie mit der Zange. Ich konnte es kaum glauben. Das sah wirklich toll aus.

»Woher kannst du das?«, fragte ich erstaunt.

Sie lächelte. »Ich hab mal einen Modeschmuckmacher in Den Haag kennengelernt. Der hat mir ein bisschen was gezeigt. Schau mal, es ist gar nicht so schwer. Du darfst nur nicht die Bewegung unterbrechen, dann fügt sich der Draht.«

Ich versuchte es wieder, es sah spielend leicht aus. Vorsichtig nahm ich den zweiten Draht in die Hand. Behutsam fing ich an, einen Kringel zu formen. Es dauerte vielleicht drei Sekunden, dann war der Scheißdraht schon wieder durchgebrochen. Ich fluchte und guckte zerknirscht auf die beiden Kupferenden. Hanneke und Rudi lachten mich aus. Ich erzählte ihnen von Christophe und seinem Angebot, mich mitzunehmen. Rudi war begeistert von der Idee.

»Mach das!«, sagte er. »Nizza ist bestimmt geil. Allein das Wetter, Alter. Du hast doch erzählt, dass du unbedingt der Sonne folgen willst. Da bist du garantiert näher dran als hier.«

Das stimmte natürlich. Der Reiz war groß. Ich war total verunsichert. Tirshata, Monique, Claude, Amsterdam, Nizza, gefährliche Araber … Mir schwirrte der Kopf. Außerdem war ich jetzt bekifft. Hanneke legte eine Scheibe von Black Sabbath auf, »Paranoid«. Was für ein geiler Song! Sie tanzte dazu. Wir rauchten noch ein bisschen und wurden allmählich müde. Schließlich gingen wir auch schlafen und krochen wieder zu dritt auf unsere Matratze. Es war inzwischen ganz selbstverständlich, gemeinsam in einem Raum zu schlafen. Ich merkte sogar intuitiv, wann die beiden Lust auf Sex hatten. Offen gestanden war das nicht besonders schwer, denn sie hatten dauernd Lust auf Sex. Ich verließ jedenfalls immer diskret das Zimmer. Sie nahmen es dankend zur Kenntnis und legten dann auch sofort los. Ich trank währenddessen in der Küche 'ne Limo oder Cola, und wenn das Gestöhne aufhörte, rief ich schmunzelnd rüber: »Fertig?« Sie lachten dann und riefen zurück: »Komm her, lass uns pennen.«

Am nächsten Morgen taperten wir gemeinsam los Richtung Grand Place. Auf halbem Weg drehte ich um, weil ich meine Flöte vergessen hatte. Heute sollte der Tag sein, an dem ich ausprobieren wollte, ob sich damit Geld verdienen ließe.

Patrique begrüßte mich als Erster. »Ssssa va, Elmüt?«

»Oui, ça va, Patrique, et toi?«

»Merssssi, sssa va aussssi.« Dann fügte er überraschend hinzu: »John ist tot.«

»Welcher John?«, fragte ich entgeistert. »Etwa unser John? Der Engländer, der mal als Zimmermann gearbeitet hat?«

»Ja, genau der«, antwortete Patrique. »Zu starke Dröhnung. Zu viel Heroin. Das war sein goldener Schuss.«

Ich war geschockt. Ich mochte John so gern. Er war der Erste gewesen, der sich hier am Platz um mich gekümmert hatte. Er hatte mir alles um den Grand Place herum gezeigt. Mit ihm hatte ich so oft übers Leben, übers Reisen, über Frauen, über seine Heimat gesprochen. Ich hatte ihn schon einige Tage nicht mehr gesehen, aber das musste nichts heißen. Vielleicht war er weitergetrampt, vielleicht war er sogar auf Ibiza. Dahin hatte er doch gewollt.

John hatte mir erklärt, dass ein Abschied nicht für immer sein müsse, wenn man auf Tour sei. Irgendwo in Brüssel, Paris, Amsterdam oder Kopenhagen würde man sich schon wiedersehen. Den Tod hatte er in seine Überlegungen nie mit einbezogen. Diese Endgültigkeit wurde mir plötzlich bewusst und machte mich unsagbar traurig.

»Ich wusste gar nicht, dass John ein Junkie war«, sagte ich. »Das hat er mir nie erzählt.«

»Darüber spricht hier keiner, Elmüt. Muss ja auch niemand wissen. Darüber quatschen nur die Junkies untereinander. Sie geben sich gegenseitig Tipps, wo man den besten Stoff bekommt, was er gerade kostet, wie gestreckt er ist und wie scharf die Bullen hinter den Dealern her sind.«

So viel hatte Patrique noch nie gesprochen.

Ich erinnerte mich, dass John mich bei unserer allerersten Begegnung gefragt hatte, ob ich härtere Drogen nähme. Er selbst würde das nicht tun, aber er könnte mir sagen, wo ich sie bekäme. Wollte er mich damals vielleicht nur testen? Checken, ob ich ein potenzieller Kunde wäre? – Nein, das wollte ich nicht glauben. Dazu war seine Sympathie für mich zu echt gewesen. Er war nicht berechnend, auf keinen Fall.

Patrique erzählte mir noch, dass John in einer Fixer-WG gewohnt habe und schon vor einer Woche tot in seiner Bude gefunden worden sei.

»Traurig«, sagte ich betroffen.

»Ja«, meinte Patrique. »Traurig.«

# 13

## SCHMETTERLING UND BONGOS

An der Mauer standen Hanneke und Rudi. Sie wussten schon von Johns Tod, aber sie hatten ihn nicht so gut gekannt wie ich.

Ziellos, immer noch ergriffen von Johns Schicksal, schlenderte ich durch die Gassen. Mir fiel ein Bongospieler auf, er war kaum älter als ich. Eine Weile hörte ich ihm zu. Er war fast so gut wie die Schwarzen, die hier oft mit ihren Bongos herumzogen und kleine Konzerte gaben. Es war faszinierend, wenn sie zu fünft oder sechst gemeinsam trommelten und keiner von ihnen den Rhythmus verlor. Virtuos. Ich hätte mir früher nie vorstellen können, was man aus diesem Instrument rausholen konnte.

Dieser Typ spielte allein und variierte gekonnt. Er merkte bald, dass ich ihn beobachtete. Seine schulterlangen, welligen Haare waren dunkel, fast blaustichig. Er schien einen asiatischen Einschlag zu haben, denn er hatte leichte Schlitzaugen und war ungewöhnlich braun. Irgendwann machte er eine Pause, und wir kamen auf Englisch ins Gespräch. Er hieß Martin und war Belgier. Sein Vater war Filipino. Also lag ich mit meiner Einschätzung, was seine Herkunft betraf, vollkommen richtig. Martin hatte eine tolle Ausstrahlung. Er war total offen und lachte viel; auffallend dabei waren seine strahlend weißen Zähne.

Er forderte mich auf, mit ihm zusammen Musik zu machen. Ich hatte schließlich meine F-Flöte dabei. Ich traute mich nicht.

»Wollen wir vorher nicht ein bisschen was rauchen?«, fragte ich ihn. »Dann bin ich vielleicht besser. Ich hab wochenlang nicht mehr gespielt.«

»Kein Problem«, antwortete er. »Lass uns um die Ecke gehen. Hier sind zu viele Leute.«

Wir zogen ein paar Gassen weiter. Er hatte ein Celum dabei. Schnell hatte er eine Mischung aus Tabak und schwarzem Afghanen gezaubert, die wir sofort rauchten. Angenehm bedröhnt gingen wir zurück zu seinem Platz. Er forderte mich auf, zu spielen, und wollte dann darauf einsteigen. Vorsichtig, noch etwas verhalten, improvisierte ich etwas Rockiges. Er hörte mir einige Sekunden zu und fing dann an, mich zu begleiten. Mir waren die vielen Touris um uns herum peinlich. Er merkte es. Lachend rief er mir zu: »Scheiß drauf. Perlen vor die Säue geworfen. Du wechselst dauernd den Rhythmus. Du musst den Takt halten, Alter. Sonst hab ich keine Chance. Ich zähle ihn dir vor, wenn du willst.«

Das war für den Anfang vielleicht gar nicht so schlecht. »Okay, mach mal.«

Es half tatsächlich. Langsam groovten wir uns ein. Martin inspirierte mich. Ich konnte durch meinen Cello- und Geigenunterricht zwar nach Noten spielen, aber Flöte hatte ich mir selbst beigebracht. Ich spielte Lieder nach oder improvisierte einfach, so wie jetzt. Es machte uns beiden unglaublichen Spaß. Unsere Energie schien auf die Leute um uns herum überzuspringen. Sie applaudierten und warfen Geld auf das Tuch, das Martin vor uns ausgebreitet hatte und das ihm eigentlich als Stirnband diente.

Ein Mädchen mit Sommersprossen, das frech aussah wie Pippi Langstrumpf, aber Haare wie Jimi Hendrix hatte, nur in Blond, hörte uns eine ganze Weile zu und klatschte immer wieder begeistert in die Hände. Unser erstes Groupie. Während wir eine Pause machten, kam sie auf mich zu und sagte:

»Ihr seid wirklich toll. Ich mag deine Art, Flöte zu spielen. Ich höre euch gern zu.«

Das Lob ging mir runter wie Öl. Es machte mir Mut und bestätigte mich. Ich konnte mein eigenes Geld mit Musik verdienen. Ganz euphorisch sprang ich vor ihr in die Luft und rief durch die Gasse: »I am free!«

Sie war verblüfft. »You are free?«

»Ja«, rief ich ihr zu. »Ich bin sechzehn Jahre alt. Ich lebe in einem fremden Land. Ich kann für mich sorgen und allein leben. Was kann ich mehr erwarten?«

Sie schien von meinem Emotionsausbruch beeindruckt und sah mich verwirrt an. Mein Statement gefiel ihr. Ich weiß nicht, was mich plötzlich ritt und woher ich den Mut nahm, aber ich ging spontan auf sie zu, nahm zärtlich ihr Gesicht in die Hände, strich ihr das Haar aus dem Gesicht und küsste sie ohne Vorwarnung auf den Mund. Sie ließ es geschehen. Nach einigen Sekunden erwiderte sie den Kuss leidenschaftlich. Wir knutschten, als wären wir schon seit Langem ein Paar.

Martin beobachtete uns. »Wollen wir noch weiterspielen?«

»Na klar. Ein bisschen Kohle sollten wir noch machen«, sagte ich etwas großkotzig. Wir setzten uns wieder hin. Das Mädchen kuschelte sich wie selbstverständlich an meine Seite und hörte gebannt zu.

Ich genoss diesen Moment sehr. Ein exotisch aussehender Halbfilipino mit Bongos, eine bildhübsche blonde Belgierin mit Hendrix-Matte, zärtlich an mich geschmiegt, und eben ich, dieser Deutsche mit den schulterlangen, glatten Haaren, inzwischen selbstbewusst mit seiner Flöte musizierend. Eine kleine Hippie-Family. Vertraut hockten wir am Straßenrand und verdienten spielerisch etwas Geld.

»Wie heißt du?«, fragte ich sie. »Eva. Ich bin Eva Lund, geh noch zur Schule, bin auch sechzehn Jahre alt und wohne bei meinen Eltern in der Nähe von Brüssel. Willst du noch mehr wissen?« Sie grinste mich verschmitzt an.

»Okay, okay, das reicht fürs Erste«, meinte ich. »Mehr verkrafte ich im Moment nicht. Du heißt Eva, kommst aus Lund, arbeitest bei deinen Eltern in der Nähe von Brüssel und bist gerade zum sechzehnten Mal von der Schule geflogen. Richtig?«

Sie knuffte mich lachend. »Yes, man. Du hast es kapiert.« Dann setzte sie sich ohne Hemmungen auf meinen Schoß, und wir knutschten wieder heftig miteinander.

»Wenn ich mal stören darf«, unterbrach Martin uns kopfschüttelnd. »Habt ihr Bock, zum Atomium mitzukommen? Da kann man jede Menge Kohle machen. Dort gibt's viele Touris, die in Bussen anreisen, und bei dem Wetter ist es da bestimmt nicht so stickig wie in der Innenstadt.«

Eva und ich fanden die Idee prima. Mir war es sowieso fast peinlich, dass ich in den ganzen Wochen noch nicht einmal das Atomium gesehen hatte. Immerhin war es das Aushängeschild dieser Traumstadt, deswegen war Brüssel berühmt.

Eva kannte sich gut aus und führte uns zu einer Busstation, von der aus man dorthin fahren konnte. Händchenhaltend schlenderten wir durch die Straßen. Ich musste unwillkürlich an Hanneke und Rudi denken. Die beiden gingen auch immer so verliebt durch Brüssel. Ich genoss Evas Zutraulichkeit.

Wenig später saßen wir zu dritt auf eine Zweierbank gequetscht im total überfüllten Bus. Ich war mal wieder überrascht, wie hügelig Brüssel war. Und wie grün. Wir kamen durch Bezirke, die ich noch nie gesehen hatte. Die Reichenviertel mit traumhaft schönen Villen, aber auch verwanzte Ecken, die ebenso kaputt wirkten wie die Gegend, in der ich jetzt schon seit Wochen wohnte. Das Atomium befindet sich ein Stück weit außerhalb der Stadt. Schon Minuten bevor wir ankamen, konnte ich es durch Baumgruppen hindurch sehen. Imposant und ungewöhnlich. Das Wahrzeichen Brüssels. Das Symbol des Atomzeitalters.

»Ich möchte mal wissen, auf welchem Trip der Typ war, als er das hier konstruiert hat«, raunte Martin uns grinsend zu. »LSD oder Meskalin?«

Wir lachten so laut, dass wir mal wieder unangenehm auffielen.

Jedenfalls bedachten uns die anderen Mitreisenden mit genervten Blicken.

Als wir ausstiegen, entdeckten wir eine Gruppe amerikanischer Studenten, die auf einer der Wiesen in der Nähe des Bauwerks auf dem Rasen saßen. Ganz selbstverständlich setzten wir uns dazu. Zwei Mädels hatten Gitarren dabei und spielten einige Bob-Dylan-Songs, »Mr. Tambourine Man« gehörte natürlich zum Repertoire.

Martin hatte recht. Es wimmelte hier nur so von Touristen, die tatsächlich mit Bussen hergefahren wurden. Anhand der Nummernschilder konnte ich erkennen, dass sie aus Deutschland, Holland, aber auch aus Frankreich und sogar Spanien kamen.

Was für eine Qual, dachte ich. Bei der Hitze ewig in so einem ungemütlichen Bus sitzen, lauter bildungsgeile Spießer um einen herum, Pinkelpausen wahrscheinlich auf Zuruf und keine Chance, seinem Sitznachbarn auf so einer langen Reise zu entkommen. Mir reichten schon die weiten Autofahrten im alten DKW meines Vaters in den Harz oder nach Bayern. Aber das war garantiert noch bequemer, als stundenlang in so einem ollen Bus zu sitzen.

Eine der beiden Gitarre spielenden Amerikanerinnen bastelte einen großen Joint und rauchte ihn provokativ und ohne sich um die Gaffer zu kümmern einfach an. Dann gab sie ihn weiter an uns, und wir beschlossen, uns auch nicht um die Touris zu scheren. Jeder nahm ein paar tiefe Züge, reichte den Joint weiter, und das Mädchen sah sich genötigt, noch schnell einen zweiten zu bauen, weil der erste innerhalb weniger Minuten aufgeraucht war. Auch der nächste Joint machte die Runde. Dann fingen alle wieder an zu musizieren. Im Nu entstand eine richtige Festivalatmosphäre, eine Session, an der unaufgefordert mindestens dreißig bis vierzig Menschen teilnahmen, auch einige der Normaltouristen. Die beiden Amerikanerinnen spielten »We shall overcome«. Sie hatten tolle Stimmen und sangen voller Hingabe das Gospel, das ursprünglich aus der amerikanischen Bürgerrechtsbewegung stammte. Martin veredelte das Lied mit seinen Bongos. Die Melodie war so einfach, dass auch ich schnell mit meiner Flöte einsetzen konnte. Einige andere hatten Mundharmonikas dabei. Plötzlich wuchs sich die Session zu einem kleinen Open-Air-Konzert aus. Erstaunt beobachtete ich, dass viele der Touris aus den Bussen das Lied kannten und voller Inbrunst mitsangen. Strophe für Strophe wurde die Gänsehaut, die mir über den Rücken lief, größer. Die Schranken fielen. Es gab in diesem Moment keinen Unterschied mehr zwischen Hippies, Travellern, Studenten und Touris.

*We shall overcome,*
*We shall overcome,*
*We shall overcome some day.*
*Oh, deep in my heart,*
*I do believe*
*We shall overcome some day …*

Dann folgten noch die Strophen »We'll walk hand in hand« und »We will live in peace some day« … Jede einzelne eine Botschaft, ein Aufruf zum Frieden in der Welt.

Mir war der Song eigentlich nur deswegen ein Begriff, weil drei Jahre zuvor, also 1968, der schwarze Bürgerrechtler Martin Luther King in Amerika bei einem Attentat ums Leben gekommen war. Er war auf einem Balkon erschossen worden. Daraufhin gab es in den Staaten gewaltige Demonstrationen von Schwarzen, an denen sich aber auch weiße Politiker wie zum Beispiel Robert Kennedy beteiligten, der Bruder des amerikanischen Präsidenten John F. Kennedy, der auch einem Attentat zum Opfer gefallen war. Riesige Menschenmassen sangen dabei kollektiv dieses einfache, aber so inhaltsreiche und bewegende Lied.

Als die beiden Mädchen die letzten Akkorde spielten, johlten die Leute um uns herum laut los. Sie klatschten in die Hände, applaudierten vehement und pfiffen wie bei einem Rockfestival.

Martin schaltete sofort, riss sich das Stirnband vom Kopf, formte es zu einer Art Beutel und bat die umstehenden Touristen um eine kleine Spende, um ein paar Francs zum Überleben. Alle waren noch so begeistert vom gemeinsamen Singen, von diesem kollektiven Erlebnis, dass sie großzügig Münzen und Scheine in sein Tuch warfen. Er schmiss mir seine Bongos rüber und rief: »Dreh sie um. Damit kannst du auch Kohle einsammeln.« Das ließ ich mir nicht zweimal sagen! Die Leute, immer noch das Lied summend und trällernd, schenkten uns fast tausend Francs. Das entsprach einer Summe von fast siebzig Mark. Ich war geplättet. Das war richtig viel Geld.

Mir gingen die Großzügigkeit der Menschen und ihre Offenheit für diese Session innerlich noch ein bisschen nach. Dass so viele von ihnen das Lied kannten und es sogar singen konnten, erstaunte mich immer noch. Mir wurde klar, dass ich Vorurteile hatte. Nicht jeder, der aussah wie ein Spießer, war auch einer.

Allmählich verteilten sich die Leute wieder, und wir saßen noch ein wenig mit den beiden Amerikanerinnen auf der Wiese zusammen. Sie erzählten von den Staaten, ihrem Studium, ihren Eindrücken von Europa. Irgendwann verabschiedeten wir uns von ihnen und umarmten uns herzlich.

Im Bus rückten wir wieder auf einer Zweierbank zusammen und waren so erschöpft, dass wir einschliefen. Eva hatte den Kopf auf meine Schulter gelegt und schlummerte selig vor sich hin. Ich wurde wach, weil ihre wirren krausen Haare meine Nase derartig kitzelten, dass ich niesen musste. Es war der richtige Moment, denn wir waren gerade am Hauptbahnhof angekommen.

Eva sah sehr süß aus, so verschlafen, wie sie war. Ich bot ihr an, mit zu mir zu kommen, aber sie wollte mit der Straßenbahn nach Hause fahren. Wir verabredeten uns auf jeden Fall für den nächsten Tag. Ich bekam von ihr einen zärtlichen Kuss auf den Mund. Sie strahlte mich verliebt an und hauchte mir verheißungsvoll ins Ohr: »Gute Nacht. Morgen komme ich vielleicht mit zu dir.« Dann eilte sie zur Bahn. Es konnte nicht sein, aber ich hatte mich schon wieder verknallt. Verklärt blickte ich ihr hinterher.

Martin klopfte mir anerkennend auf die Schulter und sagte: »Nicht schlecht, Alter. Schleppst du immer so schnell Mädels ab?«

»Nee«, antwortete ich ehrlich. »Eigentlich nie. Ich bin total schüchtern.«

»Mmh, das hab ich gesehen«, erwiderte er schmunzelnd. »Ich bin arschmüde, Mann. Ich wohne bei Kumpels hier ganz in der Nähe. Hast du Bock mitzukommen?«

Ich lehnte dankend ab. Der Tag war so ereignisreich gewesen, dass ich nur noch ins Bett wollte. Erst die schreckliche Nachricht von Johns Tod, dann die Begegnung mit Eva und Martin. Danach das Erfolgserlebnis mit der Musik und schließlich diese Irrsinnssession vor dem Atomium. Und währenddessen die ganze Zeit singen, Flöte spielen, kiffen, Geld erbetteln, geile Gespräche, knutschen … Das hatte geschlaucht.

Auch Martin wollte mich am nächsten Tag wieder treffen. Wir verabschiedeten uns, als wären wir uralte Freunde. Dann verschwand er in der Menschenmenge Richtung Grand Place.

Ich nahm den kleinen Umweg über den Bahnhof. Den Kick wollte ich mir zum Schluss noch geben. Die Atmosphäre dort faszinierte mich immer wieder aufs Neue. Der Geruch, die Reisenden mit ihrem Gepäck, die gehetzten Leute, die zu ihrem Job eilten, oder die Pendler, die noch den Anschlusszug oder den Bus erreichen wollten, die Backpacker mit ihren Rucksäcken, die es sich lässig auf dem verdreckten Boden des Bahnhofs gemütlich machten, die Penner, die in den Nischen zwischen den Kiosken wohnten, Stricher, Nutten, Freier, all die halbseidenen Typen, die man nicht richtig zuordnen konnte, bei denen man aber ahnte, dass sie etwas zu verbergen hatten. All das nahm ich wahr, und es löste in mir immer wieder diese Lebensgier aus, die mich einerseits quälte und andererseits neugierig machte auf das, was ich nicht kannte, aber erleben wollte. Eintauchen ins pralle Leben. Dabei war es egal, ob es die guten oder schlechten Seiten des Lebens waren, die es für mich zu erkunden gab. Stadtstreicher oder Caroline von Monaco … Hauptsache, das Leben spüren, schmecken, riechen, genießen, entdecken und ertragen … Ich wollte *alles!*

Müde und zugleich aufgewühlt trottete ich zur Wohnung. Meine drei Mitbewohner waren auch schon da. Stolz präsentierte ich ihnen mein Geld. Martin und ich hatten geteilt. Ich knallte fünfhundert Francs auf den Küchentisch. Sie staunten nicht schlecht.

»Hey«, rief Hanneke begeistert. »Das reicht für Claudes Abschiedsfete. Wie geil. Damit kaufen wir morgen noch ein paar Kleinigkeiten ein, und alles, was an Kohle übrig bleibt, geben wir ihm cash, okay? Und abends wird gefeiert.«

Rudi und ich waren einverstanden. Ich erzählte ihnen euphorisch von den Ereignissen des Tages und verschwand dann schnell auf unsere Matratze. Mein Akku war leer. Die anderen ließen sich noch etwas Zeit und redeten in der Küche. Ihre Stimmen waren mir inzwischen so vertraut, und mir wurde warm ums Herz. Ich liebte Hannekes Lachen. Langsam rückte alles in weite Ferne, dann schlief ich tief und fest.

Gemeinsam standen wir drei um die Mittagszeit auf und aßen unser Baguette. Dabei besprachen wir, wie wir den Abend gestalten wollten. Hanneke hatte viele Ideen, um Claude ein würdiges Abschiedsfest zu geben. Sie schlug vor, das Geld zu verwalten und damit noch einige Besorgungen zu machen. Währenddessen könnten wir Jungs ja weitersammeln, um mehr Cash für Claudes Abreise aufzutreiben. Kohle wäre für ihn sicher noch wichtiger als die Party heute Abend.

Voller Tatendrang gingen Rudi und ich zum Platz. Ich hatte meine Flöte und Christophes Zange dabei, die wollte ich ihm zurückgeben. Mir war über Nacht klar geworden, dass ich noch bleiben wollte. Eva und Martin hatten mir neuen Mut gemacht. Ich würde schon irgendwo unterkommen, und wie ich gestern erlebt hatte, würde ich mich mit der Musik über Wasser halten können. Ein paar Francs ließen sich damit auf jeden Fall verdienen.

Kaum am Platz angekommen, fing Rudi an, die Leute anzubaggern. Ich sagte ihm, dass es wirklich an der Zeit sei, sich eine neue Geschichte einfallen zu lassen. Diese »Gepäck-klau-Nummer« am Bahnhof sei allmählich zu abgedroschen, jeder würde sie mittlerweile kennen. Dabei hatte ich natürlich Moniques Worte im Ohr.

»Okay«, sagte Rudi frech. »Dann ist mir das Gepäck eben ab heute am Flughafen geklaut worden.« Er grinste mich so herausfordernd an, dass ich laut lachen musste.

»Super«, meinte ich. »Das ist eine unglaublich fantasievolle Variante. Gut, dass bei euch Hanneke für Ideen zuständig ist.« Ich knuffte ihn freundschaftlich und machte mich dann auf die Suche nach Christophe.

Wie immer fand ich ihn in derselben Gasse wie die Tage zuvor. Er entdeckte mich und rief von Weitem: »Elmüt, ich dachte schon, du hast mich vergessen. Nizza kann nicht länger warten. Hast du ein bisschen geübt?« Anscheinend war er davon überzeugt, dass ich mitkäme. Ich überreichte ihm die von Hanneke kreierte Schnecke. Er war überrascht.

»Alter, das geht ja doch. Wie geil! Siehst du, ich hab gleich gesagt, dass ich in dir einen guten Partner finden würde.«

Sofort baute sich diese unüberwindbare Hemmschwelle vor mir auf, die ich von anderen Gelegenheiten her kannte. Ich konnte einfach nicht klipp und klar Nein sagen. Christophe war so optimistisch, das machte es mir besonders schwer. Aber dann gab ich mir einen Ruck.

»Christophe … ich komme nicht mit. Sorry, aber das Teil hier ist nicht von mir. Das hat ein Mädchen aus meiner WG gemacht. Die anderen Drähte sind mir zerbrochen. Ich kann das einfach nicht.« Er sah mich enttäuscht an. »Außerdem hab ich mich mal wieder verknallt. Ich will noch in Brüssel bleiben.«

»Schade«, sagte er. »Glaub mir, Girlies findest du überall, gerade an der Côte d'Azur, aber diese Chance ... Elmüt, ich bin einer der Besten hier. So jemanden findest du nie wieder.« Das Argument hatte zwar Gewicht, konnte mich aber nicht umstimmen.

»Natürlich ist es deine Entscheidung«, fuhr er resigniert fort. »Fair genug, dass du mir das heute schon sagst. Ich hätte noch zwei Tage auf dich gewartet. So kann ich heute Nacht nach Nizza aufbrechen. Je eher, desto besser.«

Er war total geknickt, und ich hatte das Bedürfnis, irgendetwas Aufbauendes zu ihm zu sagen.

»Ich hab gesehen, dass du der Beste hier am Platz bist. Und ich hab auch kapiert, dass es eine geile Chance für mich wäre. Es tut mir ehrlich leid, Christophe. Vielen, vielen Dank für dein Vertrauen in mich.«

Er stand auf und nahm mich in die Arme. »Alles okay, Alter. Jetzt hau schon ab. Dein Girlie wartet bestimmt schon, oder?«

»Ich hoffe«, antwortete ich. »Good luck, Christophe. Ein Freund von mir hat mal gesagt, man trifft sich immer wieder, wenn man auf Tour ist. Nach Nizza will ich auf jeden Fall noch trampen. Nicht nur deinetwegen, Alter. Caroline von Monaco wartet auf mich. Sie weiß es bloß noch nicht.«

Er lachte schallend.

»Good luck! Und sag dem Girlie aus deiner WG, sie kann jederzeit bei mir anfangen. Ein echtes Talent.«

Dann fing er an, seine Sachen einzupacken. Ich musste mir einen letzten Ruck geben, um zu gehen. Wieder einmal war ich mir nicht sicher, ob ich die richtige Entscheidung getroffen hatte. Schließlich hob ich die Hand, spreizte die Finger zum Victoryzeichen und drehte mich um. Als Nächstes wollte ich in den Gassen nach Martin und Eva suchen.

Bongospieler hatten den Vorteil, dass man sie schon von Weitem hören konnte. Ich entdeckte Martin in einer Gruppe von vier Farbigen. Sie hockten auf dem Boden, jeder eine Bongo zwischen den Knien. Die Instrumente waren unterschiedlich groß und hatten dadurch verschiedene Klangfarben. Zu fünft gaben sie ein Bongokonzert, das es in sich hatte. Die Umstehenden klatschten begeistert. Martin spielte auf dem gleichen Niveau wie die Afrikaner. Mit einer unglaublichen Geschwindigkeit schlugen sie unterschiedliche Rhythmen, die nach einer Weile immer wieder zusammenfanden. Es war großartig.

Martin bemerkte mich und hörte sofort auf zu trommeln. Er verhandelte kurz mit den anderen. Ihm stand wohl eine bestimmte Summe des verdienten Geldes zu, das ihm anstandslos ausgezahlt wurde. Dann kam er strahlend auf mich zu.

»Hey! We shall overcome today?« Mit den Worten begrüßte er mich herzlich.

Martin war ein waschechter Sonnyboy. Wenn er lachte, konnte niemand mehr schlecht gelaunt sein. In seiner Gegenwart erschien mir alles unkompliziert und leicht.

»Yes«, sagte ich. »Let's overcome today. Hast du Eva schon gesehen?«

»Ja«, antwortete er ernst. »Aber sie ist ein Schmetterling.«

»Hä?«, erwiderte ich verdutzt. »Was meinst du damit?«

»Na ja«, sagte er. »Sie hat einen anderen. Vorhin hat sie eine Zeit lang zugehört und war total begeistert. Aber sie hatte einen anderen Typen dabei, mit dem sie die ganze Zeit rumgeknutscht hat.«

Ich erstarrte. »Nicht dein Ernst, oder?«

»Doch«, meinte Martin. »She's a butterfly. Nimm's nicht so tragisch. Das sind Schoolgirls, die heute mit dem einen rummachen und morgen mit dem anderen. Die sehen das nicht so ernst. Sie hatte dich bestimmt total gern – gestern. Heute ist eben ein anderer dran.«

Eifersucht kochte in mir hoch und auch ein bisschen Wut. So eine Verarsche.

»Wo ist der Typ, mit dem sie rummacht?«, fragte ich.

»Warum?«, entgegnete er entsetzt. »Willst du ihm aufs Maul hauen? Vergiss nicht, es gehören immer zwei dazu. Dann musst du ihr auch aufs Maul hauen, und das willst du doch garantiert nicht, oder?«

Er hatte recht. Totaler Quatsch. Scheißeifersucht. Ich kannte solche Situationen doch. Der andere konnte ja nur mit ihr knutschen, weil sie es zuließ.

Im letzten Jahr hatte ich auf einer Matratzenfete das hübscheste Mädchen Großhansdorfs angebaggert. Es dauerte gar nicht lange, bis wir heftig küssend und fummelnd in einer Ecke lagen. Ich war so stolz. Sie war von allen heiß begehrt, und ich war der Winner – glaubte ich. Eine Woche später ersetzte sie mich durch das größte Arschloch der Schule. Henning Westergard. Er ging davon aus, dass ich mich mit ihm prügeln würde. Aber das tat ich nicht. Ich war zwar enttäuscht, aber dass sie sich ausgerechnet den Typen angelte, sprach nicht für sie. Im Gegenteil. Es ließ mich erahnen, wes Geistes Kind sie war. Ich ließ sie und den Arsch links liegen und schnappte mir aus Rache einfach ihre Schwester.

»Scheiße«, sagte ich. »Ihretwegen hab ich vorhin Christophe abgesagt. Er wollte mich mit nach Nizza nehmen. Ich hab mich gestern echt in Eva verknallt.«

»Vergiss sie einfach, Alter«, meinte Martin. »Die Mädels ticken heute so. Kennst du ›I'll follow the Sun‹ von den Beatles?«

»Und ob«, sagte ich. »Das ist einer meiner absoluten Lieblingssongs. Eine Motivation für mich, überhaupt auf Tour zu gehen.« Dass die hinter dem Text verborgene Philosophie auch auf »Schmetterlinge« anwendbar war, damit musste ich mich nun erst mal arrangieren. Bedröppelt zog ich mit Martin weiter.

Wir fanden ganz in der Nähe einen Platz, an dem wir uns zum Musizieren niederließen. In der Gasse waren nur ein paar Porträtmaler und Afrikaner, die ihre Holzfiguren verkauften. Wir setzten uns wieder auf den Bordstein und fingen an zu spielen. Erst mal wiederholten wir die Improvisationen von tags zuvor. Sofort ermahnte mich Martin, den Takt besser zu halten.

»Was zum Teufel ist eigentlich der Unterschied zwischen Takt und Rhythmus?«, fragte ich ihn.

»Gute Frage«, antwortete er. »Der Takt ist ein Zählmaß, aber der Rhythmus kann variieren, fügt sich letztendlich aber wieder in den Takt ein … glaub ich.« Er zuckte mit den Schultern. »Stell nicht so schwere Fragen. Halt ihn einfach, den Takt.« Er grinste und trommelte stürmisch drauflos.

Schon bald blieben die ersten Leute stehen. Einige applaudierten, einigen schien es nicht besonders zu gefallen, und sie gingen rasch weiter. »Meine Tochter spielt besser Flöte«, hörte ich jemanden rufen. Ungerührt davon machte ich weiter, obwohl es mich ärgerte. Mit einem Mal stand Eva vor mir. Sie hatte tatsächlich einen Typen an ihrer Seite, mit dem sie Händchen hielt. Dreist lächelte sie mich an und winkte mir zu, so als hätte es kein Gestern gegeben. Am Ende des Songs klatschte sie begeistert und flüsterte ihrem Begleiter, der auch klatschte, etwas ins Ohr. Dann gab sie ihm einen kurzen Kuss auf den Mund, winkte uns strahlend zu und ging weiter. Ungläubig guckte ich zu Martin rüber. Er zuckte wieder mit den Schultern und rief mir zu:

»Butterfly, hab ich dir doch gesagt.«

Dann trommelte er in rasender Geschwindigkeit eine Solonummer, bei der ich überhaupt keinen Einsatz mehr fand.

Diese kurze Begegnung mit Eva und ihrem Neuen machte mir auf jeden Fall zu schaffen. Ich nahm ein paar Francs, die wir gesammelt hatten, aus dem Käppi, ließ ihm das meiste drin und rief ihm zu: »Keinen Bock mehr heute, sorry. Ich geh rüber zur Mauer.«

»Okay, ich komm später nach«, antwortete er und trommelte befreit weiter.

Am Platz waren heute viele Freaks, die ich vorher noch nie gesehen hatte, bunte Gestalten aus allen möglichen Kulturkreisen. Ich entdeckte aber auch einige bekannte Gesichter, Abdul und Jonathan waren unter ihnen. Warum nicht ein bisschen mehr über Fidschi und Malaysia erfahren, dachte ich.

Schnell kam ich mit ihnen ins Gespräch. Als ich ihnen erzählte, dass ich nach einer neuen Bleibe suchte, boten sie mir sofort an, mit zu ihrem Pastor zu kommen, der junge Leute, die auf der Straße lebten, in seiner Wohnung aufnahm. Ich könnte schon an diesem Abend mit ihm reden.

»Heute Abend kann ich nicht«, lehnte ich ab. »Aber vielleicht morgen oder auf jeden Fall in den nächsten Tagen. Ist das okay? Seid ihr hier?«

»Na klar, eigentlich sind wir täglich hier«, meinte Jonathan und schmunzelte. »Wir können Bob ja schon mal auf dich vorbereiten.«

Das war ein Wort. Jetzt hatte ich zumindest einen kleinen Hoffnungsschimmer, eventuell in Brüssel bleiben zu können.

Ich sah mich nach Martin um, aber er war noch nicht da. Auch Rudi war nirgends zu finden. Ich trollte mich langsam Richtung Oberstadt.

Schon im Treppenhaus konnte ich laut aufgedrehte Musik hören. Hanneke hatte mal wieder ihre Lieblingsband aufgelegt, die Bee Gees. Ich betrat unsere Wohnung und war erst mal sprachlos. Sie hatte überall Girlanden und Luftballons aufgehängt. Eine große Torte stand auf dem Tisch, umringt von Brüsseler Konfekt. Die Küche war aufgeräumt. Nudeln, Tomaten und Hackfleisch lagen neben dem Herd auf einem kleinen Schrank, um später verarbeitet zu werden, eine Flasche Sekt und mehrere Flaschen Bier standen daneben. Rudi war gerade dabei, die letzten Ballons aufzublasen.

Beide strahlten mich an.

»Geil«, sagte ich beeindruckt.

»Und das Geilste ist, dass noch so viel Kohle übrig ist, dass wir Claude am Ende echt damit weiterhelfen können. Wir sammeln die nächsten Tage noch ein bisschen. Dann kratzen wir garantiert an die tausendfünfhundert Francs zusammen.« Das waren um die hundert Mark. Für uns ein kleines Vermögen, aber würde es Claude in Biafra über Wasser halten? Bestimmt! In Afrika wäre man mit hundert Mark bestimmt ein reicher Mann, dachten wir. Ich ließ mich von Hannekes Enthusiasmus anstecken und umarmte sie.

»Scheiße, dass du mit Rudi zusammen bist. Mit dir würde ich mich sofort verloben!«

»Hä? Verloben? Wer verlobt sich denn heute noch?«

Hanneke und Rudi prusteten los.

»Ja!«, sagte ich lachend. »Ich hab euch doch von dieser Monique erzählt. Die ist tatsächlich mit einem Rockmusiker verlobt.«

»Oh Gott«, sagte Hanneke. »Meine Großmutter und wahrscheinlich meine Mutter haben sich noch verlobt, aber heutzutage? Niemals!«

»Na gut«, grinste ich sie frech an. »Umso besser. Ich nehm dich gern auch ohne Verlobung.«

Daraufhin kam sie ohne Vorwarnung auf mich zu und drückte mir einen Kuss auf den Mund.

»Hey, hey, hey«, rief Rudi, »darf ich auch was dazu sagen?«

»Natürlich, Chérie«, meinte Hanneke und löste sich sogleich von mir. »Du darfst immer alles sagen!« Damit presste sie ihn auf einen Stuhl und knutschte ihn so ungestüm ab, dass beide mitsamt dem Stuhl auf den Boden fielen. Jetzt brüllten wir alle drei vor Vergnügen und übertönten damit die Bee Gees um einiges. »How deep is your Love«, tönte es vom Plattenspieler. Das passte.

Die Wohnungstür öffnete sich, und Claude stand plötzlich im Raum. Er sah wieder verdammt abgekämpft und müde aus. Verwundert starrte er auf den Tisch. Es dauerte eine Weile, bis er begriff.

»Seid ihr wahnsinnig?«, stammelte er schließlich. »Was macht ihr da? Das kostet doch ein Vermögen. Ihr seid echt verrückt.«

»Nee, sind wir ganz bestimmt nicht«, erwiderte Hanneke. »Du bist der tollste Typ, der uns je begegnet ist. Das ist das wenigste, was wir tun können, um Danke zu sagen.«

Ich glaube, er hatte einen Riesenkloß im Hals. Aber er verkniff sich die Tränen, und es war gut für ihn, dass Hanneke ihn mit ihrer liebevollen, stürmischen Art fest umarmte. Auch Rudi und ich nahmen ihn in die Arme. Dann öffnete Rudi vier Flaschen Bier, und wir stießen miteinander an. Santé, Prost, Proost, auf Claude!

Ich trank nur wenige Schlucke von dem Bier. Ich mochte keinen Alkohol. Eigentlich hasste ich ihn sogar.

Im Nachbarort von Lütjensee gab es eine kleine, provinzielle Dorfdisko, die ein Treffpunkt für die gesamte Jugend der Umgebung war. Die Einrichtung erinnerte mehr an einen Westernsaloon als an eine moderne Diskothek. Es gab einige durch derbe Holzbalken abgeteilte Nischen und Separees. In der Mitte befand sich die Tanzfläche, davor eine kleine Bühne, auf der meistens ein Diskjockey, manchmal aber auch Bands agierten. Auf der rechten Seite stand der Tresen, an dem gesoffen wurde. Auf der linken Seite neben der Tanzfläche versammelten sich die Kiffer, die mit Alkohol überhaupt nichts am Hut hatten. Es war grotesk. Die Typen, die tranken, kamen aus den etwas entfernteren Provinzkäffern. Sie waren entweder beim Bund oder gingen ihren Lehrberufen nach. Wir Kiffer wohnten eher in der näheren Umgebung, waren noch Schüler und auf Sinnsuche, ohne Job und Pläne. Wir verachteten die Spießer am Tresen. Sie benahmen sich wie die Generation unserer Eltern. Sie soffen, waren relativ aggressiv und gingen keiner Prügelei aus dem Weg.

Das Schlimmste aber war, dass sie zu unserer geliebten Rockmusik im Tanzschulstil tanzten. Es gab also Situationen, in denen wir Typen von der linken Seite zu einem Lied von den Stones wild mit unseren langen Haaren wedelnd tanzten, während gleichzeitig die Spießer von der rechten Seite eine Art Foxtrott zur selben Musik hinlegten. Wir Freaks im Parka rockten die Tanzfläche, und die Sakkoträger mit den gebügelten Hosen tanzten brav nach Vorschrift. Wir rauchten vor der Tür unsere Joints, und sie soffen drinnen ihr Bier oder ihren Whiskey. Abgründe taten sich für uns auf. Mit denen wollten wir nichts zu tun haben. Alkohol war ungeil und verachtenswert.

Hanneke trat zum Plattenspieler und legte etwas Fetzigeres auf. Sie wollte tanzen, und was eignete sich besser als Rolling Stones »Aftermath«? Da war alles drauf, von rockig bis soft. Sie schnappte sich Claude und tanzte mit ihm wild drauflos. Er war noch nicht richtig in Stimmung und setzte sich nach kurzer Zeit wieder hin.

»Ist die Torte nur zum Angucken da?«, fragte er.

»Okay«, sagte Hanneke. »Du hast recht. Wir essen jetzt was, dann rauchen wir 'ne Riesentüte, und danach gibt's noch was Besonderes.« Sie blickte Rudi vielsagend an.

»Ja«, ergänzte er. »Wir haben 'ne kleine Überraschung für euch.« Er griff in die Hosentasche und holte zwei winzige, in Silberpapier eingewickelte Pillen hervor.

»Der Stoff war teuer. Wir teilen den. Jeder schmeißt eine halbe ein, und dann gehen wir auf Trip.«

»Was ist das?«, fragte ich.

»Na, was schon«, antwortete Rudi. »LSD – was sonst?«

# 14

## LSD

Ich hatte bis jetzt erst einmal eine Pille eingeworfen, auf einem Polit-Rockkonzert von »Ton, Steine, Scherben«, nachmittags in der Aula einer Schule in Ahrensburg. Ich war mir nicht ganz sicher, ob es LSD oder Meskalin gewesen war, was ich mir da eingepfiffen hatte. Ich wusste aber noch, dass der Saxophonist einen gewaltigen Bart trug, er reichte ihm fast bis zur Brust und war in der Mitte geteilt. Er spielte voller Hingabe und bewegte den Oberkörper fließend vor und wieder zurück. Anfangs merkte ich nichts von der Droge, dann aber wurde der Bart des Saxophonisten immer länger und verband sich mit seinen Haaren. Ich fürchtete schon, er würde gleich von seinem eigenen Bart erwürgt werden … Der Bart wurde länger und länger, die Bewegungen des Musikers immer grotesker. Text und Gesang rückten in den Hintergrund. Die Bässe wurden zunehmend lauter, füllten die gesamte Halle, und ich wischte mir wie ein Irrer im Gesicht herum, weil meine Augen plötzlich so tränten …

Als das Konzert zu Ende war, fühlte ich mich völlig orientierungslos. Freunde fuhren mich nach Hause. Es hatte ein bisschen geregnet. Während der Fahrt nach Lütjensee konnte ich deutlich das Schmatzen der Räder hören. Sie sogen das Regenwasser auf. Wahnsinn, das hatte ich noch nie wahrgenommen.

Zu Hause ging ich direkt in mein Zimmer und hoffte, dass meine Eltern mich nicht ansprechen würden. Ich schaltete mein Tonbandgerät ein und hörte Eric Burdon & War. »Nights in white Satin« war für mich mit Abstand das geilste Lied, und von Burdon gesungen gefiel es mir tausendmal besser als von Moody Blues. In diesem Moment begriff ich, dass Eric Burdon ein Genie war: Er sang den Song nicht, er lebte ihn. Ich nahm ein Schulheft und versuchte, meine Wahrnehmungen aufzuschreiben. Es gelang mir nicht: Ich setzte den Kugelschreiber an, aber es kam kein Wort zustande. Stattdessen rutschte der Kuli nach unten und kritzelte wie von selbst irgendwelche Horrorfratzen über die gesamten Seiten.

Mein Vater befand sich in seinem Dienstzimmer direkt unter mir. Ich hörte ihn auf der Schreibmaschine tippen. Der fremden Stimme nach zu urteilen, machte er gerade eine Vernehmung wegen eines Verkehrsdelikts. Welch eine Diskrepanz. Unten der Bulle, der für Recht und Ordnung zu sorgen hatte, oben der Sohn auf Droge, der sich absolut im Recht fühlte in dieser verkackten, spießigen Welt, die durch Unmengen überflüssiger Gesetze und Regeln so maßlos eingeschränkt wurde. Wie sinnlos war solch ein Leben, wenn man nicht einmal versuchte, es aufzubrechen. Auf keinen Fall wollte ich nach den mir von außen aufgestülpten Regeln leben! Die Vorstellung allein war einfach nur schrecklich.

Es brauchte ewig, bis ich nach den wirren Gedankengängen und verrückten Ideen einschlief …

Jetzt teilte Hanneke die Trips in vier Hälften. Ich sah mir das winzige Teil genau an. Wie konnte eine so geringe Menge überhaupt eine Wirkung haben? Ich war mir sicher, dass ich nichts merken würde. Nachdem wir die Pillenhälften geschluckt hatten, baute Hanneke eine Tüte, die es in sich hatte. Schon während wir rauchten, wurden wir total albern. Jedes Mal, wenn Hanneke den Joint an Rudi weiterreichte, zog sie ihre Hand genau dann zurück, wenn er ihn nehmen wollte, sodass er ins Leere griff. Das Spiel wiederholte sie einige Male, und wir gackerten alle wie verrückt.

Als der Joint durch war, schnitt Hanneke die Sahnetorte an. Sie behauptete, winzige bunte Zuckerkügelchen auf der Sahne verstreut zu haben. Wir suchten mit unseren Blicken danach, konnten aber nichts dergleichen entdecken. Schließlich wollte Rudi sich das genauer anschauen. Dabei beugte er sich so weit nach vorn, dass sein Gesicht sich direkt über der Torte befand. Das war der Moment, auf den Hanneke gewartet hatte. Blitzschnell drückte sie sein Gesicht in die Schlagsahne. Wir brüllten vor Lachen. Rudis Nase, Augen, Stirn waren voller Sahne.

»Das kriegst du zurück!«, rief Rudi und stürmte auf Hanneke zu. Sie rannte um den Tisch und versuchte, ihm zu entkommen. Er schnitt ihr den Weg ab, griff nach ihr, zog sie zu sich heran und rieb dann genüsslich sein Gesicht an ihrem ab, sodass beide vollkommen eingesaut waren. Das Ganze endete in einem leidenschaftlichen Kuss. Dann fing Hanneke an, ihm die Sahne aus dem Gesicht zu lecken.

»Äh, hör auf!«, rief er. »Das reicht jetzt.«

Nach Luft schnappend vom vielen Lachen, gingen die beiden zum Waschbecken und wuschen sich das Gesicht. Claude und ich saßen die ganze Zeit dabei, gackerten und ließen uns die Torte schmecken. Zuckerkügelchen gab es natürlich keine.

Unwillkürlich fragte ich mich, wann ich eigentlich das letzte Mal Torte gegessen hatte. Ich musste an die Zeit denken, als wir noch in den Kögen gewohnt hatten. Immer sonntags um siebzehn Uhr kam im ZDF »Bonanza«. Mit der Zeit wurde das ein echtes Ritual: Die ganze Familie hockte vor unserem ollen Schwarz-Weiß-Fernseher, und dazu gab es leckere Pfirsichtorte mit Schlagsahne. Pfirsich aus der Dose natürlich, aber es schmeckte uns allen total gut. Die brennende Landkarte beim Einspieler der »Bonanza«-Folgen faszinierte mich jede Woche aufs Neue. War die Welt Mitte der Sechzigerjahre noch in Ordnung gewesen? Bestimmt nicht, aber ich war noch ein Kind, unkritisch, naiv und froh, dass es überhaupt so etwas wie Fernsehen gab. Es war eine der wenigen Chancen, dem tristen Dorfalltag zu entkommen.

Claude war aufgestanden und sorgte jetzt für die Musik. Querbeet legte er alles auf, was seine Plattensammlung hergab. Led Zeppelin, Stones, Beatles, Beach Boys, Procul Harum, Deep Purple, Jethro Tull und noch einige andere Bands. Alle vier tanzten wir dazu. Es roch eindringlich nach unserem Schweiß, aber das war uns egal. Wir zelebrierten Claudes Abschied mit Hingabe und Schmerz. Bei den softeren Stellen fing Hanneke an zu heulen, bei den rockigeren Passagen aber ließ sie sich sofort wieder aus ihrer Traurigkeit rausreißen und tanzte wild. Rudi, Claude und mir ging es ähnlich. Ich hatte Claude nie deprimiert erlebt – entweder war er aufgeschlossen und engagiert, oder er war von seiner Maloche einfach nur müde und kaputt. Aber auch er hatte im Lauf dieses Abends melancholische Momente. Ihm ging der Abschied offensichtlich nahe.

Irgendwann legte ich mich bei geöffneter Tür nebenan auf die Matratze. Spätestens als die LP »Atom Heart Mother« von Pink Floyd spielte, fing der Trip an zu wirken. Ich hörte begnadete Harmonien, aus denen ein kleines blondes Mädchen in einem weißen Kleid entstand, das über eine Wiese voller Gänseblümchen lief. Die Sonne schien. Die Haare des Mädchens, das ich nur von hinten sah, bewegten sich im Wind. Immer wieder sprang es grazil über die Blümchen, damit es so wenig wie möglich zertrat. Plötzlich drehte es sich um, und ich blickte in ein wunderschönes, unschuldiges Gesicht mit großen, glänzenden blauen Augen. Das Kind lachte ein fröhliches, helles Kinderlachen. Es fing an, Pirouetten zu drehen.

Dann sah es zum Himmel auf und erschrak. Es entdeckte riesengroße schwarze Vögel mit mächtigen Schnäbeln, die sich ihm im Sturzflug näherten. Jetzt rannte es um sein Leben und schrie verzweifelt. Die Vögel hatten es fast eingeholt. Die Sonne befand sich hinter einer dunklen Wolke. Die ersten Vögel setzten an, mit ihren spitzen Schnäbeln auf das Mädchen einzuhacken. Es warf sich zu Boden und hielt schützend die Hände vors Gesicht.

Mit einem Mal riss der Himmel wieder auf. Die Sonne schien schöner und heller denn je. Die Vögel krächzten gequält, drehten ab und ließen das Mädchen unversehrt liegen. Es setzte sich auf und blickte den hässlichen schwarzen Viechern ungläubig hinterher. Wie erlöst stand es auf und rannte fröhlich weiter. Die Welt war wieder in Ordnung. Irgendwann blieb das Mädchen stehen und drehte sich aufs Neue auf der Stelle. Dabei lachte es genauso ausgelassen wie zuvor. Es drehte sich, hüpfte, tanzte und wurde von der Sonne gewärmt. Da hörte es von ferne wieder das schreckliche Krächzen. Am Himmel näherte sich das Geschwader der schwarzen Vögel. Jetzt waren es weit mehr als zuvor, Hunderte. Formiert zu einem Dreieck, erspähten sie das Mädchen und kamen immer näher. Dann griffen sie an. Das Mädchen erstarrte. Es war nicht mehr in der Lage, zu fliehen. Seine Beine versagten. Weinend ergab es sich seinem Schicksal. Während dicke Tränen über seine Wangen kullerten, blickte es den Vögeln tapfer entgegen, bereit, von ihnen zermartert zu werden.

Ich hätte so gern geholfen, aber ich war gefangen in dieser Fantasie und konnte mich genauso wenig bewegen wie das Mädchen. Reglos, atemlos und erschüttert sah ich mit ihm gemeinsam der Vogelschar entgegen und erwartete den Todesstoß. Mein Herz raste. Wenige Momente bevor der Anführer der Vögel – ein riesiges pechschwarzes Monstrum mit roten Augen, einem gigantischen Kropf und einem Schnabel, so spitz wie ein Schwert – zum alles entscheidenden Stoß ansetzte, riss der Himmel erneut auf. Die Sonnenstrahlen trafen den Vogel mitten in die roten Augen. Schmerzverzerrt drehte er ab, und die riesige Schar folgte ihm unverrichteter Dinge. Das gruselige Krächzen verlor sich in weiter Ferne.

Die Kleine nahm die Hände vom Gesicht und sah zum wolkenlosen Himmel auf. Auch sie wurde von der Sonne geblendet, sodass sie niedlich blinzelte. Ihre Haare schienen durch die Sonnenstrahlen in goldene Farbe getaucht zu sein. Langsam richtete sie sich auf. Von den Vögeln war nichts mehr zu sehen. Dankbar richtete sie die Augen direkt in die Sonne, die sich als großer goldener Ball weit im Süden befand. Sie hockte sich hin, pflückte einen kleinen Strauß Gänseblümchen, blickte wieder zur Sonne und fasste einen Entschluss. Anfangs langsam, dann immer schneller und entschlossener, lief sie der Sonne entgegen. Die Haare und das Kleidchen flatterten im Wind, und kurz bevor sie endgültig am Horizont verschwand, tauchte sie direkt in die Sonne ein. Das Blond ihrer Haare und das Weiß ihres Kleides verschmolzen mit dem gleißenden Gold des wärmenden Sterns, mit dem sie jetzt eins war.

Traurig, auf diese Weise Abschied nehmen zu müssen, aber glücklich, dass die Kleine gerettet war und sich in Obhut der Sonne befand, beruhigte sich mein Herzschlag, und ich atmete tief durch.

Mitten in diese erlebnisreiche Geschichte hinein hörte ich Rudi plötzlich mit entrückter Stimme fragen: »Helmut, du verstehst mich, oder?«

»Ja, Rudi, ich versteh dich«, hauchte ich aus tiefster Seele.

Ich öffnete die Augen. Ich hatte nicht geschlafen. Nun starrte ich auf die Wand zu meiner Rechten und bemerkte, dass sie dreckig war. Der Schmutz hatte geometrische Muster. Ich erkannte Rauten, Rechtecke, Quadrate, Dreiecke. Alles versifft und überhaupt nicht schön. Wieso konnte Dreck solche Figuren bilden? War das Absicht oder Zufall? Überhaupt wurde mir bewusst, dass ich einen widerlichen Nikotingeschmack im Mund hatte. Die Kuppen meiner Finger waren gelb. Hatte ich so viel geraucht?

Ich setzte mich auf. Pink Floyd hatten mich entführt, der Wechsel von Harmonien und Disharmonien hatte mich weit fortgetragen. Das war ihr Erfolgsrezept. Genial. Ich hatte ihre Musik nicht gehört, ich hatte sie gesehen und begriffen. Die Harmonien standen für die heile Welt, in diesem Fall für das blonde Mädchen und die Sonne, die Disharmonien für Ängste und Beklommenheit, in diesem Fall für die Monstervögel und dunklen Wolken.

Als bald darauf der Morgen anbrach, stand ich auf. Claude schlief in seinem Zimmer, und die beiden anderen lagen auf der Matratze vor der Wohnungstür, die für Henry gedacht war. Ich putzte mir die Zähne und ging leise, ohne die anderen zu wecken, die Treppe hinunter.

Es war schön draußen. Noch war nicht viel los auf den Straßen. Die Sonne schien wie schon seit Wochen. Ich spürte die Nachwehen des Trips, in mir gärte und brodelte irgendwas. War es die Nikotinüberdosierung? War es Hunger? Ich konnte die Schönheit des beginnenden Tages erkennen, fühlte mich aber von ihm abgelehnt. Unzufriedenheit, Sinnlosigkeit des Seins, Übermüdung, ich war total im Arsch. Aus meiner Tasche kramte ich ein paar Francs, um ein Baguette zu kaufen. Die anderen würden sich freuen.

Einige Meter hinter der Bäckerei stand eine Telefonzelle. Mit dem Brot in der Hand schlich ich um sie herum. Sollte ich die Alten anrufen? Warum eigentlich nicht? Aber warum ausgerechnet immer dann, wenn ich mich matt und kaputt fühlte? Das war doch feige und schwach. Trotzdem wühlte ich in meiner Hosentasche und fand eine letzte Münze. Noch zögerte ich. Es war vielleicht sechs Uhr morgens. Meine Eltern würden sowieso noch schlafen. Aber wenn nicht? Was dann? Egal, die Sehnsucht, eine vertraute Stimme zu hören, und sei es auch nur die des Anrufbeantworters, überwog. Es hatte immer noch etwas Gewohntes, Mechanisches, die Nummer zu wählen. Die Nummer von meinem Zuhause ... Welchem Zuhause? Es gab keines mehr.

Ich seufzte tief. Dann knackste es in der Leitung, und wie zu erwarten ertönte die Ansage:»Hier ist der automatische Anrufbeantworter der Polizeistation Lütjensee ...«

Ich wartete geduldig bis zum Piepton, zögerte kurz und fügte diesmal dem obligatorischen »Mir geht's gut« noch ein »Macht euch keine Sorgen« hinzu. Das fand ich fair. Es würde sie beruhigen, und ich fühlte mich auch besser dabei.

Dann ging ich zurück zur Wohnung und legte das Baguette

auf den Tisch. Die anderen schliefen immer noch. In der Küche sah es verheerend aus. Tortenreste überall, teilweise verklebt auf den Sitzflächen der Stühle, Nudeln auf dem Boden, umgekippte Bierflaschen, die Aschenbecher randvoll, Kippen auf Tellern und in Tassen. Es stank wie in einer verwarzten Kneipe. Ich schüttelte mich angewidert. Damit wollte ich gerade nichts zu tun haben. Schnell verschwand ich in meinem Zimmer, schloss die Tür hinter mir und zog mir den Schlafsack über den Kopf.

Am Nachmittag wachte ich wieder auf. Mir ging es deutlich besser. Ich war ausgeschlafen und nahm mir vor, als Erstes die Küche aufzuräumen. Das sollte auf keinen Fall an Claude hängen bleiben, für den war bis zur Abreise nur noch »Verwöhnkur« angesagt.

Als ich die Tür öffnete, staunte ich nicht schlecht. Alles war picobello sauber. Hanneke und Rudi wirbelten durch den Raum und waren so gut wie fertig.

»Hey, was soll das?«, rief ich. »Das wollte ich doch machen.«

»Hättest du ja tun können«, grinste Hanneke mich an. »Du warst schließlich schon auf und hast Brot gekauft. Vielen Dank übrigens dafür.«

»Na ja, ich wollte euch nicht wecken. Sonst wäre das hier überhaupt kein Problem für mich gewesen. Torte von den Stühlen kratzen ist eine meiner leichtesten Übungen.«

Rudi lachte und boxte mich in die Rippen.

»Was war denn los mit dir? Du bist ja gestern völlig abgedriftet. Erst hast du getanzt wie ein Irrer, und irgendwann hast du quer auf unserer Matratze gelegen und gepennt.«

»Ich hab nicht gepennt«, sagte ich. »Ich hab Pink Floyd begriffen. Die haben mir eine geile Geschichte erzählt, die ich bildlich vor mir gesehen habe. Die Harmonien sind es, Rudi. Die Harmonien sind ihr Kapital.«

Er glotzte mich verständnislos an.

»Alter, bist du immer noch drauf, oder was faselst du da?«

Ich erzählte ihnen von dem Mädchen und der Sonne.

»Hast du ein Glück, dass sich die Sonne durchgesetzt hat«, meinte Hanneke. »Hätten die Vögel gewonnen, wärst du auf den totalen Horrortrip gekommen, glaub mir. Und das wäre richtig schlimm gewesen.«

»Wieso hast du mich eigentlich gefragt, ob ich dich verstehe?«, fragte ich Rudi.

»Ich hab dich nicht gefragt, Alter. Du bist echt noch drauf.« Besorgt guckte er Hanneke an.

»Oh, dann war das wahrscheinlich Claude, sorry«, sagte ich nachdenklich.

»Quatsch«, meinte Rudi. »Der kann das auch nicht gewesen sein. Der war die ganze Zeit mit uns draußen. Wir haben so einen Spaß gehabt! Er hat dauernd versucht, schneller als die Autos zu sein. Immer bei Rot hat er sich in eine Linie mit dem ersten Auto gestellt, und bei Grün hat er versucht, die Karre abzuhängen. Du hättest die Gesichter der Fahrer sehen sollen.«

Beide lachten sich schon wieder schief. Wie machten sie das bloß? Sie waren immer gut drauf.

Jetzt kam auch Claude dazu. Er hatte den Rest der Geschichte gehört und glotzte uns leicht beschämt an.

»Ich weiß«, sagte er. »Ich bin froh, dass ich denen nicht aufs Dach gesprungen bin, um mitzustarten. Ich glaub, das hatte ich mir mal kurz überlegt.«

»Oh Gott«, sagte Hanneke bestürzt. »Dann hätten wir dich heute im Krankenhaus besuchen können. Wo liegt unser Freund Claude? Den Flur runter, Zimmer vier bis neun.«

Der Witz war alt. Ich kannte ihn schon, lachte aber trotzdem mit. Wir teilten das Baguette, tranken Saft, und ich erzählte ihnen, dass ich heute ein Gespräch bei Infor Jeunes haben würde, mit einem Pfarrer. Vielleicht hätte ich da eine Chance auf eine neue Bleibe.

# 15

## BOB UND ABSCHIED

Nach dem Frühstück gingen wir zu dritt wieder zum Platz. Claude wollte sich indessen um seine Abreise kümmern.

Ich hatte meine Flöte dabei und hoffte, Martin zu treffen.

Patrique begrüßte mich lispelnd mit seinem gewohnten »Sssa va, Elmüt«.

»Oui, ça va, Patrique, et toi?«

»Mersssi, sssa va ausssi. Ich soll dich herzlich von Martin grüßen. Er ist heute in den Süden getrampt.«

»Was?«, entgegnete ich enttäuscht. »Er ist weg?«

»Ja, und ich soll dir ausrichten, he follows the sun. Er hat gesagt, du wüsstest schon, was er damit meint.«

Ich lächelte traurig. Ja, das wusste ich genau. Schon irre. Einfach weg. Das musste er spontan beschlossen haben. Ich würde ihn vermissen, und es tat mir sogar ein bisschen weh. Martin hatte die Sonne in sich. Er war so offen, so unkompliziert und optimistisch. Ich hätte gern noch mehr Zeit mit ihm verbracht. Er war auch ein Schmetterling dieser Zeit, an nichts gebunden, rastlos und frei, und die Musik war sein Herzschlag.

»Schade«, meinte Patrique weiter. »Der Typ war echt in Ordnung, aber vielleicht trifft man sich irgendwo wieder, Elmüt. Wir treffen uns alle wieder. Du ziehst doch bestimmt auch bald weiter, oder? Ibiza, Ios, Goa … Ich glaub, ich will nach Goa.«

»Du willst nach Goa? Nach Indien? Weißt du, wie weit das von hier ist?«

»Klar weiß ich das«, antwortete er. »Aber ich häng hier schon zu lange rum. Neulich hat mir einer von Goa erzählt. Das klang so gut. Meditation, Gurus, geiles Wetter, viel zu kiffen, Sonne, Meer. Vielleicht werde ich da endlich meine Scheißakne los.« Ich musste beinahe lachen, aber das wäre gemein gewesen. Nach all den Wochen, die ich ihn jetzt schon kannte, hatte er immer noch das gleiche verpickelte Gesicht.

»Bestimmt«, sagte ich und log dann weiter: »Ich finde sowieso, dass das schon viel besser geworden ist.«

Patrique bekam urplötzlich einen knallroten Kopf. »Danke, Elmüt.«

In dem Moment wurde mir klar, wie sehr er unter dieser dämlichen Akne leiden musste. Er tat mir ehrlich leid. »Nee, echt. Ist besser geworden, finde ich«, sagte ich, um ihn zu trösten. Dann wollte ich weiter. »Wir sehen uns, Patrique. A bientôt.«

»A bientôt, Elmüt, et merssssi!«, rief er mir hinterher.

Ich bummelte an der Mauer mit all den Freaks entlang, die sich darauf breitmachten, bis ich zwei neue Gesichter entdeckte. Zwei hübsche Norwegerinnen versuchten verzweifelt, einen riesigen Stadtplan zu entfalten. Ich musste an John denken, der hatte mir an meinem ersten Tag in Brüssel auch geholfen. Also ging ich auf die Mädchen zu und fragte sie, ob sie Hilfe brauchten. Sie erklärten mir, dass sie aus Bergen kämen und sich ein paar Tage die Stadt ansehen wollten.

»Soll ich euch die Umgebung zeigen?«, fragte ich. »Manneken Pis und so. Ich kenn mich hier ganz gut aus.«

»Nee«, meinten sie lachend. »Danke, aber Manneken Pis muss warten.« Damit wandten sie sich ab und konzentrierten sich wieder auf ihren Stadtplan. Na, dann eben nicht, dachte ich.

Ich quatschte noch mit ein paar anderen Leuten, die ich kannte. Als es langsam Abend wurde, entdeckte ich schließlich Abdul und Jonathan. Nachdem wir einander begrüßt hatten, schleppten sie mich zu Bob, ihrem Pfarrer.

Ich war überrascht. Die Wohnung, in der Bob residierte, war keine fünf Minuten vom Platz entfernt. Sie befand sich im ersten Stock eines riesigen, gut erhaltenen Altbaus. Ich staunte nicht schlecht, als ich merkte, dass die Eingangstür nicht verschlossen war und so jeder Zugang hatte. Von dem großen, breiten Flur gingen sechs Zimmer ab. Zwei Türen standen offen, und ich entdeckte in dem einen Zimmer vier Betten, unter denen Rucksäcke lagen, und hinter der zweiten Tür eine Badewanne mit Dusche. Ich konnte es kaum glauben. Baden, duschen, Wahnsinn! Das allein war schon ein schlagendes Argument. Hier wollte ich wohnen!

In der Mitte des Flurs stand ein großer Tisch mit neun Stühlen. »Hier essen wir jeden Abend unsere Suppe«, sagte Jonathan.

Ein freundlich aussehender Mann kam auf uns zu. Er hatte eine auffallend hohe Stirn, die dadurch betont wurde, dass er die Haare glatt nach hinten gekämmt hatte. Ich schätzte ihn auf Ende vierzig. Er trug einen grauen Anzug mit weißem Hemd und sah damit ziemlich lässig aus. Sofort erinnerte er mich an unseren Pastor aus Lütjensee. Das war auch so ein moderner, weltoffener Mann mit großer Toleranz.

Lächelnd gab er mir die Hand.

»Bob, das ist Helmut aus Deutschland. Wir kennen ihn schon seit Wochen, weil er fast täglich am Grand Place ist. Er sucht einen Platz zum Schlafen«, sagte Jonathan.

»Okay«, meinte Bob. »Du kannst gerne mit uns essen, und danach unterhalten wir uns kurz. Hast du Lust?«

»Na klar«, stammelte ich überrumpelt. »Total nett. Sehr gerne.«

»Gut, dann könnt ihr schon mal die Suppe und die Teller aus der Küche holen. Bin gleich wieder da.«

Damit ließ er uns stehen. Er wirkte auf mich ein wenig zu bestimmend, aber vielleicht musste man als Pfarrer, der eine solche Einrichtung leitet, so sein.

Abdul erklärte mir, dass sich hinter den verschiedenen Türen Bobs Schlaf- und Arbeitszimmer sowie je ein Schlafraum für uns und die Mädchen, eine Küche und ein Bad befanden. In der Küche standen ein dunkelhaariger Typ und neben ihm – siehe da – die beiden Norwegerinnen, die meine Hilfe abgelehnt hatten. Hassan, der aus Tunesien stammte, begrüßte mich mit Handschlag, während die beiden Mädchen nur dämlich grinsten. Ein schwerer Eisentopf mit Erbsensuppe stand auf dem Gasherd. Routiniert fassten alle mit an, und im Nu war der Tisch gedeckt.

Bob kam aus seinem Arbeitszimmer, fragte kurz jeden Einzelnen nach seinem Tagesablauf, ob alles gut sei oder ob es Probleme beim Job gegeben habe. Dann stellte er mich den anderen vor und erwähnte schmunzelnd, dass er mich überhaupt noch nicht kenne, aber gespannt sei, was ich ihm zu erzählen hätte.

Wir setzten uns, und Bob sprach ein Tischgebet. Alle falteten die Hände und senkten andächtig die Köpfe. Spätestens jetzt bekam ich ein mulmiges Gefühl. War ich am Ende doch in einer Sekte gelandet? Früher hatten mich Tischgebete eher zu albernen Lachanfällen animiert. Doch jetzt schaffte ich es, ernst zu bleiben, hörte zu und beobachtete die anderen. Bob hielt das Gebet auf Flämisch, obwohl er vorher ein exzellentes Englisch gesprochen hatte. Ich glaube, wir alle verstanden kein Wort, aber das erlösende »Amen« erkannte jeder. Sogleich entkrampfte sich die Stimmung etwas. Bob stand auf, beugte sich über den Tisch und nahm die riesige Suppenkelle aus dem Topf. Einer nach dem anderen hielt ihm den Teller hin, und Bob verteilte die Suppe. Ich musste unwillkürlich an Jesus und seine Jünger denken. So war das wohl auch im christlichen Sinne von Bob gemeint.

Wir aßen schweigend das »Abendmahl«, und ich stellte fest, dass die Erbsensuppe hervorragend schmeckte. Bobs Aufforderung, einen Nachschlag zu nehmen, folgte ich dankend. Was die Atmosphäre anging, fand ich es seltsam. Keiner erzählte irgendwas. Alle waren stumm auf ihr Essen konzentriert, und nicht einmal Bob machte Anstalten, ein Gespräch zu eröffnen. Mir war die Situation definitiv zu ehrfürchtig, und ich zweifelte, ob diese

Behausung in Zukunft die richtige für mich wäre. Eine gute Stimmung herrschte hier jedenfalls nicht.

Als alle fertig waren, sprach Bob ein Dankesgebet. Danach räumten die anderen brav den Tisch ab, während Bob mich in sein Arbeitszimmer lotste.

Ich betrat einen schlichten, weiß tapezierten Raum mit zwei Fenstern. Rechts stand ein imposanter brauner Schreibtisch, vollbepackt mit Aktenordnern. Dahinter befand sich ein Bücherregal, das die gesamte Wand einnahm und kaum mehr Platz für ein weiteres Buch ließ. Ein einfacher, ungemütlich aussehender Bürostuhl auf der einen Seite und zwei alte, ebenfalls braune Ledersessel, die ihre beste Zeit schon lange hinter sich hatten, auf der anderen Seite boten die einzigen Sitzmöglichkeiten. Links entdeckte ich noch einen kleineren Büroschrank, über dem ein schlichtes Kruzifix hing.

Bob setzte sich auf seinen Bürostuhl und forderte mich mit einer einladenden Geste auf, in einem der beiden Sessel Platz zu nehmen. Ich versank fast in dem ausgeleierten Ding, so durchgesessen war es. Er schaute mir offen und freundlich ins Gesicht und stellte mir diverse Fragen. Erst einmal wollte er wissen, woher ich käme, wie alt ich sei. Dann erkundigte er sich, warum ich in Brüssel sei, wo ich bisher hier gewohnt hätte, ob ich Waise sei oder noch Eltern hätte, warum ich nicht bei meinen Eltern wohnen würde, ob ich meine Schule beendet hätte und ob ich gerne studieren wollte und, und, und …

Ich beantwortete seine Fragen teils wahrheitsgemäß, teils log ich, dass sich die Balken bogen. Ich war mir sicher, ich müsste meine Geschichte so konstruieren, dass er keine Probleme damit haben würde, mich bei sich aufzunehmen. Also gab ich mich als Achtzehnjähriger aus – damit galt ich zwar immer noch nicht als erwachsen, weil man das erst mit einundzwanzig war, aber es klang definitiv besser als sechzehn. Bob wollte daraufhin meinen Ausweis sehen. Der war mir natürlich schon vor Monaten am Bahnhof gestohlen worden. Von meinen Eltern malte ich ein Schreckensbild. Polizeihaushalt, konservativ bis zum Abwinken, null Toleranz für die Jugend, nur Bildung, Leistung und Karriere seien wichtig. Sie hätten mich knallhart und ohne zu zögern vor die Tür gesetzt, nur weil ich zu oft die Schule geschwänzt hätte ... Von einem Tag auf den anderen hatte ich kein Zuhause mehr. So blieb mir nichts anderes übrig, als mich auf den Weg zu machen und meine eigenen Erfahrungen zu sammeln. Jetzt sei ich schon seit Monaten unterwegs und hätte Freunde in Brüssel kennengelernt, bei denen ich wohnen konnte. Ich sei ständig auf der Suche nach Arbeit, hätte aber leider nichts Vernünftiges gefunden. So sei ich auf die Idee gekommen, meinen Lebensunterhalt durch Flötespielen am Grand Place zu verdienen. Die Wohnung meiner Freunde würde nun aufgelöst werden, weil der Hauptmieter nach Biafra gehen wolle, um dort den hungernden Kindern zu helfen ...

An dieser Stelle hakte Bob energisch ein.

»Helmut, was redest du für einen Unsinn. Der Krieg in Biafra ist seit über einem Jahr vorbei. Es gibt dort Gott sei Dank keine verhungernden Kinder mehr.«

Dass er mich ausgerechnet an dieser Stelle unterbrach, kam mir sehr gelegen. Erstens weil ich wahrheitsgemäß antworten konnte und zweitens weil ich mit meinem Hintergrundwissen über Biafra auftrumpfen konnte.

»Doch«, entgegnete ich. »Der Krieg ist zwar seit Januar 1970 vorbei, aber immer noch gibt es täglich Übergriffe, Folter und Mord.«

Ich berichtete all das, was ich durch Claude wusste, und es schien Bob zu beeindrucken. Er wurde nachdenklich und ließ mich wissen, dass auch die Kirche in Biafra vor Ort sei, um zu helfen. Aber dass es dort immer noch so schlimm sei, habe er nicht gewusst. Er könne es sich aber durchaus vorstellen. Nach solchen Gräueltaten könne innerhalb eines Jahres nicht schon wieder Normalität einkehren. Das würde wohl noch lange dauern, vielleicht Generationen.

»Aber Hochachtung vor deinem Freund«, sagte er. Nach einer kurzen Pause fragte er: »Nimmst du Drogen? Harte Drogen? Kiffst du?«

»Wer kifft heutzutage nicht hin und wieder mal«, antwortete ich verschmitzt. Ein kleines Witzchen könnte dieses ernste Gespräch durchaus vertragen. Ich hätte mich gefreut, wenn er mal gelächelt hätte, aber er fand meine Bemerkung gar nicht komisch.

»Also ja?«

Ich nickte, und auch wenn ich hoffte, dass er die Kifferei nicht überbewertete, fügte ich schnell hinzu: »Nur ab und zu. Ich kaufe mir auch nichts, sondern rauche höchstens mal bei anderen mit … und auch das wirklich sehr, sehr selten.«

»Dann hast du hier bei uns nichts zu suchen, Helmut.«

Ich verlor um ein Haar die Fassung. Warum hatte ich Idiot nicht das Maul gehalten?

»Ich dulde keinerlei Drogen! Hier wird nicht gekifft. Hier werden keine Trips geschmissen, und hier wird schon gar nicht gefixt! Ich helfe ausschließlich denjenigen, die im Moment keine Möglichkeit haben, ihre Reise fortzusetzen, geschweige denn, sich ein Zimmer zu leisten. Nimm Abdul und Jonathan, zum Beispiel. Sie studieren beide in London, haben aber vor Kurzem ihre Angehörigen in Malaysia und auf Fidschi besucht. Das Geld, das sie noch hatten, haben sie ihren Verwandten überlassen. In beiden Ländern herrscht bittere Armut. Sie hatten noch ihr Rückflugticket und nutzen jetzt in den Semesterferien die Zeit, Europa kennenzulernen. Dafür arbeiten beide hart. Sie sind wissensdurstig. Sie gehen mit offenen Augen durch die Welt. Ihnen ist bewusst, welch ein Privileg es ist, durch das verhältnismäßig reiche Europa reisen zu dürfen. Sie haben unterschiedliche Religionen, aber sie haben zueinandergefunden, weil sie eines verbindet – Demut! Sie sind im christlichen Sinne sehr, sehr gute Menschen. Sie helfen denjenigen, denen es schlechter geht als ihnen selbst. Sie begegnen niemandem mit Arroganz oder Überheblichkeit. Sie haben begriffen, wo sie herkommen, welch eine Chance sie haben und wie viel Glück sie möglicherweise hatten. Beide haben verstanden, dass der Glaube an Gott oder der Glaube an Allah ihnen die Kraft verleiht, so zu handeln. Der Glaube gibt beiden eine Konstante, zu leben.«

Ich dachte kurz an meinen Halbbruder Rüdiger, der in Berlin lebte. Er war zehn Jahre älter als ich und von der Schule geflogen, weil er nach einer ähnlichen Moralpredigt seines Direktors diese mit einem lakonischen »Amen« kommentiert hatte.

Das lag mir auch auf der Zunge, aber ich verkniff es mir. Stattdessen nickte ich zustimmend.

»Das mit dem Kiffen ist mir nicht wichtig, Bob«, sagte ich. »Darauf kann ich gern verzichten. Ich lass es, okay?«

Er reagierte gar nicht darauf.

Völlig überraschend wechselte er das Thema.

»Wo siehst du dich in zehn Jahren, Helmut?«

Ich stutzte. Was für eine dämliche Frage.

»Das kann ich dir nicht sagen. Es interessiert mich auch nicht wirklich. Ich lebe den Augenblick, will spontan sein, verstehst du? Meine Eltern und überhaupt die ganze Nazigeneration denken immer nur an die Zukunft und sind ständig ängstlich und besorgt. Es geht die ganze Zeit um Kohle. Das kann doch nicht das Leben sein.«

»Vielleicht wollten sie dir lediglich signalisieren, dass du ein Ziel brauchst, Helmut. Und weil sie gesehen haben, dass du anscheinend nur den Augenblick leben möchtest, wie du mir jetzt sagst, hatten sie Sorge um deine Zukunft. Das ist doch normal! Versuche, auch sie zu verstehen. Das Leben funktioniert nach anderen Regeln. Sie haben den Krieg erlebt. Vermutlich hatten sie Sorgen und Ängste ganz anderer Art. Wie die Angst, nicht zu überleben. Willst du das wirklich beurteilen oder gar verurteilen?«

173

Er lehnte sich auf seinem Stuhl zurück. »Das meine ich mit Überheblichkeit, Helmut. Genau das haben Jonathan und Abdul abgelegt. Junge Menschen sind immer überheblich. Vielleicht müssen
sie so sein. Auch ich war einmal so. Ich nenne es die Arroganz
der Jugend. Das ist normal und auch in Ordnung. Wenn man
jung ist, erscheint einem alles leichter und unkomplizierter, und
man wundert sich über die Bedenken, Einwände und Ansichten
der Älteren. Sie nerven einfach nur. Aber was gibt dir das Recht,
sie zu verurteilen? Sie haben Situationen erlebt, von denen du
noch nicht einmal im Ansatz weißt, wie schwer es war, sie zu
verarbeiten. Sie haben dir die Chance gegeben, zu leben, Helmut. Gib du ihnen die Chance, zu verstehen. Beweise ihnen doch,
dass dein Leben das bessere ist. Ich bezweifle allerdings, dass sie
einsichtig sind, wenn deine Argumente die sind, auf der Straße
zu leben, zu kiffen und zu schnorren und sich über diejenigen,
die dein Land nach einem zerstörerischen Krieg wieder aufgebaut
haben, lustig zu machen und sie alle pauschal als Nazis zu verurteilen.«

Das saß. Ich fühlte mich abgebügelt wie selten zuvor. Wie
redete der Typ überhaupt mit mir? Das war beleidigend. Es war
schließlich eine Notwendigkeit für mich, so zu leben, wie ich es
tat. Ich hatte doch keine andere Chance. Und Nazis gab es weiß
Gott noch reichlich in Deutschland, da war ich mir sicher. Wut
stieg in mir hoch. Ich unterdrückte sie und stand auf.

Ruhig sagte ich: »Okay, Bob. Vielleicht hast du recht. Ich hab
keinen Job, kein Geld und demnächst kein Bett mehr. Hätte ich all
das, könnte ich ja anfangen, etwas zu beweisen. Nur – wie komme
ich dahin?«

Wir guckten uns in die Augen. Er schwieg auf meine Frage hin.
Enttäuscht drehte ich mich um und ging Richtung Tür.

»Willst du heute Nacht hier schlafen?«, fragte er mit einem
Mal.

Ich drehte mich halb um. »Nein, danke. Noch ist ja mein

Freund in der Stadt. Du weißt schon, der, der nach Biafra will. Solange er noch hier ist, brauch ich keine Hilfe. Trotzdem, vielen Dank, Bob, für die Zeit, die du dir für mich genommen hast.«

Entschlossen verließ ich den Raum. Im Flur saßen die anderen. Mussten die jetzt auch alle noch bei Bob antreten und sich seinen Scheiß anhören? Jonathan guckte mich fragend an. Ich schüttelte nur den Kopf und ging schweigend zum Ausgang. Es war ein ähnliches Gefühl wie in der Schule, wenn ich eine Arbeit verkackt hatte. Würde sich das denn nie ändern? Wieder eine vertane Chance.

Ich machte einen kleinen Umweg über den Bahnhof – nach dieser gefühlten Niederlage wollte ich ein bisschen Fernweh befriedigen. Ich ertappte mich dabei, dass ich immer wieder nach den Clochards schielte. Ich hatte die Hoffnung noch nicht aufgegeben, Henry unter ihnen zu entdecken. Viele von ihnen sahen mitleiderregend aus. Ich war immer wieder erstaunt, was Alkohol mit den Gesichtern machte. Völlig verbeult, gerötet und entstellt.

Als ich in die Wohnung kam, war niemand da. Auf dem Tisch fand ich einige Krümel Haschisch. Ich nahm ein Blättchen und drehte mir eine Zigarette. Dann bröselte ich mir die paar Krümel vom Shit in den Tabak und rauchte nachdenklich. Nachdem ich mich gewaschen und mir die Zähne geputzt hatte, legte ich eine Schallplatte von den Stones auf und kroch in meinen Schlafsack. Mick Jagger sang »As Tears go by«. Ich hörte seine sanften Songs lieber als die rockigen. In seiner Stimme schwang dann immer etwas Verlorenes mit, und das berührte mich. So dämmerte ich langsam in den Schlaf.

In den frühen Morgenstunden hörte ich, wie jemand ungewöhnlich laut in der Küche hantierte. Ich stand auf und traf völlig verschlafen auf Claude. Er war total aufgewühlt.

»Helmut, es geht los. Ich muss in einer Stunde am Bahnhof sein. Dann mit dem Zug nach Paris und von da mit dem Flugzeug nach Nigeria. Vom Flughafen werden wir abgeholt, und morgen Nacht bin ich vielleicht schon in Biafra. Ist das nicht geil?«

Er riss mich in die Arme und drückte mich innig an sich. Jetzt war ich wach.

»Mann, Claude – das ist toll für dich, klar, geil ... Aber wir können uns ja gar nicht richtig von dir verabschieden. Rudi und Hanneke pennen woanders, und ich ... ich weiß gar nicht, was ich sagen soll. Hast du deine Sachen schon gepackt?«

»Alles, was wichtig ist und was ich brauche, ist in meinem Koffer«, antwortete er. »Ihr könnt den Rest behalten. Plattenspieler, die Box, das Geschirr, die Schallplatten, alles kann hierbleiben. Oder ihr verscherbelt das Ganze oder schmeißt es einfach weg. Ich kann's eh nicht mitnehmen.«

Er blickte auf seine Armbanduhr. »Sorry, Helmut, ich muss los. Es war eine geile Zeit mit euch dreien. Euch werde ich garantiert vermissen. Auf alles andere hier kann ich gern verzichten.« Noch mal kam er auf mich zu und drückte mich fest an seine Brust. Ich erwiderte seinen Druck und wurde plötzlich vom Abschiedsschmerz überwältigt. Ich heulte, und er hielt mich fest in den Armen.

Es war merkwürdig, dass ich das zuließ. Ich hatte erst hier in Brüssel gelernt, dass auch Jungs sich zur Begrüßung, zum Abschied oder auch einfach nur aus Freude um den Hals fallen konnten. Zu Hause war es verpönt, wenn Männer sich in den Arm nahmen. Das hatte sofort etwas von schwul. Selbst mein Vater hatte mich, seit ich ein kleiner Junge war, nicht mehr gedrückt. Dabei war er immer liebevoll. Er klopfte mir auf den Rücken oder wischte mir grinsend mit der Hand übers Haar, aber körperliche Nähe ließ er sonst nicht zu. Dafür war meine Mutter umso zärtlicher. Die holte alles wieder raus.

Claude schob mich ein Stück von sich weg, und ich sah, dass auch er feuchte Augen hatte.

»Ganz ehrlich – ich hab eine Scheißangst, Helmut. Aber ich

bin so selig und dankbar, dass ich das machen kann, worauf ich immer schon Bock hatte. Mein Leben hat endlich einen Sinn. Ich muss dahin, ich weiß das!« Er boxte aufmunternd gegen meine Schulter. »Mach's gut, Alter. Grüß Rudi und Hanneke von mir. Aus tiefer Seele, mein Freund.«

Dann schnappte er sich seinen Koffer, lächelte mich noch einmal an, reckte den Daumen und sagte: »Adieu, Helmut.«

Mit diesen Worten öffnete er die Tür und hastete die Treppe hinunter.

Belämmert und leicht überfordert stand ich mitten in der Chaosküche und starrte mit leerem Blick vor mich hin. Irgendwann schlurfte ich verheult zum Schlafsack zurück. Minutenlang starrte ich an die Decke. Wie soll das alles nun weitergehen?, fragte ich mich. So lange wie möglich hier in der Wohnung bleiben? Doch versuchen, bei Bob unterzukommen? Weitertrampen? Die Ersatzfamilie war kaputt. Ich fühlte mich einfach nur einsam. Völlig niedergeschlagen versuchte ich, noch mal einzuschlafen.

Das nächste Mal wurde ich wach, weil ich die Wohnungstür schlagen hörte. Ich raffte mich auf. Quietschvergnügt und lachend kamen Rudi und Hanneke in die Küche. Sie sprang mir entgegen und gab mir einen Kuss.

»Alter, spinnst du?«, platzte es aus Rudi heraus. »Das ist so ein geiler Tag draußen, und du verpennst ihn? Es ist drei Uhr nachmittags.«

»Sorry, Papi«, antwortete ich. »Ich hatte 'ne harte Nacht. Da darf man ja vielleicht mal etwas länger schlafen, oder? Mutti?«

Hanneke hatte mir gar nicht richtig zugehört. »Stell dir vor, Helmut, wir haben so geile Leute kennengelernt«, sprudelte sie los. »Einer von denen spielt in einer Rockband. Die haben sogar schon 'ne eigene Platte …« Ihr fiel auf, dass ich gar nicht zuhörte und mit meinen Gedanken woanders war. Während sie brabbelte, war mir nämlich bewusst geworden, dass ich Claude wohl nie mehr in meinem Leben wiedersehen würde. Und mit den anderen wäre es genauso.

Hanneke blickte mich fragend an.

»Ist was passiert?«

»Claude ist weg«, sagte ich. »Er ist heute ganz früh morgens abgereist.«

»Das ist nicht wahr, Helmut. Oder?« Sie setzte sich geschockt auf den Küchenstuhl. »Wir haben uns doch gar nicht von ihm verabschiedet. Warum hat er nichts davon gesagt? Das muss er doch schon länger gewusst haben.« Sie stand auf und fiel Rudi um den Hals. »Scheiße, Rudi, warum haben wir nicht hier gepennt heute Nacht?« Sie weinte jetzt. »Oh Gott! Ich hätte ihn so gerne gedrückt. Und hier, Helmut«, damit streckte sie mir vierhundert Francs hin, »das haben Rudi und ich gestern noch gesammelt. Das war doch für ihn!«

Sie umklammerte Rudi heulend. Sein Blick war völlig starr, und er sagte kein Wort. Stattdessen hielt er sie zärtlich umarmt und streichelte ihr tröstend das Haar. Einige Minuten lang sagte keiner von uns auch nur ein Wort. Schließlich löste sich Hanneke langsam von Rudi und fragte leise: »Und nun?«

Wieder schwiegen wir eine Weile. »Okay«, sagte Hanneke dann energisch. »Shit happens! Wir haben ein bisschen Kohle. Und wir haben Mordskohldampf. Also gehen wir jetzt was essen.«

Sie schubste mich ins Zimmer zurück und rief: »Zieh dir was an!«

Minuten später stürmten wir Richtung Innenstadt. Bei der erstbesten Spaghettibude hielten wir an und verschlangen Nudeln bis zum Abwinken. Wir platzten fast, so voll waren wir. Danach zockelten wir zum Platz. Das gewohnte Szenario. Alte Gesichter, neue Gesichter, Stimmgewirr und plötzlich, aus irgendeiner Richtung kommend, das Gerücht, Jim Morrison sei tot. Jim Morrison, der Sänger von den Doors. Der Typ, der schon zu Lebzeiten eine Legende war. Der war doch erst siebenundzwanzig. Genauso wie

Jimi Hendrix, genauso wie Janis Joplin, genauso wie Bryan Jones. Wahnsinn! Jim war extrem drogenanfällig, das war bekannt. Aber dass er, das Idol Hunderttausender, so früh und so jung gestorben sein sollte? Unbegreiflich.

Die Nachricht schlug ein wie eine Bombe. Man kam in kleinen Grüppchen zusammen und beschloss dann kollektiv, eine spontane Jim-Morrison-Gedenkfeier zu machen. Irgendeiner wusste, dass das *Le Cube* geöffnet hatte, jene Bar, in der Claude und ich die Razzia erlebt hatten. Sie war mir in keiner guten Erinnerung, aber ich ging trotzdem mit den anderen mit.

Als wir eintrafen, waren kaum Leute in der Bar. Die Einrichtung wirkte auf mich genauso imposant wie beim ersten Mal. Diese wahnsinnigen Würfel. Der Typ hinter der Theke traute seinen Augen nicht, als wir plötzlich mit rund zwanzig Leuten bei ihm einfielen. Wir erzählten ihm, dass wir zu Ehren von Jim eine Feier veranstalten wollten. Er fand unsere Idee klasse und kramte aus seiner Sammlung sämtliche Doors-Platten hervor. Er besaß alle, die Sammlung war komplett.

Wir verteilten uns auf die unterschiedlichen Würfel, kauften ein paar Drinks, und die ersten Joints machten die Runde. Hanneke, Rudi und ich saßen auf einem der größeren Würfel beieinander und lauschten andächtig den Klängen. Jim Morrison hatte eine einzigartige Stimme. Die Leere, die Sinnlosigkeit des Seins, die Hoffnungslosigkeit, das alles hörte ich heraus. Als schließlich »The End« erklang, überlegte ich, wie viele Junkies sich wohl weltweit bei diesem Song den goldenen Schuss gegeben hatten. Der perfekte Suizidsong. Er ließ sich eigentlich nur noch von Neil Young toppen. Sein »Helpless« klang so trostlos, so depressiv, dass man sich eigentlich nur noch die Kugel geben konnte. Ob die Jungs wohl jemals darüber nachgedacht hatten, was für eine Wirkung ihre Texte auf Junkies haben könnten?

Bei »Light my Fire« raffte ich mich auf und tanzte vor der Theke mit den anderen. Es entstand eine gigantische Stimmung.

Die geile Musik, der geile Sound, die geile Location, ein bisschen Alkohol, viele Joints, aber auch der hochemotionale Anlass und natürlich der Verlust von Claude führten dazu, dass wir bis tief in die Nacht hinein Abschied feierten. Hanneke, Rudi und ich tanzten mit allen anderen und fielen zum Schluss erschöpft und verschwitzt auf die Sitzwürfel. Es war der Todestag von Jim Morrison. Diese Nacht war sein letztes Geschenk an uns.

Im Morgengrauen trotteten wir zur Wohnung. Die beiden zogen es vor, wieder im Flur zu pennen. Ich kroch in meinen Schlafsack und schlief auf der Stelle ein.

Am späten Vormittag wachte ich auf, weil ich Hanneke und Rudi in der Küche hörte. Sie hatten sich einen Tee gekocht und diskutierten. Ich setzte mich dazu und spürte, wie bedrückt sie waren.

»Helmut«, sagte Hanneke zaghaft. »Wir trampen nach Paris, heute noch.«

Ich blickte sie verständnislos an.

»Wir müssen die Wohnung doch sowieso räumen. Damit ist ein Abschnitt vorbei.«

Ich wollte das einfach nicht verstehen. Wir durften doch noch über zehn Tage in der Wohnung bleiben. Es konnte doch nicht von gestern auf heute alles komplett anders sein.

»Du kannst mitkommen«, sagte sie. »Nur … zu dritt trampen ist scheiße. Da nimmt dich keine Sau mit. Zu zweit geht's noch. Eigentlich wollten wir zurück nach Holland und es doch noch mal zu Hause versuchen, aber wie sagst du selbst immer? Follow the sun.«

»Wir gehen erst mal nach Paris«, ergänzte Rudi. »Da kenn ich Leute. Vielleicht finden wir ja für ein paar Wochen einen Job. Danach soll's weitergehen nach Italien, von Brindisi aus wollen wir mit der Fähre nach Patras in Griechenland und dann weiter. Die Inseln in der Ägäis sollen so geil sein.«

»Ich weiß«, entgegnete ich traurig. »John hat mir von Ios erzählt.« Hanneke spürte, dass es mir gerade den Boden unter den Füßen wegzog.

»Wenn wir erst mal im Süden sind, also in der Sonne, dann bleiben wir garantiert eine Zeit lang da. Du machst dein eigenes Ding und weißt, wo du uns finden kannst, okay?« Um mir Mut zu machen, fügte sie hinzu: »Wir fahren dann eben nach Ios. Das wird unser Helmut-Island.« Sie grinste ihr typisches verschmitztes Hanneke-Grinsen.

Sie war immer so pragmatisch. Ich zweifelte zutiefst an diesem Plan, aber es war immerhin ein Strohhalm, den sie mir anbot und nach dem ich greifen konnte.

Ich nickte. Mir war klar, dass ich nicht ewig im Schlepptau der beiden rumlungern konnte. Es war grandios, dass sie mir mittlerweile fast sieben Wochen lang eine Ersatzfamilie gewesen waren und ich ihnen noch immer nicht auf den Keks ging. Aber mir wurde bewusst, wie sehr ich inzwischen an ihnen hing. Nie zuvor hatte ich so ein dauerverliebtes Paar gesehen, das so zärtlich und behutsam miteinander umging.

»Na klar«, sagte ich schließlich. »Ich versteh euch total. Die Idee ist gut, und Holland läuft euch ja nicht weg. Ich zieh dann mal zu meinem Pastor … und irgendwann komme ich bestimmt nach Ios.«

Erleichtert standen die beiden auf und packten ihre Rucksäcke. Hanneke legte die »Abbey Road«-LP von den Beatles auf. Das hellte die Stimmung auf und machte die Situation etwas leichter. Als sie ihre beiden Zahnbürsten einpackte, zwinkerte sie mir mit einem Auge zu. Dann sagte sie:

»Helmut, nimm du Claudes Platten und verscheuer sie auf dem Flohmarkt. Dann machst du ein bisschen Kohle. Den Plattenspieler und die Stühle auch. Die sind noch total okay.«

Ich half ihnen, die Rucksäcke auf ihre Rücken zu wuchten, und begleitete sie hinunter zur Straße.

»Wehe, wenn du jetzt weinst«, sagte ich zu Hanneke, während wir uns noch mal herzlich in die Arme fielen. Aber es war schon zu spät. Heulend und gleichzeitig lachend drückte sie mich innig. Nach gefühlten zehn Minuten ließ sie mich los, und Rudi war an der Reihe. Er war wie immer besonnener, und doch bemerkte ich, dass auch er Tränen in den Augen hatte. Ich spürte einen dicken Kloß im Hals, blieb aber relativ cool. Schließlich wanderten die zwei schwer beladen mit ihrem Gepäck stadtauswärts und, wie könnte es anders sein, direkt auf die Sonne zu. Ich schaute ihnen lange nach. Die Straße führte etwas bergan, und kurz bevor sie hinter der Kuppe verschwanden, drehten sie sich noch mal um, winkten und warfen mir Kusshände zu.

Damit war das Kapitel Hanneke und Rudi beendet. Obwohl, dachte ich, Ios … wer weiß?

Ich ging wieder hoch und schmiss mich auf die Matratze. Nun gab es kein Halten mehr. Ich heulte laut in meinen Schlafsack. Mit einem Mal fühlte ich mich einsam, allein, hilflos, verzweifelt, unfähig, irgendetwas zu tun. In diesem Moment war mir jeglicher Lebensimpuls verloren gegangen.

Nach einer Weile hatte ich keine Tränen mehr und raffte mich auf. Der Tee, den die beiden gekocht hatten, war noch warm. Ich trank den Rest davon und griff in Claudes Plattensammlung. Dabei überließ ich es dem Zufall, welche Scheibe ich auflegte. Ich drehte den Pegel auf volle Lautstärke. Crosby, Stills, Nash & Young schmetterten ihr »Carry on« in die Küche und machten mir damit etwas Mut.

Ich versuchte, etwas Positives an meiner Situation zu finden. Für die kommenden Tage hatte ich immerhin eine eigene Wohnung. Ich könnte Mädels abschleppen und hier flachlegen, ohne dass ich jemanden störte. Ich könnte aber auch für die restlichen Tage einen Mitbewohner vom Platz herholen. Jedenfalls hatte ich erst mal Ruhe, um meine Zukunft zu planen, ohne abgelenkt zu sein. Nach Hause zu trampen kam trotz meines Einsamkeitsfeelings nicht infrage. Nicht aufgeben, nicht klein beigeben, nicht reumütig angekrochen kommen, das war mein Credo. Ich war schließlich der Rausgeschmissene und nicht der Weggelaufene. Am besten wäre es wohl, erst mal mit Jonathan und Abdul beim Pastor zu wohnen. Ich mochte die beiden sehr. Bobs dämliche Moralpredigten würden sich bestimmt bald erschöpfen, wenn ich so tun würde, als wäre ich einsichtig.

Mit diesen Gedanken legte ich mich wieder hin. Die Ereignisse der letzten zwei Tage hatten mich ziemlich mitgenommen. Ich war arschmüde.

# 16

## ZIELLOS

Nach zwei bis drei Stunden Schlaf stand ich auf und beschloss, zum Platz zu gehen. In der Bäckerei unten in der Straße kaufte ich mir ein Baguette und stillte meinen Wahnsinnshunger. Es war herrlich warm, wie schon all die Wochen zuvor. Was für ein traumhafter Sommer. Ich hielt Ausschau nach Jonathan und Abdul, konnte sie aber nirgends entdecken. Dafür wurde ich wieder Zeuge, wie der Typ mit dem Tourettesyndrom verprügelt und von seiner weinenden Mutter abgeholt wurde. Ich hätte nicht sagen können, wer mir mehr leidtat, der Junge oder seine Mutter.

Über diesen Gedanken kam ich wieder auf meine eigene Mutter. Wie mochte sie es verkraftet haben, dass ihr einziger Sohn jetzt schon über sieben Wochen lang weg war und sich lediglich ein paarmal mit einem »Mir geht's gut« gemeldet hatte? Wie ging mein Vater damit um? Ich beschloss, sie in den nächsten Tagen wieder anzurufen und den gleichen beruhigenden Spruch aufzusagen. Vor einem richtigen Gespräch mit ihnen hatte ich einen Horror. Ich wusste, dass mich das komplett ins Wanken bringen würde. Trotz allem empfand ich Liebe für sie. Im selben Moment, als ich das dachte, ärgerte ich mich über mich selbst. Ich wischte die Gedanken beiseite und konzentrierte mich auf die Leute um mich herum.

An diesem Nachmittag lernte ich Frank kennen. Er kam aus Vilvoorde, einer kleinen Stadt in unmittelbarer Nähe von Brüssel, die man vom Bahnhof aus mit der Straßenbahn erreichen konnte. Ich hatte niemanden mehr, mit dem ich quatschen konnte, und war deshalb wohl ziemlich mitteilungsbedürftig. Also erzählte ich Frank sogleich vom Abschied meiner drei Freunde und dass ich jetzt eine Wohnung ganz für mich allein hätte. Er selbst wohnte noch bei seinen Eltern und erzählte mir, dass sie übers Wochenende weggefahren seien und ich deswegen bei ihm pennen könnte, falls mir in der leeren Wohnung die Decke auf den Kopf fallen würde. Ich fand die Idee gar nicht schlecht und nahm sein Angebot dankend an.

Vilvoorde hatte eine Art Sackbahnhof, die Straßenbahn wendete dort und fuhr wieder zurück nach Brüssel. Die Wohnung seiner Eltern lag direkt an der Bahnlinie. Wir mussten von der Endstation etwa fünfzig Meter zurücklaufen, dann waren wir angekommen. Frank und seine Alten wohnten unten im Parterre. Die Einrichtung war spießig, aber gemütlich. Alles hier erinnerte mich an mein Zuhause in Lütjensee. Dreiersofa, zwei Sessel, ein Fernseher, Gardinen, die unten modisch rund endeten, Blumentöpfe auf der Fensterbank. Ich fragte nach der Toilette und stellte enttäuscht fest, dass es nicht mal eine Badewanne oder eine Dusche gab, die ich so dringend nötig gehabt hätte. Zwei Waschbecken – das war alles. Die Wände von Franks Zimmer waren zugepappt mit Postern aller erdenklichen Rockgruppen. Es kam mir so vor, als ob er die *Bravo* abonniert hätte und Woche für Woche eine neue Doppelseite einer Band an die Wand klebte.

Frank war auch sechzehn und ging noch zur Schule. Er hatte relativ kurze blonde Haare, wirkte sehr gepflegt und sah unglaublich brav aus. Ich fand mich ein bisschen in ihm wieder. So wie ich früher am Mönckebrunnen rumgegammelt und mich geadelt gefühlt hatte, wenn irgendein Hippie oder Rocker mit mir geredet hatte, so war er jetzt stolz darauf, einen echten Hippie vom Platz mit in sein Zimmer geschleppt zu haben, um mit ihm zu rauchen und seine Schallplatten zu hören.

»Ich hab keinen Bock mehr auf meine Alten, ich halte das nicht mehr aus. Ich glaube, ich haue auch ab.«

»Überleg dir das gut. Es ist nicht so einfach auf der Straße. Man muss viel Glück haben und die richtigen Leute treffen. Wenn es irgendwie geht, bleib noch hier wohnen und mach die Schule fertig. Dann kannst du immer noch abhauen.«

Was redete ich denn da? Ich fühlte mich, als stünde ich plötzlich neben mir. Im Grunde schlug ich ihm genau das vor, wogegen ich rebellierte. Doch er wirkte so naiv, so brav und neugierig. Ich kam mir neben ihm total abgefuckt und ihm weit überlegen vor. Es musste wohl die Sorge um ihn sein, die mich dazu trieb, ihm die bürgerliche Variante zu empfehlen.

Wir blieben lange wach, rauchten einen Joint nach dem anderen, hörten seine gesamte Plattensammlung durch, die wirklich gut war, und verglichen die belgischen und deutschen Schulsysteme. Ich war sofort wieder in dem Thema drin, das mich so viele Jahre gequält hatte.

Er bot mir an, im Bett seiner Eltern zu schlafen. Wieder fühlte ich mich an zu Hause erinnert. Das Schlafzimmer war beinahe identisch mit dem meiner Eltern. Ein Ehebett, zwei Nachtschränkchen rechts und links und ein riesiger Kleiderschrank.

Frank warf mir ein Handtuch zu. Ich wusch mich gründlich und machte es mir im großen Ehebett mit den dicken Kopfkissen und Bettdecken richtig gemütlich. Ich schlief wie ein Stein.

Als ich am frühen Nachmittag aufwachte, musste ich erst mal überlegen, wo ich eigentlich war. Ich blickte zum Nachtschrank neben mir und konnte es kaum fassen, als ich die Eheringe seiner Eltern und eine goldene Armbanduhr entdeckte. Die hatten seine Alten wahrscheinlich zu Hause gelassen, damit sie unterwegs nicht beklaut wurden. Mein Gott, dachte ich, was für ein naiver Tropf dieser Frank doch war. Es wäre ein Leichtes gewesen, die Sachen einfach einzustecken und am Platz zu verkaufen. Da wurde ständig Hehlerware angeboten. Aber das brachte ich nicht fertig. Ich konnte den Typen nicht beklauen und sein Vertrauen so missbrauchen. Mir war mein sozialer Abstieg der letzten Wochen durchaus bewusst. Ich war ganz unten gelandet, aber es machte mir nichts aus. Ich wollte es ja so. Doch abgefuckt war ich deshalb noch lange nicht. Es kam überhaupt nicht infrage, diesen lieben Kerl, der mich da für eine Nacht aufgenommen hatte, zu bestehlen.

Ich zog mich an und ging in sein Zimmer. Er pennte noch. Ich weckte ihn, um mich zu verabschieden.

»Vielen Dank, Frank. Penn weiter. Wir sehen uns die Tage am Platz.«

»Alles klar«, antwortete er. »Good luck, bis bald.«

Er drehte sich um und schlief sofort weiter. Der Typ war absolut sorglos, wie beneidenswert.

Ich nahm die nächste Straßenbahn und war zwanzig Minuten später am Platz. Heute hatte ich einiges vor. Ich wollte Bob noch mal auf den Zahn fühlen. Dafür brauchte ich allerdings Abdul und Jonathan.

Plötzlich hupte es seitlich von mir, und ich entdeckte Monique, die mir lachend von ihrem Roller aus zuwinkte. Leider war sie mit ihren Touris beschäftigt und konnte nicht anhalten. Schade, ich hätte mich gern mal wieder mit ihr unterhalten. Eine gute halbe Stunde später kam sie doch noch mal um die Ecke gebogen, hielt neben mir und fragte: »Na, Lust auf 'ne schnelle Coke?«

»Nur zu gern«, antwortete ich.

Sie bockte ihren Roller auf und ging mit mir in ein Café ganz in der Nähe. Dort bestellte sie zwei Cokes und grinste mich verschmitzt an. Wie beim letzten Mal zog sie den oberen Teil ihres orangefarbenen Overalls herunter, und wieder konnte ich sehen, dass sie unter ihrem T-Shirt erigierte Brustwarzen hatte. Das machte mich unglaublich an. Sie schien es zu bemerken und sagte frech:

»Ist schon wieder ganz schön kalt heute, findest du nicht?«

Ich war komplett entwaffnet von ihrer Art, so offensiv mit ihrer Sexualität umzugehen. Ich nickte nur und glotzte sie begehrlich an. Ich glaube, sie genoss es ein bisschen. Leider war sie in Eile, darum konnten wir diese Art von Flirt nur kurz fortsetzen. Nachdem sie hektisch auf ihre Uhr geguckt hatte, zahlte sie die Getränke, nahm mich wie selbstverständlich an die Hand und zog mich regelrecht zu ihrem Roller. Ich bekam meine beiden Küsse auf die Wange, und als ich lachend meuterte, dass ich doch Anspruch auf drei hätte, nahm sie zärtlich meinen Kopf in ihre Hände und küsste mich auf den Mund. Mit Zunge und allem Drum und Dran. Ich war so perplex, dass ich kaum reagieren konnte. Sie löste sich schnell von mir, so als wäre sie selbst überrascht, und raunte mir ein »Filou« ins Ohr. Dann startete sie ihren Roller, zwinkerte mir noch mal zu und fuhr winkend davon.

Gegen zehn Uhr abends wurde es langsam dunkel. Der Platz war prachtvoll illuminiert und füllte sich mit all den wohlhabenden Menschen, die Brüssel bei Nacht genießen wollten. Flaniertouris, die sich nach einem schicken Restaurant umsahen, um dann kostspielig, aber exquisit zu essen.

Abdul und Jonathan waren nirgends zu sehen. Ich hatte niemanden kennengelernt, dem ich hätte anbieten können, mit in der Wohnung zu schlafen. So ging ich allein zurück. Die Schritte durchs Treppenhaus fielen mir schwer. Ich wusste, dass mich oben die Leere und das Alleinsein einholen würden. Genauso war es dann auch. Keiner da. Keiner zu erwarten. Ich vermisste die anderen. Mir wurde erneut klar, dass ich die drei Freunde wahrscheinlich nie mehr wiedersehen würde. Das tat weh. Ich verspürte richtige Stiche im Herzen.

Ich musste an Hermann Hesse denken. Sein Gedicht »Stufen« hatte ich zigmal gelesen und konnte es auswendig.

*Nur wer bereit zu Aufbruch ist und Reise,*
*Mag lähmender Gewöhnung sich entraffen.*
*Es wird vielleicht auch noch die Todesstunde*
*Uns neuen Räumen jung entgegen senden,*
*Des Lebens Ruf an uns wird niemals enden …*
*Wohlan denn, Herz, nimm Abschied und gesunde.*

Was für ein großartiger Text, aber wie schwer, ihn zu beherzigen. Loslassen tat unglaublich weh.

Ich hatte ein bisschen was zum Kiffen in der Tasche und baute mir einen kleinen Joint. Nicht einmal den konnte ich wirklich genießen. Alleine rauchen war langweilig. Auch die diversen Platten, die ich auflegte, törnten mich nicht an. Im Gegenteil, sie verschlimmerten mein Einsamkeitsgefühl. Schließlich ging ich pennen. Morgen früh würde die Welt sicher wieder ganz anders aussehen … Das sagte meine Mutter immer.

In der Nacht war ich plötzlich hellwach. Ich hörte Geräusche in der Küche. Geschirr klapperte, weil jemand an den Küchentisch gestoßen war. Deutlich nahm ich Schritte in der Wohnung wahr. Der Parkettboden vibrierte. Angst schnürte mir die Kehle zu, und mir schlug das Herz bis zum Hals.

Für einen Einbrecher war hier nichts zu holen. Es befand sich nichts Wertvolles in der Wohnung. Waren vielleicht Hanneke und Rudi zurückgekommen oder Renee oder Henry – oder etwa Claude? Aber warum sagten sie dann nichts? Ich nahm all meinen Mut zusammen und schrie ein lautes, erschreckendes »Hey« in Richtung Küche. Einen Moment lang war es mucksmäuschenstill. Dann hörte ich einen Stuhl umfallen. Jemand eilte zur Wohnungstür und rannte schnell die Treppe runter.

Es war also tatsächlich jemand hier gewesen. Ich bekam eine Gänsehaut. Horror pur! Ich schlich zur Wohnungstür und versuchte, sie so gut es ging zu verschließen. Es gab zwar einen Schlüssel, der immer steckte, aber er ließ sich nicht richtig drehen. Im

Prinzip konnte jeder reinkommen. Es war mir längst zur Gewohnheit geworden, die Tür immer mit einem kräftigen Stoß zu öffnen. Das reichte aus.

Jetzt war ich mir sicher, dass ich auf keinen Fall mehr alleine hierbleiben wollte. Der traumatisierte Polizistensohn in mir war sofort wieder präsent. Er war ja mit Einbruch, Überfall, Raub und sonstiger Kriminalität aufgewachsen. Oft genug hatte ich von meinem Zimmer aus Verhöre mitbekommen, die mein Vater mit Tätern oder Opfern führen musste, oder hatte Gespräche meines Vaters mit Kollegen über alle möglichen Verbrechen belauscht, die in der Nähe passiert waren. Als ich noch kleiner gewesen war, hatte das unglaubliche Ängste in mir ausgelöst. Selbst mit zehn Jahren hatte ich vor dem Schlafengehen noch unters Bett geguckt. Es hätte sich dort ja ein Einbrecher verstecken können ...

Ich machte das Licht an, wusch mich, putzte die Zähne, zog mich an und verließ bei aufgehender Sonne das Haus.

Zielstrebig ging ich zur Wohnung von Infor Jeunes. Jetzt war ich bereit, zu Bob zu ziehen.

Es war gerade mal fünf Uhr morgens. Umso überraschter war ich, Jonathan und Abdul zusammen mit ein paar anderen Leuten draußen auf der Straße zu treffen. Sie erklärten mir, dass sie gleich mit einem Bus nach Antwerpen fahren würden, um dort zu arbeiten. Bob hätte ihnen den Job besorgt. Ich könnte ihn sicher ab sieben Uhr oben treffen. Im nächsten Moment fuhr ein VW-Bus vor, und die ganze Horde stieg ein.

Ich setzte mich auf die oberste Stufe des Hauseingangs und lehnte mich gegen die Wand. Müde, wie ich war, nickte ich immer wieder weg. Die paar Leute, die um diese Zeit schon unterwegs waren, machten einen großen Bogen um mich. Sie hielten mich bestimmt für einen Penner. Runtergekommene Klamotten, fettige Haare, meine dreckige Umhängetasche ... Meine Hygiene befand sich seit Wochen auf unterstem Niveau. Trotzdem, das Lebensgefühl war geil, und das war mir wichtiger.

Um sieben Uhr ging ich hinauf zur Wohnung. Die Tür ließ sich durch einen Drehknauf öffnen, und so betrat ich den Wohnflur. Bob kam gerade aus seinem Zimmer. Er war überrascht, mich um diese Uhrzeit zu sehen.

»Helmut, du hier?«

»Ja«, antwortete ich und fragte dann direkt: »Kann ich hierbleiben?«

Er musterte mich kurz, lächelte dann aber freundlich und forderte mich auf, mich an den großen Tisch zu setzen.

»Okay, Helmut«, eröffnete er das nun folgende Gespräch.

Ich war verdammt müde. Mir graute vor einer ähnlichen Tirade wie vorgestern. Würde es wieder so eine Moralpredigt werden?

»Ich will dir eine Chance geben. Ich besorge dir einen Job. Du hältst dich an die Regeln und wirst mit mir regelmäßig über deine Gedanken, Erfahrungen und vor allem über deine Ziele reden. Wenn du dazu bereit bist, kannst du noch heute hier einziehen. Im Zimmer von Abdul und Jonathan ist ein Bett frei.«

Das ging ja überraschend problemlos. Vielleicht hatte er ein schlechtes Gewissen, weil er mich letztes Mal so unvorbereitet angemacht hatte. Ich stand auf und reichte ihm dankbar die Hand.

»Danke, Bob. Ist es okay, wenn ich jetzt meinen Rucksack hole? Ich könnte in einer Stunde wieder hier sein.«

»Das ist okay«, meinte er, nickte mir freundlich zu und strahlte in dem Moment echte Sympathie aus. »Falls ich nachher nicht da sein sollte: Es ist das Bett direkt am Fenster, das frei geworden ist. Schieb deine Sachen einfach unters Bett.«

Eilig ging ich zur Tür, drehte mich noch mal um und rief: »Vielen, vielen Dank, Bob!«

Dann stürmte ich runter zur Straße und machte mich ein letztes Mal auf den Weg zur Oberstadt.

Ich rannte die vier Stockwerke hoch, stoppte aber abrupt vor der Wohnungstür. War möglicherweise jemand hier? Der Einbrecher von heute Nacht? Wieder bekam ich eine Gänsehaut. Vorsichtig betrat ich die Wohnung. Wie in einem schlechten Krimi guckte ich in alle Räume. Ruckartig riss ich die Türen auf, aber es war niemand da. Schnell packte ich meine paar Sachen zusammen und stopfte sie in den Armeesack. Den hatte ich wider Erwarten schon lange nicht mehr benutzt. Beim Rausgehen drehte ich mich noch mal um, und mein Blick fiel auf die Stereoanlage und die Plattensammlung. Der Brüsseler Flohmarkt war berühmt. Ich würde doch noch mal hierher zurückkommen, die Sachen holen und auf dem Flohmarkt verscherbeln. Claudes Idee war gut. Zweihundert Mark müssten eigentlich locker drin sein.

Jetzt zog ich den Schlüssel aus der Tür und versuchte, so gut es ging, die Wohnung abzuschließen. Nach einigem mühsamen Rummurksen ließ sich der Schlüssel tatsächlich drehen, und die Wohnung war vermutlich erstmals seit langer Zeit sicher verschlossen.

Bei Infor Jeunes angekommen, betrat ich den Wohnflur und traf die beiden Norwegerinnen. Bob war nicht da. Ich fragte sie nach dem Zimmer von Abdul und Jonathan, und sie zeigten es mir. Ich schob meinen Armeesack unter das mir zugewiesene Bett und fragte die beiden, ob sie etwas dagegen hätten, wenn ich das Bad benutzte. Sie grinsten und riefen mir zu, dass das 'ne tolle Idee und ganz in ihrem Sinne sei. Ich ahnte, warum.

Im Bad entdeckte ich Waschpulver und einen Wäscheständer zum Trocknen. Erstmals seit Wochen konnte ich meine gesamten Shirts, Pullis, Unterhosen und Socken waschen. Außerdem ließ ich Wasser in die Wanne ein und badete ausgiebig. Danach fühlte ich mich wie neu geboren.

Inzwischen waren alle ausgeflogen. Ich war ganz allein in der Wohnung. Hier schien tatsächlich jeder jedem zu vertrauen. Das war ein gutes Gefühl.

Ich schnappte mir meine Flöte und ging die wenigen Meter zum Platz rüber. Ich wollte unbedingt Geld verdienen. Mutig

Klassenfahrt auf der Nordsee,
kurz vor dem Rauswurf

Erste Schritte in Meldorf, und Schwester Gerdi passt auf

Familienidylle mit
Hausmusik 1955

Mein Vater mit meiner Schwester Gerdi und mir

Gartenszene in Hemmingstedt mit Vater und Nachbar

Reichen die Haare bis zum Boden?

Stolzer Besitzer einer
Victoria 2-Gang

Alufolie als Tapete –
der letzte Schrei in Hamburg wie in Brüssel

Auf dem Grand Place mit Patrique und John,
Monique hat fotografiert

Ringelshirt – mein treuer Begleiter
bis zu dem Tausch gegen ein Hawaiihemd

In meiner Küche in Lütjensee

setzte ich mich in eine der Gassen und spielte drauflos. Die beiden Norwegerinnen kamen vorbei und applaudierten mir. Langsam wurden sie mir sympathischer. Was ich in den nächsten Stunden verdiente, war nicht üppig, aber es reichte für ein gutes Essen.

# 17

## JOB MIT FOLGEN

Pünktlich um achtzehn Uhr erschien ich in der Wohnung zum gemeinsamen Abendessen. Die Bohnensuppe, die es gab, war vorzüglich.

Bob winkte mich zu sich heran.

»Helmut, ich hab einen Job für dich.«

Ungläubig sah ich ihn an.

»Ja, du kannst morgen früh mit Abdul und Jonathan nach Antwerpen fahren und anfangen.«

»Was für ein Job ist das denn?«, fragte ich.

»Werbung«, antwortete er. »Ihr tragt Prospekte aus. Bedruckte Zettel von allen möglichen Firmen, die ihr in die Briefkästen schmeißt. Euer Arbeitgeber zahlt euch dreißig Francs die Stunde. Ihr werdet um fünf Uhr morgens abgeholt, fahrt nach Antwerpen, dann seid ihr um sechs Uhr dort, arbeitet bis elf, und um zwölf Uhr mittags seid ihr wieder hier. Von sechs Uhr bis elf Uhr habt ihr dann gearbeitet, das sind fünf Stunden, und du hast hundertfünfzig Francs verdient.«

Ich rechnete nach. Hundertfünfzig Francs entsprachen etwa zehn Mark. Mehr hatte ich im letzten Jahr in Lütjensee auch nicht verdient. Ich hatte einen Ferienjob bei einer Druckerei gehabt. Der Chef der Firma konnte mich nicht ausstehen. Das war ein richtiger alter Despot, der alles und jeden kontrollierte. Ich musste mit einem klapprigen Fahrrad eine Unmenge von Paketen wegbringen, die ständig aus dem Korb fielen. Ich konnte das Rad nur schieben. Als ich endlich zurück in der Firma war und meine Karte in die

Stempeluhr stecken wollte, riss mir der alte Kerl die Karte aus der Hand und brüllte mich an. Ich hätte getrödelt und viel zu lange gebraucht. Die letzte halbe Stunde würde er mir nicht bezahlen. In Zukunft werde er mich auch am Fließband kontrollieren, wo ich sonst zu arbeiten hatte. Ich verteidigte mich, aber er gab mir die Karte nicht zurück und sorgte tatsächlich dafür, dass mir die letzte Stunde nur als halbe Stunde angerechnet wurde. Ich hasste ihn dafür, aber er saß am längeren Hebel. Ein Scheißkapitalist eben.

Dafür, dass ich um vier Uhr aufstehen musste, fand ich den Lohn nicht besonders üppig, aber hatte ich eine Wahl? Ich wollte es mir mit Bob nicht verscherzen und nahm das Angebot hocherfreut an.

Anschließend holte er die anderen Mitbewohner einzeln in sein Büro und redete mit ihnen. Mich verschonte er an meinem ersten Abend. Wahrscheinlich wollte er erst mal sehen, wie ich mich in den nächsten Tagen so machte.

Abdul und Jonathan freuten sich, dass ich jetzt bei ihnen wohnte. Hassan, der Tunesier, war der Vierte im Bunde. Toril und Teige, die beiden Norwegerinnen, teilten sich das Zimmer mit zwei lustigen Japanerinnen, die die ganze Zeit kicherten. Sie konnten fließend Englisch, nur ihre Aussprache war katastrophal. Es war schwer, sie zu verstehen.

Nach dem Essen saßen wir noch lange gemeinsam im Flur und redeten miteinander. Wieder einmal war ich stolz, Teil einer kleinen internationalen Runde zu sein und akzeptiert zu werden. Ich hatte den Eindruck, dass Toril mit mir flirten wollte. Angeblich hatte ich sie mit meinem Flötenspiel beeindruckt. Immer wieder forderte sie mich auf, für die anderen zu spielen, aber das war mir hier in der Wohnung dann doch zu peinlich.

Wir gingen relativ zeitig zu Bett, weil wir so arschfrüh aufstehen mussten. Ich wurde Zeuge einer merkwürdig eingespielten Prozedur. Jeder wusste offenbar genau, wann er das Bad zu benutzen hatte. Schließlich war ich an der Reihe und genoss es, mich in so einem sauberen Umfeld waschen zu können.

Als ich im Bett lag, kam ich mir vor wie in einer Jugendherberge. Die anderen drei waren total überdreht und zogen mich mit Torils Anmache auf.

»Helmut, sie will deine Flöte sehen. Zeig sie ihr doch endlich«, flüsterte Abdul, dann gackerten alle drei los wie Sechstklässler. Ich lachte auf gleichem Niveau mit. Spät in der Nacht beschlossen wir, uns zu den Mädels ins Zimmer zu schleichen. Jetzt waren wir wirklich auf dem Jugendherbergslevel angelangt.

Nahezu lautlos tappten wir zu viert durch den Flur und öffneten vorsichtig die Tür zu den Mädchen. Toril und Teige wurden sogleich wach und reagierten locker.

»Hey«, flüsterte Toril. »Was soll das werden?«

Hassan, dem ich es nicht zugetraut hätte, weil er sich bisher kaum an den Unterhaltungen beteiligt hatte, sagte mit breitem Grinsen: »Helmut möchte dir seine Flöte zeigen.«

Die beiden Japanerinnen, die mittlerweile auch wach waren, kreischten laut auf vor Vergnügen. Jonathan mahnte noch zur Ruhe, aber es war zu spät. Alle lachten so laut und unkontrolliert, dass wir Jungs es vorzogen, schnell wieder in unseren Betten zu verschwinden, ehe Bob unser kindisches Treiben mitbekam. Aber es war zu spät. Kopfschüttelnd trat er aus seinem Zimmer und sagte streng: »Ruhe, bitte!«

Schuldbewusst zogen wir ab und schliefen bald ein. Der Wecker klingelte um vier Uhr morgens. Ich wollte es nicht wahrhaben. So müde war ich schon lange nicht mehr gewesen. Wir krochen aus unseren Betten und zogen uns an. Einer der Jungs kochte schnell einen Tee. Dann warteten wir unten auf den Bus. Auch Hassan kam mit. Ich musste an Tirshata denken. Ob sie wohl noch in Antwerpen war? Wie wahnsinnig es wäre, wenn ich ihr über den Weg laufen würde. Ich spürte, dass mir immer noch warm ums Herz wurde, wenn ich an sie dachte.

Ein weißer VW-Bus fuhr vor, und wir stiegen zu viert ein. Im Bus saßen schon vier andere Typen. Sie waren einiges älter, ich schätzte sie auf dreißig, vierzig Jahre. Ich erfuhr, dass sie arbeitslos waren und dieser Job sie wohl über Wasser hielt. Mürrisch begrüßte uns ein älterer Mann und fuhr uns in einen Vorort von Antwerpen. Wir hatten während der ganzen Fahrt kein Wort mehr gesprochen. Es war eine spießige Gegend, in der wir landeten, Siedlungen aus kleinen Einfamilienhäusern mit Garten, ähnlich wie die in Lütjensee, nur eine komplett andere Architektur. Der Fahrer drückte jedem von uns einen Riesenstapel mit Zetteln in die Hand. Er deutete auf Jonathan und mich und sagte: »Ihr zwei nehmt hier das Viertel links«, dann wandte er sich an Abdul und Hassan und meinte: »Ihr zwei nehmt das Viertel rechts. Die anderen wie gestern. Wir treffen uns pünktlich um acht zu einem kleinen Frühstück, dann geht's weiter mit der Arbeit, und um elf fahren wir zurück. Und denkt dran, jeder Haushalt kriegt nur einen Foulder, okay? Wehe, wenn ihr mehrere in einen Briefkasten steckt.«

Wir nickten und zogen sofort los. Es war eine stupide Arbeit. Der Stoß der Zettel wurde kaum kleiner, weil die Gegend so weitläufig war. Um die Briefkästen zu erreichen, mussten wir durch die Vorgärten latschen. Was für ein Aufwand, um einen einzigen Werbezettel loszuwerden. Jonathan hatte den Job schon mehrere Tage gemacht und ging emsig seiner Arbeit nach. Müde und wenig engagiert trottete ich hinterher, immer auf der anderen Straßenseite. Ich war froh, als es endlich acht Uhr war und wir unser Frühstück bekamen. Eine angenehme Unterbrechung. Ich hatte tierischen Hunger.

Dann ging es weiter. Als wir uns um elf wieder trafen, war mein Stapel nicht einmal zur Hälfte verbraucht. Na klar, wenn es hier in der Gegend Hochhäuser gegeben hätte, wäre ich erfolgreicher gewesen. Gott sei Dank war das egal. Der Fahrer nahm den Stapel entgegen und erklärte uns, dass es am nächsten Tag an dieser Stelle weitergehen würde.

Ich dachte wieder an Tirshata. In diesen merkwürdigen Vororten würde ich die Jesus People garantiert nicht finden.

Zurück in Brüssel, bekamen wir vom Fahrer unser Geld bar auf die Hand. Toril empfing mich an der Wohnungstür und fragte, ob ich wieder am Grand Place Flöte spielen würde und ob sie es auch mal versuchen dürfe. Ich fand sie immer sympathischer und nahm sie gerne mit. Wir verbrachten den Rest des Tages am Platz. Ich erspielte immerhin so viel, dass es für ein Essen für uns beide reichte. Zwischendurch zeigte ich ihr, wie man eine Tonleiter spielt, und ließ sie es versuchen. Es machte ihr so viel Spaß, dass sie mir die Flöte gar nicht mehr zurückgeben wollte.

Um sechs kamen wir pünktlich zurück in die Wohnung. Es gab wieder Bohnensuppe, heute sogar mit Einlage. Jedenfalls biss ich länger auf einem härteren Gegenstand rum, bis ich merkte, dass es kein knorpeliges Stück Fleisch oder Wurst war, sondern ein Fingernagel. Einer der Köche dieser delikaten Suppe hatte sich den wohl abgepult und versehentlich in die Suppe plumpsen lassen. Ich ekelte mich, die anderen lachten, Bob schüttelte nur den Kopf.

Heute konnte ich mich dem abendlichen Gespräch mit ihm nicht entziehen. Es war allerdings kurz und schmerzlos und drehte sich hauptsächlich darum, dass man sich im Leben offen für Versöhnung zeigen solle. Natürlich war mir klar, dass er damit auf das Verhältnis zu meinen Eltern anspielte. Ich hörte hauptsächlich zu, erwiderte nur wenig und zeigte mich einsichtig. Er unterschätzte allerdings meinen Trotz.

Später saßen wir wieder alle zusammen am Tisch im Wohnflur und unterhielten uns. Es war spannend zu hören, woher die anderen kamen, aus welchen Verhältnissen sie stammten und was für eine Bildung sie hatten. Tatsächlich fiel mir auf, dass alle über ihre Zukunftspläne sprachen. Hatten sie sich etwa Bobs Hirnwäsche unterzogen? Oder war es wirklich wichtig, sich mit Zukunftsge-

danken zu belasten? So empfand ich solche Denkweisen nämlich –
als belastend. Ich war auf jeden Fall der Einzige, der ein Plädoyer
für das Leben im Augenblick hielt. Ich verteidigte den Ansatz, den
Moment zu leben und sich nicht dauernd mit der Angst herumzu-
schlagen, es irgendwann mal nicht geschafft zu haben. Was sollte
denn geschafft werden? Ein geiler Beruf? Familie? Kinder? Karriere? Spießer werden? Das war alles so weit weg für mich. Freiheit
war schließlich das Allerwichtigste. Ungebunden, ungezwungen,
für sich allein Entscheidungen treffend. Aber ich konnte sie nicht
überzeugen. Im Gegenteil, ich hatte den Eindruck, dass sie mich
nur mitleidig belächelten, ganz nach dem Motto: Na ja, er ist eben
noch sehr jung. Die anderen waren alle Anfang zwanzig und ich
sechzehn, aber das wusste ja keiner. Ich hielt lieber den Mund, ehe
es zum Streit kam.

Wir gingen früh schlafen. Auch die Mädchen hatten ihre Jobs.
Sie mussten Regale für eine größere Lebensmittelkette einräumen.
Allerdings brauchten sie erst um acht anzufangen.

Pünktlich um vier ging der Stress wieder los. Der zweite Arbeitstag, und ich hatte schon die Schnauze voll. Das änderte sich
auch die nächsten zwei, drei Tage nicht. Aber ich hatte keine Wahl.
Außerdem fühlte es sich gut an, mittags immer hundertfünfzig
Francs in der Tasche zu haben. Die Nachmittage waren frei. Ich
konnte sie zwar nicht so genießen wie vorher, weil ich dauernd
müde war, aber immerhin konnte ich meine Freunde am Platz treffen, und natürlich kiffte ich auch weiterhin heimlich. Trotzdem,
die Arbeit versaute mir das Leben.

Bob nahm mich allabendlich in die Mangel und ritt immer
wieder darauf herum, dass er mich grundsätzlich für trotzig halte
und ich anfangen solle, mein Leben zu formen. Ich begriff nicht,
was er eigentlich von mir wollte. Aber »Amen« denken und verständnisvoll nicken half.

Am fünften Tag, wir trugen wieder diese dämlichen Flugblätter in einem spießigen Vorort von Antwerpen aus, machte ich

Jonathan den Vorschlag, uns nach dem Frühstück einfach in einen nahe gelegenen Park zu begeben. Es war durchaus ein bisschen frisch draußen, so früh am Morgen. Wir könnten mit den Zetteln ein kleines Feuerchen machen, uns dabei wärmen und nebenbei zwei Stunden schlafen.

»Das können wir doch nicht machen«, sagte Jonathan entsetzt.

»Warum nicht?«, entgegnete ich. »Das merkt doch keine Sau. Wir pennen uns aus. Die Zettel sind brav verteilt worden, ein paar geben wir wie gewöhnlich zurück, und wir kriegen die Kohle trotzdem.«

Er dachte nach. Es war verlockend, und es klang auch total logisch. Die Firma würde garantiert nicht in jedem einzelnen Haushalt nachfragen, ob dort Werbung in die Briefkästen geworfen worden war.

Schließlich grinste er breit. »Gute Idee, Helmut. Hast du Streichhölzer dabei?« Und ob ich die dabeihatte.

Wir gingen also artig unserer Arbeit nach, bis es acht Uhr war. Dann frühstückten wir ausgiebig und suchten uns anschließend mit vollem Magen einen geeigneten Platz im Park. Zwischen einigen Büschen räumten wir altes Laub und Geäst beiseite, gruben mit unseren Händen eine kleine Mulde, schmissen an die zweihundert Zettel rein, legten noch einige trockene Äste dazu und zündeten das Ganze an. Unser »Scheiterhaufen« brannte sofort und strahlte eine angenehme Wärme aus. Wie Tom Sawyer und Huckleberry Finn legten wir uns daneben und schliefen tatsächlich sofort ein. Gegen Viertel vor elf Uhr wachten wir gerade noch rechtzeitig auf und liefen zum verabredeten Treffpunkt. Der Fahrer wartete schon. Wir überreichten ihm die restlichen Zettel, und er schien beeindruckt zu sein, wie viel wir an dem Vormittag geschafft hatten. Wir stiegen mit den anderen zusammen in den Bus und pennten auf unseren Sitzen sofort weiter.

Vor der Wohnung angekommen, verabschiedete sich der Fahrer mürrisch mit den Worten »Bis morgen«, dann gab er uns unsere Kohle und fuhr wortlos weiter. Charme hatte der Kerl jedenfalls keinen.

Oben im Zimmer zählte ich mein Geld, das ich in einer Seitentasche des Armeesacks versteckt hatte. Wenn ich jetzt noch ein paar Tage jobben, regelmäßig Flöte spielen und die Stereoanlage von Claude verkaufen würde, hätte ich genügend zusammen, um endlich weiterzutrampen. Dazu war ich nun bereit. Das Generve von Bob machte es mir leichter, aus Brüssel abzuhauen.

Toril guckte plötzlich um die Ecke. Hatte sie mich etwa beim Zählen meines Geldes beobachtet? Sofort war ich misstrauisch. Ich würde mir ein anderes Versteck fürs Geld überlegen müssen. Man wusste ja nie …

Sie lächelte mich lieb an. »Na, Flöte spielen?« Ich nickte ihr zu, und schon liefen wir los zum Grand Place.

Sie ärmelte sich ganz selbstverständlich bei mir ein. Das gefiel mir. Gleichzeitig war mir klar, dass ich so gar nicht auf Toril stand. Hoffentlich verknallt sie sich nicht in mich, dachte ich. Dann hätte ich ein Problem.

Wir gingen zu meinem Lieblingsplatz, dorthin, wo Christophe immer seinen Schmuck verkauft hatte. Ich setzte mich auf den Boden, lehnte mich an die Hauswand und begann zu spielen. Toril saß gegenüber an der anderen Wand und beobachtete mich die ganze Zeit. Hin und wieder klatschte sie in die Hände, was hilfreich war. Denn dann blieben einige Touristen stehen, hörten mir einen Moment lang zu, und einige steckten mir ein paar Francs zu. Eigentlich waren Toril und ich ein gutes Team.

Plötzlich entdeckte ich Eva. Sie schlenderte durch die Gasse, kam direkt auf mich zu und sagte: »Hey.«

»Hey«, antwortete ich überrascht. »Na, schwänzt du wieder die Schule?«

»Genau«, antwortete sie lachend und setzte sich neben mich.

Dann kuschelte sie sich, als wäre es das Normalste auf der Welt, an mich ran und küsste mich auf den Mund. Ich war völlig perplex.

»Spinnst du?«

»Warum?«, antwortete sie und zog die Brauen zusammen. »Verbringst einen traumhaften Tag mit mir, verabredest dich mit mir für den nächsten Tag, kommst aber nicht, sondern knutscht total ungeniert mit irgend so einem Typen rum, direkt vor meiner Nase, und jetzt küsst du mich und tust so, als ob nichts gewesen wäre?«

Sie blickte mir erstaunt in die Augen.

»Nein, du spinnst, glaub ich.« Sie deutete mit dem Zeigefinger auf ihre Stirn. »Hängt da irgendwo ein Preisschild? Oder ist da irgendwo ein Zettel, auf dem steht: ›Ich heiße Eva und gehöre Helmut‹? Nein, mein Lieber. Ich kann tun und lassen, was ich will. Ich gehöre niemandem.« Sie stand auf und ging wütend, ohne sich noch einmal umzudrehen, die Gasse entlang.

»Eva!«, rief ich ihr hinterher, aber sie zeigte mir nur den Mittelfinger und war schon in der Menge verschwunden.

»Was war das denn?«, fragte Toril. »Wieso war die so aggressiv?«

»Ach, weißt du – ich war mal einen Tag lang verliebt in sie«, antwortete ich ehrlich. »Ist schon ein paar Wochen her.«

»Einen Tag lang?«, sinnierte sie. »Jesus, dann muss es was Ernstes gewesen sein.«

Lachend stand sie auf, kam zu mir rüber, und plötzlich war sie es, die mich zart auf den Mund küsste.

Das wollte ich nicht. Ich schob sie sanft zurück und sagte: »Komm, lass uns ein bisschen Geld verdienen. Ich spiel noch 'ne halbe Stunde, und dann ziehen wir ab, ja?«

Sie nickte enttäuscht und setzte sich wieder an ihren Platz. Aber meine Improvisationen wurden immer schlechter. Ich war völlig uninspiriert und brach schließlich ab.

Wir gingen zurück zur Wohnung. Diesmal hakte sie sich nicht bei mir ein. Hatte sie mein Signal verstanden?

In der Wohnung angekommen, legte ich mich gleich aufs Bett und schlief noch eine Runde. Außer Bob und Toril war Gott sei Dank niemand da, und beide ließen mich erst mal in Ruhe.

# 18

## SONNYBOY

Am späten Nachmittag stand plötzlich ein neuer Mitbewohner im Zimmer. Er war Holländer schwedischer Herkunft oder Schwede holländischer Herkunft – ich hab's nie begriffen. Jedenfalls war er ein ungemein sympathischer, offener Typ. Er hatte relativ kurze blonde Locken und reichte mir sogleich die Hand.

»Hey, I'm Erwin.«

»Helmut«, antwortete ich. »Nice to meet you.«

Im nächsten Moment kam Bob mit Jonathan und Abdul ins Zimmer.

»Hassan hat heute Mittag einen Anruf von seinen Eltern erhalten« – er machte eine bedeutungsvolle Pause und guckte mich an – »er befindet sich schon auf dem Weg nach Tunesien. Er will sich dort mit ihnen aussöhnen.« Wieder ein Blick in meine Richtung. »Das geht nämlich, wenn das Herz bereit ist, Verständnis und Demut zuzulassen.« Ein dritter Blick zu mir, dann wandte er sich dem Neuankömmling zu. »Erwin ist ein kleines Sprachgenie und schon viel im europäischen Ausland rumgekommen ... Welche Sprachen sprichst du noch mal?«

»Holländisch, Schwedisch, Englisch, Deutsch, Französisch und Italienisch«, antwortete Erwin. »Ich habe in Hotels als Page gearbeitet. Das ist die beste Praxis. Nirgends lernt man schneller Sprachen als in der Hotelbranche.«

Bob war sichtlich beeindruckt von ihm, klopfte ihm auf die Schulter und informierte uns dann, dass Erwin morgen Hassan bei der Arbeit ersetzen würde.

Aus dem Flur drang das Klappern von Geschirr. Toril und Teige deckten gerade den Tisch und trugen die Suppe auf. Wir setzten uns alle, und Bob sprach das Tischgebet. Zu unser aller Erstaunen kannte Erwin das Gebet und sprach es laut mit. Bob war begeistert.

»Donnerwetter, woher kennst du das denn?«

»Das musste ich immer mit meinen Großeltern beten«, antwortete er, »genauso wie die folgenden …« Dann sagte er allen Ernstes noch mindestens drei weitere Gebete auf. Natürlich punktete er damit enorm. Bob war total aus dem Häuschen und wünschte uns gut gelaunt einen gesegneten Appetit.

Nach dem Essen erklärte er uns, dass er heute leider keine Zeit für Gespräche mit uns habe. Ein wichtiger Termin würde das verhindern. Wir kommentierten diese Ansage mit einem ironischen »Ooohhhh«. Endlich sahen wir Bob mal richtig lachen.

Spontan beschlossen wir, zum Platz zu gehen. Jonathan, Abdul, Toril, Teige, Erwin und ich brachten ordentlich Leben unter die Leute. Erwin war unglaublich aufgedreht, quatschte jeden an, auch die Touristen unterschiedlichster Nationen, und unterhielt sich mit allen in den jeweiligen Landessprachen. Der hatte wirklich was drauf. Ein richtiger Sonnyboy. Natürlich war er auch dabei, als wir mit einigen anderen um die Ecke gingen, um zu kiffen. Er inhalierte tief und erzählte nebenbei gut pointiert Anekdoten aus seinem Leben. Er wusste genau, wie er bei den anderen ankam. Alle amüsierten sich köstlich über ihn.

Auch als wir wieder in der Wohnung waren, riss die gute Laune nicht ab. Erwin gab den Klassenclown, und selbst Bob und die Mädchen kamen in unser Zimmer, um mitzulachen. Bob hatte Erwin sichtlich ins Herz geschlossen. Zum ersten Mal hatte die Atmosphäre in der Wohnung etwas Familiäres.

Am nächsten Morgen wiederholten Jonathan und ich unsere Prozedur. Wir arbeiteten bis zum Frühstück, dann legten wir uns in eine Grünanlage und schliefen. Auf diese Weise hatte ich abends wieder mehr Kondition, um mit den Freunden am Platz zu gammeln.

Jonathan, Abdul, Erwin und ich bildeten ein geniales Team. Wir mischten den ganzen Platz auf. Erwin äffte die Touris nach und kopierte all deren Macken, vom Gang über ihre Gestik, ihre Mimik bis hin zu ihren peinlich berührten, neugierigen oder auch wütenden Blicken. Uns erklärte er, dass das eine Art Stand-up-Comedy sei, er habe es mal in England gesehen, wo es eine richtige Tradition habe. Irgendwann hatte er bemerkt, dass er selbst ein Talent fürs Leuteverarschen hatte, und seitdem probierte er das immer mal wieder aus. »Vielleicht hätte ich Schauspieler werden sollen«, sagte er und zwinkerte uns zu.

Jonathan baggerte sämtliche Mädchen an, die uns begegneten. Das hätte ich ihm gar nicht zugetraut, weil ich ihn bisher immer als still und bescheiden erlebt hatte. Er war dabei so charmant und sympathisch, dass einige Mädels sich seinem »Fidschi-Dackelblick« kaum entziehen konnten und sich mit ihm verabredeten.

Ich hatte einen guten Tag erwischt, um die Leute mit meiner »Gepäck-klau-Nummer« anzuschnorren, und erbettelte um die hundertfünfzig Francs.

Und Abdul schmiss sich nach einem zweiten oder dritten Joint, den wir zusammen in einer Gasse geraucht hatten, nur noch weg. Sein Lachen glich ein bisschen dem Meckern einer Ziege. Er lachte so mitreißend albern, dass viele Leute anhielten und schließlich sogar mitlachen mussten.

Plötzlich stand Monique vor mir. »Haben sie dir schon wieder dein Gepäck geklaut, mein armer Filou«, sagte sie schmunzelnd.

»Na ja«, antwortete ich grinsend. »Immerhin könnte ich dich heute mal einladen.« Ich zeigte ihr mein erbeutetes Geld.

»Du musst mich nicht einladen«, sagte sie. »Aber ich gehe gern mit dir was essen oder trinken. Allerdings nur wenn ich bezahle.« Herausfordernd sah sie mich an.

»Okay.« Ich gab mich geschlagen und wollte mich mit den drei obligatorischen Küssen bedanken, aber sie fing meinen Kopf ab, sah mir tief in die Augen und küsste mich dann wieder mit Zunge auf den Mund.

Ich war für einen Moment überrumpelt, aber diesmal zögerte ich nicht, ihren Kuss zu erwidern. Minutenlang knutschten wir voller Hingabe mitten auf dem Grand Place.

Meine Freunde beobachteten das Ganze und feuerten uns an. Wir amüsierten uns darüber, winkten den anderen kurz zu und gingen dann eng umschlungen zu unserem Spaghettilokal.

Dort setzte Monique sich dicht neben mich, und wir knutschten direkt weiter. Als wir bestellt hatten, erzählte ich ihr von meinem neuen Job, von Claudes leerer Wohnung, von dem Plattenspieler und der Schallplattensammlung, die ich auf dem Flohmarkt verkaufen wollte. Spätestens dann würde ich sie wirklich einladen wollen.

»Okay, dann hole ich dich morgen ab, und wir schleppen alles aus der Wohnung, was sich zu Geld machen lässt. Wir können mit dem Roller fahren. Was meinst du?«

Ich überlegte kurz. Morgen war Samstag, da hatte ich frei. Und morgen war Flohmarkt. Das passte.

»Tolle Idee«, sagte ich begeistert. »Aber was ist mit Michel, deinem Verlobten?«

»Der ist das ganze Wochenende im Studio. Er will mit seiner Band 'ne Platte machen.«

»Auch gut«, sagte ich grinsend und empfand nicht die Spur einer unmoralischen Regung.

»Um wie viel Uhr?«

»Um Mittag rum«, antwortete sie. »Das ist die beste Zeit für den Markt. Ich hol dich um zwölf ab, okay?«

Anstatt zu antworten, küsste ich sie wieder. Wir knutschten hemmungslos vor unseren inzwischen leer gegessenen Spaghettitellern. Behutsam tastete ich nach ihrem Busen. Kurz vorm Ziel wurden wir vom Kellner unterbrochen. Er kam mit der Rechnung und bat uns dann, nach draußen zu gehen. Das sei sowieso der geeignetere Platz für den Beischlaf, meinte er mit einem anzüglichen Lächeln.

»Beischlaf?«, wiederholte ich empört.

Wir wussten nicht, ob wir das bescheuert oder lustig finden sollten. Jedenfalls folgten wir seiner Anweisung, gingen raus auf die Gasse, lehnten uns an die nächste Hauswand und befanden uns sofort wieder im Clinch. Jetzt waren wir beide aktiv, und unsere Hände entdeckten Zentimeter für Zentimeter den Körper des anderen. Die Leute um uns herum waren uns komplett egal. Irgendwann lösten wir uns voneinander und schlenderten zum Platz. Ich musste leicht vornübergebeugt gehen, damit keiner die verräterische Beule in meiner engen Hose erkennen konnte. Das wäre mir peinlich gewesen, und das musste ja nicht sein. Am Platz verabschiedeten wir uns schließlich nach einem weiteren intensiven Kuss.

»Morgen um zwölf, Filou. Ich bin pünktlich.«

Sie lächelte mich zärtlich an. Dann fuhr sie winkend mit ihrem Roller davon.

Abends saß ich mal wieder bei Bob. Diesmal redete er mir dankenswerterweise kaum ins Gewissen. Stattdessen schwärmte er von Erwin. Das sei ein junger Mann, der jetzt schon mitten im Leben stehe. Er sei seiner Meinung nach hoch begabt und würde mit Sicherheit einen verantwortungsvollen Platz in jeder Gesellschaft finden.

»Aus meinen bisherigen Gesprächen mit ihm habe ich den Eindruck bekommen, dass Erwin sich in einer Phase seines Lebens befindet, in der er begriffen hat, dass bald ein Umbruch stattfinden wird. Reisen, diverse Jobs, andere Kulturen, andere Länder haben ihm zwar viele Erfahrungen beschert, die ihm fürs Leben nützlich sein werden, doch jetzt sehnt er sich nach mehr Ernsthaftigkeit. Er reflektiert ungemein gut. Auch hat er sehr interessante Ansichten, was unsere Religion betrifft. Er stellt kluge, kritische Fragen und ist dennoch in seinem Glauben an Gott unerschütterlich.«

»Wir sind auch alle total begeistert von Erwin«, sagte ich. »Aber er ist halt ein paar Jahre älter als wir. Gib mir noch drei, vier Jahre, Bob, dann bin ich auch so ein toller Hecht wie er.«

Bob schmunzelte. »Erwin fängt Montag übrigens in einem Luxushotel hier in der Nähe als Page an.«

Ich guckte überrascht.

»Ja«, meinte Bob begeistert. »Der Junge ist gerade mal drei Tage in Brüssel und findet sofort einen Arbeitsplatz in einem der Tophotels dieser Stadt. Das muss ihm erst mal jemand nachmachen. Und genau das versuche ich euch allen zu vermitteln, Helmut. Werdet wach. Packt es an. Ergreift selbst Initiative.«

Ich stutzte. Was meinte er damit? War das ein Vorwurf an mich, dass ich in den paar Tagen, die ich jetzt hier war, noch keinen anderen Job gefunden hatte? Wollte er mich loswerden?

Aber diese Sorge war unbegründet. Bob war einfach nur durch Erwin euphorisiert. Er wünschte mir schulterklopfend einen guten Abend und begleitete mich zur Tür.

»Toril, kommst du bitte?«, rief er in den Flur. Sie trat sofort aus ihrem Zimmer, grüßte mich freundlich, aber etwas distanziert und wurde dann von Bob ins Gebet genommen – die Ärmste.

Am nächsten Morgen weckten mich die anderen um sieben Uhr. Sie waren alle schon angezogen.

»Steh auf, Helmut. Gleich gibt's Frühstück. Am Wochenende frühstücken wir immer alle zusammen.«

»Aber warum denn so scheißfrüh?«, fragte ich verärgert. »Es ist Samstag. Ich hab frei, Mann. Ich will ausschlafen.«

»Ich hab keine Ahnung«, antwortete Abdul. »Bob will das so.«

Synchron zuckten Abdul und Jonathan die Schultern, auch sie

hätten wahrscheinlich gern länger geschlafen. Sie riefen mir noch ein »Los, mach schon!« zu und trotteten zur Küche.

Mit dem Gedanken an Monique stand ich dann doch elanvoll auf und gesellte mich zu den anderen. Erwin war schon voll in Fahrt und erzählte ein paar lustige Storys aus seinem Leben. Ich vertrödelte noch ein paar unterhaltsame Stunden mit den Jungs und stand Punkt zwölf am Platz. Kurz darauf hörte ich das Knattern eines Rollers hinter mir. Ich drehte mich um, und Monique kam strahlend vor mir zum Halten.

Wir küssten uns sofort, und sie flüsterte mir ins Ohr: »Los, Filou, setz dich hintendrauf. Du musst mir den Weg zeigen.«

Eng an Monique geklammert lotste ich sie zur Oberstadt. Um mich festhalten zu können, hatte ich die Hände um ihren Bauch gelegt. Ich konnte nichts dagegen tun – sie wanderten langsam höher, bis ich unter ihrer Jacke beide Brüste fest umklammern konnte. Sie ließ es widerstandslos geschehen und rief mir gegen den Fahrtwind lachend ein »Filou« zu.

Als wir vor dem Eckhaus in der Oberstadt hielten, schien es mir so, als käme ich nach Hause. Ich hatte mich einfach an diese Gegend gewöhnt und eine tolle Zeit hier verbracht.

Wir betraten das Treppenhaus. Ähnlich wie Hundebesitzer, die den Gestank ihrer Hunde nicht mehr riechen, empfand ich den Geruch als gar nicht so schlimm. Monique hingegen hielt sich die Nase zu.

»Boah«, sagte sie. »Wann ist hier denn das letzte Mal gelüftet worden? Das stinkt ja bestialisch.«

»Hier wohnen lauter Araber mit komischen Essgewohnheiten«, sagte ich entschuldigend. »Ich glaube, die essen sogar Pansen.«

»Igitt«, meinte sie. »Dann hoffe ich nur, dass es in deiner Wohnung nicht so müffelt. Wirklich eklig.«

Oben angekommen, warf ich als Erstes einen Blick auf Henrys Matratze, aber sie war unberührt.

Dann entdeckte ich, dass die Wohnungstür nur angelehnt war.

Ich hatte sie doch abgeschlossen! Sofort musste ich an den Einbrecher von neulich denken.

Ich ging voraus. Vorsichtig betraten wir die Wohnung.

Totales Chaos in der Küche. Der Tisch war verrückt. Die Stühle lagen teilweise umgekippt auf dem Boden, Geschirr stand überall herum – und dann das Schlimmste: Alle Wertgegenstände waren weg. Die Stereoanlage mitsamt dem Plattenspieler, die Schallplatten und sogar der kleine Elektrokocher. Ich war entsetzt.

»Scheiße«, sagte ich. »Hier ist eingebrochen worden. Alles geklaut. Das war's mit unserer Flohmarktaktion.«

Monique sah mich mitleidig an. »Sei trotzdem froh, dass du hier raus bist. Das ist ein richtiges Drecksloch. Sorry, aber es ist total versifft, und stinken tut's drinnen wie draußen. Ihr habt wahrscheinlich auch Pansen gekocht.« Sie schubste mich. »Ist dein Bett denn wenigstens noch da?«

»Meine Matratze«, entgegnete ich. »Bin gespannt, ob sie die auch haben mitgehen lassen.«

Ich sah neugierig in mein ehemaliges Zimmer und stellte fest, dass es unberührt war. Hier war nichts zu holen. Das hatte der Einbrecher, der Hausbesitzer oder wer immer uns bestohlen hatte, wahrscheinlich auf den ersten Blick erkannt.

»Alles okay«, sagte ich erleichtert. »Willst du dich schlafen legen, oder warum fragst du?«

»Vielleicht«, erwiderte Monique lächelnd. »Gar keine schlechte Idee. Bist du denn müde?«

»Überhaupt nicht«, antwortete ich und wandte mich ihr zu. Sanft zog ich ihr Gesicht zu mir heran und küsste sie. Es folgte ein hingebungsvoller, fordernder Kuss, der mich hoffen ließ, dass endlich mehr passieren würde als bisher.

Sie kniete sich vor mir auf die Matratze. Ich wollte es ihr gleichtun, aber sie hielt mich zurück.

»Nein«, sagte sie bestimmend. »Bleib stehen.«

Sie öffnete meine Hose. Dann verschaffte sie mir mit ihrem

Mund einen Genuss der ganz besonderen Art. Das hatte ich bis dahin noch nie erlebt. Ich kannte es nur aus Pornoheften und von Erzählungen einiger Freunde. Ich schloss die Augen und gab mich voll und ganz dieser Liebkosung hin. Nach einigen Minuten wollte ich mich zu ihr auf die Matratze legen, um endlich mit ihr zu schlafen, aber sie hielt mich zurück.

»Nein, Filou, du bleibst stehen«, ermahnte sie mich zärtlich. »Liebe machen kommt später. Heute nur das, und ich spüre, wie sehr du es brauchst.« Sie lächelte mich an und beschäftigte sich dann wieder mit meinem Körper. Widerspruchslos ließ ich es geschehen, genoss es intensiv und war schließlich sehr, sehr glücklich.

Monique brachte mich zurück zum Grand Place.

»Nächste Woche gibt's ein Open-Air-Festival in Koksijde. Das liegt am Meer. Fire Of Spirit spielen da auch. Ich glaube, wir suchen noch einen Roadie. Hast du Ahnung von Technik, großen Anlagen, schweren Boxen, Instrumenten und so? Vielleicht kann ich den Jungs schmackhaft machen, dass sie dich mitnehmen.«

»Das wäre der echte Wahnsinn«, sprudelte es aus mir hervor. »Geil! Das würde ich sofort machen. Ich kenn mich ein bisschen aus. Hab selbst mal kurz in einer Schülerband gesungen. Würdest du das wirklich für mich organisieren?«

»Ich versuche es«, sagte sie konspirativ. »Michel darf auf keinen Fall was merken. Er ist sehr eifersüchtig. Aber es wäre wirklich schön, wenn es klappen würde.« Sie hielt kurz inne und ergänzte dann leise: »Ich glaube, ich habe mich ein bisschen verliebt, Filou. Du hast so viel Sonne in dir.«

»Ich auch, Monique«, antwortete ich ebenso leise. »Ich hab mich auch in dich verliebt.«

Noch einmal küssten wir uns lange, dann startete sie ihren Roller und fuhr los.

»Ich finde dich hier, mein Filou«, rief sie mir lächelnd über die Schulter zu, bevor sie winkend um die nächste Straßenecke bog.

Ich war überglücklich. Lässig flanierte ich über den Grand Place. Leute lächelten mich freundlich an. Ich glaube, jeder konnte mir an den Augen ablesen, dass ich gerade ein erotisches Erlebnis gehabt hatte. Mir war das erste Mal in meinem Leben einer geblasen worden, von einer Traumfrau, in einer abgewrackten Chaotenwohnung, stehend, unromantisch, aber unfassbar geil. Ich kam mir ein bisschen verrucht vor. Django, Casanova und Dorian Gray vereinten sich in mir. Ich hatte eindeutig einen Lauf bei den Mädels in Brüssel.

In bester Laune gesellte ich mich zu all den Freaks an der Mauer. Bald kam ich mit zwei Tunesiern ins Gespräch. Sie hatten eine kleine, alte Ledertasche mit Schnappverschluss dabei, wie ich sie nur von unserem Hausarzt aus Lütjensee kannte. Sie war gerade groß genug, um ein Blutdruckmessgerät, ein paar Spritzen, Medikamente und Thermometer unterzubringen. Konspirativ öffnete einer der Tunesier die Tasche – und ich erblickte Hunderte von Armbanduhren. Alles Luxusmodelle von Rolex und Cartier. Sofort ging in mir eine innere Warnleuchte an. Hatten die beiden ein Juweliergeschäft ausgeraubt? Unwillkürlich dachte ich an Renee, den Tankstellenräuber in Claudes Wohnung. Die beiden spürten mein Misstrauen.

»Keine Sorge«, sagte einer der beiden, er hieß Achmed. »Das sind Kopien, aber die sehen total echt aus. Nur ein Fachmann erkennt, dass das nachgemachte Uhren aus Asien sind. Wir verscheuern die hier an die Touris. Gehen weg wie Brot. Die Leute sind ganz wild darauf.«

»Was kostet denn so eine Uhr?«, fragte ich.

»Das kommt drauf an«, antwortete Achmed. »Die Rolex sind ein bisschen teurer. Im Schnitt vierhundertfünfzig Francs, würde ich sagen.«

Ich staunte über den niedrigen Preis und rechnete nach. Das waren ungefähr dreißig Mark. Ich fand das nicht so teuer. Dafür, dass man den Leuten vorgaukeln konnte, man trage eine echte Rolex.

»Geile Idee«, sagte ich. »Wenn ich Kohle hätte, würde ich euch glatt ein paar abkaufen.«

»Kein Problem«, schaltete sich der andere Tunesier ein. »Wir können dir welche in Kommission geben.«

»Was heißt das?«, fragte ich.

»Na ja«, antwortete er. »Du kriegst ein paar Uhren, und wir vereinbaren einen günstigen Preis. Du verkaufst sie dann für uns etwas teurer. Danach gibst du uns unsere Kohle, und den Gewinn kannst du behalten.«

Das also bedeutete Kommission. Dann kannte ich diese Verkaufsart eigentlich schon. Vor etwa einem halben Jahr war ich mit dem letzten Bus von Hamburg-Wandsbek nach Hause gefahren. Im Bus traf ich zwei Typen aus Trittau, Buller und Rudi Dürbach. Sie waren Dealer. Das wussten im Ort alle, aber niemand war mit ihnen so befreundet, dass sie davon hätten profitieren können. Sie waren meistens in Hamburg unterwegs und gaben sich nicht mit uns Dorfdiskogängern ab. Hauptsächlich verkehrten sie bei *Charly* oder im *Madhouse* und *Grünspan*. Ich war überrascht, dass sie mich überhaupt erkannten. Mehr noch, ich kam mit ihnen ins Gespräch, und am Ende boten sie mir an, für sie zu dealen. Ich könnte jetzt sofort ein Hek bekommen, das waren hundert Gramm, und ihnen dafür in einer Woche zweihundert Mark geben. Falls ich Gewinn machte, könnte ich den behalten. Dann griff Buller in seine Tasche und holte mitten im Bus ein Riesenstück Haschisch raus. Es hatte etwa die Größe einer dünnen Tafel Schokolade. Noch nie hatte ich so viel Shit in den Händen gehabt. Ehrfürchtig nahm ich es entgegen und verstaute es schnell in meiner Jackentasche. Im Jackenfutter befand sich ein Loch, und so konnte ich das Haschisch bis zu meinem Rücken durchschieben. Das hielt ich für einen genialen Trick, falls ich mal gefilzt werden sollte.

Eine Woche lang vertickte ich den Shit und war froh, die zweihundert Mark überhaupt zusammenzubekommen. Es war schwierig; weder vor der Disko noch in der Schule fanden sich genügend »Kunden«. Am Ende stand ich morgens schuleschwänzenderweise als Dealer bei *Charly* im Eingang und verhökerte die letzten Gramm. Ich machte kaum Gewinn. Eigentlich war gerade mal mein Eigenbedarf damit abgedeckt. Für mich war das Ganze ein Scheißdeal gewesen.

Aber dieses Angebot mit den Uhren klang natürlich verdammt verlockend. Ich dachte an den Schwachsinnsjob, den ich wochentags in Antwerpen machte. Das wäre eine ganz andere Dimension. Ich könnte garantiert richtig gutes Geld verdienen bei den niedrigen Preisen. Die Tourifrauen fuhren doch auf den Modeschmuck ab, das hatte ich ja nun lange genug in den Gassen beobachtet. Warum sollten sie sich nicht auch von Luxusuhren begeistern lassen? Selbst die dazugehörigen Männer würden als Kunden infrage kommen. Für die waren nämlich auch superschöne Uhren dabei. Schließlich fragte ich die beiden, ob sie noch länger in Brüssel wären.

»Klar«, antwortete Achmed. »Wir sind erst seit zehn Tagen hier und bleiben bestimmt noch zwei, drei Wochen. Brüssel ist ein ideales Pflaster für Luxus. Hier gibt's so viele reiche Leute.«

Das stimmte tatsächlich. Allein schon die betuchten Touristen, die Typen von der Börse und die Banker und so …

»Ich überleg mir das«, sagte ich. »Ich hab einen Job. Muss erst mal gucken, wie es damit weitergeht.«

»Überleg nicht zu lange«, meinte der andere Tunesier, dessen Namen ich nicht verstanden hatte. »Es gibt viele Typen, die unsere Uhren verkaufen wollen.«

»Finde ich euch in den nächsten Tagen am Platz?«, fragte ich.

»Klar, nur hier läuft das Geschäft«, sagte Achmed und grinste.

»Okay, überleg's dir.«

In der Wohnung erlebten wir Bob wieder in ausgesprochen guter Laune. Beim Abendessen erzählte er erstmalig etwas von sich. Er berichtete, warum es ihn zur Kirche und zum christlichen Glauben gezogen hatte und dass es der richtige Schritt für ihn gewesen sei, denn schließlich habe er im Glauben seine Erfüllung gefunden. Anschließend wurden wir wieder der Reihe nach zum Gespräch gebeten, aber er fasste sich relativ kurz, und so konnte ich mich noch mit meinen Zimmergenossen austauschen. Wir waren alle gut drauf.

Auch der Sonntag zog vorbei wie im Flug. Während wir auf der Mauer am Platz saßen, vertraute ich mich den anderen an und erzählte ihnen von den Tunesiern und ihren Uhren. Jonathan und Abdul waren eher skeptisch, während Erwin die Idee total geil fand. Er kannte solche nachgemachten Uhren und sah kein Risiko darin, sie zu verhökern. Er meinte, er hätte gesehen, wie diese Uhren in London und Paris für hundert Dollar gehandelt würden. Die Leute wären ganz verrückt danach. Notfalls könnte er mir sogar helfen. Er könnte sich gut vorstellen, die Uhren an die reichen Bonzen in dem Luxushotel, in dem er ab morgen arbeiten würde, zu verkaufen. Von denen könnten sich die meisten zwar eine original Rolex leisten, aber gerade solche reichen Leute wären oft die geizigsten. Darum wären Schnäppchen immer willkommen.

Ich schätzte die Situation ähnlich ein. Es juckte mich ungemein, den Uhrendeal zu machen. Noch ein paar Tage arbeiten, und dann könnte ich mir mindestens zehn Uhren kaufen und sie anschließend verticken.

Aus heiterem Himmel standen die beiden Tunesier plötzlich vor uns. Jonathan und Abdul kannten die beiden. Sie begrüßten sich freundlich, aber distanziert. Sie seien Freunde von Hassan gewesen, der ja auch bei Bob gewohnt hatte. Beide hätten vor Wochen versucht, bei Bob unterzukommen, aber er hätte ihnen eine Absage erteilt. Jetzt begriffen sie, dass ich mit den anderen zusammenwohnte. Falls sie überhaupt Vorbehalte mir gegenüber gehabt hatten, waren die spätestens in diesem Moment verflogen.

Ich wohnte bei Bob – das war wie eine Art Visitenkarte. Sie konnten mir vertrauen.

Ich besprach mit ihnen, am Dienstag oder Mittwoch zehn Uhren zu übernehmen und ihnen dann spätestens am Wochenende das Geld dafür zu geben. Eine kleine Anzahlung müsste ich allerdings beim Erhalt der Ware leisten.

»Kein Problem«, sagte ich. »So viel Kohle hab ich gerade noch.« Den Rest des Sonntags verbrachten wir alle zusammen lachend, lästernd, schnorrend und kiffend am Platz.

Der nächste Morgen begann mit einem Desaster. Wir standen pünktlich um halb fünf vor der Haustür, um abgeholt zu werden, aber der Fahrer verspätete sich leicht. Als er kam, sahen wir gleich, dass er eine Scheißlaune hatte. Die anderen Typen im Bus guckten neugierig aus dem Fenster, während er auf uns zuhielt. Er deutete mit dem Zeigefinger auf Jonathan und mich und schrie uns an:

»Ihr Vollidioten habt uns beschissen! Wir haben rausgekriegt, dass ihr mindestens vier Straßenzüge, die ihr abzuarbeiten hattet, überhaupt nicht beliefert habt. Kein einziges Flugblatt hat die Kunden erreicht. Was habt ihr gemacht, verdammte Scheiße? Denkt ihr, wir sind bescheuert und kontrollieren euch Loser nicht?«

Jonathan und ich waren einfach nur sprachlos und glotzten ihn an.

»Ihr könnt froh sein, wenn wir euch nicht wegen Beschiss anzeigen. Ihr könnt gleich wieder nach oben zu eurem Bob gehen. Ich will euch hier nie wieder sehen!«

Abdul schaltete sich ein. »Wenn die beiden nicht mehr arbeiten dürfen, dann hör ich auch auf.«

»Nein«, unterbrach Jonathan. »Spinnst du? Sei froh, dass du den Job hast. Wir finden schon was anderes.«

»Doch, ich hör auch auf«, erwiderte Abdul. »Wir sind beste Freunde. Ich will dich nicht hängen lassen.«

»Aber das tust du doch gar nicht. Denkst du, mir geht's besser, wenn du auch deinen Job verlierst?«

Das klang für Abdul einleuchtend. Er überlegte kurz und sagte schließlich:»Gut – dann mach ich weiter. Aber alles, was ich verdiene, wird brüderlich zwischen uns geteilt.«

»Auf keinen Fall«, antwortete Jonathan heftig.»Spinnst du?«

»Ich teile mit dir«, entgegnete Abdul entschlossen.»Ob du's willst oder nicht.«

Er lächelte entwaffnend und umarmte seinen besten Freund, der ihn gerührt an sich drückte. Dann stieg er in den Bus, in dem der Fahrer ungeduldig fluchend auf ihn wartete. Mit quietschenden Reifen raste er davon.

Jonathan und ich sahen uns schweigend an. Wir waren beide komplett überrumpelt, hatten ein schlechtes Gewissen und waren zudem noch hundemüde. Jonathan blickte zur Wohnung hoch und bedeutete mir mit einem Nicken, ihm zu folgen.

Als wir den Flur betraten, kam uns Bob entgegen. Er war schon fertig angezogen und sah uns sofort an, dass irgendwas Unschönes passiert sein musste.

»Guten Morgen. Was steht ihr hier rum? Warum arbeitet ihr nicht?«

»Wir haben einen Fehler gemacht, Bob«, antwortete Jonathan leise.»Wir sind gefeuert worden.«

»Wieso?«, fragte Bob.»Was habt ihr angestellt?«

Jonathan nahm die Schuld auf sich und behauptete, es sei seine Idee gewesen, nach dem Frühstück lieber etwas auszuruhen, anstatt zu arbeiten. Wir wären so müde gewesen, wüssten aber spätestens jetzt, dass wir unverantwortlich gehandelt hätten, und es täte uns total leid.

»Erzähl nicht so einen Quatsch, Jonathan«, warf ich ein.»Ich war es, der dich dazu überredet hat, im Park zu pennen, anstatt diese dämlichen Flugblätter zu verteilen. Bob, im Ernst, Jonathan wollte das eigentlich gar nicht. Es ist allein meine Schuld.«

Bob wirkte immer noch gefasst, aber wir spürten, dass es in ihm brodelte.

»Ihr erzählt mir hier gerade, dass ihr es vorgezogen habt, in irgendeinem Park zu pennen, anstatt noch lächerliche zwei Stunden zu arbeiten. Zwei Stunden! Aber die armen Jungs sind ja so schrecklich müde, dass sie unbedingt ausschlafen müssen.«

Toril und Teige steckten neugierig die Köpfe aus ihrem Zimmer. Als sie die Situation checkten, schlossen sie schnell die Tür hinter sich und waren vermutlich froh, nicht hineingezogen zu werden.

»Wisst ihr eigentlich, dass ich hier einen guten Ruf zu verlieren habe? Dass Infor Jeunes einen guten Ruf zu verlieren hat?«, fragte er zunehmend lauter. »Wir arbeiten mit so vielen Agenturen zusammen, denen wir immer zuverlässige Leute schicken. Aber wenn sich jetzt herumspricht, dass wir mittlerweile auch unreife, verantwortungslose Jungs vermitteln, die anscheinend nicht in der Lage sind, zu begreifen, dass das Leben anders tickt und dass sie mit völlig falschen Werten leben, ist unser Ruf ganz schnell ruiniert. Und dann können wir einpacken. Dann war unser jahrzehntelanges soziales Engagement umsonst.«

Nachdem er sich so aufgeregt hatte, sackte er mit dem letzten Satz förmlich in sich zusammen und sank deprimiert auf einen Stuhl. Er tat uns in diesem Moment ehrlich leid. In der Schule hätte man unser Vergehen vielleicht als Dumme-Jungen-Streich eingeordnet. Dagegen hatte dieser Stress eine völlig andere Dimension. Das hier war existenziell, es ging um viel mehr. Bob ging es um viel mehr. Mir wurde klar, dass er nicht nur ein Seelsorger war, sondern auch eine Art Manager einer Jobvermittlungsfirma mit Tradition. Er hatte Verantwortung.

Keiner von uns sagte ein Wort, es war eine beklemmende Situation.

Schließlich erhob Bob sich wieder und sagte ruhig:

»Ihr sucht euch jetzt selbst einen Job, und zwar ganz schnell.

Ich gebe euch eine Woche Zeit. Wenn ihr bis dahin nichts gefunden habt, müsst ihr das Zimmer räumen.«

Kopfschüttelnd ging er Richtung Büro. Kurz davor drehte er sich noch mal zu uns um und sagte versöhnlich:

»Übrigens, das Einzige, was mir gefallen hat, war, dass ihr die Mitschuld des anderen auf die eigenen Schultern nehmen wolltet. Hilf deinem Nächsten. Das ist ein guter Ansatz.«

Ich glaubte, ein mildes Lächeln in seinem Gesicht zu erkennen, aber vielleicht wollte ich es auch einfach nur sehen.

Jonathan und ich gingen in unser Zimmer. Erwin stand gerade auf und machte sich fertig für seinen ersten Arbeitstag im Luxushotel.

»Was war denn da eben los?«, fragte er. »Wieso ist Bob so laut geworden?«

Wir berichteten ihm von dem Vorfall und baten ihn dann, ob er im Hotel nachfragen könnte, ob es für uns irgendeinen Job gäbe, Teller waschen oder so.

»Kann ich machen, Jungs. Aber nicht gleich heute. Bin selber froh, wenn ich da bestehe. Die Hotelbranche ist brutal. Scheißarbeitszeiten, miese Kohle, arrogante Gäste, Scheißvorgesetzte, verfickte Hierarchien … Aber wenn du einen richtig guten Job machst, dann kannst du auch schnell die Karriereleiter hochklettern. Du musst alles geben, um dich hochzudienen. Unter hundertfünfzig Prozent läuft da gar nichts.«

Er versprach, sich in den nächsten Tagen für uns einzusetzen. Wir wünschten ihm viel Glück, dann machte er sich auf den Weg. Er hatte sogar ein Jackett an und sah damit richtig adrett aus. Meine Mutter wäre begeistert gewesen.

Jonathan und ich legten uns angezogen auf unsere Betten. Wir sprachen kein Wort und glotzten zur Decke. Nachdem wir eine ganze Weile geschwiegen hatten, wollte ich mich bei ihm entschuldigen, aber er blockte ab.

»Hör auf damit. Bleib locker. Es ist nicht deine Schuld. Ich hätte deinen Vorschlag, im Park zu schlafen, ja ablehnen können.«

Wir schwiegen weiter, und ich döste allmählich weg.

Irgendwann weckte Jonathan mich und machte den Vorschlag, dieses Luxushotel von Erwin zu suchen. Der sei schließlich so umtriebig, dass er es vielleicht wirklich schaffen könnte, uns auf die Schnelle einen Job zu besorgen.

»Dann wissen wir wenigstens schon, wo wir demnächst unsere Kohle verdienen und wo sich der Schuppen befindet«, meinte Jonathan.

Die Idee war gut. Also trollten wir uns aus der Wohnung, überquerten den Grand Place und kamen ein paar Straßen weiter zu einem riesigen, altehrwürdigen Hotel, vor dem mehrere Taxis standen. Es fuhren auch große Limousinen vor, aus denen ausschließlich feine Pinkel stiegen. So gar nicht zur Jahreszeit und schon gar nicht zu diesen warmen Sommertagen passend, trugen sie dunkle Anzüge mit Krawatten und die dazugehörenden Frauen entsprechende Kostüme.

Aus dem pompösen, von Säulen eingerahmten Eingangsportal kam Erwin jedes Mal beflissen herbeigeeilt und schleppte unzählige Koffer wieder hinein. Er hatte eine Pagenuniform an, die ihm ausgesprochen gut stand, und konnte natürlich mit all den ankommenden reichen Leuten sofort in deren Landessprache reden. Er machte das so charmant, dass ihm immer wieder ein Trinkgeld zugesteckt wurde, das er diskret in seiner Hosentasche verschwinden ließ. Irgendwie erinnerte er mich an einen Schauspieler, der in einem alten deutschen Film einen Hotelpagen gespielt hatte. Er war ein Hochstapler und hatte trotzdem alle Sympathien auf seiner Seite. Der Typ hieß Felix Krull, und ich erinnerte mich nur deswegen an den Film, weil meine Mutter total verknallt in den Hauptdarsteller war. Er hieß Horst Buchholz und sah in seiner Uniform ähnlich gut aus wie Erwin, nur dass dieser blond und bestimmt noch einen Tick charmanter war als der Filmstar.

221

Jonathan und ich waren beeindruckt, Erwin machte das richtig gut. Er war total auf seine Arbeit fixiert und bekam gar nicht mit, dass wir ihn beobachteten. Gern hätten wir gewusst, wie viel Trinkgeld er wohl am Tag kassierte. Für das allein hätte sich die Arbeit vermutlich schon gelohnt.

Als hätten wir uns verabredet, trafen wir am Grand Place sofort auf die beiden Tunesier. Stimuliert durch Erwin, seinen Erfolg, seine gewinnende Art und nicht zuletzt durch die Lobeshymnen, die Bob auf ihn sang, war ich bereit, Nägel mit Köpfen zu machen und ins Risiko zu gehen. Achmed machte mir ein sensationelles Angebot. Er wollte mir die Uhren für umgerechnet zehn Mark pro Stück überlassen, wenn ich mindestens zehn abnähme. Ich überlegte nicht lange und gab ihm meine letzten dreihundert Francs, also umgerechnet zwanzig Mark, als Anzahlung. Ich verabredete mit den beiden, ihnen am Freitag die restlichen achtzig Mark vorbeizubringen.

In einer unbelebteren Gasse in der Nähe öffneten sie ihre Tasche und überließen es mir, die besten Exemplare auszusuchen. Die Cartier-Uhren waren meinem Geschmack nach viel schöner als die von Rolex. Sie waren filigraner und etwas dezenter als die protzigen Riesenuhren von Rolex, die in Hamburg eigentlich immer nur von Zuhältern getragen wurden. Vielleicht war das auch nur ein Klischee, aber wer Rolex trug, war reich und prollig zugleich.

Die beiden Tunesier registrierten sehr wohl, dass ich ausschließlich Cartier nahm.

»Unterschätz Rolex nicht«, sagte Achmed. »Die sind zwar noch mal dreihundert Francs teurer für dich, aber du wirst sehen, die verkaufen sich doppelt so gut wie Cartier. Rolex steht für wahren Luxus. Die kommen durch ihre Größe am Handgelenk erst richtig zur Geltung. Jeder kann sehen, dass der Besitzer reich sein muss.«

Okay, die beiden hatten schließlich Erfahrung. Das Argument überzeugte mich. So nahm ich fünf Cartier- und fünf Rolex-Uhren und wollte sie in meinen Hosentaschen verstauen.

»Hey, was machst du denn da?«, fragte Achmed. »Du hast genau die richtigen Klamotten an, um die Uhren zu verscherbeln. Nicht in der Hosentasche, am Arm werden die getragen.«

Damit schob er seinen Hemdsärmel hoch, und ich sah, dass er an seinem Unterarm mehrere Armbanduhren nebeneinander trug.

»Ist viel einfacher so«, sagte er. »Die Leute können sofort sehen, wie die Uhren am Handgelenk wirken. Du musst nicht erst jede einzelne Uhr aus der Hosentasche ziehen. Das ist viel zu aufwendig. Du musst den Deal schnell abwickeln, oder willst du, dass die Bullen auf dich aufmerksam werden?«

»Die Uhren sind ja nicht geklaut«, entgegnete ich. »Was wäre denn daran so schlimm?«

Achmed grinste. »Das sind Fälschungen, Mann. Kapierst du das nicht? Das ist kriminell! Für so was kannst du in den Knast gehen. Oder glaubst du, der Firma Rolex gefällt das, wenn du originalgetreue Uhren mit ihrem Label für lächerliche vierhundertfünfzig Francs kaufen kannst?«

Im Grunde fand ich es wirklich nicht besonders schlimm. Mein Unrechtsbewusstsein hatte sich im Lauf der letzten Wochen anscheinend komplett verabschiedet. Aber ich tat so, als hätte ich die Dimension des Delikts endlich begriffen.

Ich hatte ein rosa-weiß gestreiftes Sweatshirt mit langen Ärmeln an, eigentlich viel zu warm für diese Hitze, aber ich hatte ja nicht besonders viel Auswahl, was meine Klamotten betraf. Entschlossen schob ich die Ärmel hoch und ließ mir von Achmed helfen, an einem Arm die Cartier-Uhren und am anderen Arm die Rolex-Uhren umzubinden. Ich zog die Ärmel wieder runter und stellte fest, man sah nichts. Genial, dachte ich.

»Na, dann viel Glück!«, sagte Achmed. »Wir sehen uns wahrscheinlich sowieso die nächsten Tage am Platz. Freitag bringst du uns die restliche Kohle, und wenn du gut bist, können wir gern weiter zusammenarbeiten. Also Freitag zweitausendsiebenhundert Francs.«

»Wieso?«, entgegnete ich. »Zwei hab ich doch schon bezahlt. Dann bleiben noch acht Uhren übrig. Das sind tausendzweihundert Francs.«

»Hey«, übernahm jetzt der andere Tunesier aggressiv das Wort. »Wir haben doch gesagt, die Rolex kosten dreihundert mehr. Hast du was mit den Ohren, oder kannst du nicht rechnen?«

Ich mochte ihn nicht, er wirkte immer angespannt und lauernd. Außerdem hatte er tierische Muckis.

»Oh, sorry«, antwortete ich. »Das hatte ich vergessen. Ihr habt recht.«

Ich hatte es natürlich nicht vergessen, aber ich wollte testen, ob die beiden rechnen konnten oder mir zumindest den Aufpreis erlassen würden. Wir besiegelten unseren Deal mit einem Handschlag. Danach ging ich zurück zum Platz, während die beiden Tunesier Richtung Bahnhof abdackelten.

Ein bisschen merkwürdig kam ich mir schon vor. Meine Unterarme waren richtig schwer. Zehn monströse Luxusuhren an beiden Armen. Wenn ich die Ärmel hochzog, sah ich aus wie einer von der Mafia.

Jonathan hatte auf mich gewartet, und ich zeigte ihm stolz meine Ware.

»Du bist verrückt, Helmut«, sagte er. »Wir sind doch hier nicht auf einem arabischen Basar. Die Leute werden denken, das ist Hehlerware, die du geklaut hast.«

»Und wenn schon«, antwortete ich. »Ich erkläre ihnen ja, dass die Uhren aus China kommen und dass es vollkommen legal ist. Achmed meinte, nur Kenner würden sehen, dass das Fälschungen sind. Wart's ab, ich probier das gleich aus.«

Ich ging direkt vor der Mauer auf ein älteres Touripärchen aus

Deutschland zu. Höflich fragte ich, ob der Mann interessiert sei, seiner Frau eine richtig schicke Cartier-Uhr zu schenken. Dann schob ich meinen Ärmel hoch und zeigte ihnen die fünf Uhren. »Oder möchten Sie lieber eine Rolex?« Ich wandte mich dem Mann zu und schob den anderen Ärmel hoch. »Ich mache Ihnen ein Topangebot!«

»Geh mal nach Hause zu deiner Mutti und erzähl ihr, was du für ein Früchtchen bist«, antwortete der Mann. »Wo hast du die denn geklaut? Soll ich die Polizei rufen?«

Ich wurde leicht panisch und versuchte, ihnen zu erklären, dass alles seriös sei. Dabei überschlug ich mich fast mit meinen Argumenten, aber die beiden hasteten wortlos weiter. Sie hatten nicht einen Blick für die schönen Uhren übrig. Mit Kriminellen wollten sie nichts zu tun haben.

»Das ist die deutsche Jugend heute«, hörte ich den Mann noch zu seiner Frau sagen. »So weit sind wir jetzt gekommen. Sogar im Ausland ruinieren diese Gammler unseren Ruf.«

»Hey, du Nazi«, rief ich ihm wütend hinterher.

Er blieb stehen, drehte sich langsam um und fixierte mich mit einem gefährlichen Blick.

»Zu der Zeit hätte es so was jedenfalls nicht gegeben«, rief er zurück und kam angsteinflößend auf mich zu.

Einen Eklat mitten auf dem Platz wollte ich mit meinen zehn Uhren an den Armen unbedingt vermeiden. So zog ich es vor, das Weite zu suchen. Ich verschwand schnell um die nächste Ecke und beobachtete, wie der Typ und seine Frau endlich verschwanden.

Dann kam ich zurück und drehte mich suchend nach Jonathan um. Der reckte spöttisch den Daumen. Erste Niederlage auf ganzer Linie.

Egal! So schnell ließ ich mich nicht entmutigen. Ich musste meine Verkaufstaktik ändern. Auf keinen Fall durfte ich die Uhren so schnell zeigen. Also versuchte ich, die Leute zuerst in ein Gespräch zu verwickeln, um dann meine Arme zu entblößen. Immerhin gab es zwei Frauen um die dreißig, die sich wenigstens die Zeit nahmen, die Cartier-Uhren zu mustern.

»Das sind ja ganz billige Fälschungen«, sagte die eine. »Das sieht man doch auf drei Meter Entfernung.«

»Nein, das stimmt nicht«, entgegnete ich engagiert. »Die sind fast perfekt. Nur ein Fachmann kann erkennen, dass es sich um Nachbildungen handelt.«

»Und was sollen die kosten?«, erkundigte sich die andere.

»Für Sie vierhundertfünfzig Francs«, erklärte ich. »Normalerweise sind die hier am Platz nicht unter achthundert zu kriegen.«

»Ist ja niedlich«, antwortete sie. »Vorhin am Bahnhof wollten uns zwei Araber ganz ähnliche Uhren für hundertfünfzig Francs das Stück verkaufen. Du musst dir schon eine andere Masche einfallen lassen.« Schmunzelnd zogen die beiden weiter. »Der ist ja süß«, rief die eine der anderen lachend zu.

Eine Katastrophe, dachte ich. Wieso verscheuerten Achmed und sein Kumpel die Uhren zu demselben Preis, den sie mit mir ausgehandelt hatten? Wie konnte ich einen Gewinn einfahren, wenn wir uns gegenseitig Konkurrenz machten? Riesenscheiße! Mir wurde klar, dass ich mit dem Preis runtergehen musste. Lieber ein bisschen Gewinn als gar kein Gewinn. Also versuchte ich mein Glück mit dreihundert Francs und der Hoffnung, dass die potenziellen Kunden nicht schon vorher den beiden Tunesiern begegnet waren. Aber es lief nicht gut. Ich verkaufte an diesem Tag nicht eine einzige Uhr.

Gegen Abend ging ich frustriert zur Wohnung. Ich hatte einen Mörderkohldampf und freute mich aufs Abendessen. In der Wohnung angekommen, versteckte ich die Uhren in meinem Armeesack. Außer Jonathan wusste ja niemand davon, und das sollte auch so bleiben.

Es gab Suppe wie immer, aber ich aß Unmengen von Brot. Das sättigte.

Bob bestellte mich heute als Ersten in sein Büro. Es nervte zwar, aber ich war neugierig, ob er immer noch so sauer war. Er bot mir den Platz vor seinem Schreibtisch an und musterte mich, ohne ein Wort zu sagen. Mir wurde mulmig zumute. Was sollte dieses endlose Schweigen?

»Helmut, was machst du mit deinem Leben?«, fragte er schließlich.

Oh Gott, dachte ich, das geht ja gut los.

Bob schien meine Gedanken lesen zu können.

»Ich weiß«, fuhr er fort. »Dich nerven unsere Gespräche, aber ich kann dich damit nicht verschonen. Ich muss mit dir reden, weil du ein Getriebener bist. Und vor allem einer, der nicht reflektieren kann. Du sagst, du bist achtzehn Jahre alt. Warum benimmst du dich dann, als wärest du zwölf? Du versteckst dich hinter der Verletzung, oder soll ich sagen: Demütigung, deine Eltern hätten dich rausgeschmissen, und nimmst dir damit das Recht, dein Leben bei ihnen zu verunglimpfen – oder, besser gesagt, es am liebsten für dich zu löschen. Als sei es ein Fehler, ein Vorleben zu haben. Es gibt nur ein Leben, Helmut. Das Leben bei deinen Eltern, deinen Geschwistern, bei deinen früheren Freunden gehört dazu! Du kannst nicht das eine Leben von dem anderen trennen. Beides gehört zusammen. Ich wiederhole es noch mal: All das, was früher war, gehört dazu. Du kannst nicht zwei Leben gleichzeitig leben!«

Bob berührte irgendetwas in mir, und ich hörte ihm aufmerksam zu. Er spürte das und fuhr fort: »Du musst es ganzheitlich sehen, Helmut. Es ist oft schmerzhaft, Erlebnisse von früher zu verarbeiten und in die Gegenwart einfließen zu lassen. Entweder schaffst du es durch Einsicht: Du erkennst Fehler, die du gemacht hast. Oder du schaffst es durch Vergebung: indem du Fehler, die andere gemacht haben, verzeihst. Und damit sind wir bei Jesus Christus. Er hat versucht, der Menschheit einen Glauben zu geben. Den Glauben an Gott. Dieser Glaube steht für Nächstenliebe, für Frieden auf Erden, für Gerechtigkeit und für viele wunderbare

Tugenden. Aber was ist geschehen? Die Menschen haben ihn dafür bestraft. Sie haben ihn verraten, und sie haben ihn gekreuzigt.«

Er machte eine lange Pause. Schließlich sprach er weiter und sah mir direkt in die Augen.

»Und was hat Jesus Christus gemacht?«

Er erwartete offenbar eine Antwort von mir, aber ich zuckte nur mit den Schultern.

»Er hat den Menschen vergeben. Vergebung aller Sünden. Er hat ihnen ihre Schuld abgenommen und ist unter großen Leiden für sie gestorben ... bevor er wiederauferstand.«

Wieder machte er eine lange Pause und beobachtete mich. Er war wohl gespannt, was für eine Wirkung seine Worte auf mich hatten.

In meinem Kopf schwirrte es. Ich verstand viel, aber ich verstand nicht alles. Klar, dass er wieder die Versöhnung mit meinen Eltern anstrebte, aber diesen gewaltigen Bogen über Jesus kapierte ich nicht. Um anderen Menschen zu vergeben, musste ich ja nicht gleich an Kreuzigung und Wiederauferstehung denken. Was war das für eine Dimension?

Bob merkte, dass ich irritiert war, und freute sich, dass ich ihm zum ersten Mal richtig zuhörte. Würden wir doch noch Freunde werden?

»Helmut, du begreifst dich als Hippie. Die Hippies dieser Welt haben sich Liebe und Frieden, Love and Peace, auf ihre Fahnen geschrieben. Das ist eigentlich wunderbar. Aber lebe dann doch auch danach. Verinnerliche es, und nimm es nicht nur als bloße Worthülse. Begreife dein ganzes bisheriges Leben als Einheit. Das wird dich festigen und formen. Und nur so wirst du Liebe und Frieden in dir finden.« Dann stand er auf und gab mir die Hand. Ich ergriff sie und sagte aufrichtig:

»Vielen Dank, Bob. Und das mit dem Job tut mir ehrlich leid.«

»Dann macht jetzt das Beste draus, ihr beiden«, antwortete er freundlich. »Schickst du mir bitte Jonathan rein?«

Ich ging erleichtert in den Flur und gab Jonathan ein Zeichen. Er saß noch mit Abdul zusammen am Tisch und ließ sich berichten, wie sehr sich der Fahrer aufgeregt hatte. Bis Antwerpen hätte er ununterbrochen geflucht.

Ich ging ins Zimmer und legte mich in Klamotten aufs Bett. Das Gespräch mit Bob war gar nicht so schlecht gewesen. Es wirkte noch in mir nach.

Bald darauf gesellten sich Jonathan und Abdul zu mir, und schließlich kam Erwin euphorisch ins Zimmer. Er war zwar ein bisschen kaputt von der Arbeit, aber total zufrieden.

»Hey, Leute, ich muss dringend was essen. Habt ihr noch Hunger?«, fragte er.

»Immer«, antwortete ich für uns drei.

»Dann kommt mit. Ich lade euch ein. Ihr glaubt nicht, wie die Leute mit Geld rumschmeißen. So viel Trinkgeld wie heute hab ich noch nie bekommen. Und das war gerade mal der erste Tag. Los, kommt, wir gehen zum Italiener. Es gibt Spaghetti satt.«

Das ließen wir uns nicht zweimal sagen. Bestens gelaunt rauschten wir ab und landeten bei dem Italiener, bei dem ich schon mit Monique gegessen hatte. Dem mit dem leckeren Kaugummikäse.

Erwin war nicht zu bremsen. Er überschlug sich fast mit seinen Erzählungen. Er hatte tatsächlich fünfhundert Francs Trinkgeld gekriegt. Mehr als dreißig Mark. An einem Zwölf-Stunden-Arbeitstag. Wir rechneten sofort hoch, wie viel er dann wohl im Monat zusammenkriegen würde, selbst wenn er nur die Hälfte bekäme. Wir beknieten ihn, sich zu erkundigen, ob es für uns kleinere Jobs in dem Hotel gäbe. Das Gewerbe schien ja eine reine Goldgrube zu sein.

Irgendwann erzählte ich ihm von den Uhren. Er hörte interessiert zu und sagte dann: »Ich guck mir die nachher mal an. Ein bisschen Ahnung hab ich von Uhren. Und wenn du sie nicht loswirst, Helmut, ich sag's dir noch mal: Die reichsten Macker sind die geizigsten. Die hecheln jedem Sonderangebot hinterher. Ihr habt ja gemerkt, dass ich ganz gut reden kann. Ich verscheuer denen deine Uhren. Da kannst du einen drauf lassen.« Dann bestand er darauf, uns allen noch ein Bier auszugeben. Darauf folgte noch eins und noch eins, und schließlich gingen wir total angeschickert zur Wohnung zurück.

Im Zimmer holte ich meinen Armeesack unterm Bett hervor und kramte die Uhren raus. Erwin begutachtete sie, drehte und wendete sie und sagte dann:

»Jede Rolex hat normalerweise hier hinten einen winzigen blauen Punkt. Ich versteh nicht, warum die das nicht hinkriegen. Die sind nämlich ansonsten gar nicht schlecht gemacht. Ich kann's morgen mal testen, wenn du willst. Soll ich sie mit zur Arbeit nehmen?«

»Total nett, Erwin«, sagte ich. »Aber lass mal. Ich will das noch mal selbst probieren. Vielleicht hab ich mich einfach nur zu dämlich angestellt. Wahrscheinlich bin ich nicht abgebrüht genug. Lügen muss eben gelernt sein.« Die anderen lachten über den Spruch. »Aber wenn ich's morgen wieder nicht bring, dann wäre das natürlich klasse, wenn du mir helfen würdest.«

»Kein Problem«, sagte Erwin. »Ich helfe dir gern, Helmut.«

Ich erkundigte mich noch schnell: »Was meinst du denn, wie viel du dafür nehmen kannst?«

»Nicht unter fünfhundert Francs«, meinte er. »Mindestens! Ich würde mit achthundert anfangen. Mal sehen, wo sich der Preis einpendelt.« Grinsend setzte er hinzu: »Aber zwanzig Prozent gehen dann an mich, okay?«

Ich wäre sogar bereit gewesen, ihm dreißig Prozent zu geben, so befreit fühlte ich mich von der Last, alle Uhren morgen auf Biegen und Brechen am Platz verscheuern zu müssen.

»Wenn es gut läuft, Erwin, dann könnte ich noch mehr davon besorgen. Die beiden Typen haben Hunderte davon.«

»Okay«, sagte er. »Warten wir erst mal ab. Bin selber gespannt.«

Wir zogen uns aus, gingen brav ins Badezimmer, lästerten noch über den dämlichen Fahrer mit seinen Wutausbrüchen, und bald darauf waren die anderen eingeschlafen.

Was für ein Tag! Erst gefeuert, dann der Uhrenkauf, am Abend das Gespräch mit Bob und jetzt das Glück, in Erwin einen Freund gefunden zu haben, der mir aus der Patsche helfen wollte. Beruhigt schlief auch ich endlich ein.

Abdul, die arme Sau, musste am nächsten Morgen als Erster raus, wieder um fünf ab nach Antwerpen. Wir anderen schliefen genüsslich weiter.

Um halb acht stand Erwin auf. Wir hörten die Mädchen im Flur, die das Frühstück vorbereiteten, und gesellten uns dazu.

Ich war voller Elan. Heute wollte ich es wissen. Heute wollte ich meine Uhren verkaufen und mir selbst beweisen, dass ich es konnte.

Leider war es noch zu früh für den Grand Place. Die Touristen kamen erst später. Also ging ich zum Bahnhof, aber das war keine gute Idee, weil die vorbeihastenden Leute alle zur Arbeit mussten und nicht die Zeit hatten, sich Uhren anzusehen. So blieb ich bis mittags erfolglos.

Gerade wollte ich wieder zum Platz gehen, als ich die beiden Tunesier sah. Das passte mir gut. Ich wollte sie sowieso zur Rede stellen, warum sie die Uhren so billig verkauften und mir indirekt das Geschäft vermasselten.

»Das geht dich einen Scheißdreck an«, sagte Achmed erbost. »Jeder hat seine eigene Strategie. Mach du das auf deine Art, wir machen es auf unsere, okay?«

Ich wollte mich mit dieser Auskunft nicht zufriedengeben und wurde auch wütend.

»Das ist doch link! Die Leute haben mich gestern ausgelacht, als ich meine Preise genannt hab. Wenn ich die Dinger zu euren Preisen verscherbel, mach ich null Gewinn. Dann ist das ein

Scheißdeal für mich. Wir können uns doch absprechen, wie viel wir nehmen.«

»Halt das Maul, und verpiss dich vom Bahnhof«, schrie mich plötzlich der andere Tunesier an und kam mir sehr nah. »Erstens ist das hier unser Revier, und zweitens, wenn du es nicht draufhast, die Ware zu verticken, dann ist das dein Problem. Wir kriegen Freitag unsere Kohle, sonst kannst du dir für Samstag schon mal ein Bett im Krankenhaus reservieren. Ist das klar?«

Er war tierisch aggressiv. Ich hatte Schiss vor ihm. Wortlos drehte ich mich um und ging Richtung Grand Place.

»Freitag, hörst du?!«, rief mir der Arsch noch hinterher. »Sonst passiert was.«

In was für einen Dreck bin ich da wieder reingestolpert, dachte ich. Als ich die beiden kennengelernt hatte, hatte mir mein Instinkt sofort gesagt, dass ich sie meiden sollte. Ich hatte sie von Anfang an nicht gemocht. Jetzt bedrohten sie mich, und ich hatte keine andere Chance mehr, als die Uhren schnell zu verkaufen. Danach würde ich mich nie wieder auf die Typen einlassen.

Am Platz gingen die Misserfolge weiter. Keine Sau war an Cartier oder Rolex interessiert. Ich versuchte alle möglichen Methoden, um an die Leute ranzukommen. Ich war höflich, seriös, fachmännisch, penetrant oder machte den Klassenclown und versuchte, sie über gute Laune und Lachen zu kriegen. Der einzige Erfolg bestand darin, dass ich zwei, drei Mal bei einigen Frauen Interesse weckte und sie sogar überreden konnte, mit mir in eine Nebengasse zu kommen, um sich da in Ruhe die Uhren anzuschauen. Eine Frau war schließlich bereit, mir hundert Francs zu geben. Das war weit unter dem Preis, den ich bezahlt hatte, und ging so gegen meinen Stolz, dass ich den Deal platzen ließ.

Am späten Nachmittag gab ich es auf. Ich hatte mit meinen jämmerlichen Versuchen über acht Stunden damit verbracht, nicht mal eine einzige Uhr zu einem annehmbaren Preis zu verkaufen. Frustriert setzte ich mich in eine der Gassen und improvisierte auf meiner F-Flöte ein paar traurige Melodien. Ich hatte keinen einzigen Franc mehr, dafür aber einen wahnsinnigen Hunger.

Ein paar Leute erbarmten sich meiner und schmissen etwas Geld auf meine Umhängetasche, die vor mir auf dem Boden lag. Das reichte für ein Baguette und eine Cola.

Auch machte ich mir Sorgen wegen Monique. Warum ließ sie sich nicht blicken? Ich vermisste sie. Nach unserem letzten Treffen, das so intensiv gewesen war, verspürte ich große Sehnsucht nach ihr. Ich beobachtete die anderen Mädchen, ihre Kolleginnen vom Touristenamt, auf ihren Rollern. Monique war leider nicht dabei. Ich hätte es mir so gewünscht. Gerade heute.

Zum Abendessen erschien ich pünktlich in der Wohnung und war froh, die anderen zu sehen. Erwin war auch schon da und erzählte von seinem zweiten Arbeitstag. Der war nicht so erfolgreich gewesen wie der erste, aber zweihundert Francs Trinkgeld waren doch wieder zusammengekommen.

Bob sollte nichts mitkriegen, darum besprach ich den Uhrendeal mit Erwin in unserem gemeinsamen Zimmer. Er war überrascht, dass ich es nicht geschafft hatte, auch nur eine Uhr zu verkaufen. Als ich ihm besorgt erklärte, dass ich nur noch drei Tage Zeit hätte, zweitausendsiebenhundert Francs zu beschaffen, machte er mir Mut.

»Das kriegen wir hin, Helmut! Du kennst Erwin nicht. Ich nehm die Dinger morgen mit, und du wirst sehen, bis übermorgen hab ich sie verscheuert. Irgendwas hast du falsch gemacht. Die Qualität ist wirklich super!«

Sein Optimismus tat mir gut. Jonathan und Abdul sprachen mir auch Mut zu, und darum konnte ich diese Nacht trotz aller Sorgen erstaunlich gut schlafen.

Am nächsten Morgen war Erwin der Einzige, der länger im Bett bleiben durfte. Er hatte Spätschicht und musste deswegen bis nachts um zwölf arbeiten. Ich war unglaublich gespannt, ob er mit meinen Uhren Erfolg haben würde. Als ich rausging, raunte ich ihm noch ein »Good luck, Erwin« zu. Mir blieb nichts weiter übrig, als wieder Flöte zu spielen. Dabei realisierte ich, dass wesentlich mehr Almosen geflossen waren, als ich noch mit Martin Musik gemacht hatte. Es war aber weit und breit kein Bongospieler in Sicht, mit dem ich als Duo hätte auftreten können. Mittags stellte ich mich wieder vor die Mauer und bettelte. Ich erzählte den Leuten, dass man mir das Bahnticket nach Hamburg geklaut habe.

Plötzlich hielt mir jemand von hinten die Augen zu. Monique! Sie küsste mich liebevoll und berichtete mir dann aufgeregt, Michel und die Band seien einverstanden, dass ich ihnen beim Aufbau des Equipments helfen würde. Michels Eltern hatten ein kleines Wochenendhaus in der Nähe des Festivals. Die Band würde dort schlafen, und für mich wäre auch noch ein Platz frei. Man würde mir sogar etwas Geld dafür geben. Der einzige Haken an der Sache war, dass ich Freitag selbstständig anreisen müsste. Sie selbst und die Band würden nämlich schon heute Abend losfahren.

Ich war im ersten Moment perplex. Was für eine geile Perspektive eröffnete sich mir da aus heiterem Himmel.

»Freitag ist perfekt, Monique«, sprudelte es aus mir heraus. »Ich trampe einfach. Bis dahin hab ich auch wieder ein bisschen Geld. Die müssen mir nichts zahlen. Ich freu mich so! Wie hast du das geschafft?«

Ich drückte sie an mich und knutschte sie so heftig, dass ihr fast die Luft wegblieb.

»Hey«, sagte sie lachend. »Du kriegst nur einen Job als Roadie. Ich rette dir nicht dein Leben!«

Schnell schrieb sie mir auf, wo genau ich am Freitag zu erscheinen hatte, küsste mich noch mal zärtlich und hauchte mir ins Ohr: »Bis Freitag, Filou. Ich liebe dich!«

Sie war mal wieder in Eile und musste gleich weiter. Ich begleitete sie zu ihrem Roller und winkte ihr so lange nach, bis sie nicht mehr zu sehen war.

Von dem bisschen Geld, das ich erspielt und erbettelt hatte, kaufte ich mir ein dick mit Salami belegtes Sandwich.

Es war ein traumhaft warmer Tag. Die Sonne schien seit Wochen unverdrossen auf Brüssels Innenstadt. Ich hatte beste Voraussetzungen für einen Neustart. Das Verkaufsproblem mit den Uhren sollte sich heute lösen. Mit Bob, meinem Gastgeber, schien ich im Reinen zu sein, und verliebt war ich auch noch. Es wendete sich also gerade alles zum Guten.

Aus der Gasse sah ich Jonathan und Abdul auf mich zukommen.

»Schmeckt's, Helmut?«, fragte Jonathan, er wirkte irgendwie verändert. »Von wessen Geld hast du denn das Sandwich bezahlt? Von meinem oder Abduls? Oder dem Geld von Bob oder Erwin oder Toril oder Teige?«

Ich verstand erst mal gar nichts. So ernst hatte ich die beiden noch nie erlebt.

»Spinnt ihr?«, erwiderte ich. »Was redet ihr denn für einen Scheiß? Ich hab mir gerade ein bisschen Geld zusammengeschnorrt und Flöte gespielt. Das hat mal so eben für dieses Sandwich gereicht. Was ist denn los mit euch?«

»Du bist ein Lügner, Helmut«, übernahm Abdul jetzt das Wort. »Du hast uns alle bestohlen. Wie kannst du nur so ein Schwein sein? Ist das wegen dieser idiotischen Uhren? Hast du Schiss vor den Arabern, oder warum linkst du uns alle so?«

»Seid ihr nicht ganz dicht?«, rief ich. »Ich hab euch nicht bestohlen! Niemals! Hey, ihr seid meine besten Freunde! Wie könnte ich euch beklauen?«

»Sorry, Helmut«, setzte Jonathan fort. »Wir glauben dir kein Wort. Abdul kam eben vom Job zurück und hat als Erster gemerkt, dass seine gesamte Kohle weg ist. Dann hat er's sofort Bob gemeldet, der daraufhin festgestellt hat, dass in seinem Büro eingebrochen worden ist und auch dort alles Geld weg war. Ich bin sofort wieder ins Zimmer gerannt, und auch mein Geld ist gestohlen worden. Toril und Teige heulen gerade um die Wette. Alles, was sie in den letzten Tagen verdient haben, ist fort. Wie kannst du nur so verlogen sein? Wie kann man nur seine Freunde bestehlen? Das ist wirklich das Letzte!«

Allmählich dämmerte mir, dass es ihnen wirklich ernst war.

»Ich schwöre euch, ich hab nichts damit zu tun!«, beteuerte ich verzweifelt. »Seid ihr wahnsinnig? So was würde ich nie und nimmer machen! Jonathan, Abdul, glaubt mir, bitte! Ich war das nicht!«

»Dann zeig doch mal, was du in den Hosentaschen hast«, redete Jonathan weiter. »Na los, zeig's uns!«

Die beiden wollten mich allen Ernstes filzen. Abdul machte Anstalten, mich abzutasten. Es war entwürdigend. Ich krempelte die Hosentaschen um und zeigte ihnen, dass sich nur noch ein Fünf-Francs-Stück darin befand.

»Hier!«, schrie ich und war kurz vor dem Heulen. »Ihr könnt meine Umhängetasche mit meiner Flöte auch filzen.«

Ich schüttete den gesamten Inhalt aus. Die Flöte, etwas Tabak, ein paar Papiertaschentücher – sonst war nichts drin.

»Deinen Armeesack haben wir schon durchsucht«, sagte Jonathan. »Da haben wir nichts gefunden. Also, sag schon, wo hast du unser Geld versteckt?«

Ich war geschockt. Die beiden glaubten mir tatsächlich kein Wort. Was für ein Wahnsinn. Sie hatten sogar meine Sachen durchwühlt.

»Zieh mal dein Sweatshirt aus«, sagte Abdul energisch. »Du trägst doch immer eine Brusttasche mit dir rum.«

Ich riss mir das Sweatshirt vom Leib und stand mit nacktem Oberkörper mitten auf dem Platz.

»Wollt ihr mir auch noch in die Unterhose gucken?«, schrie ich sie verzweifelt an und machte Anstalten, die Hose runterzuziehen.

»Lass gut sein, Helmut«, sagte Jonathan. »Komm lieber mit zu Bob.«

Sie nahmen mich in die Mitte und führten mich regelrecht ab. In der Wohnung angekommen, gingen wir direkt zu Bob ins Büro. Er saß hinter seinem Schreibtisch und sah mir wie tags zuvor schweigend ins Gesicht. Es entstand eine penetrant lange Pause. Jonathan und Abdul sicherten die Tür, als wäre ich ein Schwerverbrecher. Sie waren Bob gegenüber absolut loyal.

»Helmut«, eröffnete er schließlich das Gespräch. »Ich bin tief enttäuscht. Wir alle sind enttäuscht. Wie kannst du ausgerechnet uns, die wir dir alle vertraut und geholfen haben, bestehlen?«

Ich begann hysterisch zu heulen. Wenn ich eines nicht aushielt, dann dass ich ungerecht behandelt oder falsch verdächtigt wurde. Das war schon zu Hause und auch in der Schule so gewesen.

»Ich war das nicht, Bob«, beteuerte ich. »Ich bin heute Morgen ganz normal aufgestanden und zum Platz gegangen. Dort habe ich Flöte gespielt und gebettelt. Niemals würde ich einen von euch beklauen! Das musst du mir glauben! Ich schwöre das!« Dann schob ich noch, als würde ihn das überzeugen können, ein »Bei Gott« hinterher.

Ungerührt sagte er: »Geh in dein Zimmer und denke nach. Dann mach mir einen Vorschlag, wie wir verfahren sollen. Die Polizei rufen vielleicht? Besser wäre es für dich, du gestehst und gibst allen das Geld zurück. Ausziehen wirst du auf jeden Fall! Ich habe endgültig genug von dir und deiner kriminellen Energie. Ich weiß auch, dass du mit Diebesgut handelst. Diese Hehlerware, die du jetzt dem armen Erwin angedreht hast …«

Woher wusste Bob von den Uhren? Eine Riesenintrige braute sich über mir zusammen. Sollte ich ihm erklären, dass das keine Hehlerware war, sondern lediglich Fälschungen? Aber das hätte die Situation wohl auch nicht besser gemacht.

»Okay«, sagte ich weinend. »Macht, was ihr wollt. Ich hol meine Sachen und hau ab. Hier glaubt mir ja sowieso keiner.«

»Nein«, sagte Bob energisch. »Du rückst jetzt das Geld raus, und dann benachrichtige ich die Polizei.«

Heulend rannte ich ins Zimmer und warf mich bäuchlings aufs Bett. So geweint hatte ich seit dem Rausschmiss aus der Schule nicht mehr. Jonathan und Abdul folgten mir und blieben an der Tür stehen. Sie bewachten mich quasi.

»Ihr seid so scheiße!«, schrie ich sie an. »Wie könnt ihr so was von mir glauben?«

Stoisch blieben die beiden stehen. Keine Reaktion. Kein Trost. Kein gar nichts. Immerhin ließen sie mich so lange heulen, bis ich mich einigermaßen beruhigt hatte und klare Gedanken fassen konnte. Wenn die Polizei käme, würde alles auffliegen. Dass ich erst sechzehn war und mich in Belgien nicht ohne Erziehungsberechtigte aufhalten durfte, machte meine Situation noch schlimmer. Wo sollte ich denn jetzt hin?

Mein Blick fiel unter Erwins Bett. Ich sah, dass seine Klamotten weg waren. Weder unter dem Bett noch auf dem Bett oder dem Nachtschrank war irgendetwas von Erwin zu finden. So als hätte es ihn nie gegeben. Ein furchtbarer Verdacht stieg in mir auf. War er es am Ende gewesen? Er war morgens als Einziger allein in der Wohnung gewesen. Alle anderen waren arbeiten, auch Bob war morgens immer unterwegs.

»Wo ist Erwin? Seine ganzen Sachen sind weg. Hat er die mit ins Hotel genommen?«

Nun bemerkten auch Jonathan und Abdul, dass Erwins Platz geräumt war. Selbst aus dem Bad waren seine Utensilien verschwunden.

Jonathan machte den Vorschlag, dieses Luxushotel aufzusuchen und nach Erwin zu fragen. Unter der Bedingung, dass meine Sachen dablieben, ließ Bob mich mitgehen.

Ich schöpfte ein wenig Hoffnung. Irgendwie hatte ich das Gefühl, auf der richtigen Spur zu sein. Ich hörte meinen Vater sagen: »Einem Verbrecher sieht man seine finstere Gesinnung nie an. Er kann noch so freundlich nach außen wirken. In sein Inneres kannst du nicht sehen. Da tun sich oft Abgründe auf.«

Am Hotel angekommen, bemerkten wir als Erstes, dass ein anderer Page Erwins Job machte. Wir gingen auf ihn zu und fragten nach Erwin. Er musterte uns misstrauisch und schickte uns zum Concierge.

Im Foyer wunderten sich die Leute, wie wir Gestalten dort auftauchten. Missbilligende Blicke trafen uns. Der Concierge warf uns einen abschätzenden Blick zu.

»Entschuldigung«, sagte Jonathan. »Wir möchten uns nach einem Pagen Ihres Hotels erkundigen. Er heißt Erwin. Seinen Nachnamen kennen wir leider nicht.«

»Ich darf euch keine Auskunft geben. Nur so viel – einen Erwin kennen wir hier nicht. Wenn ihr aber Jan van Stappen, diesen blonden Holländer, meint, dann könnt ihr gleich hierbleiben.«

»Sorry«, sagte Jonathan. »Einen Jan van Stappen kennen wir nicht. Aber blond ist Erwin schon. Er hat erst vor ein paar Tagen hier angefangen.«

»Ja, genau«, entgegnete der Typ und wurde mit einem Mal ziemlich gesprächig. »Dann meinen wir denselben. Ist ja interessant, dass er auch noch mit verschiedenen Namen arbeitet. Wir suchen ihn. Das heißt, die Polizei sucht ihn jetzt. Der hat hier geklaut wie ein Rabe. Wir haben mindestens zehn Gäste, denen er das Bargeld gestohlen hat. Gestern schon, vorgestern wahrscheinlich auch. Woher kennt ihr ihn?«

»Wir wohnen mit ihm zusammen bei einem Pastor von Infor Jeunes«, antwortete Jonathan kleinlaut. »Gleich hinterm Grand Place.«

»Na, dann ist ja wenigstens die Adresse richtig«, fuhr der Typ fort. »Die Polizei müsste jetzt gerade dort sein. So ein Idiot. Er hat einen guten Job gemacht, der konnte sein Handwerk. Und nett war er auch. Aber man kann eben nicht reingucken in so Kriminelle.«

Ich schaltete mich schnell ein, ehe er noch auf die Idee kam, uns als Zeugen befragen zu lassen.

»Okay, dann gehen wir mal lieber schnell zurück. Vielleicht können wir der Polizei noch ein paar Informationen geben.«

»Ja«, meinte der Concierge. »Gute Idee. Dann beeilt euch mal. Hat er euch etwa auch beklaut?«

»Das kann man wohl sagen«, erwiderte Jonathan resigniert. »Uns alle.«

Wir bedankten uns für die Auskunft und verließen den Protzschuppen. Draußen blieben wir stehen. Ich guckte die beiden vorwurfsvoll an.

»Sorry«, sagte Jonathan schuldbewusst. »Ich glaube, wir haben dir unrecht getan, Helmut. Sorry!«

Er wollte mich in den Arm nehmen. Auch Abdul machte den Versuch, mich an sich zu drücken, aber ich schob beide weg. Zu verletzt war ich, zu enttäuscht, dass die beiden mir so eine Sauerei zugetraut hatten.

Wir rannten zu Bob. Ich checkte erst mal, ob die Bullen noch da waren, aber es stand kein Polizeiwagen vor der Tür. Vor der Wohnungstür lauschte ich, ob sich jemand im Flur befand, aber es war still. Wir gingen rein und klopften bei Bob, um ihm von unseren Erkundigungen zu berichten. Er bat uns einzutreten und blieb hinter seinem Schreibtisch sitzen. Man sah ihm an, dass er bereits informiert war. Eigentlich brauchten wir gar nichts mehr zu sagen.

Auffordernd, vielleicht sogar ein wenig triumphierend blickte ich ihm ins Gesicht. Ich hatte das erste Mal das Gefühl, ihm überlegen zu sein. Aber er machte keine Anstalten, sich bei mir zu entschuldigen. Er sprach darüber, wie enttäuscht er von Erwin sei, der in Wirklichkeit Jan heiße, und über seine Verbitterung, dass er ständig versuche, sich für uns einzusetzen und uns zu helfen. Es gehe sehr an seine Kräfte, immer wieder enttäuscht zu werden, aber er würde trotz allem weitermachen, weil sein Engagement in den meisten Fällen Früchte tragen würde und viele der jungen Leute, die er schon betreut habe, ihm bis heute Dankesbriefe schrieben. Allein dafür sei es die Sache wert gewesen.

So ein Arsch, dachte ich. Anstatt zuzugeben, dass er sich geirrt hatte, lobte er sich über alle Maßen und buhlte um unser Mitleid.

»Soll ich jetzt gehen?«, fragte ich ihn.

Er ließ sich mit seiner Antwort wie immer viel Zeit. Offenbar rang er innerlich mit sich. Dann sagte er leise: »Du kannst bleiben, Helmut. Jonathan, Abdul, was meint ihr?«

Beide antworteten schnell, dass sie es gut fänden, wenn er mir noch eine Chance geben würde.

»Eine Chance?«, rief ich entsetzt. »Eine Chance wofür? Ich habe nichts, rein gar nichts getan, und dafür wollt ihr mir noch mal eine Chance geben? Nein, danke, ich brauche keine Chance. Ich brauche Leute, die mir vertrauen! Ich gehe!«

Trotzig rannte ich ins Zimmer, packte in aller Eile meine Sachen zusammen und rief wütend von der Wohnungstür aus in Bobs Richtung:

»Wenn du den lieben Gott mal triffst, dann grüß ihn schön von mir! Ach ja, und deinem Erwin kannst du ja auch noch mal 'ne Chance geben. Der wird sich bestimmt freuen. Dann kann er euch nämlich alle zusammen gleich noch mal beklauen.«

»Helmut, komm bitte her!«, rief Bob. »Wenn du willst, können wir ...«

Ich ließ ihn nicht zu Ende reden. Mit einem lauten Knall schmiss ich die Tür hinter mir zu und befand mich Sekunden später auf der Straße.

# 19

## RATLOS UND VOLLER ANGST

Draußen verharrte ich erst mal und setzte mich auf die Eingangsstufen. Ob von den anderen vielleicht einer hinterherkam, um mich umzustimmen? Nein, sie schienen meine Entscheidung zu akzeptieren. Es war plötzlich wieder wie am Anfang: Ich befand mich mitten in der Weltstadt Brüssel und kannte niemanden. Die Freunde waren weg. Die neuen Freunde waren keine Freunde mehr. Ich war wieder völlig auf mich allein gestellt.

Ziellos wanderte ich über den Platz und ließ mich treiben. Der Armeesack wurde mir zu schwer, und so ging ich zum Bahnhof. Ich hatte ja noch fünf Francs. Ich würde mir ein Schließfach nehmen und die Sachen erst mal deponieren. Irgendwie musste ich die Zeit bis übermorgen totschlagen. Dann würde ich zu Monique trampen, und das Leben würde weitergehen. Der Deal mit den Tunesiern belastete mich sehr. Wie würden sie reagieren, wenn ich ihnen erklärte, dass mir die Uhren gestohlen worden waren? Ich hatte Angst und hoffte, ihnen nicht zu begegnen.

Im Bahnhof sah ich eine Gruppe schwedischer Interrail-Reisender. Es waren sechs Typen, die auf dem Boden saßen und eine kleine Session machten. Einer spielte Gitarre, ein anderer Bongos. Sie waren bester Laune und nahmen mich gern in ihrer Gruppe auf. Ohne jede Vorsicht wurden Joints geraucht, aber niemand kümmerte sich darum. Alle mussten im Bahnhof übernachten, weil ihr Zug nach Paris erst am nächsten Morgen fuhr. Ich beschloss, die fünf Francs nicht fürs Schließfach zu verschwenden, sondern nach langer Zeit mal wieder meine Eltern anzurufen.

Innerhalb des Bahnhofs gab es mehrere Telefonzellen. Ich wählte ihre Nummer und war wieder mal froh, dass sich nur der Anrufbeantworter einschaltete. Ich sprach hastig ein »Mir geht's gut« aufs Band und wusste, dass sie das etwas beruhigen würde. Dann ging ich zurück zu den Schweden, für die es selbstverständlich war, dass ich die Nacht in meinem Schlafsack bei ihnen verbrachte.

An richtigen Schlaf war allerdings nicht zu denken. Das metallische Kreischen der einfahrenden Züge auf den Schienen weckte uns immer wieder auf. Einige Clochards grölten betrunken durch die Bahnhofshalle, und die Sorge, bestohlen zu werden, hielt mich wach.

In der Früh verabschiedeten sich die Schweden herzlich von mir und stiegen in den Zug nach Paris.

Einen Tag noch, dachte ich. Einen Tag noch aushalten, dann würde ich Brüssel verlassen. So lieb mir die Stadt auch geworden war, jetzt war ich froh, abhauen zu können.

Ich hatte Hunger und brauchte dringend Geld. Mit meinem Gepäck ging ich dann doch wieder rüber zum Platz, um zu betteln oder Flöte zu spielen. Wie hieß es auf Französisch? »Faire la mange!« Das Essen organisieren klang wesentlich harmloser und charmanter als betteln.

Es war noch zu früh. Bei meinem Kohldampf blieb mir nichts anderes übrig, als direkt zu einem Bäcker zu gehen und um etwas zu essen zu bitten. Man kannte mich dort vom Sehen, und ein junger Typ aus dem Laden schenkte mir augenzwinkernd ein Baguette. Er legte den Zeigefinger auf die Lippen und signalisierte mir damit, auf keinen Fall darüber zu reden.

Um die Mittagszeit, als ich mal wieder Richtung Bahnhof lief, passierte es dann. Die beiden Tunesier tauchten auf. Ich ging mutig auf sie zu und beschloss, mit offenen Karten zu spielen. Ohne Umschweife erzählte ich ihnen von dem Diebstahl und dass ich es nicht schaffen würde, ihnen morgen das restliche Geld zu geben.

Ich hätte es mir denken können. Sie waren stocksauer. Der zweite Tunesier, dessen Namen ich immer noch nicht wusste, ging direkt auf mich los. Er packte mich an der Brust und schrie mich an.

»Du Arschloch, du bringst uns morgen die Kohle, sonst passiert was!« Er riss mich an sich, sein Gesicht dicht vor meinem, das Weiße in seinen Augen war von roten Äderchen durchzogen. »I kill you! I will kill you!«

Noch nie in meinem Leben war mir so viel Hass entgegengeschleudert worden. Ich hatte schreckliche Angst vor ihm. Gott sei Dank schaltete sich Achmed ein und zog mich von seinem Kumpel weg.

»Reicht das?«, fragte er mich. »Hast du kapiert, was morgen mit dir passiert? Bring uns die Kohle, sonst kann ich für nichts garantieren. Wie du das machst, ist uns scheißegal.«

»Okay«, antwortete ich komplett verängstigt. »Ich versuch's! Morgen Mittag, okay?«

»Okay«, zischte mich der andere an. »Morgen Mittag.«

Er hob sein T-Shirt, und ich konnte sehen, dass er an seinem Gürtel ein Messer trug.

»Du hast nur diese eine Chance. I will kill you! Arschloch!«

Wütend gingen sie weiter. Meine Knie zitterten. Das Aggressivste, was ich bis dahin erlebt hatte, waren Rocker in Hamburg gewesen, die sich untereinander brutale Schlägereien lieferten. Aber so etwas wie das hier kannte ich nicht. Was für einen Unterschied es ausmacht, wenn man plötzlich selbst betroffen ist und massiv bedroht wird, dachte ich. Ich wollte nur noch weg aus Brüssel. Niemals wäre ich auf die Idee gekommen, dass ich aus dieser Traumstadt regelrecht fliehen müsste.

Plötzlich hörte ich in meinem Rücken jemanden rufen: »Helmut, du alter Klappersack. Bist du immer noch hier?«

Klaus, der Stricher, kam grinsend auf mich zu und klopfte mir kumpelhaft auf die Schulter.

»Hast du dir's anders überlegt? Bist du jetzt etwa Konkurrenz für mich? Mach dir keinen Kopf, Alter. Hier gibt's genug Schwänze für alle!« Und ehe ich es vermeiden konnte, lachte er überlaut und triumphierend durch den ganzen Bahnhof. »Ich bin gerade wieder angekommen. Bin gespannt, welchem Banker ich als Erstes einen blase.«

Klaus hatte sich in den wenigen Wochen, die ich ihn nicht mehr gesehen hatte, kein bisschen geändert. Im Gegenteil, er erschien mir noch ekliger und ordinärer als bei der ersten Begegnung.

»Nee«, antwortete ich abweisend. »Ich bin immer noch kein Stricher und werde garantiert auch nie einer werden. Ich will nur noch weg aus Brüssel. Hab tierische Probleme.«

Überraschenderweise lud er mich auf eine Cola ein und hörte mir einfach zu. Damit hatte ich überhaupt nicht gerechnet. Ich erzählte ihm von Bob, von den Tunesiern und vor allem von meiner Angst. Ich ließ ihn auch wissen, dass ich am nächsten Tag zu einem Festival trampen würde und einen Job als Roadie in Aussicht hätte.

Als ich fertig war, überlegte er kurz und sagte dann: »Ich weiß, wo du heute Nacht pennen kannst, Alter. Ich kenn hier so ein schwules Pärchen. Die sind total in Ordnung. Die haben sogar mich schon bei sich übernachten lassen.« Er sah mir meine Ablehnung sofort an. »Keine Sorge, Alter. Die lassen dich in Ruhe. Die sind treu. Also, die vögeln nur sich.« Darüber musste er wieder laut lachen. Dann sagte er ernst: »Wenn du Bock hast, kann ich die mal fragen.«

Ich zögerte immer noch.

»Pass auf, du alter Klemmi«, fuhr er fort. »Wir treffen uns hier um fünf, okay? Jetzt muss ich erst mal ein bisschen Kohle machen. Dann lad ich dich auf 'ne Nudel ein.« Wieder prustete er los. »'ne Nudel, Alter. Ich spreche von Spaghetti. Nicht von meinem Teil da zwischen meinen Beinen.« Laut wieherte er durch den Bahnhof.

Ich war extrem irritiert. Einerseits ekelte ich mich vor dem Typen, andererseits war ich gerührt von seiner Hilfsbereitschaft. Ich nahm seine Lachsalven hin, musste über seine Nudelassoziation selbst schmunzeln und versprach, pünktlich um fünf hier zu sein. In seinen ultraengen Jeans stolzierte er lässig Richtung Toilette. Wahrscheinlich war das sein Hauptarbeitsplatz auf dem Bahnhof. Kurz drehte er sich noch mal zu mir um und machte grinsend mit der rechten Hand ein paar Wichsbewegungen. Dann verschwand er im Innern des Bahnhofsklos.

Ich grübelte, ob ich dieses Schlafangebot wirklich annehmen sollte. Lauerte da nicht schon wieder eine Gefahr? Ich fand mich selbst spießig, weil ich so eine Panik vor Schwulen hatte. Außerdem waren das Scheißvorurteile, von denen ich mich doch freimachen wollte. Ich kannte sogar zwei völlig harmlose Typen aus Lütjensee, die ein Paar waren. Sie hatten es richtig schwer auf dem Dorf und überlegten schon seit Längerem, in die anonyme Großstadt zu ziehen. Alle machten sich offen lustig über sie. Sogar die Kinder hatten einen Riesenspaß daran, ihnen immer wieder ein »Tuck, tuck, tuck« hinterherzurufen.

Doch die letzte Nacht war so anstrengend, so laut gewesen, dass ich total übermüdet war. Ich beschloss, das Angebot von Klaus anzunehmen. Falls das Pärchen mir doch auf die Pelle rücken würde, könnte ich zur Not ja immer noch um mich schlagen oder laut schreien.

Ich ging zum Grand Place zurück und ertappte mich dabei, dass ich Abschied nahm. Mir war wehmütig zumute. Nie hätte ich gedacht, dass mir dieser einmalige historische Platz ein Aufenthaltsort für fast zwei Monate werden könnte. Ich liebte die alten, kunstvollen Bauwerke und den Trubel. Am meisten würde ich mit Sicherheit die Mauer des Museums vermissen, die für Hippies, Gestrandete, Reisende, Suchende eine Art Zuhause bot. Hier saßen wir alle Tag für Tag, informierten uns, schmiedeten Pläne, bestätigten uns gegenseitig und sahen mit großer Solidarität die

Welt aus unserer ganz eigenen, unkonventionellen und provozierenden Perspektive. Wir hatten zwar nicht die Lebenserfahrung älterer Menschen, aber wir hatten ganz sicher ein feines Gespür für so viele Dinge, die gesellschaftlich und politisch falsch liefen. Ob es Nazitum, Rassismus, Vorurteile oder festgefahrene Strukturen waren, wir nahmen es wahr und wollten auf keinen Fall jemals so leben und denken.

Mit meinem Gepäck setzte ich mich auf ebendiese Mauer und beobachtete das Treiben um mich herum.

Ausgerechnet Patrique, der Kanadier mit dem verpickelten Gesicht, der eine meiner ersten Bekanntschaften in Brüssel war, setzte sich neben mich und fragte: »Sssa va, Elmüt?« Lächelnd antwortete ich: »Oui, ça va, Patrique. Et toi?«

»Merssi«, sagte er. »Ssssa va aussssi!«

Schweigend guckten wir den vorbeiziehenden Leuten hinterher. Nach einer Weile fragte er:

»Willst du gehen, oder warum hast du dein Gepäck dabei?«

»Ja, Patrique«, antwortete ich. »Ich hau ab hier. Ich fahr morgen zu einem Festival nach Koksijde.«

»Mmhmm«, sagte er nachdenklich. »Ich glaube, ich hau hier auch bald ab. Bin jetzt schon über ein Jahr hier. Ich will zurück nach Quebec. Da wohnt noch 'ne Tante von mir. Vielleicht komm ich bei der unter und finde endlich 'nen geilen Job.«

»Und was ist mit einem Job hier?«, fragte ich.

»Forget it«, antwortete er.

»Und deine Alten?«, wollte ich wissen. »Was ist mit denen?«

»Die sind schon lange tot, Elmüt. Da war ich noch ganz klein. Ich kann mich gar nicht mehr an die erinnern.« Er sagte das ganz unsentimental. Mit dem Thema hatte er offenbar schon lange abgeschlossen. Trotzdem tat er mir in diesem Moment wahnsinnig leid.

»Ich hab meine Alten noch«, sagte ich umso sentimentaler. »Aber die haben mich rausgeschmissen.«

Patrique schaute nachdenklich zum Rathaus rüber. Dann antwortete er mit überraschender Logik: »Mmhmm, sei doch froh, dass du noch welche hast. Vielleicht nehmen sie dich ja wieder auf.« Kumpelhaft schlug er mir auf die Schulter. Es wirkte wie ein Abschied. »Ich muss los. Good luck, Elmüt. Wir sehen uns.« Er stand auf und tauchte in die Menge ein.

Was für ein merkwürdiger, unberechenbarer Typ er doch war. Ich wünschte, ich hätte dieses Gespräch mit ihm nicht geführt. Der Gedanke an meine Eltern hatte mich runtergezogen.

Dann war es kurz vor fünf. Ich stand auf und ging wieder zum Bahnhof rüber. Klaus wartete schon auf mich.

»Willst du erst 'ne Nudel, Alter, oder wollen wir gleich zu den Schwulen?«, rief er mir schon von Weitem zu.

»Erst zu den Schwulen«, rief ich zurück. »Ich will diesen Armeesack endlich mal abstellen.«

Ein paar Leute drehten sich neugierig zu uns um. Vermutlich Deutsche, die sich über unseren Dialog wunderten. Egal, sollten die doch denken, was sie wollten.

Wir gingen ein paar Minuten bis zu einem schönen Altbau ganz in der Nähe des feudalen Hotels. Klaus klingelte, und über einen elektrischen Summer öffnete sich die Eingangstür. Im zweiten Stock angekommen, stand ein vielleicht dreißigjähriger Typ mit Blümchenhemd vor uns. Er begrüßte Klaus mit Küsschen links und Küsschen rechts, so wie es die Franzosen und Belgier eben machen. Ich reichte ihm die Hand, aber er ignorierte sie und gab auch mir ein Küsschen links und eines rechts.

»Remy, das ist Helmut«, stellte Klaus mich vor. »Helmut, das ist Remy, und das ist Antoine.« Er deutete auf einen Mann, der aus der Wohnung trat, auch ein Blümchenhemd trug und uns mit Küsschen links und rechts begrüßte. Beide konnten ganz gut Deutsch sprechen, was die Situation erleichterte. Ich fand, die zwei hätten Brüder sein können. Sie hatten kurze dunkle Locken, waren glatt rasiert und beide total offen und herzlich.

»Du möchtest hier bei uns schlafen, Helmut?«, fragte mich Antoine. »Für wie lange denn?«

»Nur eine Nacht«, antwortete ich. »Morgen fahre ich zu einem Festival nach Koksijde. Ich will euch aber nicht zur Last fallen.« Meine Höflichkeit schien ihnen zu gefallen.

»Das ist überhaupt kein Problem, Helmut«, schaltete sich Remy ein. »Du bist ein Freund von Klaus, also bist du auch unser Freund und kannst gerne diese Nacht hierbleiben.«

Klaus guckte mich stolz an. Ich staunte. Er konnte also auch anders. Kein ordinäres Wort und keine Lachsalve kamen über seine Lippen.

»Komm«, redete Remy weiter. »Gib mir mal dein Gepäck. Das muss doch schwer sein. Wir zeigen dir die Couch, auf der du schlafen kannst.«

Damit betraten wir die Wohnung. Es war ganz gemütlich, ein bisschen plüschig, und es roch stark nach Rasierwasser, aber ich fühlte mich sofort wohl. Die Wohnung bestand aus nur zwei Zimmern, die ineinander übergingen. Eine breite Schiebetür trennte die Räume. Die Couch befand sich im etwas überladenen, mit kitschigen Sachen eingerichteten Wohnzimmer. Im anderen Zimmer standen nur ein riesiges Bett und ein pompöser Schrank. Dann gab es noch eine kleine Küche und ein modernes Bad.

Remy stellte meinen Armeesack hinter die Couch und fragte mich, ob ich mit ihnen zu Abend essen möchte.

»Nee«, schaltete sich Klaus ein. »Ich habe Helmut versprochen, ihn zum Italiener einzuladen.«

»Kommt gar nicht infrage«, entgegnete Antoine. »Helmut ist jetzt unser Gast. Selbstverständlich isst er mit uns. Aber du bist natürlich auch eingeladen, Klaus.«

»Nee, sorry«, antwortete Klaus. »Das wird mir zu spät. Ich muss heute noch Kohle machen. Was ist mit dir, Helmut? Kommst du mit, oder willst du lieber hier essen?«

Ich wollte ihn nicht enttäuschen, sagte aber ehrlich:

»Ich bin todmüde, Klaus. Wäre schon geil, wenn wir hier alle zusammen essen würden. Das Angebot ist wahnsinnig nett, Antoine.«

Die beiden blickten besorgt zu Klaus.

»Du solltest endlich aufhören mit dieser Stricherei, Klaus. Irgendwann passiert dir mal was«, sagte Antoine.

»Dann ist es eben so«, antwortete Klaus. »Ich brauch die Kohle, und die ist leicht verdient.« Er zwinkerte den beiden zu. »Okay, Helmut, du alter Klappersack. Dann bleib mal hier und penn dich aus. Aber sei vorsichtig. Die zwei sind gefährlich. Die fallen bestimmt später über dich her und entjungfern dich.« Jetzt war er wieder der Klaus, den ich kannte. Laut lachend ging er ins Treppenhaus und sprach weiter: »Antoine, Remy, ich melde mich die Tage. Geil, dass ihr meinen Kumpel aufnehmt.«

»Du bist verrückt«, sagte Antoine lachend. »Keine Sorge, Helmut. Wir tun dir nichts. Wir sind zwar schwul, aber wir sind ganz normal.«

Früher hätte ich gedacht, das sei ein Widerspruch in sich, aber ich lernte zusehends. Ich ging auf Klaus zu, vor dem ich mich noch vor einigen Wochen so geekelt hatte, und nahm ihn in den Arm.

»Danke, Alter, die beiden haben recht. Pass auf dich auf!«

Er nickte kurz und rannte die Treppe hinunter. Dann rief er uns noch ein »Ciao, amigos« zu, und gleich darauf hörten wir die Eingangstür ins Schloss fallen.

Wir schmunzelten alle drei über ihn und schlossen die Wohnungstür.

»Er ist wirklich total verrückt«, sagte Remy. »Aber er hat, wie sagt man auf Deutsch, das Herz am rechten Fleck?«

»Ja«, gab ich zu. »Das stimmt.«

»Okay, wir werden jetzt erst mal kochen. Fühl dich wie zu Hause, Helmut.«

Sie gingen in die Küche und banden sich Schürzen um. Während ich meinen Schlafsack ausbreitete, hörte ich sie in der Küche werkeln und turteln.

Es gab Steak und Salat und danach noch einen Pudding.

»Wir müssen uns gesund ernähren, weißt du?«, sagte Remy. »Antoine wird mir zu fett. Guck mal.«

Er kniff Antoine in eine kleine Speckfalte, die sich in seiner Taille abzeichnete, und kicherte.

»Hör auf damit, du gemeiner Kerl!«, meinte Antoine lachend. »Du bist selber bald eine dicke Wurst.«

Das sagten sie auf Französisch, aber ich konnte es mittlerweile gut verstehen. Wir lachten alle drei, und die beiden gaben sich versöhnlich einen Schmatzer auf den Mund.

Das Essen war total lecker, und ich wurde danach schlagartig müde. Sofort meldete sich mein Kopf. Hatten die mir am Ende ein Schlafmittel ins Essen getan, um sich dann doch noch an mir zu vergehen?

Ich fragte sie, ob es okay für sie sei, dass ich mich schon hinlegte. Sie hatten kein Problem damit. Eine Weile unterhielten sie sich leise in der Küche. Ich bekam noch mit, dass sie ins Bad gingen und in winzigen Slips wieder rauskamen. Ansonsten waren sie nackt. Sie riefen mir noch ein »Bonne nuit, Helmut« zu und hopsten fröhlich ins Bett.

»Helmut?«, fragte Remy vorsichtig. »Schläfst du?«

Wieder war ich kurz besorgt. Warum wollten sie das wissen? Sollte jetzt doch die Post abgehen?

»Fast«, antwortete ich. »Warum?«

»Wir machen das so«, sagte er. »Wir müssen schon sehr früh zur Arbeit. Du kannst ausschlafen. Wenn du gehst, zieh einfach die Tür hinter dir zu. Wir schreiben dir noch unsere Adresse auf. Du kannst uns mal eine Karte schicken. Und wenn du das nächste Mal nach Brüssel kommst, kannst du gerne wieder bei uns übernachten.«

»Danke«, sagte ich. »Total lieb! Gute Nacht!«

Ohne mich zu kennen, vertrauten sie mir blind. Im Gegensatz zu Bob, der mir wahrscheinlich nie wirklich vertraut hatte. Ich schämte mich für meine Vorurteile. Wahrscheinlich waren sie noch nie Typen wie diesem Erwin begegnet, sonst wären sie sicher vorsichtiger. Ich hatte auch nicht vor, sie zu enttäuschen. Sie sollten sich auf mich verlassen können.

Am nächsten Morgen wachte ich kurz auf, als die beiden sich fertig machten. Ich wollte aber gern noch weiterschlafen, also drehte ich mich einfach nur um. Dann schoss mir durch den Kopf, dass ich ja nach Koksijde trampen und heute auf jeden Fall ankommen musste. Ich stand schnell auf, um mich noch von den beiden zu verabschieden, aber sie waren leider schon weg.

Ich ging ins Bad und duschte ausgiebig. Als ich mich anzog, wurde mir bewusst, wie schlimm mein Sweatshirt stank. Ich hatte es schon tagelang an, weil ich die Uhren so gut unter den langen Ärmeln hatte verstecken können. Meine restlichen Sachen waren genauso versifft. Mein Blick fiel auf eines der Blümchenhemden von Antoine und Remy. Es hing über einer Stuhllehne. Ich schnüffelte daran. Es roch nach einem frischen Deodorant und Waschpulver. Ob sie es mir wohl übel nehmen würden, wenn ich es anziehen und ihnen dafür mein Sweatshirt dalassen würde? So lieb, wie die beiden waren, wahrscheinlich nicht. Ich nahm einen Zettel und schrieb ihnen den Umstand dieses Tausches auf. Dann unterschrieb ich mit einem großen »MERCI – Helmut«.

Ich schlüpfte in das eng anliegende Blümchenhemd, das mir genau passte, und betrachtete mich im Spiegel. Zugegebenermaßen sah es ein bisschen merkwürdig aus, aber ich war froh, endlich mal etwas Frisches anzuhaben. Dann stopfte ich meinen Schlafsack in den Armeesack, entdeckte in der Küche noch ein halbes Baguette, das die beiden bestimmt für mich übrig gelassen hatten, und verließ die Wohnung. Wie abgesprochen zog ich die Tür einfach nur zu.

Ich ging zum Grand Place und blickte mich ängstlich um, ob

die beiden Tunesier irgendwo zu sehen waren. Das hieße dann nur noch rennen. Ich fragte eine der hübschen Kolleginnen von Monique, die schon auf ihren Rollern auf orientierungslose Touristen warteten, nach dem schnellsten Weg zur Autobahn Richtung Ostende. Dort in der Nähe sollte sich Koksijde befinden. Als ich den Namen Monique erwähnte, bot sie mir sofort an, mich mit ihrem Roller dorthin zu bringen. Ich setzte mich hinter sie, und in rasantem Fahrstil kurvte sie Richtung Autobahnauffahrt. Beziehungen musste man haben!

# 20

## DAS FESTIVAL

Da stand ich nun an der Straße und reckte den Daumen. Mit einem Mal wurde mir bewusst, dass meine Tramptour eigentlich gar keine Tramptour war, sondern ein einziger Stopp, der mich nach Brüssel gebracht und mich hier fast zwei Monate hatte verweilen lassen. Es musste endlich weitergehen. Dass mein Aufbruch durch die Tunesier eher zu einer Art Flucht wurde, tat mir leid und wurde dem gesamten Aufenthalt in keiner Weise gerecht. Ich liebte Brüssel und wollte nur zu gern wiederkommen … irgendwann einmal.

Ich stand vielleicht eine halbe Stunde an der Autobahn, als ein bunt lackierter VW-Bus hielt, ein klassischer Hippiebus. Die Schiebetür wurde von innen geöffnet, und eine gigantische Haschischwolke schlug mir entgegen. Im Innern saßen zwei Mädchen und zwei Typen. Der Fahrer vorne rief mir zu: »Willst du nach Koksijde?«

»Ja, genau«, antwortete ich überrascht.

Was für eine Suppe. Wieder nur ein Stopp, und ich wurde genau dorthin gekarrt, wo ich hinwollte. Einer der Jungs gab mir den Joint rüber, der gerade die Runde machte, und ich erfuhr, dass er und sein Kumpel Musiker aus Antwerpen waren und heute Abend auf dem Festival auftreten würden. Sie hießen Emiil mit zwei »i« und Marcel. Beide spielten Gitarre und sangen dazu Songs von Simon & Garfunkel und noch einige Eigenkompositionen. Der Fahrer war ihr bester Freund und chauffierte sie oft zu ihren Auftritten und zu Festivals. Die beiden Mädchen stammten aus

Dänemark, waren auf Tramptour und von den dreien hinter Antwerpen aufgegabelt worden.

Es war total gemütlich im Bus. Der Boden war mit Matratzen ausgelegt. Vor den Seitenfenstern hingen bunte Vorhänge. Die beiden Jungs spielten ihr Repertoire, die Mädchen und der Fahrer sangen mit. Bei den bekanntesten Simon-&-Garfunkel-Songs wie »Sound of Silence« kannte sogar ich den Text und traute mich mitzusingen. Dazu wurden immer wieder Joints gedreht, die hauptsächlich vom Fahrer eingefordert wurden. Ich registrierte, dass die Däninnen großes Interesse an Emiil und Marcel zeigten. Jedenfalls flirteten sie offen miteinander.

Die Fahrt dauerte gar nicht lange, nach anderthalb Stunden kamen wir schon an. Auf einem Acker kurz vor der Ortschaft Koksijde war eine große Holzbühne aufgebaut, auf der sich etliche Leute tummelten. Die Roadies der verschiedenen Bands arbeiteten Hand in Hand und installierten ihre Anlagen. Ich entdeckte Monique, die neben der Bühne stand. Als ich ihren Namen rief, kam sie sogleich glücklich auf mich zugelaufen. Ihr Verlobter schien sich in der Nähe aufzuhalten, und so bekam ich relativ distanziert, aber mit einem Augenzwinkern die obligatorischen Küsschen auf die Wange. Sie nahm mich bei der Hand und stellte mich der Band Fire Of Spirit vor. Alle vier Musiker begrüßten mich freundlich, und Michel sagte: »Super, gut, dass du da bist. Du kannst gleich mithelfen, unsere Anlage aufzubauen. Monique sagt, du hast Ahnung davon?«

»Na ja«, antwortete ich. »Ich war selbst mal kurze Zeit in einer Band, aber euer Equipment ist garantiert professioneller als unser Schrott.«

»Egal, wir haben nicht viel Zeit«, meinte Michel. »Jede Hand ist wichtig!«

Er war mir auf Anhieb sympathisch.

Monique schien ein Stein vom Herzen zu fallen. Ihr Plan war aufgegangen. Ich wurde von Michel und den anderen akzeptiert.

Die Band und die beiden Typen aus Antwerpen kannten sich, sie begrüßten sich lässig. Wie es aussah, durften sie die Anlage der Band mitbenutzen.

Alle zusammen ackerten wir drauflos. Ich stellte mich gar nicht mal ungeschickt an und kapierte sofort, welche Kabelrollen wohin gehörten und welche Boxen wo aufgestellt werden mussten. Auch beim Soundcheck wurde ich gebraucht und half beim finalen Aufbau der Bühne. Monique beobachtete mich die ganze Zeit stolz.

Am Nachmittag waren wir fertig. Langsam trudelten immer mehr Besucher ein, schlugen Zelte auf oder machten es sich einfach mit ihren Schlafsäcken auf dem Boden bequem. Emiil kam auf mich zu und fragte mich, ob ich ihm meinen Schlafsack leihen könnte, weil ich ja bei der Band im Haus übernachten durfte. Er und Marcel könnten ihn gut als Unterlage auf der trockenen Wiese gebrauchen. Die beiden Däninnen würden auch bei ihnen schlafen, und so sei es sicher gemütlicher für alle. Er zwinkerte mir vielsagend zu. Ich verstand und rückte selbstverständlich meinen Schlafsack raus. Ich fand es klasse, dass es bei denen so schnell gefunkt hatte.

Das Festival sollte um sieben Uhr abends beginnen. Also hatten wir noch etwas Zeit. Michel hatte einen Renault Kastenwagen, und die vier Jungs von der Band, Monique, Charlotte, die Freundin vom Drummer, und ich quetschten uns gemeinsam ins Auto. Wir fuhren nur zwei Kilometer weit und hielten direkt vor einer Düne am Meer. Dort befand sich das Wochenendhaus von Michels Eltern. Eigentlich war es eher eine Holzbaracke, aber sie bot Platz für sechs Leute. Michel schlief mit Monique im größten Zimmer. Daneben befand sich ein winziger Raum mit einem Stockbett für Kinder, dort durfte ich einziehen. Dann gab es noch einen weiteren Schlafraum, den sich der Bassist und der Rhythmusgitarrist teilten. Der Drummer und seine Freundin ließen es sich nicht nehmen, auf der Düne zu zelten.

Wir setzten uns alle zusammen auf die Terrasse hinterm Haus

und aßen Salat, Baguette mit Wurst und Käse und teilten uns eine riesige Wassermelone. Offenbar einem Ritual folgend, trank danach jeder der vier Musiker ein Wasserglas voll Whiskey. Mir boten sie auch eins an, aber ich lehnte dankend ab. Ich wollte mich für die Gastfreundschaft bedanken, doch Michel winkte ab.

»Du hast eben gut gearbeitet. Ist doch klar, dass du wenigstens bei uns essen und schlafen kannst.«

Er war leider echt nett, und ich bekam ein schlechtes Gewissen, dass ich was mit Monique hatte. Michel schien nicht das Geringste zu ahnen. Er und auch die anderen erkundigten sich nach Hamburg und vor allem nach *Onkel Pös Carnegie Hall* in Eppendorf. Monique hatte mir ja schon erzählt, dass sie dort gewesen waren, und diese musikalische Kultstätte schien für alle das Highlight in Hamburg gewesen zu sein. Aber sie fanden auch den Hafen und den Kiez total geil.

Ich wollte wissen, ob sie nicht nervös wären, gleich auf der Bühne zu stehen. Cool antwortete der Bassist, dass sie kein Lampenfieber mehr hätten. Dafür seien sie inzwischen zu sehr Profis und zu routiniert. Außerdem hätten sie einen guten Kumpel, der ihnen zuverlässig gegen das Lampenfieber helfen würde. Dabei schielte er zu der Flasche Whiskey, hob sie hoch und prostete mir zu. »Cheers!«

Prustend nahm ihm Michel die Flasche aus der Hand. »Gib her! Lass uns was übrig, Mann.«

Monique unterbrach unser Gespräch und fragte: »Michel, kann ich Helmut eines von deinen T-Shirts leihen? Dieses Blümchenhemd sieht so furchtbar schwul aus. Ich erkenne ihn gar nicht wieder.«

Alle lachten laut. Der coole Bassist meinte nur trocken:

»Lass ihm doch sein Blümchenhemdchen. Vielleicht ist er ja schwul und steht auf so was.«

Ich bekam einen total roten Kopf und erzählte ihnen, wo ich letzte Nacht untergekommen war.

»Und dann hast du denen ausgerechnet ein Blümchenhemd geklaut?«, fragte Charlotte kichernd.

»Nein«, antwortete ich entrüstet. »Ich hab's nicht geklaut, ich hab's getauscht.«

»Wie geil bist du denn, Alter«, schaltete sich der Bassist ein. »Lässt denen ein stinkendes Sweatshirt da und tauschst es ausgerechnet gegen ein Schwulenhemdchen ein?«

Wieder brüllten alle los vor Lachen. Sie machten Witze auf meine Kosten, und das gefiel mir nicht. Irgendwann merkten sie es und hörten auf zu lästern. Monique ging ins Haus, holte kommentarlos ein blaues T-Shirt und warf es mir über den Tisch zu.

»Zieh das an«, sagte sie lächelnd. »Das Blümchenhemd kriegt unser toller Profibassist. Dem steht das bestimmt besser als dir.«

»Genau«, unterstützten die anderen Moniques Vorschlag und lachten. »Damit soll das alte Lästermaul heute Abend auftreten. Das wäre doch geil, Yves, was meinst du?«

Er guckte lässig in die Runde, streifte sich das Shirt über den Kopf, und als ich ihm das Hemd gab, zog er es, ohne mit der Wimper zu zucken, an. Es passte perfekt.

»Kein Problem«, sagte er grinsend. »Let's go.«

Mit seinem Vollbart sah er absolut bescheuert aus in diesem Hemd, aber es schien ihm nicht das Geringste auszumachen. Er war einfach eine total coole Socke.

Ich war Monique sehr dankbar, dass sie das Lästern so elegant von mir abgewendet hatte. Sie schien meine Gedanken gelesen zu haben und warf mir liebevoll lächelnd einen Luftkuss zu, ohne dass es einer der anderen mitbekam.

Dann fuhren wir wieder zum Festivalplatz. Wir parkten direkt hinter der Bühne. Dort war mittlerweile eine kleine Zeltstadt entstanden, die von den anderen Bands errichtet worden war.

Mindestens vier- bis fünfhundert Besucher waren gekommen, die sich auf der Wiese vor der Bühne verteilten. Ein tolles Happening konnte starten.

Michel erklärte mir noch, dass wir uns hinter der Bühne treffen sollten, wenn Schluss wäre. Morgen und übermorgen würde das Festival weitergehen, und sie alle würden so lange bleiben. Ich könnte mir die Show von vorne angucken, ich könnte aber auch hinter der Bühne warten. Nur zu gern nahm ich das Angebot an, mir sämtliche Bands von der Wiese aus anzusehen. Ich wünschte den Jungs viel Glück und gab Monique Bescheid, dass ich nachher wieder dazustoßen würde. Dann suchte ich die Däninnen und die beiden Antwerpener, die inzwischen meinen Schlafsack verwalteten, und wartete gespannt auf die erste Band.

Pünktlich um sieben ging es los. Die Band wurde johlend empfangen. Uns erwartete Hardrock. Die Gitarrenklänge waren am Anfang noch leicht übersteuert und scheppernd, dann hatte der Typ am Mischpult die Sache im Griff. Die Band heizte uns ordentlich ein. Joints machten die Runde. Zuerst saßen noch alle auf ihren Wolldecken und Schlafsäcken, dann standen die Ersten auf und klatschten im Rhythmus der Musik in die Hände. Alle anderen zogen nach. Die Stimmung war obergeil.

Mit einem Mal fiel mir auf, dass die beiden Antwerpener weg waren. Die dänischen Mädchen riefen mir zu, dass sie gleich ihren Auftritt hätten, sie waren als zweite Band eingeteilt. Die Hardrocker spielten an die zehn Songs, dann wurden sie mit lautem Klatschen, mit Pfiffen und Rufen aufgefordert, uns eine Zugabe zu schenken. Nachdem sie bereitwillig einen weiteren Song gespielt hatten, verließen sie die Bühne, und Emiil und Marcel traten von der Seite aus auf. Sie sahen im Vergleich zur Vorband reichlich brav aus. Beide hatten mittellange Haare und Ponys, die die Stirn bedeckten. Sie trugen Jeans und schlichte weiße T-Shirts. Auch bei ihnen waren die Gitarrenklänge anfangs übersteuert, aber schnell eingepegelt. Weil sie eindeutig für die softeren Songs dieses Festivals zuständig waren, setzten sich die meisten Leute wieder hin. Natürlich kannte jeder ihre Lieder, und viele sangen sie mit. Spätestens bei »Mrs. Robinson« hatten sie die Masse eingefangen. Ich fand die Stimmen der beiden richtig gut. Es klang, als wären Simon & Garfunkel live auf der Bühne. Bei »Bridge over troubled Water« fingen die ersten Pärchen an zu knutschen. Ich staunte immer wieder, was für eine Wirkung Softsongs hatten. Sie gingen direkt ins Herz. Romantische und sentimentale Gefühle wurden berührt und lösten Zärtlichkeit und Liebe aus.

Die beiden Däninnen waren hingerissen. Sie himmelten die zwei Jungs auf der Bühne an, sangen fast jeden Song mit und forderten auch bei ihnen laut Zugaben ein.

Grundsätzlich hatte ich den Eindruck, dass die meisten Festivalbesucher mehr Hardrock erwarteten und ganz froh waren, als die beiden da oben fertig waren. Trotzdem wurden sie unter lauten Zurufen und Klatschen herzlich verabschiedet.

Danach war wieder eine Hardrockband am Start. Songs von Led Zeppelin, Spooky Tooth, Rolling Stones und Humble Pie trafen voll den Geschmack des Publikums, aber auch die Eigenkompositionen, die alle Bands zwischendurch in ihr Repertoire einfließen ließen.

Die beiden Antwerpener gesellten sich wieder zu uns. Sie hatten ihren Anteil zum Festival beigetragen und konnten sich das restliche Wochenende intensiv um die dänischen Girls kümmern.

Langsam wurde es dunkel, und die Scheinwerfer kamen zum Einsatz. Ich war irrsinnig gespannt auf Fire Of Spirit. Inzwischen waren so viele Joints von rechts und links bei uns angekommen, dass ich pausieren musste, so bekifft war ich.

Endlich, als es schon komplett dunkel war, betrat Michels Band die Bühne. Fire Of Spirit waren offensichtlich bekannt in Belgien, denn sie wurden begeistert empfangen. Fetzige Gitarrenklänge leiteten ihren ersten Song ein. Im Scheinwerferlicht kam das Blümchenhemd des Bassisten noch mehr zur Geltung, es wirkte ziemlich originell.

Beim zweiten Song war ich komplett verblüfft und wollte meinen Augen nicht trauen. Monique und Charlotte kamen auf die

Bühne. Davon hatte Monique mir gar nichts erzählt. Die Mädchen hatten nur Bikinis an und waren beide in riesige feuerfarbene Tücher eingehüllt. Es schien der Hauptsong zu sein. Ekstatisch wurde die Band schon bei den ersten Klängen gefeiert. Monique und Charlotte tanzten im Scheinwerferlicht dazu. Sie bewegten sich elegant und erotisch und hantierten so geschickt mit ihren Tüchern, dass die Illusion eines flackernden Feuers entstand. Ich war hingerissen und auch stolz. Diese tolle Frau da auf der Bühne war meine Affäre. Auch die restlichen Songs wurden von Monique und Charlotte tanzend begleitet. Das Publikum tobte und forderte mehrere Zugaben.

Zu unserer kleinen Gruppe hatte sich mittlerweile ein netter vollbärtiger Franzose gesellt, der mich vom Aussehen her an Georges Moustaki erinnerte, nur dass er wesentlich jünger und vor allem dicker war. Ich schätzte ihn auf dreiundzwanzig, vierundzwanzig. Als er mitbekam, dass ich mit Fire Of Spirit befreundet war, kommentierte er das mit einem anerkennenden Daumen nach oben. Er hieß Ronny. Ich unterhielt mich viel mit ihm, weil die Antwerpener und die Däninnen nicht mehr ansprechbar waren, so intensiv waren sie inzwischen miteinander beschäftigt.

Gegen drei Uhr morgens war das Konzert vorbei. Ich verabredete mich mit den anderen für den kommenden Tag und ging hinter die Bühne. Auf dem Weg dorthin entdeckte ich unseren Busfahrer. Er lag komaartig besoffen in der Menge und regte sich nicht. Ich bot ihm besorgt an, ihn zu seinem Bus zu bringen, aber er lallte nur: »Geiles Festival!«, und schlief sofort wieder ein.

Die Jungs von der Band hatten auch ordentlich getankt. Als ich auftauchte, verabschiedeten sie sich gerade von anderen Musikern, und wir fuhren wieder zu siebt zum Wochenendhaus. Michel saß hinter dem Steuer. Ich hatte mich neben Monique gequetscht, die ihren Schenkel an meinen presste. Ich erwiderte den Druck vorsichtig. Wir mussten unser Geheimnis bewahren.

Auf der Terrasse soffen die Jungs noch die angebrochene Whiskeyflasche aus. Dann gingen wir schlafen.

Ich hatte eine Wolldecke auf dem Bett liegen, die viel zu warm war. Es war eine herrliche Sommernacht, draußen waren es bestimmt immer noch über zwanzig Grad. Das ganze Haus war total aufgeheizt, und ich wälzte mich schwitzend von einer Seite auf die andere.

Nur durch eine dünne Holzwand getrennt, lag ich direkt neben Monique und Michel. Ich wurde durch sein Stöhnen geweckt. Sie schliefen miteinander. Dabei wurde Monique immer wieder gegen die Wand gedrückt. Das erinnerte mich an Hanneke und Rudi, mit denen ich ähnliche Erfahrungen gemacht hatte, nur dass wir direkt nebeneinandergelegen hatten. Wie mochte es den beiden wohl inzwischen gehen? Und Claude?

Es war merkwürdig für mich, mitzuerleben, wie Monique, in die ich mich aufrichtig verliebt hatte, von ihrem Verlobten gevögelt wurde. Es tat sogar ein bisschen weh. Ich war zwar moralisch gesehen derjenige, der absolut im Unrecht war, aber es schmerzte trotzdem.

Am nächsten Morgen wurde ausgiebig auf der Terrasse gefrühstückt. Monique sah wunderschön aus. Sie hatte ein langes, wallendes Strandkleid angezogen und versorgte uns mit Kaffee. Anschließend fuhren wir wieder zum Festival. Die Jungs von der Band zogen es vor, Backstage zu bleiben, weil sie so viele Leute kannten. Hinter der Bühne wurde mehr gesoffen und gekifft als vorne. Es war früher Nachmittag, aber viele Musiker waren schon total breit. Das Klischee, dass Rockmusiker drogenabhängig und Alkoholiker waren, traf hier absolut zu. Andererseits waren sie unglaublich gut drauf, und man merkte, dass sie total Bock darauf hatten, Musik zu machen und das Publikum mitzureißen.

Mich zog es zu der Clique, mit der ich den Vortag verbracht hatte. Ich fragte Monique und vorsichtshalber auch Michel, ob sie Lust hätten, mitzukommen. Er zog es vor, bei seiner Band zu bleiben, hatte aber nichts dagegen, dass Monique mitging. Ich fragte ihn noch, ob er mir die Bongos, die er im Auto liegen hatte, leihen würde. Ich hatte nämlich große Lust, zur Mucke der heute spielenden Bands darauf zu trommeln. Es war kein Problem für ihn. »Aber nicht dass du die Bands aus dem Rhythmus bringst«, sagte er augenzwinkernd und drückte mir die Bongos in die Hand. Monique und ich schlenderten Richtung Publikum. Als wir außer Sichtweite der Bands waren, zog sie mich zur Seite, und wir verließen das Festivalgelände. Hinter einem Busch umarmte und küsste sie mich.

»Darauf habe ich seit Tagen gewartet«, sagte sie. »Hast du Michel und mich letzte Nacht gehört?«

Ich nickte nur.

»Es ist schrecklich. Ich mag nicht mehr mit ihm schlafen. Ich denke nur noch an dich, mein Filou.«

Wieder presste sie sich eng an mich und küsste mich leidenschaftlich. Sie nahm mich bei der Hand, und verliebt gingen wir die zwei Kilometer zum Wochenendhaus zurück. Dort angekommen, war ich mir ziemlich sicher, dass wir nun endlich miteinander schlafen würden. Aber Monique holte eine Handtasche aus ihrem Zimmer und präsentierte mir geheimnisvoll eine kleine silberne Dose, die sie mit einem verschmitzten Lächeln öffnete. Ich staunte nicht schlecht, als sie zwei winzige Pillen hervorzauberte.

»Das ist LSD«, sagte sie. »Alle erzählen immer davon, wie schön es ist, auf Trip zu gehen. Ich möchte es mit dir das erste Mal ausprobieren, mein Filou.«

Ich war überrascht. Monique und Drogen passten irgendwie nicht zusammen. Trotzdem fand ich die Idee natürlich klasse. Ich war mir auch sofort der Verantwortung bewusst, ihr bei dieser ersten Erfahrung zur Seite zu stehen.

»Okay«, sagte ich. »Mit dir zusammen auf einem Trip zu sein wird bestimmt unvergesslich. Lass uns ans Meer gehen. Einen besseren Platz kann man dafür gar nicht finden.«

Jeder von uns nahm eine Pille in den Mund, und mithilfe von etwas Cola schluckten wir sie hinunter.

»Es dauert ein bisschen, bis das LSD wirkt«, sagte ich erfahren. »Komm, lass uns gehen.«

Diesmal nahm ich sie bei der Hand und führte sie über die Düne hinterm Haus am Zelt vom Drummer vorbei und direkt zum Strand. Die Sonne spiegelte sich im Meer. Kein Mensch außer uns war hier. Ein magischer Moment.

Wir zogen die Schuhe aus und rannten übermütig wie kleine Kinder zu den heranrollenden Wellen. Dort planschten wir mit den Füßen im flachen Wasser und spritzten uns gegenseitig nass. Lachend fielen wir uns in die Arme und küssten uns wieder.

Ich hatte die Bongotrommeln auf der Düne zurückgelassen. Jetzt lief ich dorthin, setzte mich im Schneidersitz, die Bongos zwischen den Knien, auf den weichen Dünensand und fing an zu trommeln.

Monique stand am Meeressaum und tanzte im seichten Wasser. Anmutig und schön. Ihr langes weißes Kleid flatterte im Wind.

Ich wirbelte mit den Fingern, den Handballen, mit Fäusten und Fingerkuppen auf den Trommeln, als wäre ich von Sinnen, ekstatisch, immer virtuoser. Ich erinnerte mich an Martin und fand mich in diesem Moment mindestens ebenbürtig. Dann sang ich lauthals Jeronimos »Heya« über den Strand. Die Bongos und ich verschmolzen miteinander. Ich bediente sie nur, sie zogen mich in ihr Innerstes.

Ich weiß nicht, wie lange ich spielte, aber plötzlich stand Monique vor mir und küsste mich. Sie suchte meine Nähe. Ich legte die Bongos in den Sand und ließ mich von ihr zurück zu den Wellen ziehen. Hand in Hand rannten wir am Meeressaum entlang, übermütig, verspielt, völlig außer Atem, bis ich plötzlich die Entdeckung machte, dass wir keine Spuren hinterließen. Ich blickte zurück und staunte, dass die Abdrücke unserer Füße im Sand spätestens nach jeder dritten Welle komplett verschwunden waren.

Das durfte nicht sein, das wollte ich nicht! Ich stampfte mit den Füßen immer heftiger in den Sand. Während ich mich spiralenartig um mich selbst drehte, bohrte ich die Hacken in den feuchten Sand, um tiefere Spuren zu erzwingen. Aber egal wie sehr ich mich bemühte, sie wurden überspült und lösten sich in nichts auf. Die Gischt verdeckte sie als Erstes, dann kamen zwei leichtere Wellen, und alles war wieder verschwunden. Gleichzeitig zog sich das im Sand versickernde Wasser in rasender Geschwindigkeit Richtung Meer zurück. Ich wollte den Streifen, den es hinterließ, aufhalten und grub mit den Händen hektisch kleine Gräben. Vielleicht würde es sich wenigstens für Momente zu einer Pfütze sammeln. Umsonst, ich hatte keine Chance.

»Das sind wir, Monique«, rief ich ihr erschüttert zu. »Das ist der Kreislauf des Lebens. Wir Menschen hinterlassen keine Spuren. Wir sind nichts. Nicht einmal einer Fußspur im Sand sind wir würdig. Das Wasser, der Wind, die Sonne, sie nehmen uns mit und tragen uns in die Ferne, in andere Kontinente, zu anderen Galaxien. Unsere Seelen werden das erleben, was wir im Heute nicht schaffen. Wir werden Teil des Universums sein. Wenn wir tot sind, wird sich kein Mensch mehr an uns erinnern, verstehst du? Römer, Griechen, Neandertaler, Ägypter, Mayas, Inkas, wir wissen von ihrer Existenz, aber wir wissen nichts von den einzelnen Menschen, vom Individuum. Wir wissen von keinem Zimmermann, keinem Fischer, keinem Kaufmann der damaligen Zeit. Aber sie waren doch da. Sie lebten. Sie waren Teil einer Masse, doch nicht würdig genug, überhaupt erwähnt zu werden. Ist denn alles umsonst? Flattern sie vielleicht unsichtbar um uns herum als Seelen, Milliarden von Anonymen, Unwürdigen, Nichtssagenden, Langweiligen? Sind sie nicht wichtig, weil der Mensch an sich so unwichtig ist? Das will ich nicht! Du bist doch wichtig, Monique. Ich bin wichtig. Unsere Liebe ist wichtig. Und es wäre so schön, wenn wir gemeinsam eine sichtbare Spur im Universum wären!«

Das alles rief ich ihr nach. Oder vielleicht auch nicht ... Vielleicht waren es nur meine Gedanken. Worte waren sowieso nur Hülsen …

Monique hörte mich jedenfalls nicht, denn sie war weitergelaufen. Ausgelassen tanzend, steckte sie bis zu den Knien im Nordseewasser. Sie drehte sich nicht nach mir um. Würde wenigstens sie sich an mich erinnern?

Mir war kühl. Ich hatte mich hingelegt, nicht ins tiefe Wasser, sondern dorthin, wo die Gischt mich erreichte, und starrte zum Himmel. Die Sonne blendete mich, und ich schloss die Augen. Merkwürdige Formen, wandernde Linien wurden sichtbar, die sich vor meinen geschlossenen Augen bewegten, bis sie sich nicht mehr verfolgen ließen.

»Filou«, hörte ich Monique plötzlich liebevoll sagen. »Du bist total nass. Was machst du?«

Sie zog mich hoch und umarmte mich. Ihre Körperwärme wirkte auf mich wie neu geschenktes Leben. Eng umschlungen gingen wir zu den Bongos zurück, legten uns auf die Düne und ließen uns von der Sonne umschmeicheln. Wir fingen an, uns leidenschaftlich zu küssen, und zogen uns gegenseitig aus.

Als wir nackt waren, ließ sie es zu, dass ich mich auf sie legte. Sie half mir dabei, dass ich vorsichtig, voller Hingabe und Zärtlichkeit in sie eindringen konnte. Endlich durfte ich mit ihr schlafen. Es war ein unendlich schöner und intensiver Moment. Wir waren völlig ineinander verschmolzen. Uns gegenseitig fest umschlingend schliefen wir dann ein.

Als wir erwachten, war es schon kurz vor der Dämmerung. Wir waren schlagartig wieder nüchtern und beeilten uns, zum Festival zurückzukommen. Zum Glück wurde auch an diesem Tag bis mindestens drei Uhr morgens gespielt. Wir suchten meine Clique vom Vortag und fanden sie an gleicher Stelle. Ich stellte Monique den anderen vor, und wir setzten uns zu ihnen. Emiil lag genüsslich mit seiner neuen Liebe eingekuschelt im Schlafsack auf dem Boden und schob mir einen Joint rüber. Ich lehnte dankend ab.

Das LSD hatte mich total ausgepowert, und ich hatte keinerlei Bedürfnis zu rauchen. Monique nahm auch keinen Zug. Sie stand auf und erklärte mir, dass sie allmählich nach Michel schauen müsse. Nicht dass er etwas merkte, geschweige denn eifersüchtig würde. Ich versprach ihr, in einer Stunde nachzukommen. Sie wirkte besorgt und gab mir nur einen raschen Kuss, so als wollte sie die anderen nichts von unserer Liebe merken lassen. Dann ging sie Richtung Bühne davon.

Es machte mich traurig, dass ich nicht selbstverständlich mit ihr gehen konnte. Unser intensives Erlebnis wirkte noch in mir nach.

»Da läuft doch was«, sagte Ronny feixend.

Ich schüttelte nur den Kopf und versuchte, mich auf die aktuelle Band zu konzentrieren. Es misslang, die Musik interessierte mich nicht. Ich wollte zu Monique.

Noch ehe die Stunde rum war, verabschiedete ich mich und folgte ihr zur Basis. Michel und die anderen waren betrunken und bester Laune. Ich wurde wie ein alter Freund begrüßt, und sie boten mir Whiskey an. Mein Blick wanderte zu Monique. Sie sah traurig und verstört aus. Ich spürte, wie gern sie mich in die Arme genommen hätte. Wir befanden uns auf einem vollkommen anderen Level als die Jungs. Schweigend warteten wir darauf, dass die letzte Band spielte, und fuhren dann endlich zum Wochenendhaus zurück. Zum Glück waren alle zu müde, um noch auf der Terrasse weiterzufeiern, und so gingen wir schlafen.

Das Haus war zu hellhörig, als dass ich nicht mitbekommen hätte, wie Monique und Michel stritten. Er wollte wieder mit ihr schlafen, aber sie weigerte sich. Das machte ihn so wütend, dass er sie laut anschrie und sie zu weinen begann. Ich überlegte, ob ich ihr zu Hilfe kommen sollte, aber Michel beruhigte sich schließlich und schien bald darauf eingeschlafen zu sein.

Durch die Wand hindurch, die uns trennte, spürte ich, wie gern Monique zu mir gekommen wäre. Meine Sehnsucht nach ihr war sicher genauso groß, aber sie musste ungestillt bleiben. In dieser Nacht schlief ich wie ein Toter. Der Trip hatte mir alle Energie geraubt.

Am nächsten Morgen war die Stimmung schlecht. Monique sah total verheult aus. Michel und die anderen packten sämtliche Sachen zusammen, sie wollten zurück nach Brüssel. Ich wunderte mich, weil sie doch bis zum Ende des Festivals hatten bleiben wollen. Der Grund der vorzeitigen Abreise schien der Streit zwischen Monique und Michel zu sein. Wütend verstaute er seine Gitarren und diverse Taschen im Auto und sagte ziemlich genervt zu mir: »Wir haben nicht genügend Platz im Auto, Helmut. Du kennst ja noch Leute auf dem Festival. Vielleicht können die dich mitnehmen.«

»Aber was ist mit eurer Anlage?«, fragte ich.

»Da spielen heute noch zwei befreundete Bands. Die bringen uns unser Equipment mit.«

Er verschwand wieder im Haus, um die restlichen Sachen zu holen. Für einen Moment waren Monique und ich allein draußen.

»Ich glaube, Michel hat was gemerkt. Er hat mich heute Nacht geschlagen. Ich muss mit ihm zurück nach Brüssel, aber ich liebe dich, mein Filou. Ich will dich wiedersehen.«

Ich hatte einen dicken Kloß im Hals. Brüssel war für mich kein Thema mehr, ich wollte weiter. Aber auch ich hatte mich verliebt. Hilflos stand ich vor ihr.

Die anderen Bandmitglieder wuselten um uns herum und schleppten ihre Sachen zum Wagen. Ich hatte den Eindruck, dass sie uns durch Missachtung strafen wollten. Als wir wieder für Sekunden allein waren, bat Monique mich um meine Adresse und holte einen Stift und einen Zettel aus ihrer Handtasche. Ich wusste doch gar nicht, ob ich jemals wieder nach Hause ziehen würde, aber aus der Not heraus schrieb ich ihr schnell und heimlich die Adresse meiner Eltern auf. Dabei stellte ich fest, dass ich den Stift kaum führen konnte, solch einen Muskelkater hatte ich vom Bongospielen im Unterarm und im Handgelenk. Das Schreiben tat richtig weh.

»Ich komme nach Hamburg«, flüsterte sie. »Das verspreche ich dir. Das mit Michel hat keine Zukunft. Ich könnte nur noch weinen.«

Dann traten ihr Tränen in die Augen, und sie ging schnell ins Haus. Als alles im Auto verstaut war, verabschiedete sich die Band unterkühlt von mir und zwängte sich in den Wagen. Einzig Charlotte nahm mich kurz in die Arme. Michel schloss die Haustür ab und warf mir wortlos meinen Armeesack zu. Er ging zur Fahrertür, rief noch kurz: »Salut, Helmut«, dann setzte er sich hinters Lenkrad. Monique ging langsam auf mich zu und drückte mich fest an sich. Sie gab mir die obligatorischen drei Küsse und raunte mir ins Ohr: »Bis bald, mein Filou … und verlier die Sonne nicht in dir.«

Monique setzte sich nach hinten zu Charlotte. Der Wagen fuhr langsam los. Sie presste ihr Gesicht an die Scheibe und schaute mich mit traurigen Augen resigniert an.

Minutenlang blieb ich wie angewurzelt stehen und fühlte mich einsam und allein.

# 21

## RONNY & CO.

Benommen ging ich zum Festivalplatz zurück. Ich hatte keinen Bock mehr auf Festival, Musik, Gekreische und Dreck. Meine Gedanken kreisten um Monique. Das Arschloch hatte sie geschlagen. Sie musste mit ihm zurückfahren. Was, wenn er ihr noch mehr antat? Ich machte mir große Sorgen um sie. Vermutlich war ich der Auslöser für seine Wut. Hatte sie es ihm gestanden? Oder wusste er nichts Genaues, sondern ahnte es nur?

Wie ferngesteuert stand ich plötzlich bei den Antwerpenern.

»Wie siehst du denn aus, Helmut? Geht's dir nicht gut?«, fragte Ronny.

Ich legte erst mal meinen Armeesack ab und sagte zu Emiil: »Ich brauch meinen Schlafsack zurück. Das mit der Band und dem Haus hat sich erledigt. Die sind zurück nach Brüssel, es gab Ärger.«

»Ach du Scheiße«, antwortete er. »Komm nachher einfach mit uns. Wenn das Festival vorbei ist, wollen wir mit Ronny nach Calais fahren. Hast du Bock?«

Ich überlegte. Eigentlich wollte ich endlich nach Amsterdam. Aber Calais? Frankreich? Fähre nach England? Neue Freunde um mich herum? Ich wäre nicht allein.

Ich nickte dankbar. Wieder fühlte ich mich aufgefangen.

»Nach Calais wollte ich immer schon mal«, sagte ich schmunzelnd. »Aber zu sechst trampen dürfte ein bisschen schwierig sein. Wir müssen uns aufteilen, oder?«

»Kein Problem«, meinte Ronny beruhigend. »Ich hab einen alten Citroën. Genug Platz für uns vier.«

»Wir sind sechs, Ronny. Also ich zähle sechs«, entgegnete ich.
Die beiden Däninnen schalteten sich ein.

»Nein, wir kommen nicht mit. Wir wollen zurück nach Kopenhagen. Da ist es gerade richtig spannend. In der Stadt wird es wahrscheinlich bald einen Freistaat geben, einen autonomen Hippiestaat. Das klingt utopisch, aber wir haben gute Chancen, dass es klappt. Also, keine Sorge, es ist genug Platz für euch im Citroën.«

Ich war überrascht. Die Mädchen hatten sich doch gerade erst in Emiil und Marcel verknallt. Wollten sie nicht mit ihnen zusammenbleiben? Sie schienen meine Gedanken gelesen zu haben.

»Mach dir keinen Kopf, Helmut«, sagte Marcel. »Wir haben Adressen ausgetauscht, und wenn das nicht funktioniert mit ihrem Hippiestaat, dann können sie jederzeit zu uns nach Antwerpen kommen.«

»Vorausgesetzt, wir sind dann da«, ergänzte Emiil lächelnd und küsste seine Dänin.

Wie unkompliziert das alles war. Die verbrachten zwei Nächte miteinander und ließen sich danach einfach wieder los. Ob ich das auch noch lernen würde? Schon bei Tirshata und diesem Oberguru hatte ich, obwohl nicht viel passiert war außer knutschen, tierische Eifersuchtsanfälle gehabt. Auch jetzt bei Monique merkte ich, wie weh es mir tat, daran zu denken, dass sie wieder mit Michel schlafen würde. Selbst bei Eva Lund hatte ich Probleme gehabt, obwohl da am wenigsten gelaufen war. Ihr »Ich kann tun und lassen, was ich will. Ich gehöre niemandem« hämmerte immer noch in meinem Schädel.

Ich fand die Liebes- und Lebensformen, die die Hippies und Achtundsechziger proklamierten, gar nicht so einfach. Wie schaffte man es bloß, seine Gefühle so unter Kontrolle zu haben, dass man sich nicht immer gleich verlor und vielleicht doch ein bisschen besitzen wollte?

Inzwischen wurde wieder ein Joint gedreht, und wir rauchten ihn gemeinsam. Er tat mir gut, weil die Sorge und der Schmerz

271

wegen Monique in den Hintergrund rückten. Ich achtete wieder auf die aktuelle Band und mochte ihre Musik. Der Hardrock animierte zu Action und Aufbruch. Die Festivalbesucher standen rhythmisch klatschend um mich herum. Ich ließ mich mitreißen und tanzte kurze Zeit später unter all den anderen, bis ich schweißnass war. Die letzten Bands wurden frenetisch gefeiert. Sie kamen kaum noch von der Bühne, so viele Zugaben wurden eingefordert.

Um vier Uhr nachmittags löste sich alles auf. Zelte wurden abgebaut, Schlafsäcke eingerollt, und die Leute trotteten zu ihren Autos oder in den Ort Koksijde. Viele standen jetzt auch an der Straße und versuchten zu trampen.

Emiil gab mir meinen Schlafsack zurück, und ich stellte leicht angeekelt fest, dass er voller Spermaflecken war. Meinem vorwurfsvollen Blick begegnete er grinsend und mit einem Achselzucken.

»Kann schon mal passieren, Helmut.«

Recht hatte er eigentlich, dachte ich und verstaute den Schlafsack in meinem Rucksack.

Als wir an die Straße kamen, verabschiedeten sich Emiil und Marcel von den dänischen Mädels. Ich hatte den Eindruck, dass es doch nicht so leicht für sie war. Jedenfalls knutschten sie noch mal innig, versicherten einander, dass sie sich wiedersehen wollten, und die Jungs trugen ihnen die Rucksäcke bis zu der Stelle, an der sie abfahren wollten. Ich gab ihnen noch schnell die Adresse von Bobs Wohnung. Sie sollten ihn zwar nicht von mir grüßen, aber vielleicht könnten sie ja bei ihm wohnen. Eine gute Anlaufstelle war Infor Jeunes auf jeden Fall. Nachdem sie sich auch von Ronny und mir verabschiedet hatten, überließen wir sie schließlich ihrem Tramperglück.

Ganz in der Nähe befand sich ein Parkplatz, auf dem Ronny seinen Citroën abgestellt hatte. Ich traute meinen Augen kaum. Sein Auto war ein Oldtimer. Ronny erklärte stolz, es sei ein Citroën Traction Avant von 1950. Die geschwungenen Kotflügel waren so groß, dass man sich fast drauflegen konnte. Innen war er mit grünen Ledersitzen ausgestattet und wirkte großzügig und gemütlich. Ich war begeistert.

Wir stiegen ein, und Emiil und Marcel belegten sofort die Rückbank. Es zeigte sich, dass im Innern des Wagens doch nicht so viel Platz war. Die beiden klemmten sämtliche Rucksäcke neben sich. Ich verstaute die Umhängetaschen zwischen meinen Beinen. Ronny startete, und mit anfangs noch stotterndem Motor fuhren wir in Richtung Calais.

Die Sonne stand schon ziemlich tief und blendete uns. Die Tramper am Straßenrand checkten, dass unser Auto belegt war, und winkten uns lachend hinterher. Der Citroën war eine echte Attraktion. Ich fragte Ronny, ob der Name des Wagens von »Attraktion« abgeleitet sei. Er lachte und erklärte uns, dass Traction Avant übersetzt so viel wie Vorderradantrieb heiße. Das Auto gehörte seinem Vater, und der hatte nichts dagegen, wenn Ronny ihn in seinen Semesterferien ein bisschen bewegte. Ronny studierte in Paris und war über die Sommermonate bei seinen Eltern in Calais. Die Küste dort sei so schön, dass er es vorzog, seine Ferien mit alten Freunden in der Heimat zu verbringen, anstatt nach Griechenland oder Italien zu fahren, und er genoss es, mit diesem geilen Auto durch die Gegend zu touren.

Wir waren alle ein bisschen müde und schwiegen eine Weile. Meine Gedanken wanderten nach Hause. Ich dachte an meine alten Kumpels in Lütjensee, Trittau, Großhansdorf und Ahrensburg. Tom Wehner und Tom Schulze, Uwe und Matte, Vera, Fredi, Bernd und Arno, Axel, Ellie, Armin, Buller, Pele, Ina, Bingo und Jutta, Charly, Horst und Urmel. Auch die Namen vieler Klassenkameraden schossen mir durch den Kopf. Was mochten die gerade tun? Ob sich wohl einer von denen fragte, was mit mir passiert war? Ich hatte das Gefühl, als wären seit meinem Rauswurf Jahre vergangen, so viel hatte ich erlebt. Vermisste ich sie? Vermisste ich meine Eltern? Immerhin hatte ich Monique heute ihre Adresse gegeben. Sie waren mir immer noch sehr präsent, und ich würde ihnen bestimmt in den nächsten Tagen mal wieder ein »Mir geht's gut« auf den Anrufbeantworter quatschen. Heute aber war ich weder sentimental, noch hatte ich Heimweh. Ich fühlte mich wohl in dieser Runde neu gewonnener Freunde und war sehr gespannt auf Frankreich.

Aber so weit kamen wir erst mal gar nicht. Wir fuhren gerade durch Ostende, als der Motor heftig zu stottern und zu qualmen anfing. Ronny fluchte und stellte fest, dass es an Kühlwasser fehlte. Der Motor war heiß gelaufen. Heute konnten wir nicht mehr weiterfahren. Er parkte den Citroën am Straßenrand und erklärte uns, dass Ostende einen obergeilen Strand hätte. Dort könnten wir die Nacht verbringen. Also schnappten wir uns unsere Klamotten und gingen auf die Arkaden zu, die sich direkt an der Strandpromenade befanden. Dort trafen wir auf andere Tramper, die ihre Sachen neben den hohen Säulen ausgebreitet hatten. Mit einigen von ihnen kamen wir ins Gespräch und beschlossen, uns zu ihnen zu setzen. Wir legten unsere Schlafsäcke auf den Steinboden, und in Nullkommanichts war eine kleine Hippiekolonie entstanden. Wir rauchten gemeinsam, ließen unser Gepäck einfach liegen und schwärmten aus, um den Strand zu erkunden. Er war an dieser Stelle herrlich breit.

Es war immer noch hell. Viele Touris badeten in der Abendsonne und nahmen anscheinend keinen Anstoß daran, dass sich plötzlich um die fünfzehn langhaarige Gestalten unter sie mischten. Wir bekamen einen traumhaften Sonnenuntergang geboten und gingen schließlich zurück zu unserer kleinen »Siedlung« unter den Arkaden.

Auch als es dunkel war, tummelten sich noch viele Leute am Strand und in den diversen Restaurants in unmittelbarer Nähe. Emil und Marcel holten ihre Gitarren raus und spielten ihre Lieder. Gebannt hörten wir ihnen zu. Sie waren echt professionell, und so kam es, dass sich in kürzester Zeit eine größere Menschenmenge um uns herum sammelte. Einige Leute sangen die bekannteren Songs mit und applaudierten dann begeistert. Ich griff nach Emiils Mütze, die neben ihm lag, und bekifft, wie ich war, hatte ich keine Hemmungen, die Umstehenden zur Kasse zu bitten. Das machte ich ein bisschen so, wie ich es von Erwin, dem Arsch, gelernt hatte. Ich zog eine kleine Show ab und brachte die Leute zum Lachen. Es wirkte. Viele Touris warfen Münzen und sogar Scheine in die Mütze. Zu so später Stunde machten wir richtig gutes Geld.

Nach etwa einer Stunde löste sich die Menge auf, und die Leute gingen schlafen. Wir vier besprachen kurz, ob wir nicht einfach ein paar Tage hierbleiben sollten. Die Touris hatten das Geld ziemlich locker sitzen. Erstaunlicherweise zollten Emiil und Marcel ausgerechnet mir großen Respekt. Dabei waren sie es doch, die so grandios spielten, dass die Leute dermaßen viel Geld spendeten. Aber die beiden behaupteten, ich hätte durch meine Anmache und meine lustige Art den Menschen die Kohle aus der Tasche gezogen. Ronny, der dickwanstig wie ein kleiner Buddha auf seinem Schlafsack thronte, schlichtete, indem er sagte, wir seien gemeinsam ein Topteam.

Damit konnten wir für den Moment leben. Wir redeten und rauchten noch eine ganze Weile mit den anderen Hitchhikern. Dann krochen wir allmählich in unsere Schlafsäcke und konnten bei Meeresrauschen unter den Arkaden hervorragend schlafen.

Der nächste Morgen begann unangenehm. Um sechs Uhr standen plötzlich vier Bullen vor uns. Sie wollten zum Glück keine Papiere sehen oder uns gar verhaften, sie wollten uns einfach von den Arkaden verscheuchen. Dieser Platz war den Touristen vorbehalten, und die sollten sich auf keinen Fall von irgendwelchen Pennern gestört fühlen.

Wir waren viel zu müde, um zu murren oder uns mit ihnen zu streiten. Also packten wir unsere Sachen zusammen und trotteten zum noch menschenleeren Strand. Das sah skurril aus und hatte fast schon etwas Biblisches. Die Jünger, die ans Meer zogen. Fünfzehn langhaarige Freaks, die müde und wortlos durch den Sand stapften. Nach hundert Metern breiteten wir unsere Schlafsäcke auf dem weichen Sand aus und pennten weiter.

Erst als die Sonne richtig bretterte und die Touristen mit ihren herumjohlenden Gören zu laut wurden, standen wir auf. Wir verstauten unsere Sachen in Ronnys Auto und konnten es uns leisten, mit dem am Vorabend so lässig verdienten Geld in einem der Strandcafés fürstlich zu frühstücken.

Ronny zog dann schon mal los, um seinen Citroën reparieren zu lassen, und Emiil, Marcel und ich machten einen Plan für die kommenden Tage. Es gefiel uns in Ostende. In Belgien waren Ferien. Die Touris hier am Meer unterschieden sich sehr von denen, die eher kulturell interessiert durch Brüssel pilgerten. Hier machten Papa und Mama mit ihren Kindern Urlaub, und oft waren sogar noch Oma und Opa dabei. Alle waren gut drauf. Es wurde gebadet und geschlemmt.

Der Platz unter den Arkaden war ideal für Straßenmusik. Wir beschlossen, am späteren Nachmittag wieder loszulegen. Weil Emiil und Marcel so professionell waren, kam mir mein Flötenspiel etwas lächerlich vor. Ich traute mich nicht, neben den beiden auch nur den Versuch zu machen, auf meiner F-Flöte zu improvisieren. Uns trennten Welten. Also erwähnte ich meine Ambitionen nicht einmal.

Ronny kam zurück und war sofort damit einverstanden, noch ein bisschen in Ostende zu bleiben. Er hatte sein Auto flottgemacht und schlug vor, bis zum Nachmittag ein kleines Stück die Küste entlangzufahren und vielleicht zu baden. Es war sowieso schon wieder ein unglaublich warmer Sommertag. Wir fanden die Idee toll und willigten gerne ein.

Keine zehn Minuten später saßen wir wieder im Oldtimer und tuckerten die Küstenstraße entlang Richtung Norden. Ich war überrascht, wie schön die Strände mit ihren Dünen hier in Belgien waren. Da, wo ich herkam, fuhr man immer nur nach Sylt oder auf die anderen nordfriesischen Inseln wie Amrum oder Föhr. Die Ostsee war natürlich auch ein beliebtes Ziel, aber dass die Strände hier mindestens genauso schön waren, hatte sich bis Hamburg noch nicht herumgesprochen.

Auch wenn manche Ecken überfüllt waren, gab es trotz der Hochsaison immer wieder menschenleere Strandabschnitte. An einem davon hielten wir schließlich und gingen mit unseren Schlafsäcken runter zum Meer. Ich entdeckte, dass sich in den kleinen Bretterbuden Duschen befanden. Man konnte sich hier also nach dem Baden das Meersalz abwaschen. Einfach so als belgischer Service für die Touristen. Das brachte mich auf die Idee, noch schnell meine Schmutzwäsche aus Ronnys Auto zu holen. Die könnte ich endlich mal wieder durchspülen und zum Trocknen über die Bretter hängen. Marcel und Emiil taten es mir gleich. Wir hatten zwar nur etwas Haarshampoo dabei, aber zum Wäschewaschen eignete sich das natürlich auch.

Während wir wie Waschweiber unsere Unterhosen in den Duschhäuschen sauber schrubbten, war Ronny schon längst splitternackt in der Nordsee und konnte gar nicht fassen, was er sah. Er lachte schallend über uns.

Wir fanden, dass unsere bunte Wäsche, die auf der oberen Kante der schon etwas gammeligen Bretter hing und in der Sonne trocknete, die Duschkabinen durchaus verschönerte. Es war perfekt.

Endlich konnten wir uns auch ausziehen und machten nackig zu dritt einen Wettlauf zum Meer. Wir spritzten uns mit Händen und Füßen gegenseitig nass. Ich hatte bisher nur Horrorerinnerungen ans Nordseewasser. Wie oft hatte ich vor Kälte gebibbert, wenn ich in Friedrichskoog nach dem Baden aus dem Wasser gestiegen und zum Deich gelaufen war. Der kalte Wind hatte mir dann den Rest gegeben. Jetzt aber hatte sich durch den heißen Sommer sogar die Nordsee so weit aufgewärmt, dass man wunderbar schwimmen konnte. Quallen und Krebse wie in den

Kögen waren zum Glück weit und breit keine zu sehen. Es war herrlich. Wir blieben bestimmt eine halbe Stunde im Meer, ehe wir uns auf unsere Schlafsäcke legten und alle vier in der Sonne einschliefen. Als wir wieder wach waren, drehte Emiil erst mal einen Joint, und als der aufgeraucht war, sprangen wir erneut ins Wasser. Wir tollten herum wie eine kleine Horde wilder Welpen.

Als wir feststellten, dass unsere Wäsche komplett getrocknet war, machten wir uns wieder auf den Weg nach Ostende. Unsere Sachen ließen wir bis auf die Gitarren im Wagen. Dann setzten wir uns an die gleiche Stelle wie am Vortag. Ronny lehnte sich genüsslich in Erwartung dessen, was musikalisch kommen würde, an die Wand. Er war genauso begeistert von Emiil und Marcel wie ich und Gott sei Dank auch die Touristen. Als die ersten Gitarrenklänge der beiden Jungs zu hören waren, machte ich wieder den Kasper und quatschte die Leute voll. Bis zur einsetzenden Dunkelheit hatten die beiden mehr als umgerechnet zweihundert Mark erspielt. Emiil wollte das Geld gerecht unter uns vieren aufteilen, aber Ronny lehnte das vehement ab. Ein bisschen Benzingeld war für ihn okay, aber mit dem Hinweis, sein Vater hätte genug Schotter, war es unter seiner Würde, das Geld anzunehmen. Nachdem ich mir teilweise ein wenig albern vorkam, wenn ich die Leute zutextete, und es zwischenzeitlich in Arbeit ausartete, fand ich meinen Anteil gerechtfertigt und hatte kein schlechtes Gewissen, die Kohle einzusacken. Es war sogar noch Geld vom Vortag übrig, das wir uns teilten.

Danach gingen wir in ein Restaurant in der Nähe und schlugen uns die Wampe voll. Anschließend holten wir unsere Klamotten aus dem Wagen, latschten zurück zu den Arkaden, zogen mit den anderen Trampern, die sich inzwischen wieder neu gemischt hatten, noch einige Joints durch und schliefen dann zufrieden ein.

Pünktlich um sechs Uhr morgens standen die Bullen vor uns.

Unwirsch und im Kommandoton scheuchten sie uns wieder Richtung Strand. Murrend und todmüde bewegten wir uns als kleine Kolonne zum Meer und legten uns wie am Vortag an gleicher Stelle auf unsere Schlafsäcke, um weiterzuschlafen. Ein Ritual, das keiner brauchte.

Zuerst wurde es wieder laut, dann zu warm. Genervt standen wir auf, frühstückten noch mal im Café von gestern, und um die Mittagszeit fuhren wir vier mit Ronnys Oldtimer zum Baden. Diesmal erkundeten wir die Strände südlich von Ostende. Auch hier war es beeindruckend schön. Wir powerten uns im Meer total aus und spielten mit einigen Kindern zusammen Fußball am Strand.

So hätte für mich früher zu Schulzeiten ein idealer Ferientag ausgesehen. Aber Urlaub am Meer war finanziell für meinen Vater mit einer vierköpfigen Familie plus Hund überhaupt nicht machbar. Wenn zu Hause gestritten wurde, dann ausschließlich um Geld. Ein Polizeiobermeister auf dem Dorf verdiente lausig. Ich erinnerte mich daran, dass meine Mutter meinen Vater oft inständig bat, wenigstens die jährliche Steuererklärung abzugeben. Sie habe gehört, dass es vom Finanzamt Geld zurück gäbe. Aber der Alte dachte gar nicht daran. Einerseits war er irgendwie ein Künstler, andererseits war er Vollblutbeamter und fand es vollkommen in Ordnung, dass der Bürger Steuern zahlte und der Staat den Bürger dafür schützte und förderte. Ich hatte von alldem keine Ahnung und wollte mich mit diesem Kapitalscheiß gar nicht befassen. Trotzdem ahnte ich, dass die Denkweise meiner Mutter wohl gerechtfertigt war und uns etwas mehr Geld das Leben ein bisschen erleichtert hätte. So fuhren wir dann eben mit unserem alten DKW in den Harz oder einmal, das war die weiteste Familienreise gewesen, zu entfernten Verwandten nach Stuttgart und Bayern. Wir wohnten privat, und weil ich keine Vergleichsmöglichkeiten hatte, fand ich es auch nicht schlimm. Ich war ja selig, wenn ich mal aus Dithmarschen rauskam und Städte, Wälder und Berge zu sehen bekam. Fies wurde es nur, wenn die Mitschüler nach den Ferien erzählten, wie geil es in Italien, in Spanien, Frankreich oder in Schweden war. Dann wurde mir bewusst, dass die Zierls arme Schlucker waren.

Emiil mahnte, dass wir zurückfahren sollten. Ab dem späten Nachmittag war die beste Zeit, um unter den Arkaden Musik zu machen. Dann hätten die Touri-Familys geduscht und wären, hungrig nach einem anstrengenden Strandtag, auf der Suche nach einem guten Restaurant. Das Geld in ihren Portemonnaies sollte ausgegeben werden. Und weil Emiil und Marcel mit ihren Eigenkompositionen und den Songs von den Beach Boys und Simon & Garfunkel ausschließlich Gute-Laune-Musik spielten, partizipierten wir alle daran.

Wir fuhren zurück und suchten den Platz auf, der uns nun zum dritten Mal als Bühne dienen sollte.

Plötzlich entdeckte ich einen schäbigen weißen VW-Bus, der mir bekannt vorkam. Das war doch der Bus der Jesus People aus Brüssel! Er hielt ganz in unserer Nähe. Der Fahrer stieg aus, und ich erkannte sofort den Oberguru, Bastian. Er öffnete die Seitentür, und schon drängten sechs oder sieben Jungen und Mädchen aus dem Wagen und mischten sich unter die Leute. Mein Herz raste. Würde ich etwa aus heiterem Himmel Tirshata wiedersehen? Ich hatte schon lange nicht mehr an sie gedacht. Zu intensiv waren die Erlebnisse in Brüssel und vor allem mit Monique gewesen.

Aber Tirshata befand sich nicht unter den »Jüngern«. Jedenfalls sah ich sie nirgends. Ich überlegte, ob ich diesen Bastian fragen sollte, wo sie denn sei. Aber ich zögerte zu lange, er hatte sich schon wieder hinter das Lenkrad gesetzt und fuhr weiter. Ich beobachtete, wie die anderen »Jünger« die Leute ansprachen. Also ging ich auf eine von ihnen zu, ein extrem dünnes, kränklich aussehendes Mädchen mit ganz kurzen Haaren. Sie schaute mich lächelnd an, doch bevor sie fragen konnte: Do you believe in Jesus?, fragte ich sie: »Where is Tirshata?«

Sie stutzte. »Tirshata? Wer soll das sein?«

»Du bist doch von den Jesus People, oder etwa nicht?«

»Das weißt du?«, fragte sie irritiert. »Bist du ein Bruder von uns, oder warum fragst du nach Tirshata?«

»Nein, ich bin kein Bruder von euch, aber ich habe Tirshata vor etwa zwei Monaten in Brüssel kennengelernt. Sie war auch in Bastians Bus.«

Jetzt staunte sie. »Du kennst Bastian? Warum bist du denn keiner von uns?«

»Weil mir das damals alles zu schnell ging«, antwortete ich. »Ich würde Tirshata gern wiedersehen. Kennst du sie wirklich nicht?«

Sie überlegte. »Ich glaube, das muss das Mädchen sein, das uns vor ein paar Wochen verlassen hat. Ich hab sie nie kennengelernt. Ich bin selbst erst seit Kurzem bei dieser Familie in Antwerpen und war davor mehrere Monate bei unserer Stammfamilie in Paris. Komm einfach mit und frag Bastian. Er ist unser Familienoberhaupt.«

»Und du weißt nicht, wohin sie gegangen sein könnte?«, fragte ich ungeduldig. »Hat sie die Familie komplett verlassen? Ist sie vielleicht gar keine mehr von euch, oder hat sie so wie du nur gewechselt?«

Zu viele Fragen auf einmal. Sie wirkte überfordert.

»Unsere Familie verlässt man nicht«, erwiderte sie. »Wir wechseln unsere Standorte, aber wir haben Jesus in uns. Wir spüren ihn. Und wenn man ihn einmal gefunden hat, dann verlässt man ihn nie wieder. Weil er uns nicht verlässt und uns schützt.«

Ich hatte keinen Bock auf den Quark. Das klang so auswendig gelernt. Es nervte mich. Ich fragte sie, ob sie sich nicht bei ihren anderen Brüdern und Schwestern erkundigen könnte, was mit Tirshata sei.

Sie betrachtete mich kritisch. So als wäge sie ab, ob ich ein potenzieller Bruder wäre oder ob ich ihrer Familie gefährlich werden könnte.

»Ich überlege schon seit Langem, zu euch zu kommen«, heuchelte ich. »Tirshata hatte mich schon fast so weit, aber ich musste noch so viel in Brüssel erledigen.«

Sie lächelte mich verständnisvoll an und gab nach.

»Ich kenne das«, sagte sie. »Man geht immer zuerst einen schweren Weg, bevor man zu Jesus findet. Das muss wohl so sein. Vielleicht bist du ja jetzt bereit. Ich frage die anderen. Warte hier auf mich.«

Sie drehte sich um und suchte nach ihren Leuten. Ich guckte zu Emiil und Marcel rüber. Sie winkten mir zu und signalisierten mir, mich zu beeilen. Ich nickte und gab ihnen zu verstehen, dass ich gleich kommen würde.

Die dünne »Jüngerin« stand bald wieder vor mir und sagte:

»Tirshata ist wahrscheinlich in Amsterdam. Wir wissen es nicht genau, aber der Plan war, dass sie unsere Familie in Amsterdam ergänzen soll. Es ist so schade, dass ich sie noch nicht kennengelernt habe. Alle lieben sie. Ich soll dich zu uns einladen. Komm doch nachher mit. Wir werden um neunzehn Uhr abgeholt.«

»Ich weiß«, entgegnete ich lächelnd. »Dann esst ihr erst mal was, und danach singt ihr zusammen. Oder ist die Reihenfolge andersrum?«

Sie lächelte zurück, ohne mir die Ironie übel zu nehmen, und sagte freundlich: »Du hast ja gut aufgepasst. Davon kannst du dir nachher selbst ein Bild machen. Wie heißt du?«

»Helmut«, antwortete ich. »Und du?«

»Ich heiße Telma. Ich bin Spanierin. Was bedeutet Helmut?«

»Keine Ahnung«, sagte ich überrascht und lachte. »Ich glaube, man hat mir mal erzählt, dass sich Helmut im Deutschen von ›heldenhaftem Mut‹ ableiten lässt. Großer Quatsch. Gibt's eine Bedeutung von Telma?«

»Oh ja«, erwiderte sie stolz. »Gar kein Quatsch. Telma kommt aus dem Griechischen und bedeutet so viel wie ›die mit dem guten Herzen‹. So bin ich geboren. So lebe ich. Und als solche hat Jesus mich angenommen.«

Ein merkwürdiges Mädchen, diese Telma, dachte ich. Total dünn und zerbrechlich, vielleicht zwanzig Jahre alt, riesige, ausdrucksstarke Augen, und mit jedem Satz, den sie von sich gab, gewann sie und wurde immer hübscher.

»Okay, Telma«, sagte ich entschlossen. »Meine Freunde warten dahinten. Wir machen hier Musik. Ich glaube nicht, dass wir um sieben schon fertig sein werden, aber ich fahre sowieso bald nach Amsterdam. Dann suche ich eure Familie auf. Vielleicht sehen wir uns da. Was meinst du?«

»Ich würde mich sehr freuen«, antwortete sie mit ehrlichem Blick. »Ich werde Bastian gleich noch mal fragen, ob er Genaueres über Tirshata weiß. Ich gebe dir Bescheid.«

Ich nahm sie zum Abschied in die Arme und hatte Sorge, dass ich ihr dabei wehtun würde. Ich konnte jeden Knochen spüren. Ein Kuss linke Wange, ein Kuss rechte Wange, dann lief ich rüber zu meinen drei Kumpels. Als ich mich noch mal zu ihr umdrehte, war sie nicht mehr zu sehen.

»Wo bleibst du denn?«, fragte Ronny mich ungeduldig. »Du musst hier den Geldeintreiber machen. Beeil dich. Zeit ist Geld.«

Er drückte mir Emiils Mütze in die Hand und schubste mich freundschaftlich nach vorn. Als hätten Emiil und Marcel auf diesen Schubser gewartet, fingen sie an, ihre Gitarren erklingen zu lassen. Gute Laune pur. Sofort blieben die ersten Leute stehen. Die beiden waren professionell wie immer, nur ich war unkonzentriert. Ich musste immerzu an Tirshata denken. Ein gutes Zeichen, dass sie nicht mehr bei diesem unsympathischen Oberguru war, aber ein schlechtes Zeichen, dass sich ihre Spur so ins Ungewisse verlor.

Ich schob meine Gedanken zur Seite und ließ mich auf meinen neuen Job ein.

Auf der Reeperbahn in Hamburg gab es diese Typen, die vor

den Stripteaseläden die Leute animierten und aufforderten, reinzukommen. Laut, oft primitiv und ein bisschen aggressiv. Sie quatschten jeden an, sogar die Frauen. Ich gab mir größte Mühe, nicht zu aufdringlich und plump zu wirken. Begleitend zur Musik versuchte ich gute Laune zu verbreiten. Ich wechselte die Sprachen. Für so einfache Sätze wie »Das sind die besten Musiker dieses Kontinents« oder »Die zwei sind besser als Simon & Garfunkel« oder »Wollen Sie ernsthaft, dass zwei so begnadete Musiker verhungern?« reichten sowohl mein Englisch als inzwischen auch mein Französisch. Ich drohte den Leuten sogar mit Sprüchen wie »Wenn Sie uns jetzt kein Geld geben, dann singe ich mit, und dann weinen Ihre Kinder«. Alle lachten. Es machte mir Spaß, es machte den beiden Jungs Spaß, es machte Ronny Spaß, der als Stimmungskanone hinter Emiil und Marcel stand und jeden Song anklatschte. Das übertrug sich. Die umstehenden Touristen sangen mit, verlangten Wiederholungen, riefen den Jungs immer wieder aufmunternd zu. Einige junge Mütter griffen sich ihre kleinen Kinder und fingen ausgelassen an, mit ihnen zu tanzen. Eine Party unter den Arkaden.

Plötzlich hörte ich jemanden meinen Namen rufen. Ich blickte mich um und entdeckte Telma. Sie war in Eile. Der Bus wartete auf sie, aber sie wollte mir auf jeden Fall noch eine Information zukommen lassen.

»Helmut, ich habe Bastian nach Tirshata gefragt. Sie ist in Amsterdam. Und ich auch bald. Wir sehen uns! Jesus liebt dich, da bin ich ganz sicher.«

Ich warf ihr einen Handkuss zu. Sie erwiderte den Kuss lächelnd und schwebte zu ihrer Gruppe.

Wir spielten noch, bis es dunkel wurde. Als die beiden ihre letzten Songs ansagten, wurden Rufe nach Zugaben laut. Die Leute um uns herum waren schier begeistert. So was hatte ich selbst in Brüssel nicht erlebt. Ich wunderte mich, warum Emiil und Marcel noch keinen Plattenvertrag hatten. Sie waren mit ihrer Musik und ihrer sympathischen Art, sich zu präsentieren, so erfolgreich, dass ich sicher war, ein Vertrag würde nicht lange auf sich warten lassen.

Aber irgendwann war wirklich Schluss, und wir saßen in Ronnys Citroën und zählten unser Geld. Es waren unfassbare viereinhalbtausend Francs, also dreihundert Mark, zusammengekommen. An diesem Abend prassten wir in einer Pizzeria und aßen uns so satt, dass uns fast schlecht war. Das Geld wurde aufgeteilt, und ich stellte zufrieden fest, dass ich nach über zwei Monaten auf Tour mehr Kohle hatte als am Anfang. Das war ein kleines, aber feines Polster für die weitere Reise. Wir überlegten, wie lange wir denn noch in Ostende bleiben wollten. Ronny drängelte ein bisschen, er wollte allmählich nach Calais zurück. Emiil und Marcel war es egal. Sie meinten, sie könnten schließlich überall spielen, und es würde fürs Essen reichen. Sie hätten noch ein bis zwei Wochen Zeit, dann müssten sie nach Antwerpen zurück, um zu arbeiten. Musik sei schließlich nur ihr Hobby. Als sie mich fragten, was für Pläne ich hätte, wurde mir bewusst, dass der heutige Tag mich durcheinandergebracht hatte. Vom ersten Tag meines Trips an hatte ich immer wieder von Amsterdam gehört. Alle schwärmten in den höchsten Tönen. Amsterdam war eindeutig die Hippiehauptstadt, das Mekka Europas. Da zog es mich hin. Sosehr der Wunsch in mir brannte, der Sonne zu folgen, so intensiv spürte ich den Ruf der Liebe. Tirshata … Ich hatte ihr versprochen, nachzukommen. Jetzt war die Gelegenheit dazu.

Emiil, Marcel und Ronny mochte ich sehr. Ich staunte darüber, dass der Schmerz, den ich beim Abschied von Monique empfunden hatte, schon nach zwei Tagen langsam verblasste. Warum? War ich so oberflächlich, oder war die wenige Zeit, die ich ganz am Anfang mit Tirshata verbracht hatte, einfach zu intensiv gewesen? Dass ich heute wieder an sie erinnert worden war, löste eine wahre Gefühlswelle in mir aus. Ich musste sie wiedersehen. Sie war nicht mehr Sklavin dieses Obergurus und somit möglicherweise frei. Vielleicht könnte ich sie überreden, mit mir zusammenzubleiben und gemeinsam in den Süden zu reisen und doch der Sonne zu folgen.

Ich fasste den Entschluss, nicht mit nach Calais zu fahren, sondern nach Amsterdam zu trampen. Ich erzählte meinen drei neuen Freunden die Geschichte von Tirshata, und sie hatten volles Verständnis. Ronny, der Älteste von uns, gab mir den Tipp: »Kämpf um sie, Helmut! Hol sie raus aus dieser Scheißsekte. Sie ist Brasilianerin, Mann. Ist dir klar, wie viel Glück du hast?«

Zu diesem Ratschlag machte er eine eindeutige Geste. Emiil und Marcel lachten. Ich blieb ernst. Ich erinnerte mich: Das war genau der Humor, den Tirshata abscheulich fand, typische Männerwitze eben.

»Aber wann genau soll's denn nun weitergehen?«, fragte Ronny ungeduldig.

»Von uns aus morgen«, antworteten die Jungs. »Ist ja eh nicht so weit bis Calais. Wir hätten jetzt sogar die Kohle für die Englandfähre. Das wär auch noch eine Idee für die nächsten zwei Wochen.«

Nach England hätte ich schon vor zwei Monaten fahren können, dachte ich.

»Okay«, sagte ich ein wenig traurig. »Dann trennen sich morgen unsere Wege. Am liebsten wäre es mir, wenn wir alle zusammen nach Amsterdam fahren würden. Ronny, das wär doch mal eine Herausforderung für deinen Oldtimer. Würde der das schaffen?«

»Lässig«, antwortete er. »Selbst wenn der Motor in den Arsch gehen würde, hätte ich ja immer noch euch drei zum Schieben.«

Dieser Spruch nahm der Situation ihre Melancholie, und wir bestellten uns noch eine Runde Bier. Wir unterhielten uns über belanglosere Dinge, holten unser Gepäck aus dem Wagen und gingen wieder zu den Arkaden.

Es lagen schon mindestens zehn Tramper in ihren Schlafsäcken da und kifften fröhlich vor sich hin. Nachdem wir auch einige Züge inhaliert hatten, schliefen wir ein.

Wir wollten es nicht wahrhaben, aber das Ritual der letzten Tage setzte sich tatsächlich fort. Um sechs Uhr kamen die Bullen. Ihnen war auch klar, dass es sich um eine Art Ritual handelte. Heute riefen sie beinahe humorvoll: »Hey, aufstehen! Ab mit euch zum Strand. Gleich kommen ehrbare Leute vorbei. Die wollen euch hier nicht sehen.«

»Hahaha«, grunzte Ronny. Wir erhoben uns und torkelten vor Müdigkeit zu unserer bewährten Strandstelle, um weiterzuschlafen. Dann lärmten die dämlichen Kleinkinder, und die Sonne knallte unerbittlich auf uns herab. Wir schwitzten in unseren Schlafsäcken, standen auf und gingen ins Café. Auf der Toilette wuschen wir uns und setzten uns anschließend ein letztes Mal zusammen an einen Tisch, um zu frühstücken. Die Stimmung war nun doch wieder beklommen. Der Abschiedsschmerz packte uns. Es war einfach eine unglaublich geile, musikgeschwängerte Woche gewesen. Drei Tage Festival, drei Tage Mucke unter den Arkaden, Freundschaften, die entstanden waren … und nun der Abschied.

Emiil und Marcel boten Ronny und mir an, jederzeit nach Antwerpen kommen zu können. Sie hätten da viele Auftritte. Man käme in der Stadt eigentlich gar nicht an ihnen vorbei. Ronny gab ihnen und mir seine Adresse. »Da wohnen meine Alten. Die wissen garantiert immer, wo ich bin.«

Ich hatte in den acht Wochen, die ich jetzt unterwegs war, nur Monique, Hanneke und Rudi meine Adresse gegeben und Monique aus der Hektik heraus, weil die Band das nicht mitbekommen sollte.

»Ich hab zwar keine Ahnung, ob ich je wieder da auftauche, aber hier ist die Adresse meiner Eltern, und die wissen garantiert immer, wo ich nicht bin«, sagte ich augenzwinkernd.

»Versöhn dich mit denen, Helmut«, meinte Ronny gelassen. »Hey, du bist sechzehn. Stress mit den Alten gibt's immer mal. Mich haben meine auch schon rausgeschmissen, und jetzt fahr ich das Lieblingsspielzeug meines Vaters, und alles hat sich eingerenkt.«

Ronny war ein Typ, der in meinen Augen täglich gewonnen hatte. Beim Festival saß er immer nur dabei, redete wenig, aber er genoss. Er war eben ziemlich dick und strahlte vielleicht deshalb eine urige Gemütlichkeit und Ruhe aus. Dazu kam dieses Selbstverständnis, uns in seinem Traumauto mitzunehmen, dann der Verzicht, sich an uns bereichern zu wollen, und zuletzt seine Tipps, die er mit argloser Direktheit an uns weitergab. Ich ließ seinen Ratschlag allerdings unkommentiert stehen, dachte mir aber natürlich meinen Teil. Versöhnung? Im Moment für mich unvorstellbar. Trotzdem rückte ich jetzt meine Lütjenseer Anschrift heraus und beschloss, einen kurzen Telefonanruf bei meinen Eltern zu tätigen, bevor ich mich gleich an die Straße stellte. Nicht, um mich zu versöhnen. Einfach nur, um ein Lebenszeichen von mir zu geben.

Dann kam der Abschied. Ich begleitete die drei zum Citroën. Sie verstauten ihre Sachen auf der Rückbank. Marcel sagte grinsend: »Gott sei Dank, endlich ein bisschen mehr Platz im Auto.«

»Das Auto werde ich auf jeden Fall vermissen«, konterte ich.

Komisch, aber mit Humor fiel der Abschied immer leichter. Er nahm mir die Trauer und stärkte die Zuversicht.

Wir umarmten uns herzlich, wünschten uns »Good luck«, dann klemmte sich Ronny hinters Lenkrad, und mit gefährlich aufheulendem Motor und lautem Hupen fuhren sie los.

Ich ging direkt zur Telefonzelle, die ich schon lange erspäht hatte, holte ein paar Francs aus der Hosentasche und wählte die Nummer von zu Hause. Es klingelte nur zwei Mal, dann meldete sich mein Vater. »Polizeistation Lütjensee, Zierl.«

Ich hatte erwartet, dass sich der Anrufbeantworter einschaltete. Jetzt rang ich einen Moment lang um Fassung. Sollte ich mit dem Alten reden? Ich kämpfte kurz mit mir, aber dann presste ich doch lieber nur ein »Mir geht's gut« über die Lippen und legte schnell auf.

Ich griff mein Gepäck und schlenderte zur Hauptstraße, die Richtung Brüssel und Antwerpen führte. Mich traf fast der Donner. Ich musste mich in eine Schlange von mindestens zwanzig Trampern einordnen. Es konnte ewig dauern, bis ich an der Reihe war. Aber ich stellte mich fair und demütig ganz hinten an. Mittendrin befand sich ein bunt und auffällig gestylter Italiener. Der kasperte am Straßenrand mit Sprüngen und lautem Rufen herum und belehrte uns, dass man eine kleine Show abziehen müsse. Er würde den Autofahrern etwas bieten. Die honorierten es damit, dass er selbst in den längsten Warteschlangen als Erster mitgenommen würde.

Ich hatte den Eindruck, dass alle anderen sauer auf ihn waren. Es war erbärmlich, wie er sich anbiederte.

Dann kam ein Typ in einem Renault langsam angefahren. Er schien willens, einen von uns mitzunehmen. Beim Italiener blieb er fast schon stehen. Der schnappte sich triumphierend den Rucksack und machte Anstalten, einzusteigen, aber der Renault hatte noch gar nicht angehalten. Im Gegenteil, er beschleunigte sogar ein bisschen und hielt ausgerechnet vor mir, dem Letzten. Ein freundlicher Typ um die vierzig stieg aus, öffnete den Kofferraum und half mir, meine Sachen darin zu verstauen. Ich öffnete die Beifahrertür und konnte es mir nicht verkneifen, den Italiener breit anzugrinsen. Dem fiel das Gesicht fast zusammen vor Wut. Selbst die anderen Tramper, die eigentlich vor mir dran gewesen wären, feixten höhnisch in Richtung Italiener.

Der Renault-Fahrer trug eine graue Anzughose und ein weißes Oberhemd mit hochgekrempelten Ärmeln. Hinten lag seine Aktentasche. Er sah aus, als käme er gerade von der Arbeit in einem Büro. Sein Renault war ein teureres Modell, also schien er Kohle zu haben. Freundlich und in gutem Deutsch fragte er mich, wo ich herkäme, wo ich hinwollte, was ich von Belgien schon gesehen hätte, ob mir das Land gefiele und so weiter. Ein klassischer Small Talk entstand. Er schwärmte von Amsterdam. So weit würde

er zwar nicht fahren, aber er sei auch schon diverse Male dort gewesen, und eines könne ich ihm glauben: Wäre er so jung wie ich,
er wäre garantiert auch ein Hippie in Amsterdam.

Als wir auf der Autobahn kurz vor Antwerpen waren, geriet er
derartig ins Schwärmen, wie sehr er Hippies und ihre Art zu leben
mochte, dass ich argwöhnisch wurde. Er erzählte mir, dass er ein
kleines Wochenendhäuschen an einem See kurz hinter Gent hätte
und dass er jetzt dort hinfahren würde, um den Rest der Woche
dort zu verbringen.

»Ich liebe die Freiheit«, sagte er. »Ich habe eine kleine Agentur
in Ostende, aber ich nutze jede Gelegenheit, auf meine Insel zu
fahren. Dann ziehe ich mich aus und gebe mich wie ihr Hippies
nackt der Sonne hin. Ich genieße meinen Garten, mein Haus, ich
habe keine Nachbarn, ich kann tun und lassen, was ich will.«

Mir wurde mulmig. Was war das denn für ein Irrer? Was hatte
der für eine kranke Vorstellung von Hippies?

»Was hast du vor?«, fragte er mich. »Hast du Zeit? Ich lade
dich ein. Wir können zusammen nackt im Garten liegen und eine
wundervolle Zeit verbringen.«

Und dann passierte das, was ich mittlerweile befürchtet hatte.
Er legte dreist die Hand auf mein Knie und ließ sie langsam höher
wandern. Als sie auf der Mitte meines Oberschenkels angekommen war, griff ich energisch zu, packte ihn am Handgelenk und
schob seine Hand entschlossen weg.

Ohne auch nur eine Sekunde zu zögern, machte er eine Voll-
bremsung. Er fuhr an den Straßenrand, riss die Tür auf, öffnete
den Kofferraum, schmiss meine Sachen auf den Boden, rief mir
ein strenges »Raus, mach, dass du aus meinem Wagen kommst«
zu, stieg wieder ein und fuhr, ohne mich noch eines Blickes zu
würdigen, mit quietschenden Reifen davon.

Was für ein Arschloch. Ich konnte es nicht fassen. Ich stand
mitten auf der Autobahn. Das war hier genauso verboten wie in
Deutschland. Die Autofahrer hupten und gestikulierten hyste-

risch, und ich fühlte mich stark an den ersten Tag meiner Reise erinnert, als ich mich in Hamburg-Veddel direkt an die Autobahn gestellt hatte. Ich bekam Schiss, darum trollte ich mich mit meinem Armeesack auf dem Randstreifen zur nächsten Auffahrt, die ewig weit entfernt war. Mindestens fünf Kilometer latschte ich mit immer schwerer werdendem Gepäck die Straße entlang, bis ich endlich aus der Gefahrenzone war. Ich hatte eine Scheißwut auf diesen Idioten. Auf der anderen Seite war ich froh, dass mir wenigstens vorher klar geworden war, was der Typ vorhatte, und nicht erst auf seiner »entlegenen Insel«.

# 22

## AMSTERDAM

Es dauerte lange, bis sich jemand meiner erbarmte. Endlich hielt eine Frau an, sie war vielleicht Mitte dreißig, und fragte mich nach meinem Reiseziel. Ich erklärte ihr auf Englisch, dass ich nach Amsterdam wolle, und sie meinte, dass ich Glück hätte, denn genau dorthin sei sie unterwegs. Ich schmiss meine Sachen auf den Rücksitz und war selig, mitfahren zu dürfen. Wir kamen ins Gespräch, und als sie merkte, dass ich Deutscher war, riet sie mir, mich in Holland möglichst nicht als solcher zu erkennen zu geben. Die älteren Holländer würden es den Deutschen immer noch nicht verzeihen, dass Adolf Hitler ihr Land 1940 überfallen habe. Damals seien viele Holländer ums Leben gekommen. Ich solle auf jeden Fall weiter Englisch sprechen.

Dieser Überfall lag einunddreißig Jahre zurück. Was hatte Hitler alles zu verantworten? Wie viele Menschenleben hatte er auf dem Gewissen? Millionen! Es wühlte mich immer wieder auf, dass die Generation meiner Eltern und natürlich auch die davor sich vor seinen Karren hatten spannen lassen und zu Handlangern seines Größenwahns geworden waren. Er hatte benachbarte Länder vernichtet, er hatte sogar Verbündete vernichtet. Er hatte foltern und morden lassen, Konzentrationslager errichtet, Abkommen und Verträge gebrochen, und das dämliche, verblendete, überhebliche, obrigkeitshörige deutsche Volk hatte seine kranken Befehle ausgeführt. Ich empfand es als kaum zu ertragende, himmelschreiende Ungerechtigkeit, dass dieses Schwein mitsamt seinen wichtigsten Getreuen nicht einmal zur Rechenschaft gezogen werden konnte, weil er sich feige mit ihnen zusammen durch Selbstmord seiner Verantwortung entzogen hatte.

Meine Generation musste diesen Dreck nun ausbaden und sich immer wieder für die Gräueltaten entschuldigen und rechtfertigen. Es war lästig, ständig zu erklären, dass die Deutschen geläutert seien und meine Generation die Nazis entschieden ablehnen und verurteilen würde. Sogar mein Vater, der im Krieg als Funker in Norwegen eingesetzt worden war, erzählte mir irgendwann einmal betroffen, dass er sich selbst nicht mehr verstehen könnte. Er sei im Alter von achtzehn Jahren mit vielen Gleichaltrigen in Schlesien durch die Straßen gezogen und hatte in der Reichskristallnacht »Judas, verrecke!« geschrien. Er hätte damals die Konsequenzen nicht einmal erahnt, und das glaubte ich ihm sogar.

Es war eines der wirklich guten Gespräche mit ihm gewesen. Davon gab es, zumindest was politische Themen betraf, nicht so viele. Wie schon erwähnt, war er seit den Ostverträgen konservativer, strammer CDU-Wähler. Aber dass er sich klar vom Nationalsozialismus distanzierte, freute mich. Es musste ihm schwergefallen sein, sich einzugestehen, dass er einen massiven Fehler gemacht hatte und viele Jahre seiner Lebenszeit falschen Idealen hinterhergelaufen war. Kopfschüttelnd nahm er zur Kenntnis, dass immer noch viel zu viele unverbesserliche Nazis herumliefen. Wie energisch hatte er mich ein Jahr zuvor verteidigt, als ich vom NPD-Kreisvorsitzenden Schwelm in Lütjensee an den Haaren gepackt und mit dem Kopf gegen ein NPD-Plakat geschleudert worden war. Der Typ hatte mich dabei erwischt, wie ich gegen das Plakat getreten hatte. Das verurteilte mein Vater natürlich auch, aber dass dieser Nazi mich körperlich attackierte, hatte er nicht hingenommen und den Mann angezeigt. Erstaunlicherweise war der Mann auch noch ein Kollege von ihm gewesen, ein Hamburger Bulle.

Zu dem Zeitpunkt war das Verhältnis zu meinen Alten einigermaßen in Ordnung gewesen, aber als sie sich dann über jede aktuelle Jugendbewegung aufregten, bröckelte es langsam. Die sich auflehnenden Studenten waren in ihren Augen Kommunisten, die Gammler und Hippies waren Faulenzer und lagen dem Staat auf der Tasche, und die Musik war einfach nur lautes, unerträgliches Eunuchengeheule.

Wie oft hatte ich mich auf meiner Tour solchen Nazidiskussionen stellen müssen. Am Grand Place verging kaum ein Tag, an dem der Krieg oder die Verbrechen der Nazis nicht thematisiert wurden.

Die Fahrerin war Belgierin, die in Amsterdam an der Universität eine Stelle als Dozentin hatte. Sie kam aus Gent und bedauerte es, dass ich an ihrer Heimatstadt vorbeifuhr. »Das ist die schönste Stadt Belgiens«, sagte sie. »Es gibt viele Grachten wie in Holland. Gent ist total romantisch. Das muss man eigentlich gesehen haben.«

Die Zeit mit ihr verflog schnell. Wir redeten über alles Mögliche. Als ich ihr von meinem Erlebnis mit dem Schwulen und dem Rausschmiss aus seinem Auto mitten auf der Autobahn erzählte, war sie entsetzt.

»Ihr Tramper habt ein gefährliches Leben. Dessen solltet ihr euch immer bewusst sein.«

Ich widersprach ihr und romantisierte das Tramperleben.

»Das ist doch noch eines der wenigen echten Abenteuer unserer Zeit. Man fährt los und hat keine Ahnung, wo man abends ankommt. Dann muss man improvisieren, notfalls unter Autobahnbrücken schlafen oder bei Leuten, die man kennenlernt. Ich komme aus dem Hamburger Umland, also vom Dorf. Da muss man trampen, sonst kommt man da nicht weg. Und so was wie vorhin ist weder mir noch meinen Freunden jemals passiert.«

»Dann bist du naiv«, sagte sie belehrend. »Es kommt sehr oft zu Übergriffen und Vergewaltigungen. Das dürft ihr nicht verharmlosen.«

»Das kann durchaus sein«, antwortete ich. »Aber so was passiert ja nicht nur Trampern, das kann jeden überall treffen.«

Wir wechselten das Thema.

Nach weiteren zwei oder drei Stunden erreichten wir Amsterdam. Es fing gerade an zu dämmern, also musste es zwischen neun und zehn Uhr abends sein. Die Frau war so lieb, mich direkt bis zum Eingang des Vondelparks zu fahren. Sie erklärte mir, das sei das Zentrum aller Hippies, die nach Amsterdam kämen. Hier sei immer die erste Anlaufstelle, und hier müsste ich nun aussteigen, ich sei am Ziel. Sie wünschte mir eine tolle Zeit und alles Gute. Ich bedankte mich bei ihr und traute mich sogar, sie kurz zu umarmen. Dann nahm ich meine Sachen von der Rückbank und schlug die Tür zu. Sie winkte noch mal kurz und fuhr weiter.

Ich drehte mich nach allen Seiten um und wollte mich erst mal orientieren. Ich war mir sicher, dass ich mein Leben lang nicht vergessen würde, was mit mir passierte, als ich diesen grandiosen Park betrat. Er riss mich sofort in seinen Bann. Wie in Trance schritt ich durch den Eingang und nahm zunächst nur die Geräuschkulisse wahr. Ich hörte Gitarrenklänge, Bongos und Maultrommeln. Es roch nach Gras, Haschisch und verbranntem Holz.

Eine Gruppe von Südamerikanern kam mir entgegen. Eines der Mädchen, eine dunkelhäutige Schönheit mit einer mächtigen Hendrix-Matte, schien zu bemerken, wie entrückt und verzaubert ich alles um mich herum aufnahm. Jedenfalls machte sie plötzlich einen Ausfallschritt, sodass sich ihr Gesicht direkt vor meinem befand, und raunte mir lächelnd ein »Hello, welcome« zu. Dann suchte sie schnell wieder Anschluss an ihre Gruppe.

Es war wie auf einem Trip. Auf dem Rasen, um die Bäume herum, um die Lagerfeuer, an kleinen Seen, die sich über den Park verteilten, unter Trauerweiden – überall saßen Grüppchen von Menschen, die miteinander redeten, lachten, rauchten, Musik machten oder, eingerollt in ihre Schlafsäcke, schon schliefen. Viele von ihnen hatten auch Zelte aufgebaut. Der Park war alles andere als klein. Ich hatte den Eindruck, er zog sich endlos dahin und beherbergte so viele Hippies, wie ich es mir in meinen kühnsten

Träumen nicht hätte vorstellen können. Mein Armeesack wurde mir schwer, und ich setzte mich in unmittelbarer Nähe eines riesigen alten Baumes mitten auf den Rasen.

Wenige Meter weiter saßen ein paar Deutsche auf ihren Schlafsäcken. Ich fragte sie, ob sie wüssten, wo es noch etwas zu essen gebe. Daraufhin luden sie mich ein, mich zu ihnen zu setzen. Sie boten mir Brot an und fragten mich, woher ich käme. Es entwickelte sich ein lockeres Gespräch, und sie erteilten mir ein paar Ratschläge zu den Verhaltensregeln im Park und in der Stadt. Die vier Typen, bei denen ich dann auch schlafen durfte, kamen aus Wuppertal. Einer von ihnen – er hieß Achim und hatte strähnige glatte Haare, die ihm fast bis zum Hintern reichten – drückte mir plötzlich ein Messer in die Hand.

»Nimm das am besten immer mit«, sagte er. »Hier gibt's ein paar linke Schwarze, die mit ihren Messern rumfuchteln und Leute beklauen. Du erkennst sie daran, dass sie extrem kurze Haare haben und immer in kleinen Gruppen durch die Stadt ziehen. Sie sind auch oft im Park.«

Die Information törnte mich total ab. Ich war schließlich im Hippieparadies gelandet. Love and Peace. Und jetzt diese Horrornachricht. Ich konnte es nicht fassen.

»Du kannst mir das Messer irgendwann zurückgeben, aber behalt es erst mal. Glaub mir, das ist besser so.«

Ich war erneut überrascht, welches Selbstverständnis und Vertrauen auch dieser Typ mir entgegenbrachte. Wir kannten uns nicht, aber er ging sofort davon aus, dass ich mich für einige Zeit zu ihm und seinen Freunden gesellen würde, und stellte mir deshalb sein Messer zur Verfügung. So einfach konnte es sein. Ich war froh, die vierköpfige Wuppertaler Gang kennengelernt zu haben, und entschied mich spontan, fürs Erste bei ihnen zu bleiben.

Wie nicht anders zu erwarten, wurde gleich ein Joint gebaut. Während wir den rauchten, spielte einer der Jungs virtuos auf einer Maultrommel. Ich hatte das auch schon hin und wieder probiert, bekam aber eher langweilige Laute heraus. Der Typ schaffte es, dem Instrument die irrsinnigsten Töne zu entlocken. Wir quatschten noch ein bisschen. Sie erzählten mir eine ganze Menge über Wuppertal. Ich schwärmte ihnen von Hamburg vor, und nach dem Gespräch war klar, Hamburg war die geilere Stadt. Schließlich legten wir uns hin und schliefen. Meine erste Nacht im Vondelpark in Amsterdam.

Am nächsten Morgen kümmerte sich Achim wieder um mich und schleppte mich zu einer Bank, in der ich meine Francs in Gulden umtauschen konnte. Dann gingen wir zu einem der Eingänge des Parks zurück. Dort stand eine rollende Imbissbude: ein großer Lastwagen, der so ausgebaut war, dass es innen eine Küche gab und außen eine Theke. Wir reihten uns in die lange Schlange von Hippies ein, und als wir endlich dran waren, kauften wir jeder für zwei Gulden einen Frühstücksteller, belegt mit Marmeladenbrot, einem hart gekochten Ei und einer Banane. Dazu gab es noch einen Becher Kaffee. Für zwei Gulden war das total okay.

Wir setzten uns auf den Rasen und genossen das leckere Frühstück.

»Die haben alles ganz gut organisiert«, meinte Achim. »Du kriegst hier überall gesunde Sachen. Im *Melkweg* kannst du Joghurt mit frischen Früchten kaufen, an jeder Ecke gibt's Müsli. Also, verhungern wirst du in Amsterdam nicht.«

»*Melkweg* ist eine Disko, oder was?«, fragte ich. »Jeder, der schon mal hier war, erzählt vom *Paradiso* und vom *Melkweg*.«

»Das stimmt so nicht«, antwortete Achim. »Das *Paradiso* ist eine ehemalige Kirche, in der die geilste Musik überhaupt gespielt wird. Dort treten auch viele Bands auf. Vor zwei Jahren haben sogar Pink Floyd da gespielt, als Vorband. Das musst du dir mal vorstellen, Alter.«

»Und was ist mit dem *Melkweg*?«

»Das ist eine ehemalige Molkerei. Darum kriegt man da immer noch den geilsten Joghurt der Welt. Den kannst du gleich unten im Erdgeschoss kaufen. Ansonsten finden da diverse Veranstaltungen statt, und täglich gibt's Musik bis zum Abwinken. *Paradiso* und *Melkweg* liegen ganz nah beieinander. Da musst du auf jeden Fall hin. Ich zeig dir das heute Abend.«

Ich war dankbar, dass ich schon wieder jemanden gefunden hatte, der mir den Einstieg in diese ungewöhnliche, verrückte Stadt erleichterte. Komisch, dachte ich, das war bis jetzt eigentlich immer so gewesen.

Wir gingen zurück zu unseren Schlafsäcken. Die anderen drei Wuppertaler waren nicht da.

»Scheiße«, rief ich besorgt. »Hoffentlich hat keiner unsere Klamotten geklaut. Ich dachte, die anderen passen hier auf.«

»Vergiss es«, sagte Achim beruhigend. »Wir pennen schon seit vier Wochen unter diesem Baum. Ist noch nie was weggekommen. Kohle, Ausweise und Dope hat man sowieso immer bei sich am Körper. Alle wissen hier, dass es keinen Sinn macht, die Schlafsäcke zu durchwühlen.«

Das war einleuchtend. Die Umhängetasche mit meiner Flöte versteckte ich zwar immer im Schlafsack, aber Geld und Ausweis hatte ich in meinem Brustbeutel.

Achim zog ein kleines Päckchen aus der Tasche seines Parkas.

»Hier«, grinste er mich an und drückte mir ein winziges Stück Papier in die Hand. »Schenk ich dir. Pfeif dir das rein, und latsch erst mal ein bisschen durch die Stadt.«

»Was ist das?«, fragte ich überrascht.

»Ein Löschblatttrip, Alter. Die sind günstiger als die Pillen. Kosten nur fünf Gulden. Da ist ein Tropfen LSD drauf. Den lutschst du da raus. Behalt das Blatt fünf Minuten im Mund, dann kannst du es wieder ausspucken. Oder du schluckst es runter. Ist auch nicht schlimm. Dann wartest du ein bisschen, und schon bist du drauf.«

Ich hatte noch nie einen Löschblatttrip genommen. Ich wusste, dass es so was gab, aber ich hatte immer Schiss gehabt, betrogen zu werden. Aber so, geschenkt und damit ohne Risiko, war es einen Versuch wert.

»Danke, Alter«, sagte ich. »Sehen wir uns dann später hier?«

»Logisch«, antwortete er. »Heute Abend gehen wir zusammen ins *Melkweg*.«

Ich hatte keine Ahnung, was er vorhatte, aber er schnappte sich eine Tasche aus seinem Rucksack und überließ mich meinem Schicksal.

Ich betrachtete den Löschblatttrip und konnte nicht erkennen, ob irgendeine Substanz daraufgetröpfelt war. Aber ich nahm das Stück Papier trotzdem in den Mund und war gespannt, ob es wirkte. Nach fünf Minuten spuckte ich es aus.

Ich schlenderte durch den Vondelpark, der mir immer größer vorkam. Wie geil, dass den Hippies solch ein Riesenareal zur Verfügung gestellt wurde. Waren die Holländer tatsächlich so viel lockerer drauf als die Deutschen?

Ich kam ganz in der Nähe zu einem Bunker, aus dem dröhnende Musik zu hören war. Er befand sich in einer kleinen Senke, die von einer Mauer eingegrenzt war. Von dem Bunker war eigentlich nur der Eingang zu sehen. Von da aus führte eine Treppe hinunter ins Innere. Viele Freaks gingen ein und aus, und weil die Musik laut genug war, um sie auch draußen gut zu hören, blieb ich vorm Eingang stehen. Einige Leute um mich herum tanzten. Ich fing auch an, mich im Takt der Musik zu bewegen, und setzte mich dann verschwitzt auf die Mauer. Mit den Hacken schlug ich rhythmisch gegen die Wand. Es wurde alles gespielt. Die Stones, Johnny Winter, der Albino, und Rory Gallagher, Black Sabbath, Spooky Tooth, Led Zeppelin, The Who, Uriah Heep. Laut und hämmernd tönte die Musik aus dem kleinen Bunkereingang. Ich weiß nicht, wie lange ich auf dieser Mauer saß. Von dem Löschblatttrip merkte ich jedenfalls nichts. Also doch beschissen worden, dachte ich. Gut, dass ich kein Geld dafür ausgegeben hatte.

Ich sprang von der Mauer und schrie im selben Moment auf vor Schmerzen. Ich konnte keinen Schritt gehen. Meine linke Hacke war so geschwollen, dass ich kaum auftreten konnte. Was war passiert? Ich lag auf dem Boden und rieb mir den Fuß. Im Takt der Musik hatte ich so lange und so heftig gegen die Mauer gestampft, dass er angeschwollen war, ohne dass ich dabei Schmerzen empfunden hätte.

Es war inzwischen auch schon später Nachmittag. Die Zeit war verflogen. Ich musste Stunden auf der Mauer verbracht haben.

Humpelnd und unter Schmerzen ging ich zurück zu den Wuppertaler Jungs. Als ich ihnen meinen dicken Fuß zeigte, lachten sie mich aus.

»Das war der Trip, Alter«, erklärte mir Achim. »Dann war da Speed statt LSD drin. Das ist ein reines Aufputschmittel. Auf Speed kannst du ewig tanzen oder Musik hören oder labern. Aber dass sich einer die Hacke dabei wund schlägt, hab ich auch noch nicht gehört.«

Wieder lachten alle. Ihr Mitleid hielt sich in Grenzen. Immerhin hatten sie Brot gekauft und teilten es sich mit mir. Ich hätte nicht in die Stadt laufen können und somit auch nicht zum *Melkweg*. Wir blieben in unserem Quartier, rauchten ein paar Joints, und ich schlief schon sehr früh ein. Der Trip hatte mir sämtliche Energie entzogen, aber die fantastische Geräuschkulisse im Park, die Gitarren- und Bongoklänge sorgten dafür, dass ich bald einschlief.

Am nächsten Morgen machten wir uns alle gemeinsam auf den Weg zum Frühstückswagen. Mein Fuß war wieder einigermaßen abgeschwollen. Während wir auf dem Rasen saßen und kauten, erklärten mir die Jungs, dass es die Möglichkeit gab, in einem der Sleep Inns zu übernachten. Das kostete zwar ein bisschen, aber man konnte sich wenigstens waschen. Sie hätten in den vier Wochen auch schon dreimal davon Gebrauch gemacht.

»Dreimal schon«, sagte ich. »Nicht dass ihr unter Waschzwang leidet …«

Sie machten sich selbst lustig über ihre Hygieneansprüche, verloren noch ein paar Bemerkungen über Gestank, Schweiß und fettige Haare, ließen das Thema dann aber ruhen.

Wir gingen Richtung Centraal-Bahnhof zum Plaats Dam. Auch hier saßen Hunderte Hippies auf dem Boden, und ähnlich wie auf dem Grand Place in Brüssel wurde gequatscht, geraucht und Musik gemacht. Hier gab es die meisten Neuankömmlinge, die sich erst mal orientierten. Sie waren die idealen Opfer für Dealer. Ihre Unkenntnis und Ahnungslosigkeit wurden direkt ausgenutzt, und sie bekamen zu völlig überzogenen Preisen Shit und Trips angedreht.

Ich ließ den Blick schweifen. Um hier Flöte zu spielen und damit Geld zu verdienen, war der Platz ungeeignet. Das würde ich wohl eher am Centraal-Bahnhof machen können.

Wir schlenderten durchs Rotlichtviertel, an diversen Museen vorbei, und ich bestaunte die Vielzahl der Grachten. Was für ein Geschenk für die Leute, die morgens mit Booten zur Schule oder zur Arbeit fahren konnten. Da begann der Tag gleich mit einem ganz besonderen Kick.

Irgendwann gelangten wir zum Haupteingang des Vondelparks, wo sich auch gleich das *Paradiso* und das *Melkweg* befanden.

Ich war von der ehemaligen Kirche mit dem riesigen Portal, die bunt bemalt war und hinter der sich eine malerische Gracht befand, total fasziniert. Wieder stellte ich fest, wie liberal die Holländer mit so etwas umgingen. Ich war mir sicher, dass es in Deutschland niemals erlaubt worden wäre, eine Kirche für Rockkonzerte und andere Veranstaltungen zur Verfügung zu stellen. Schon gar nicht, wenn davon auszugehen war, dass sich viele Kiffer und Fixer unter den Besuchern befänden.

Auch das *Melkweg* war ein imposantes Gebäude. Es sah aus wie eine riesige Fabrik mit enormen Fensterflächen. Vorm Eingang befand sich ein gläserner Vorbau, in dem man Eintritt zu bezahlen hatte, wo es aber auch gleich den angekündigten Joghurt zu kaufen gab.

»Heute Abend gehen wir hierhin, Helmut, okay?«, fragte Achim.

»Klar«, antwortete ich. »Heute tanzen wir einen aus.« Dabei versuchte ich ein Hüpfen anzudeuten, ließ es aber mit Rücksicht auf meinen Fuß, der noch immer leicht schmerzte, lieber bleiben.

Danach trotteten wir zum Bunker. Es war schon wieder Abend. Die anderen wollten reingehen, doch ich zog es vor, draußen zu bleiben. Es war noch so warm. Ich hatte keinen Bock auf eine stickige Atmosphäre mit zu lauter Musik. Auf der Mauer sitzend, ohne diesmal den Takt zu schlagen, hörte ich den Klängen zu, die von innen nach außen drangen.

# 23

## SANTIAGOS VERSUCH

Neben mir nahm ein Typ mit Hendrix-Matte Platz. Er war dunkelhäutig und erzählte mir, dass er von der Osterinsel im Südpazifik käme. Er war also Chilene. Sofort hatte ich Bilder im Kopf.

»Ist das nicht da, wo es diese riesigen Steinstatuen gibt?«, fragte ich ihn.

»Ja, genau«, antwortete er verblüfft. Das war ihm anscheinend noch nicht oft passiert, dass jemand etwas über diese weit entfernte exotische Insel wusste. Ich war sofort neugierig. Allein schon der Name dieser für mich so unerreichbaren geografischen Kostbarkeit weckte in mir im Nu wieder Fernweh.

Ich fragte ihn aus, was es noch für archäologische Besonderheiten auf der Insel gebe. Ich wollte wissen, wie viele Ureinwohner noch dort lebten, ob die Mädchen schön seien, welche Nahrung es dort gab, ob er sich eine unabhängige Osterinsel vorstellen könne oder ob es okay sei, dass sie zu Chile gehörte.

Er beantwortete all meine Fragen geduldig und schien sich dabei sogar zu amüsieren. Ich erfuhr von ihm, dass er schon ein Jahr lang in Amsterdam wohnte und eine kleine Wohnung für sich allein hatte. Während wir quatschten, baute er ein Celum nach dem anderen, sodass wir in kürzester Zeit mindestens fünf davon rauchten. Er fragte mich, ob ich Lust hätte, mit ihm ins *Melkweg* zu kommen.

Und ob ich Lust hatte. Ich schaute kurz in den Bunker rein und sagte den Jungs Bescheid, dass ich vorausgehen würde. Wir würden uns dann dort treffen.

Der Typ, er hieß Santiago, wartete schon auf seinem Roller. Ich klemmte mich hinter ihn, und nach kurzer, aber rasanter Fahrt standen wir vorm *Melkweg*.

Am Eingang kaufte ich Joghurt und lud Santiago dazu ein. Achim hatte nicht zu viel versprochen. Er schmeckte hervorragend.

Santiago schien die Leute an der Kasse gut zu kennen, denn wir mussten nicht mal Eintritt zahlen. Ich war mittlerweile dermaßen bekifft, dass ich total die Orientierung verloren hatte. Ich folgte ihm einfach. Nach einigen Treppen, die wir raufgingen, setzten wir uns an den Rand einer zweiten oder dritten Ebene mit Blick auf den gesamten Innenraum. Unten tanzten um die zweihundert Leute. Die Akustik war gigantisch. Laut, mit unglaublichem Stereoeffekt, wurde das gesamte riesige Gebäude mit Hardrock beschallt. Die Bässe wanderten von links nach rechts, von vorne nach hinten. Ich hatte noch nie in meinem Leben so eine ausgefeilte Anlage gehört.

Staunend beobachtete ich die Tanzenden und wurde dabei ununterbrochen von Santiago mit Dope versorgt. Im Grunde genommen mochte ich schon gar nicht mehr, aber er ließ nicht locker. Alleine rauchen wollte er offenbar nicht.

Irgendwann hatte ich Bock zu tanzen und ging die Treppen hinunter zu all den anderen.

Jetzt wurde gerade weniger Hardrock und dafür mehr Psychedelic gespielt. Vanilla Fudge und auch die Doors wechselten sich ab. Ich war wie in Trance. Keine Ahnung, ob ich zu viel geraucht hatte oder übermüdet war oder woran es sonst lag, aber ich tanzte wie auf Watte. Meine Bewegungen waren langsam, fügten sich aber gut in die sphärischen Psychoklänge ein. Ich fühlte mich wohl dabei, verlor jedoch immer mehr den Sinn für Zeit und Raum. Akustik und Bewegung verschmolzen komplett.

Erst als die Stones mich wieder mit »Jumpin' Jack Flash« in die Wirklichkeit katapultierten, wurde mir bewusst, dass Santiago auf mich warten könnte. Ich suchte den Weg nach oben, war aber völlig desorientiert. Möglicherweise hatte er mich von oben beobachtet, jedenfalls stand er plötzlich lächelnd vor mir und führte mich wieder zu unserem Platz. Noch ehe ich saß, schob er mir wieder sein Celum zu.

Nachdem wir über den Abend verteilt um die fünfzehn Stück geraucht hatten, machte er den Vorschlag, aufzubrechen. Ich ging davon aus, dass er mich zum Park bringen würde, aber er fuhr zu sich nach Hause. Dort angekommen, fragte er mich, ob ich in seiner Wohnung schlafen mochte oder doch lieber im Park.

»Kann man sich bei dir waschen?«, fragte ich.

»Na klar«, antwortete er. »Was denkst du denn?«

»Dann erübrigt sich die Frage«, erwiderte ich.

Wir betraten sein Zimmer, das mal ein Verkaufsraum gewesen sein musste. Es maß vielleicht acht Quadratmeter und hatte ein großes Fenster zur Straße hin, das von innen mit einer Wolldecke abgehängt war. Auf dem Boden lagen mehrere Matratzen, die als Bett dienten. An der linken Wand standen ein kleiner Tisch und ein Stuhl. Hinter dem Verkaufsraum gab es noch eine Toilette, ein Waschbecken und einen Schrank.

»Früher war das hier mal ein Gemüseladen«, sagte er. »Seit einem halben Jahr hab ich ihn gemietet. Die Wohnung ist zwar klein, aber ich fühl mich hier ganz wohl. Besser, als im Park zu pennen.«

Das konnte ich verstehen. Wir gingen nacheinander aufs Klo. Ich nutzte sein Waschbecken, um mich ein bisschen frisch zu machen. Als ich ins Zimmer kam, lag er schon zugedeckt quer auf den Matratzen, und ich suchte nach einer Möglichkeit, mich so hinzulegen, dass ich ihn nicht berührte. Irgendwann hatte ich eine Position im Neunzig-Grad-Winkel zu ihm gefunden. Er lag von der Rückwand aus mit den Füßen Richtung Fenster, und ich lag von der Seitenwand aus quer Richtung Tür.

Inzwischen war ich mir gar nicht mehr so sicher, ob ich dieses

Loch hier wirklich einer Übernachtung unter freiem Himmel im Park vorziehen würde. Zu zweit war es einfach verdammt eng. Ich wünschte Santiago eine gute Nacht und schlief bekifft ein.

Keine Ahnung, wie lange ich geschlafen hatte, aber ich wurde wach, weil ich Santiagos Fuß an meiner Wade spürte. Langsam schob er ihn immer höher Richtung Oberschenkel. Ich drehte mich weiter weg zum Fenster, in der Hoffnung, dass sein Fuß mich dann nicht mehr erreichen könnte. Aber Fehlanzeige. Wieder suchte sein Fuß meine Beine und wanderte weiter nach oben. Das konnte kein Zufall sein. War ich schon wieder einem Schwulen ausgeliefert? Ich konnte es kaum glauben. Jetzt war mir klar, warum er mich so mit Dope abgefüllt hatte. Der hatte mich willenlos machen wollen. Noch mal drehte ich mein Bein so weit weg, dass kein Körperkontakt mehr möglich war. Der Länge nach ans Schaufenster gepresst, hoffte ich, dass es damit getan sei und der Spuk ein Ende hätte.

Für einige Minuten war tatsächlich Ruhe, aber dann, ganz vorsichtig, hatte ich seinen Fuß schon wieder an meinem Bein. Er war nachgerückt. Jetzt war es eindeutig, der Typ wollte was von mir. Ich hatte keine Chance, auszuweichen, so eng war ich an die Schaufensterscheibe gepresst. Wenn ich nicht mitten in der Nacht das Weite suchen wollte, blieb mir nichts anderes übrig, als meinen ganzen Mut zusammenzunehmen und energisch zuzutreten. Ich streckte mein rechtes Bein kraftvoll durch und traf ihn mit dem Fuß mit voller Wucht direkt an seinem Schienbein. Ich hörte einen kurzen unterdrückten Schmerzenslaut, dann drehte er sich weg und ließ mich für den Rest der Nacht in Ruhe.

Ich lag noch lange wach. Würde er es vielleicht doch noch mal versuchen? Aber er schien zu schlafen. Nach Stunden gelang es mir dann endlich, kurz einzunicken.

Am nächsten Morgen stand er kommentarlos auf. Er ging raus und schmiss seinen Roller an. Mit einer Kopfbewegung bedeutete er mir, mich hinter ihn zu setzen. Er bretterte an einigen Grachten entlang und hielt vor dem Haupteingang des Vondelparks. Ich stieg ab, und ohne ein weiteres Wort des Abschieds oder der Versöhnung raste er davon.

Ich fragte mich, warum die Schwulen immer so verzickt reagierten, wenn sie eine Abfuhr erhielten. Wenn ich mich nach all meinen Misserfolgen bei den Mädels so verhalten hätte, dann wäre ich nur noch beleidigt durch die Gegend gerannt.

Ich suchte meinen gewohnten Platz bei den Wuppertalern auf. Die wollten sich gerade auf den Weg zum Frühstück machen. Ich erzählte ihnen von der Nacht. Sie ergriffen sofort Partei für die Schwulen.

»Da hast du einfach nur Pech gehabt, Helmut«, sagte einer von ihnen. »Ich hab bisher nur gute Erfahrungen gemacht. Ich hab ein paar schwule Freunde, und die sind ohne Ausnahme schwer in Ordnung. Die haben mich noch nie angebaggert.«

Ich erinnerte mich an Remy und Antoine in Brüssel. Hilfsbereitere Menschen hatte ich in meinem Leben kaum getroffen. Schnell revidierte ich meine schlechte Meinung. Pauschalverurteilungen waren sowieso scheiße!

# 24

## OH HAPPY DAY

Am Frühstückswagen kam ich mit einem Italiener ins Gespräch. Er hatte kurze, krause Haare und erzählte mir, dass er ein Filmhochschüler in Rom sei. Ich verriet ihm, dass ich mit Begeisterung alle »Django«-Filme mit Franco Nero gesehen hätte. Tatsächlich liebte ich die Western. Aber der Typ distanzierte sich sogleich von diesem ganzen Italowesternschrott.

»Gerade läuft ein geiler Film von Visconti, ›Tod in Venedig‹, das ist ein Meisterwerk. Oder Fellinis ›Dolce Vita‹, auch das ist ein Film, den ich zur Kategorie oscarreif zählen würde. So was ist mein Ziel, nicht irgendwelche Cowboyfilme, die sowieso nur ein Abklatsch von Hollywood sind.«

Da konnte ich überhaupt nicht mitreden. Ich fand ihn arrogant und verteidigte die »Django«-Filme, weil die für uns dreizehn-, vierzehnjährige Jungs aus dem Dorf einen großen Unterhaltungswert hatten. Wenn ich aus dem Lütjenseer Kino kam, lief ich noch mindestens zwei Tage wie Django rum, so sehr identifizierte ich mich mit ihm.

Ich berichtete ihm von Jeremy Sungaard, dem Filmhochschüler aus Hollywood, den ich in Brüssel kennengelernt hatte und dessen Erzählungen mich nachhaltig beeindruckt hatten.

Dieses Thema fand er interessant.

»›Easy Rider‹ war ein Meilenstein in der Filmgeschichte«, erklärte er mir.

Als ich ihm erzählte, dass Jeremy da mitgemacht habe, wollte er es kaum glauben. Er konterte, er hätte auch schon in den Semesterferien in Cinecittà gejobbt. Das wäre das Hollywood Italiens, und da ein Bein reinzukriegen sei schon die halbe Miete. Dann wäre eine Karriere quasi vorprogrammiert.

Im Gegensatz zu Jeremy kam er mir wahnsinnig selbstverliebt vor. Er zweifelte nicht die Bohne an sich und war mir daher eher unsympathisch. Spannendes Thema, großkotziger Filmhorst, Italiener eben.

Stopp, Scheiße, dachte ich, das war schon wieder zu pauschal. Möglicherweise brauchte man in dem Metier ein großes Selbstbewusstsein, um es zu etwas zu bringen. Ja, mit diesem Gedanken konnte ich leben.

Die Jungs drängten mich, mit zu unserem Platz zu kommen. Dunkle Wolken waren aufgezogen. Ein Gewitter bahnte sich an, und es konnte jeden Moment anfangen zu regnen. Wir packten unsere Sachen und rannten zu einer Brücke, die sich mitten im Vondelpark befand. Diese Idee hatten viele, denn es war kaum noch ein Platz zu kriegen. Eng aneinandergepresst hockten mindestens zweihundert Hippies unter der Brücke und erwarteten den Wolkenbruch. Es hatte schon seit Wochen nicht mehr geregnet. Der Rasen war an vielen Stellen braun. Dieser Traumsommer hatte die Natur, die dringend Wasser benötigte, sträflich vernachlässigt. Und dann fing es an. Zuerst tröpfelte es nur ganz leicht, und einige machten sich schon darüber lustig, so panisch Schutz unter der Brücke gesucht zu haben. Aber dann öffnete der Himmel seine Schleusen. Es goss in Strömen. Dazu blitzte und donnerte es, dass einem fast angst wurde. Seitlich der Brücke schossen wasserfallartige Mengen des Regens herab. Große Pfützen bildeten sich überall, und das Wasser suchte sich langsam den Weg zu uns. Von oben bot die Brücke Schutz, aber von unten war sie machtlos. Das Erstaunlichste und Wunderbarste an der Situation war allerdings der Zusammenhalt der Leute. Es schien so, als hätten alle einen Riesenspaß an diesem Naturereignis. Einige hatten sofort ihre Gitarren parat und spielten. Es bedurfte keiner weiteren Worte, es setzte sich allmählich ein Gospel durch, den alle miteinander sangen: »Oh happy Day« von den Edwin Hawkins Singers. Auch die Wuppertaler Jungs und ich stimmten ein.

Erinnerungen ans Atomium wurden in mir wach, als alle Touris plötzlich gemeinsam »We shall overcome« gesungen hatten. Auch bei diesem Gospel machte es der einfache Text, den jeder kannte oder zumindest gleich mitsingen konnte, zu einem Gruppenereignis.

*Oh happy day,*
*Oh happy day,*
*When Jesus washed,*
*When Jesus washed,*
*He washed my sins away.*
*Oh happy day …*

Wir sangen so lange, bis der Regenguss aufhörte. Dieses Gruppenerlebnis hätte meinetwegen noch ewig weitergehen können. Es hatten sich Grüppchen gebildet, die sich fast wettkampfartig immer wieder den Liedtext um die Ohren schmetterten. Es wurde eine Art Frage-und-Antwort-Spiel. Von links kam ein »Oh happy day«, rechts wurde »Oh happy dayayay« erwidert. Am Ende fielen sich alle überwältigt in die Arme. Lachend und klatschend löste sich diese Session auf, während manche noch weitersangen. Jeder kehrte zu seinem Stammplatz zurück, um festzustellen, dass es noch einige Zeit brauchen würde, bis der Boden wieder trocken wäre.

Ich ließ meine Sachen unter dem Baum liegen und fragte die anderen, ob sie Lust hätten, mit ins *Paradiso* zu kommen, aber die wollten ins *Melkweg*. Wir einigten uns darauf, in der Nähe ein Café aufzusuchen, um erst mal richtig trocken zu werden. Man bekam dort Tee und konnte, ähnlich wie bei *Charly* in Hamburg, offen kiffen.

Es saßen auch ganz normale Bürger in dem Café, ältere Leute, die sich überhaupt nicht darum kümmerten, wenn wir Freaks uns die Tüten bauten und genüsslich rauchten. Die Lockerheit der Holländer im Umgang mit der Jugend war bewundernswert.

# 25

## WIEDERSEHEN MIT TIRSHATA

Mittlerweile war es dunkel geworden, und ich brach auf, um erstmalig ins *Paradiso* zu gehen. Ich war sehr gespannt. Scheinwerfer waren auf die Kirche gerichtet und ließen die Farben, mit denen sie bemalt war, noch leuchtender, noch bunter erscheinen. Viele Typen standen draußen vorm Portal. Sie redeten miteinander, rauchten, Liebespaare knutschten, es wurde gedealt. Die Stimmung war absolut entspannt.

Ich bahnte mir meinen Weg durch das Portal ins Innere des Tempels. Mit jedem Schritt wurde die Musik lauter, und ich freute mich, dass ausgerechnet einer meiner Lieblingssongs gespielt wurde. Iron Butterfly hatten mich schon immer begeistert, und ganz besonders »In-a-Gadda-da-Vida« war für mich das Beste, was sie je rausgebracht hatten. Es war, als hätte ich die Musik bestellt. Mit diesem Lied den heiligen Ort zu betreten war wie ein Geschenk.

Euphorisiert sang ich den berühmten Gitarrenriff am Anfang des Songs mit: »Dam, dam, da, da, da, da, dam, dam, dam … In a gadda da vida, honey …«

Inzwischen hatte ich den Hauptraum der Kirche erreicht. Es war allerdings so voll, dass ich mich nicht gut orientieren konnte. Weiter vorn musste früher wohl der Altar gewesen sein. Heute hatte man dort eine Bühne aufgebaut, auf der schon die berühmtesten Bands gespielt hatten.

Links von mir stand ein großes Podest, auf dem getanzt wurde. Es war wie ein Boxring mitten in den Raum gebaut, vielleicht zwei

Meter hoch und seitlich durch dicke Stricke gesichert. Dort war Platz für mindestens hundert Leute, die jetzt ekstatisch zu Iron Butterfly tanzten.

Ich überlegte, ob ich mich auch dort oben unter die Tanzenden mischen sollte, als ich plötzlich erstarrte. Ich entdeckte Tirshata. Sie tanzte direkt schräg über mir. Ganz in Schwarz gekleidet, aber ohne ihren Umhang, bewegte sie sich anmutig und rhythmisch zur Musik. Ihre Haare warf sie dabei in die Luft. Wild wirbelten sie um ihren Kopf, bis sie bei ruhigeren Passagen ihr Gesicht wieder freigaben. Sie sah nicht nach links oder rechts. Sie war komplett entrückt.

Mein Herz klopfte. Ich hatte sie wiedergefunden. Der Weg hierher war nicht umsonst gewesen. Ihre Aufforderung an mich, ihr zu folgen, wurde belohnt. Ich rief laut ihren Namen. »Tirshata!«, und noch mal: »Tirshata!«

Keine Chance, die Musik war viel zu laut. Sie konnte mich nicht hören. Jetzt hielt mich nichts mehr. Resolut und ohne besondere Rücksicht schob ich die Leute vor mir zur Seite und stürmte auf das Podest.

Als ich sie erreicht hatte, fasste ich sie an den Schultern, um sie zu halten. Sie unterbrach ihren ekstatischen Tanz und sah mich ängstlich an. Offenbar erkannte sie mich nicht sofort. Darum rief ich noch mal dicht vor ihrem Gesicht:

»Tirshata, ich bin's, Helmut. Ich hab dich gefunden!«

Lachend und überglücklich wollte ich sie an mich ziehen und sie am liebsten gleich küssen, aber sie wehrte sich vehement.

»Lass mich los! Lass mich, verdammt, lass mich los!«

Irritiert versuchte ich sie zu beruhigen und nahm behutsam, aber fest ihre Hand, um sie vom Podest runterzuführen. Sie ließ es geschehen und folgte mir nach draußen. Jetzt war nichts Aggressives oder Wütendes mehr da. Sie hatte sich einfach nur durch meinen festen Zugriff gefügt.

Wir standen voreinander, und sie kam mir schöner vor denn je.

Ich wollte ihr Gesicht berühren, aber sie wich mir aus und schob meine Hand weg.

»Fass mich nicht an! Ich bitte dich, fass mich nicht an!«

Ich war perplex. Ich wollte sie doch nur an mich ziehen, sie festhalten und beruhigen, aber ich bekam keine Chance. Wir standen uns gegenüber, ganz nah, und ich konnte ihr direkt in die Augen sehen. Sie wich meinem Blick nicht aus. Sie hatte unnatürlich große Pupillen. Das tat ihrer Schönheit keinen Abbruch, im Gegenteil, dadurch wirkten ihre Augen noch ausdrucksvoller und noch faszinierender. Aber ich war mir immer noch unsicher, ob sie mich überhaupt erkannt hatte, weil nichts an ihrem Verhalten darauf schließen ließ, dass sie sich freute.

»Wo ist dein Umhang, Tirshata?«

Diese Frage bewirkte endlich etwas. Erst jetzt schien sie in der Wirklichkeit angekommen zu sein.

»Mein Umhang?«, fragte sie leise. »Mein Umhang ist weg. Er war schlecht. Er hat mich nicht geschützt. Er hat nichts gebracht.«

»Was meinst du damit? Er hat dich nicht geschützt … Was ist passiert?«

»Bastian, er hat mich geschlagen«, antwortete sie noch leiser. »Und er hat mich vergewaltigt. Er hat alle Mädchen aus unserer Familie vergewaltigt. Er ist ein Monster.«

Ich war erschüttert. Dieses tolle Mädchen, diese zarte, wunderschöne junge Frau, war von diesem Arschloch vergewaltigt worden? Dieser Typ, der mir von Anfang an suspekt gewesen war, hatte seine Position bei den Jesus People benutzt, um sich an all den Mädchen zu vergehen? In mir stieg eine ungeheure Wut auf. Wäre er hier gewesen, ich hätte ihn erschlagen. Er hatte ihnen vorgeheuchelt, Oberhaupt einer intakten Familie zu sein, zusammengehalten durch den Glauben an Jesus, und dann vergewaltigte er sie alle.

Tirshata tat mir unendlich leid. Ich kapierte jetzt, warum sie keine Berührung zulassen wollte. Aber was konnte ich tun, um ihr Vertrauen wiederzuerlangen?

»Komm mit mir, Tirshata«, sagte ich hilflos. »Lass uns zusammenbleiben. Ich beschütze dich. Du brauchst keinen Umhang, du brauchst keine Jesus-Familie, du brauchst jemanden, auf den du dich verlassen kannst. Das bin ich.«

Meine Worte aber zeigten keine Wirkung. Sie sah mich mit leerem, desillusioniertem Blick an und sagte:

»Nein, ich gehe nirgends mehr hin. Aus Rio musste ich weg, weil ich zu viel Koks genommen hatte. Meine Eltern schickten mich nach Paris. Da war es schön, am Anfang. Ich kam auch weg vom Koks, aber dann hatte ich Heimweh. Ich wollte zurück. Meine Eltern waren inzwischen nicht mehr zusammen. Sie wollten, dass ich in Paris blieb. Ich hatte plötzlich kein Zuhause mehr. Dann traf ich Bastian und die neue Familie. Ich war wieder glücklich! Bis Antwerpen. Da ist es dann passiert.«

Ich hatte sie nicht unterbrochen. Sie redete leise, mit langen Pausen zwischen den Sätzen. So als würde sie sich selbst alles noch mal erzählen müssen, um es zu begreifen.

Da stand nun eine kraftlose, traurige, zarte, zutiefst verletzte Frau vor mir und wollte sich nicht helfen lassen. Selbst ihre schwarze Kleidung sprach von Trauer. Ihre welligen dunklen Haare reichten ihr bis zur Taille. Riesige Augen mit geweiteten Pupillen starrten mich an. Mein Blick fiel auf ihre nackten Arme. Ich entdeckte, dass sie Einstichstellen in ihren Armbeugen hatte. Ein furchtbarer Verdacht drängte sich mir auf.

»Tirshata, fixt du?«

»Und wenn?«, fragte sie offensiv zurück und versuchte mit einer Hand, einige der Stellen zu verstecken.

»Das wäre der Anfang vom Ende«, antwortete ich. »Das wird dir nicht helfen.«

»Nichts kann mir helfen«, erwiderte sie. Ich habe meinen Glauben verloren, Helmut. Ich hab keinen Glauben mehr.«

Sie blickte mir ernst und schonungslos offen in die Augen. Ihre Lippen bebten, aber sie weinte nicht.

Wieder hatte ich das Bedürfnis, sie in die Arme zu ziehen und fest an mich zu drücken, aber ich spürte, dass sie es niemals zulassen würde.

Langsam und nachdenklich drehte sie sich um und ging ein paar Schritte.

»Tirshata, bitte«, rief ich verzweifelt. »Gib uns doch wenigstens eine Chance!«

Meine Worte hielten sie einen kurzen Moment auf, aber sie drehte sich nicht mehr zu mir um. Dann ging sie langsam, leicht schwankend, aber entschlossen weiter. Das Dunkel der Nacht verschluckte sie.

Ich sah ihr nach und hätte heulen wollen, aber ich hatte keine Tränen. Ich erahnte eine schreckliche Tragödie um Tirshata, aber ich kam nicht an sie heran. Ich war machtlos. Noch nie war ich einem Menschen begegnet, der so mit allem abgeschlossen hatte.

# 26

## MARYS VERHÄNGNIS

Ein lauter Hilferuf riss mich aus meinen trüben Gedanken. Auf der anderen Straßenseite stand ein Mädchen, das von einem Schwarzen mit einem Messer bedroht wurde. Er hatte extrem kurze Haare und schien einer aus dieser Gang zu sein, vor der Achim mich gewarnt hatte. Der Typ hielt die Spitze seines Klappmessers direkt unter das Kinn des Mädchens und schrie sie an.

»Come on, Skinny. You don't want to buy my shit anymore? Hey, Skinny?« Sie versuchte, seine Hand wegzuschlagen, aber er presste die Klinge noch fester unter ihr Kinn.

»Help! Help!«, schrie sie panisch.

Es war ein Reflex, der mich laut rufen ließ: »Stop, stop it!«

Vielleicht war es der Aussichtslosigkeit der Situation, die ich gerade erlebt hatte, geschuldet, dass ich entschlossen und furchtlos auf die beiden zuging. Ich hatte nichts zu verlieren.

Der Schwarze glotzte mich irritiert an, so als könnte er nicht fassen, dass sich jemand traute einzugreifen. Ich ging unbeirrt weiter. War es der Hass auf diesen Bastian, der sich in meinem Gesicht widerspiegelte? Ich weiß es nicht. Jedenfalls stieß der Typ das Mädchen weg und sah mich wutentbrannt an. Er fixierte mein Gesicht, als würde er es sich gedanklich einbrennen wollen. Im nächsten Moment drehte er sich um und lief Richtung Vondelpark.

»Danke«, rief das Mädchen und stürzte auf mich zu. »Danke! Ich hatte solche Angst.« Sie umarmte mich. Ich spürte, dass sie am ganzen Körper zitterte. Dann sprudelte es aus ihr heraus: »Wir

317

haben bis vor Kurzem unser Dope bei ihm und seinen Leuten gekauft. Aber das sind Schweine. Die strecken ihr Zeug mit Sachen, an denen schon einige hier krepiert sind.«

Ich wusste nicht, von welchen Drogen sie genau sprach, aber ich begriff, dass diese Typen irgendeine Monopolstellung in der Stadt hatten und den Markt kontrollierten. So was hatte Achim auch schon angedeutet.

»Bringst du mich zur Wohnung?«, fragte sie mich. »Bitte – ich wohne ganz in der Nähe in einer WG mit Freunden. Ich hab Angst, dass er immer noch hinter mir her ist.«

»Na klar«, antwortete ich. »Lass uns gehen.«

Sie hielt sich an meinem Oberarm fest und führte mich an ein paar Grachten vorbei zu einem größeren Backsteinhaus, das wie eine Fabrik aussah.

Dort angekommen, löste sie sich von mir. Wir standen uns gegenüber. Erst jetzt konnte ich sie richtig ansehen. Sie war etwas kleiner als ich und sehr dünn. Sie hatte schulterlange, wellige blonde Haare und blaue Augen, ein hübsches Gesicht.

»Noch mal vielen Dank«, sagte sie und lächelte jetzt.

»Du bist mein Hero. Wie heißt du?«

»Helmut«, antwortete ich. »Und du?«

»Ich heiße Mary. Ich komme aus Kalifornien. Ich bin schon seit einem Jahr in Amsterdam.«

»Okay, Mary«, sagte ich. »Dann pass auf dich auf. Ich geh jetzt zu meinen Freunden in den Park. Vielleicht sieht man sich.«

»Bestimmt«, meinte sie. »Hier sieht man sich immer. *Paradiso, Melkweg*, man kann sich gar nicht aus dem Weg gehen.«

Sie war inzwischen etwas entspannter und nahm mich zum Abschied noch mal kurz in den Arm.

»Danke, bis dann, Hero.«

Dann schloss sie die Eingangstür auf und trat ins Haus.

Ich ging direkt zum Schlafplatz zurück und hoffte, dass die anderen da waren. Ich brauchte dringend jemanden, dem ich all das gerade Erlebte erzählen konnte. Gott sei Dank waren die Wuppertaler versammelt. Sie hörten mir gebannt zu.

»Deine Brasilianerin fixt, und deiner Amerikanerin hast du den Arsch gerettet. Wahrscheinlich fixt sie auch. Hier ist gepanschtes Heroin im Umlauf, und tatsächlich sind in den letzten Wochen einige beim Drücken hopsgegangen«, meinte Achim lakonisch.

»Das glaub ich nicht«, erwiderte ich. »Die sah nicht aus wie ein Junkie. Tirshata auch nicht. Nur die Einstichstellen haben sie verraten.«

»Wie sieht denn deiner Meinung nach 'ne Fixerin aus?«, fragte Achim überlegen. »Du kannst am Anfang ein übermüdetes Mädchen nicht von einer Fixerin unterscheiden. Augenringe und ein blasses Gesicht haben beide. Der sichtbare Verfall kommt erst ganz am Ende.«

Damit hatte er vermutlich recht. Bei *Charly* in Hamburg hatte ich einige Junkies kennengelernt. Innerhalb des einen Jahres, in dem ich regelmäßig dort aufgekreuzt war, hatten die sich optisch total verändert. Aber eben nicht von heute auf morgen, sondern schleichend. Zerstörte Gesichter, pickelübersät und katastrophale Zähne. Nur die Augen hatten mich immer fasziniert. Wenn sie drauf gewesen waren, dann waren mir ihre Augen durch den besonderen Glanz und die riesigen Pupillen unsagbar schön vorgekommen.

Viel mehr hatten mir die Ruhrpott-Jungs an Trost nicht zu spenden. Sie wollten pennen, die Sachen waren endlich trocken. Alle verkrümelten wir uns in unsere Schlafsäcke, und die anderen schliefen schon bald. Ich war noch lange in Gedanken bei Tirshata. Hatte sie mir vorhin ihren Selbstmord angekündigt? Oder hatte ich es vielleicht missverstanden? Ich wollte auf jeden Fall in den nächsten Tagen nach ihr suchen. Ich würde um sie kämpfen. Ich bekam eine Gänsehaut bei der Erinnerung an ihre Worte. »Ich gehe nirgends mehr hin ...« Das hatte so schrecklich endgültig geklungen.

Am nächsten Tag standen wir gerade am Frühstückswagen, als ich vor Schreck fast den Kaffee verschüttet hätte. In unmittelbarer Nähe tauchten fünf Schwarze aus der Drogengang auf. Ich erkannte den einen von letzter Nacht sofort wieder. Sie schienen etwas zu suchen. Gott sei Dank blieben sie nicht bei uns stehen, sondern verschwanden im Park.

»Das war der von letzter Nacht«, sagte ich zu den Jungs. »Wenn der mich sieht, dann schlitzt der mich auf. Scheiße.«

»Nun krieg mal keine Paranoia, Alter«, antwortete Achim. »Es war dunkel. Hier hängen Hunderte von Freaks rum, die dir ähnlich sehen. Also keine Panik.«

Trotz seiner aufmunternden Worte schaute ich der Gang ängstlich hinterher.

»Echt, Helmut. Der kann sich nicht mehr an dich erinnern. Die sind doch selber alle breit. Hier ...«, er griff in seine Tasche und holte ein Päckchen raus. Dann drückte er mir eine winzige Pille in die Hand. »Vergiss den Scheißtrip mit dem Typen, und pfeif dir stattdessen lieber 'nen guten Trip rein.«

Die anderen waren seiner Meinung. Ich ließ mich von ihrer guten Laune anstecken und ging erst mal wieder mit ihnen zurück zum Lager.

Als ich meinen Schlafsack zusammenrollte, entdeckte ich schon wieder die Gang. Der Typ, der Mary bedroht hatte, war definitiv dabei. Diesmal glotzten sie genauer in alle Richtungen, und ihr Blick fiel auch auf uns. Ich bekam Panik. Scheiße, suchten die am Ende nach mir? Wenn der Typ mich jetzt erkannte, dann machte der mich platt, da war ich mir ganz sicher. Und wirklich, während seine Kumpane weitergingen, verharrte er kurz und glotzte mich an. Für einen Moment begegneten sich unsere Blicke, aber ich tat so, als wäre ich konzentriert mit dem Aufräumen meiner Sachen beschäftigt und hätte ihn noch nie gesehen. Meine Angst überspielte ich mit Harmlosigkeit. Er war eindeutig irritiert. Aber als ich mich dann den Jungs zuwandte und mit ihnen redete, lief er schließlich den anderen hinterher.

Die Jungs hatten die Situation genau gecheckt. Achim meinte, dass spätestens jetzt alles okay sei.

»Der Schwatte hat dich gesehen, war einen Moment lang verunsichert und hat dann für sich entschieden, dass du es wohl nicht gewesen sein kannst, der ihm letzte Nacht dazwischengekommen ist. Vor so einem Hemd wär er ja nicht weggelaufen.«

Die anderen lachten über seinen Spruch.

»Schmeiß deinen Trip, Alter, und mach dir einen schönen Nachmittag. Wir kaufen noch mal groß ein, und morgen oder übermorgen müssen wir zurück. Unser Urlaub ist vorbei. Ab nächste Woche wird wieder malocht.«

So kann man seinen Urlaub auch verbringen, dachte ich. Die Jungs waren keine Hippies. Die waren einfach nach Amsterdam gekommen, um sich in Sachen Freiheit auszuprobieren und aus dem gesellschaftlichen Leistungstrott auszubrechen. Achim war Automechaniker, von den anderen wusste ich nicht, was sie genau machten. Den Love-and-Peace-Spirit hatten sie genauso verinnerlicht wie die wahren Hippies. Friedlich sein, sich auf ein Miteinander einstellen, die anderen so lassen, wie sie waren, sie tolerieren und dem Leben die Leichtigkeit abverlangen, darum ging es. Den Moment genießen, die Sonne mit ihrer Wärme wahrnehmen, mit Freunden Musik und Erfahrungen, aber auch materielle Dinge teilen. Ein großer, sozialer Gedanke steckte dahinter.

Ich fand es bedauerlich, dass ich sie wieder verlieren würde. Sie waren unkomplizierte, unaufdringliche Kumpels, die mich spontan genauso akzeptierten und mochten wie ich sie.

»Schade«, sagte ich. »Dann muss ich mir wohl einen anderen Baum suchen, unter dem ich pennen kann.«

»Wieso«, meinte Achim. »Den Baum behältst du. Lass die anderen die Suchenden sein. Du hast doch schon gefunden.«

»Hey, du bist ja richtig weise, Alter«, lachte ich. »Wie viel Hesse-Romane hast du denn auswendig gelernt?«

Er grinste. »Hesse? Wer ist das?« Dann zog er aus seiner Tasche ein Büchlein hervor, das ich am Einband sofort erkannte. »Siddhartha«, was auch sonst.

Sie schnappten sich ihre Umhängetaschen, winkten mir noch kurz zu und gingen zusammen in die Stadt.

# 27

## VOR DEM TOD IST NACH DEM TOD

Ich schluckte den Trip mit einer Cola runter, blieb dann noch eine Weile sitzen und wartete auf die Wirkung.

Dieser Park war so unglaublich schön. Gegenüber von unserem Schlafplatz war einer der kleineren Seen. Bunt gemischt lagen Leute auf ihren Decken am Ufer vor ihren Zelten und machten Musik. Ich hatte aufgeschnappt, dass es bald verboten werden sollte, Lagerfeuer im Park zu machen, und auch Zelte dürften dann nicht mehr aufgestellt werden. Das überraschte mich, weil es im totalen Widerspruch zur Lockerheit der Holländer stand. Die Leute, die das veranlassen, haben garantiert deutsche Wurzeln, dachte ich.

Bisher merkte ich nichts vom LSD. Doch inzwischen war ich vorsichtig. Ich hatte gelernt, dass der Übergang schleichend war. Noch ehe man es begriff, war man schon drauf.

Ich schnappte mir meine Tasche und ging in die Stadt. Viele Amsterdamer hatten jetzt ihre Mittagspause. Sie saßen an den Grachten und aßen in den umliegenden Restaurants und Cafés. Ich sah kaum griesgrämige oder unfreundliche Gesichter. Die wärmende Sonne hatte mit Sicherheit großen Anteil daran. Die Menschen unterhielten sich, lachten viel, genossen ihr Essen, ihre Getränke. Die herumstreunenden Hippies wurden nicht weiter beachtet. Ich wurde jedenfalls nicht beachtet. Man sah an mir vorbei. Ich konnte nicht einen Augenkontakt mit anderen Menschen herstellen. War das Absicht? Provozierend stellte ich mich einem essenden Pärchen gegenüber an den Tisch. Ich wollte verdammt noch mal beachtet werden. Aber sie sahen mich nicht an. Sie ignorierten mich komplett, so als gäbe es mich gar nicht. Sie redeten, bestellten sich Wein und Bier und nahmen von mir einfach keine Notiz. Aber ich war doch da.

Ich berührte ihren Tisch. Keine Reaktion. Ich ertastete die Tischdecke. Ich spürte Stoff unter meinen Fingern. Ich griff nach einer der Servietten. Sie war aus Papier, und ich zerknüllte sie. Ich zerriss sie in kleine Fetzen und formte winzige Kügelchen daraus. Ich schnipste sie mit den Fingern in Richtung der anderen Tische. Einige trafen. Sie hüpften und rollten an Tellern entlang, wurden von kleinen Blumenvasen gestoppt oder fielen nach mehreren Drehungen einfach auf den Boden. Auch dort sprangen sie noch mal kurz hoch, rollten dann ein bisschen und blieben schließlich reglos liegen. Tot. Sie waren aus Papier, Papier war mal Holz, Holz war mal Baum, Baum war mal Leben. Ich hatte sie gerade durch meine Hände, durch meine Manipulationen noch mal zum Leben erweckt. Sie waren tot und nun noch einmal gestorben. Also stimmte es doch. Es war tatsächlich so. Es war jetzt bewiesen. Es gab Leben nach dem Tod. Die Bibel log nicht. Warum die ewigen Diskussionen? Warum all die Zweifel? Und warum sah mich niemand an? Konnten sie mich nicht sehen, weil sie am Ende auch tot waren? War ich vielleicht der einzige Lebende hier? War ich umringt von sich bewegenden Toten? Und ich eilte ihnen nur hinterher. Darum war ich hier. Ich war kurz vor der Erlösung. Dann wäre ich auch wie sie. Dann würde ich auch keinen mehr wahrnehmen. Dann wäre da nur noch große Leichtigkeit, ewiges Sein. Kein Denken, kein Schmerz. Zerrissen werden täte nicht weh. Im Gegenteil, es würde dich wiederauferstehen lassen. Du bekämst neues Leben. Du wärst in der Lage, zu springen, zu kugeln, wie in der Kindheit. Das reine, ursprüngliche, unverdorbene Leben, unbefleckt von schlechten Erfahrungen, schlimmen Erlebnissen, es gab es tatsächlich. Es war nie weg gewesen. Es war bewahrt in einem selbst.

Für Zehntelsekunden schoss es mir durch den Kopf, dass ich ja LSD genommen hatte. Aber der Trip wirkte nicht. Gott sei Dank! Hätte er das getan, wäre ich nicht zu meinen Erkenntnissen gelangt. Und die waren wichtiger als alles andere.

Ich werde Beweise liefern können, dachte ich. Ich werde belohnt werden, Preise bekommen. Ich werde alle Theologen, Sektengründer, Prediger und Scharlatane in den Schatten stellen, sogar Martin Luther. Ich muss es nur noch Momente aushalten. Mein Leben unter den Toten, den ignoranten, essenden, trinkenden, redenden, lachenden Wesen um mich herum. Figuren, die es nicht gibt, die gar nicht hier sein dürften, weil sie eigentlich konzentriert in Bereitschaft sein müssten, neu durchzustarten.

Ich sah mich um. Wie merkwürdig! Gäbe es nicht erhabenere Orte, um wieder zurückzukehren? Warum so profan? So ordinär? Auf Stühlen und Bänken, an Tischen unter Sonnenschirmen? Auf Kopfsteinpflaster, umgeben von Mauern? Da hinten war Wasser. Kleine Kanäle, richtig, die Grachten. Das wäre adäquat. Das hätte Stil. Hier durfte es beginnen. Hier war man erwählt. Erwählt wozu? Zum Leben oder Sterben? Neubeginn oder Ende? Wo fing es an, wo hörte es auf? Vor dem Tod war nach dem Tod.

Ja, ich spürte deutlich, dass ich noch lebte. Nur wer so dumme Gedanken hatte, um nach der Reihenfolge zu forschen, konnte ein lebender Mensch sein. Die Sucht nach Logik, nach Erklärung. Sich fallen lassen, sich hingeben, angstfrei werden und nichts hinterfragen, das war der einzig wahre Weg. Dieser Weg ermöglichte beides: Leben und Sterben zugleich.

Ich wurde ungeduldig. Ich wollte endlich sein wie die anderen. Sie waren zwar tot, aber sie sahen sich an. Sie kommunizierten. Wie konnte es sein, dass ausgerechnet derjenige, der als Einziger in diesem merkwürdigen Gartenlokal lebte, der Einsamste von allen war? Wieso hatten Tote mehr von Geselligkeit als Lebende? Überhaupt, wie konnte es sein, dass ich mich ausgerechnet in eine

Ecke dieses Planeten verirrt hatte, in der ich nicht einen einzigen Mitlebenden traf?

Ich geriet in einen glückseligen Taumel. Ich muss zum Wasser, zur Gracht, dachte ich. Dort stelle ich mich auf die Brücke und schaue hinunter. Im Wasser spiegelt sich mein Gesicht. Ich kann mich sehen. Nicht besonders gut, weil die Wellenbewegungen mein Gesicht verschwimmen lassen. Es ist zerteilt, aber sobald das Wasser ruhiger wird, fügt es sich schnell wieder zusammen. Wie ist das möglich? In dem Moment, in dem die Welle kommt, ist doch mehr Wasser vorhanden. Das Gesicht müsste dann voller erscheinen. Wenn es ruhiger wird, bedeutet es doch, dass das Wasser sich verzogen hat, also weniger geworden ist. Und dann müsste mein Gesicht entsprechend kleiner werden. Ich will meine Augen sehen. Zu weit weg. Das geht nicht. Ich muss natürlich näher ans Wasser ran. Ich hab's jetzt. Ich springe von der Brücke direkt ins Wasser. Dann bin ich wirklich nah dran, und dann kann ich am besten beobachten, was die Wellen mit meinem Spiegelbild veranstalten. Wann es Konturen annimmt und wann nicht …

Die Idee gefiel mir, aber dazu musste ich erst mal zur Gracht gehen. Ich stand nämlich immer noch am Tisch mitten im Lokal und hatte mich keinen Meter fortbewegt. Das Pärchen war verschwunden. Sie waren jetzt wahrscheinlich Lebende. Und ich hatte den wichtigsten Prozess verpasst. Der Gedanke an das Wasser hatte mich abgelenkt. Scheiße!

Laut schrie ich: »Scheiße!«, und dann noch mal noch lauter: »Scheiße!«

In dem Moment passierte das Unfassbare. Ich bekam endlich Blickkontakt mit einem Kellner. Er kam direkt auf mich zu und sprach mich sogar an.

»Pass mal auf, mein Junge. Du gehst jetzt mal ganz schnell in deinen Park zurück, sonst ruf ich die Polizei.«

Ich strahlte ihn an. »Du lebst. Wir zwei leben. Ist das nicht geil? Wir haben uns gefunden.«

»Ja«, sagte er. »Das ist geil, und nun mach, dass du fortkommst.«
Er hatte mich zum Ausgang des Lokals geführt und ließ mich
stehen. Kopfschüttelnd ging er zurück zu den Gästen und machte
seine Arbeit.

In diesem Moment wurde mir klar, dass ich auf Trip war. Ich
begriff, dass der Mann, der mich gerade relativ unfreundlich zum
Ausgang gebracht hatte, ein Kellner war. Ich fragte mich sofort,
ob ich irgendetwas Schlimmes getan hatte. Hoffentlich war ich
niemandem zu nahe getreten. Ich wusste nur, dass ich hochkom-
plizierte Gedankengänge gehabt hatte, die ich gern wieder aufgenommen hätte, weil sie mich sehr interessierten. Aber ich hatte
den entscheidenden Anschluss verpasst. Und damit hatte ich den
nächsten Strang am Wickel. Während ich Richtung Plaats Dam
ging, entwickelte ich krause Theorien über verpasste Chancen und
warum man Züge und Flugzeuge genauso verpassen konnte wie
Liebe, Nähe oder Geborgenheit. Das eine war schließlich reale und
banale und existente Materie, und das andere war emotional und
abstrakt. Da müsste die Vokabel »verpassen« wesentlich differen-
zierter ausgelegt werden, wenn sie nicht sogar komplett fehlerhaft
in diesen Zusammenhängen war.

So trieb mich der Trip von einem Universum ins nächste. Ob
verbal, abstrakt, materiell, real, handfest oder komplett aus dem
Bereich blühender Fantasie, nicht greifbar oder erklärbar, nicht
benennbar oder virtuell in imaginären Räumen zu finden, ich begriff alles. Ich kam nicht auf die Idee, dass es Nonsens sein könnte,
worüber ich sinnierte. Nein, ich war mir sogar sicher, dass das
intellektuelle Niveau, auf dem ich mich befand, für andere kaum
nachvollziehbar sein konnte. Jemanden zu finden, der mir in diese
Sphären folgen könnte, schien mir schier unmöglich oder eben
eine Gnade, ein kostbarstes Geschenk. Ich konnte den Lauf des
Lebens, des Todes, der Welt, des Universums, der Unendlichkeit,
der Auflösung räumlichen und zeitlichen Denkens erklären. Eigentlich war alles total einfach. Man brauchte nur den untersten

Baustein. Und der war mein Geheimnis. Der durfte nicht verraten werden. Denn nur dann konnte ich jemandem begegnen, der ebenbürtig war.

An verschiedenen Plätzen der Stadt musste ich mich länger aufgehalten haben, denn plötzlich bemerkte ich, dass es schon dunkel war. Die Droge hatte ihren Sinn erfüllt. Sie klang ab, und ich hatte das Gefühl, wieder sehr nüchtern zu sein. Zu nüchtern, denn entkräftet und energielos kam ich zum Lager und legte mich auf meinen Schlafsack. Die anderen waren nicht da, und eine grausame Einsamkeit fing mich ein. Ich grübelte, ob sich Tirshata das Leben nehmen würde oder es vielleicht schon getan hatte. Bald steigerte ich mich in diesen Gedanken hinein und hatte eine Höllenangst um sie. Dann bekam ich aus heiterem Himmel schlimmste Depressionen wegen Henry, dem Clochard aus Brüssel, von dem wir nie wieder etwas gehört hatten und der sich womöglich vor den Zug geworfen hatte.

Ich überlegte, welche Selbstmordvariante für mich wohl infrage käme. Zermatscht unter einem Zug liegen – eklig. Erhängen oder von irgendwo runterspringen, ertrinken, ersticken, erschießen – ich hätte nichts davon gewollt. Tabletten wären zu feige. Einen Schlauch ins Auto legen und durch die Abgase sterben, das ginge vielleicht.

Meine Großmutter sagte immer: »Der schönste Tod muss sein, morgens aufzuwachen und zu merken, dass man tot ist.«

Vielleicht wäre aber auch der goldene Schuss eine Möglichkeit, hinüberzudämmern … aus der Glückseligkeit heraus. Denn das wurde mir immer wieder von Fixern erzählt. Dieser Moment des Glücks, den man empfindet, wenn man drauf ist, und den man niemandem erklären kann. Man muss es einfach einmal machen.

Verspürte ich gerade zum ersten Mal den leisen Wunsch in mir, das Fixen doch mal auszuprobieren? Ich wischte den Gedanken sofort weg.

Ich stand auf und ging rüber zu einer Gruppe von Schweden, die sich an einem der Teiche niedergelassen hatten. Sie hatten ein Lagerfeuer entfacht, und einer von ihnen spielte auf seiner Gitarre traurige, sehnsuchtsvolle Songs von Leonard Cohen. Er hatte auch »Suzanne« im Repertoire, das Lied, das ich von allen Cohen-Songs am meisten mochte, aber ich merkte schnell, dass mir die Musik nicht guttat. Ich kam aus meiner Depression nicht mehr raus und ging lieber zu meinem Schlafsack zurück, um zu schlafen.

Das flackernde Licht des Feuers von gegenüber ermöglichte es, dass ich die Rinde des Baumes, unter dem ich lag, genauer betrachten konnte. Die Maserung schien Geschichten erzählen zu wollen. Ich konnte Gesichter erkennen, Figuren und zerklüftete Landschaften. Aber alles hatte etwas Gruseliges, Zerstörtes. Keine Sonne, nichts Helles, nichts, von dem ein positiver Impuls zu erwarten war. Das Leben war grau bis grauschwarz.

Die Sonne, der ich folgen wollte, war in weite Ferne gerückt.

Ich muss dann doch eingeschlafen sein. Jedenfalls wachte ich vom Lärm der Ruhrpott-Jungs auf. Es war Morgengrauen. Sie kamen direkt aus dem *Paradiso*, waren vollgedröhnt bis unter die Fontanelle und kicherten um die Wette.

Als sie mir einen Joint anboten, lehnte ich ab. Ich wollte weiterschlafen und hatte für den Moment überhaupt keinen Bock mehr auf Shit, Trips oder irgendwelche anderen bewusstseinserweiternden Stoffe.

Sie wunderten sich, weil ich normalerweise immer der Erste war, der »ich« rief, wenn es darum ging, ein paar Züge zu inhalieren, aber sie ließen mich weiterpennen.

Am nächsten Morgen offenbarten sie mir, dass sie noch am selben Tag abreisen würden. Sie hätten gut eingekauft und hofften, an der Grenze nicht gestoppt zu werden, denn dann hätten sie echte Probleme. Sie hatten zusammen über ein Kilo Haschisch und fünfzig LSD-Trips gekauft. Das würde in Deutschland locker für den Knast reichen, selbst wenn man es durch vier teilte.

Wir frühstückten gemeinsam am Wagen und verabschiedeten uns dann im Park. Ich holte das Messer aus meiner Umhängetasche, um es Achim zurückzugeben, aber er schob meine Hand zurück.

»Das schenk ich dir, Alter. Ich hoffe nicht, dass du es mal brauchst, aber es gibt so viele Arschgeigen in der Stadt, dass es besser ist, wenn du's dabeihast.«

Ich konnte das nicht bestätigen. Ich fand die Holländer in Ordnung und liberal. Die Hippies waren gut drauf. Die Atmosphäre in der Stadt war traumhaft lässig, und die paar Typen aus der Gang waren zwar gefährlich, aber kaum existent.

Trotzdem bedankte ich mich für sein Geschenk. Ich wusste, dass es total lieb gemeint war, aber es störte mich, dass ich ausgerechnet in diesem Hippieparadies, dieser friedlichen Stadt, bewaffnet herumlaufen sollte.

»Dann macht's mal gut, ihr vier«, sagte ich bedauernd. »Ich werde euch vermissen. Danke noch mal, dass ihr mich aufgenommen habt.«

»Komm, Alter, wir geben dir unsere Adressen. Wenn du jemals nach Wuppertal kommst, kannst du dich jederzeit bei uns melden.«

Ich machte keine Anstalten, meine Adresse rauszurücken. Sie guckten mich verwundert an, weil sie wohl im Gegenzug darauf gewartet hatten.

»Ich kann euch keine Adresse geben«, sagte ich. »Keine Ahnung, ob ich jemals wieder bei meinen Alten auftauche.«

Sie schienen das zu verstehen, packten ihre Sachen zusammen, nahmen mich alle noch mal herzlich in den Arm und schlenderten zum Ausgang.

Ich schaute ihnen lange hinterher. Immer diese Abschiede. Hanneke und Rudi. Claude. John, Patrique. Monique. Emiil,

Marcel, Ronny. Tirshata. Ich hatte das Gefühl, jedes Mal starb etwas in mir. Momente, die sich nicht wiederholen ließen. Nähe, die ich als wohltuend und hilfreich empfunden hatte. Die Ungewissheit, ob es mich am nächsten Tag überhaupt noch geben würde. Diese Gedanken beschäftigten mich immer öfter, und sie beunruhigten mich zusehends.

Ich blickte auf meine Klamotten unter dem Baum. Ziemlich einsam sah es da nun aus. Ich würde mir neue Freunde suchen müssen.

Kurz entschlossen fragte ich die Schweden, ob ich meinen Armeesack bei ihnen abstellen dürfe, denn ganz allein unterm Baum wollte ich ihn nicht liegen lassen.

Ich hatte verhältnismäßig viel Geld in der Tasche. Von der Kohle, die mir die Antwerpener verschafft hatten, konnte ich immer noch ganz gut zehren. Bei meiner anspruchslosen Lebensweise, die sich ja nur aufs Essen und Kiffen beschränkte, gab ich sehr wenig aus. Trotzdem wollte ich vorsorgen und beschloss, am Hauptbahnhof oder am Plaats Dam Flöte zu spielen. Meine Batterie war wieder etwas aufgeladen.

Am Centraal-Bahnhof checkte ich schnell, dass es viel zu laut und hektisch war. Die Leute hetzten an mir vorbei. Keiner nahm sich die Zeit, meinem improvisierten Geflöte zu lauschen.

Am Platz war es besser. Ich hatte zwar Mühe, mich gegen die ganzen Gitarren, Bongos und Maultrommeln durchzusetzen und meinen eigenen Rhythmus zu finden, aber schon bald hörte ich die ersten Gulden in meinem Käppi klimpern. Nach ein paar Stunden hatte ich genug, um meine Reserven für die nächsten zwei Tage nicht angreifen zu müssen.

Ich schlenderte zum *Melkweg* und leistete mir einen Joghurt mit Früchten. Achim hatte recht gehabt, niemand auf der ganzen Welt konnte besseren Joghurt herstellen als die Betreiber des *Melkwegs*. Reinlegen und drin baden, dachte ich mir.

Als ich zu meinen Klamotten zurückging, waren fast alle Schweden versammelt. Ich kam mit einigen von ihnen ins Gespräch, und sie erzählten mir, dass sie sich als echte Hippies begreifen würden. Sie wohnten alle zusammen in einem kleinen Holzhaus am See südlich von Stockholm. Einige arbeiteten, andere nicht. Alles wurde miteinander geteilt, und alle zusammen hätten sie nun beschlossen, nach Kopenhagen zu ziehen. Dort würde demnächst ein Freistaat entstehen, in dem ausschließlich Hippies wohnen würden.

Ich hatte nun schon mehrfach davon gehört und fragte, was denn wirklich dran sei an der Geschichte. Ich konnte es mir nicht vorstellen, dass es einen Staat in Europa geben könnte, in dem man derartig liberal mit Menschen umging, die außerhalb der Gesellschaft leben wollten und diese sogar verachteten. Die Schweden aber meinten, es würde hundertprozentig bald losgehen.

Nach dem kurzen Gespräch wandten sie sich wieder ausschließlich ihrer Gruppe zu. Anschluss, wie ich ihn bei Achim und seinen Freunden gefunden hatte, bekam ich hier keinen. Im Gegenteil, ich fühlte mich eher ausgegrenzt. Sie standen nicht auf mich. Ich war zu nichtssagend, wusste zu wenig, wirkte naiv und war vermutlich ein bisschen zu verloren ohne Freunde oder zumindest ohne Gruppe.

Der Typ, der am Vorabend den Leonard-Cohen-Song gesungen hatte, nahm sich kurz meiner an und erklärte mir, dass Cohen mehr als ein Songschreiber sei. Er war Poet, Lyriker, und seine geschriebenen Gedichte und Geschichten seien genauso gut wie seine Lieder. Cohen sei total unterschätzt, und er persönlich würde ihm das Prädikat »Genie« geben.

Außerdem ließen sich seine Songs hervorragend an Lagerfeuern singen und seien die perfekten Dosenöffner.

Er zwinkerte mir zu, ich begriff grinsend.

Die nächsten Tage verbrachte ich auf ähnliche Weise. Spät aufstehen, frühstücken, Musik machen oder einfach nur am Plaats Dam und im Park rumgammeln. Abends ins *Paradiso* oder *Melkweg* und zum Schluss zugedröhnt am Rande des schwedischen Camps schlafen.

# 28

## DIE FIXER-WG

An einem der folgenden Abende, als ich gerade im *Melkweg* war und mir einen Joghurt kaufte, entdeckte ich ein Mädchen mit schulterlangen blonden Haaren. Es war eindeutig Mary, die Amerikanerin.

Ich näherte mich ihr von hinten und tippte ihr auf die rechte Schulter. Sie schaute sich um, sah mich aber nicht, weil ich mich hinten links von ihr versteckte. Als sie sich nach links drehte, bewegte ich mich schnell nach rechts, sodass sie wieder zu spät war. Daraufhin drehte sie sich komplett zu mir um und lachte über meinen kindischen Streich. Auch sie erkannte mich sofort.

»Wow«, schmunzelte sie. »Mein Hero. Schön, dass du noch lebst und nicht von diesen Gangstern abgestochen wurdest. Ich hatte mir neulich wirklich Sorgen gemacht. Wenn der Typ dich wiedererkennt, bist du geliefert.«

»Ich hab ihn schon getroffen«, erwiderte ich. »Er war irritiert, als er mich sah. Aber dann ist er mit seinen Leuten weitergegangen. Ich glaube, er hat mich nicht erkannt.«

»Ich wollte gerade tanzen«, sagte sie. »Was machst du?«

»Auch tanzen«, antwortete ich. »Dann lass uns mal reingehen.«

Wie selbstverständlich nahm ich sie an ihrem Oberarm, der sich mager und knochig anfühlte, und führte sie in den Innenraum zur Bühne. Dort war es eng, und es roch nach Schweiß. Ekstatisch tanzten mindestens hundert Leute um uns herum, und wir fügten uns sofort ein.

Die Anlage im *Melkweg* war einzigartig. Es klang, als hörte man eine Liveband. Quadrofonie in Perfektion. Mary bewegte sich toll. Zwischendurch lächelte sie mich mit ihren himmelblauen Augen an. Aber ich spürte, dass irgendetwas mit ihr nicht stimmte. War sie magersüchtig? War sie Fixerin? Ihre riesigen Pupillen und ihre dürren Arme würden dafür sprechen.

Ich fand ihr Wesen sympathisch, aber als Frau törnte sie mich überhaupt nicht an. Sowieso war ich innerlich noch viel zu sehr mit Tirshata und auch mit Monique beschäftigt, an die ich die letzten Tage oft hatte denken müssen. Immer wieder machten mich die Gedanken an die beiden traurig. Jedes Mal, wenn ich ins *Paradiso* oder *Melkweg* kam, suchte ich nach Tirshata. Sie blieb verschwunden.

Wir tanzten, bis wir völlig verschwitzt wieder nach draußen gingen. Es war spät. Mary fragte mich, wo ich wohnte.

»Im Vondelpark mit Blick auf einen Teich«, antwortete ich grinsend.

»Oh, Scheiße«, sagte sie. »Die Phase hab ich auch schon durch. Ich wohne jetzt seit ein paar Tagen in einer neuen WG. Ein bisschen chaotisch, aber immer noch besser als kein Dach überm Kopf.«

»Ja«, entgegnete ich. »Aber dieser Sommer ist so tierisch warm, da kann man locker unter freiem Himmel schlafen. Ich find's schön.«

»Wenn du willst, kannst du heute Nacht bei uns unterkommen«, erwiderte sie. »Die ganze WG schläft in einem riesigen Raum, der mit Matratzen ausgelegt ist, und es ist trotzdem noch genug Platz für Gäste da. Wir haben immer volles Haus. Was ist? Hast du Lust?«

Das klang für mich spannend. Ich überlegte noch einen Moment und sagte: »Okay, gern, aber nimm es mir nicht übel, wenn ich dann doch ganz schnell die Kurve kratze.«

»Alles klar. Let's go«, sagte sie und drehte sich in Richtung Gracht.

Schweigend gingen wir nebeneinanderher. Die Arme hatte sie unter ihren Achseln verschränkt. Sie legte solch ein Tempo vor, dass ich Mühe hatte, Schritt zu halten.

»Warum hetzt du so?«, fragte ich sie außer Atem.

»Tu ich das?«, erwiderte sie überrascht. »Das hab ich gar nicht gemerkt. Wahrscheinlich renn ich so, weil mich zu Hause was erwartet.«

»Was denn?«, wollte ich wissen.

»Wart's ab«, sagte sie geheimnisvoll. »Ich zeig dir das gleich.«

Worauf hatte ich mich denn jetzt wieder eingelassen? War das eine Anmache, und sie wollte mich gleich ins Bett ziehen? Oder war das harmlos gemeint, und meine Fantasie ging einfach nur mit mir durch?

Wir hetzten weiter. Der Weg führte uns an einigen Grachten entlang. Dann standen wir vor einem größeren abgewrackten Rotklinkerhaus aus den Fünfzigerjahren, das so gar nichts mit der typisch holländischen Architektur zu tun hatte.

Mary stieß die Haustür mit dem Fuß auf und forderte mich auf, ihr zu folgen.

Das Haus hatte drei Etagen. Im ersten Stock öffnete sie die Wohnungstür, und wir betraten einen düsteren Flur. Die Wände waren von dunklen Laken bedeckt, und von der Decke hing eine trostlose Glühbirne, die den Raum spärlich erhellte. Auf dem Boden lagen diverse Taschen und Beutel. Wir stolperten bis zum Ende des Flurs und bogen dann rechts ab.

Ich staunte. Vor mir tat sich ein etwa dreißig Quadratmeter großer Raum auf, der komplett mit Matratzen ausgelegt war. Das Irre an dem Raum war, dass die Wände mit Silberfolie tapeziert waren. Ich stand mitten in einem silbernen Zimmer, dessen Wände das Licht der Kerzen und einer kleinen Stehlampe reflektierten.

Im *Blue 2000*, einer Diskothek in Volksdorf, hatte ich so eine Deko schon mal gesehen. Die hatten den gesamten Tanzbereich mit Silberfolie beklebt und erzielten mit ihrem Stroboskop wahnsinnige Lichteffekte.

Auf den Matratzen verteilten sich vier Leute. Drei von ihnen hatten es sich an der hinteren Wand unterm Fenster gemütlich gemacht und schliefen. Seitlich hockte ein Typ mit relativ kurzen, welligen Haaren in einem Unterhemd und einer weiten weißen Leinenhose. Sein Gesicht war pickelig und eingefallen. Die Wangen waren von breiten Koteletten eingerahmt. Er war unglaublich ausgemergelt. Am meisten fiel mir auf, dass seine Augen extrem weit hinten im Kopf saßen. Tiefe Augenhöhlen, die ihn total fertig aussehen ließen. Er rauchte gerade und hörte Musik, die im Hintergrund klang. Als er uns sah, hellte sich schlagartig sein Gesicht auf. Er strahlte Mary an.

»Hi, wo warst du so lange? Ich warte schon ewig.«

»Ich war noch im *Melkweg*. Hier, das ist Helmut, mein Hero«, sagte sie grinsend. »Ich hab dir doch von diesem Typen erzählt, der mir das Messer an den Hals gehalten hat. Und Helmut hat mich gerettet. Darum ist er mein Held.« Sie lachte. »Ich hab ihn vorhin wiedergetroffen. Er pennt heute bei uns. Helmut, das ist Fritz. Ihr könnt deutsch miteinander reden. Fritz kommt aus Hannover.«

Sie ging wieder in den Flur.

»Wirklich?«, fragte ich und gab ihm die Hand. »Ich komm aus Hamburg. Wohnst du auch hier?«

»Schon seit zwei Jahren. Hannover ist Geschichte«, antwortete er ernst. »Willst du was rauchen?«

Er schob mir seine Zigarettenschachtel rüber, und ich nahm die Kippe gerne an.

Über die Stereoanlage hörten wir Cream mit »Sunshine of your Love«. Cream waren genial. Es hatte einen kollektiven Aufschrei gegeben, als die Band sich vor wenigen Jahren aufgelöst hatte. Cream waren wegweisend gewesen. Ginger Baker war der beste Drummer der Welt, Eric Clapton der beste Gitarrist und alle zusammen mit Jack Bruce, dem Wahnsinnsbassisten, die besten Sänger.

Nach einiger Zeit kam Mary wieder rein. Sie grinste Fritz an und wedelte mit einem kleinen Beutel in der Hand.

Erfreut rief er: »Hast du's?«

»Na klar«, antwortete sie und setzte sich zu uns auf die Matratze.

Fritz nahm den Beutel und öffnete ihn gierig. Er brachte einen kleinen bräunlichen Klumpen zum Vorschein. Das war, soweit ich mich auskannte, Heroin.

Also doch, meine Vermutung war richtig. Mary war Fixerin. In diesem Moment wurde mir klar, dass ich mich in einer Junkiekommune befand.

Jetzt erst bemerkte ich, dass neben Fritz das gesamte Fixerequipment auf der Matratze lag. Er bröselte ein bisschen vom Klumpen auf einen Teelöffel und erhitzte den Löffel über einer Kerze. Dann griff er nach der Spritze, zog das inzwischen flüssige Heroin auf, packte die Nadel noch mal zur Seite, legte einen Gürtel um seinen Oberarm und zog ihn fest an. Als seine Venen deutlich sichtbar wurden, setzte er die Spritze an und drückte sich die Droge direkt in die Blutbahn. Erstaunlich, wie geschickt er den Drückvorgang mit einer Hand absolvierte. Ich sah, dass sein ganzer Arm mit Einstichen, die teilweise entzündet waren, übersät war. Dann lockerte er den Gürtel, zog die Nadel wieder raus und reichte beides an Mary weiter.

Die wiederholte den Vorgang. Sie bekam einen seligen, erlösten Gesichtsausdruck, als sie die Nadel durch ihre Haut stieß.

Ich hatte Sorge, dass es hier wie bei den Kiffern zuging, die den Joint immer an den Nächsten weiterreichten. Ich hoffte bloß, Mary würde mir die Utensilien nicht in die Hand drücken.

Mary legte das Zeug vor sich auf die Matratze und guckte mich auffordernd an. Ich schüttelte den Kopf. Nein, ich wollte nicht fixen.

Sie akzeptierte das und kroch neben Fritz. Dann lehnte sie sich entspannt an die Wand und hörte nur noch die Musik. Ich konnte genau zuschauen, wie die beiden wegdrifteten. Fritz hatte sich halb sitzend, halb liegend zurückgelehnt. Seine Augen waren geschlossen. Mary schaute mit riesigen Pupillen, in denen sich das Kerzenlicht spiegelte, ins Nichts. Da war ein Leuchten in ihren Augen, aber es war ein fast erloschenes, trauriges Leuchten, vielleicht mit einem Anflug von Sehnsucht.

Ich hatte oft beobachtet, dass Menschen, die etwas Tragisches erlebt hatten oder dem Leben nichts Positives mehr abgewinnen konnten, so ein trostloses, verlorenes Leuchten in ihren Augen hatten. So als könnten sie nie wieder strahlen.

»Das ist so geil, Hero, so wahnsinnig geil.« Mary sah mich jetzt mit verklärtem Gesicht an. »Alles läuft. Ich spüre es in mir laufen. Das Blut, es jagt durch meinen Körper. So geil.«

Danach wandte sie den Kopf zum Fenster und schaute wieder in die Ferne oder eben ins Nichts.

Ich hatte etwas Haschisch dabei und drehte mir einen kleinen Joint. Ich wusste nicht, ob die beiden ansprechbar waren, also zog ich es vor, sie nicht zu stören und den Joint allein zu rauchen. Als Reaktion darauf wurde ich schlagartig müde, griff mir eine der Wolldecken, die überall herumlagen, und schlief, im Zentrum des Zimmers liegend, schnell ein.

Irgendwann wachte ich auf und bekam schlaftrunken mit, dass ein Streit ausgebrochen war. Eine der Gestalten hinter mir am Fenster war stinksauer. Der Typ hatte schulterlange, zottelige dunkelblonde Haare und eine Halbglatze. Außerdem trug er, widersprüchlich zu seinem sonstigen Aussehen, einen gepflegten Oberlippen- und Kinnbart, so wie ein Lehrer oder Rechtsanwalt, was zumindest dem Bart etwas Spießiges verlieh. Er warf Mary und Fritz vor, ihn betrogen zu haben. Sie würden das Heroin für sich allein bunkern und den anderen nichts davon abgeben.

Die beiden waren extrem genervt, weil er sie mit seiner Aggression von ihrem Rausch runtergeholt hatte, und schrien ihn an, er solle sie nicht weiter nerven. Fritz warf ihm schließlich den Beutel und die anderen Utensilien rüber, sodass der Typ sich bedienen konnte.

Damit war der Streit geschlichtet. Hastig kochte er sich das Heroin flüssig und setzte sich den Schuss ohne Hilfe der anderen direkt in die Hauptschlagader am Hals. Das schien besonders schnell zu wirken, denn er schaffte es gerade noch, alles wieder zusammenzupacken. Wenige Sekunden später lag er mit geöffneten Augen auf dem Rücken und befand sich bereits in einer anderen Welt.

Ich wunderte mich, dass die anderen beiden Typen, die neben ihm lagen, nichts von allem mitbekommen hatten. Sie schliefen ruhig weiter. Einer von ihnen stieß mir nachts den Fuß gegen das Schienbein. Das war für mich der Beweis, dass er noch lebte.

Am nächsten Morgen war ich als Erster wach. Ich ging ins Badezimmer und war überrascht, dass eine große Zinkbadewanne in der Ecke stand.

Gerade wollte ich mich aus der Wohnung schleichen, als Mary mir verschlafen zurief: »Willst du zum Frühstückswagen? Warte, ich komm mit.«

Sie machte sich schnell im Bad fertig, und zusammen gingen wir in der herrlichen Morgensonne an den wunderschönen Grachten vorbei zum Vondelpark.

Mary war schlecht drauf. Ihr liefen Schweißtropfen über Stirn und Wangen, aber sie behauptete zu frieren.

Als wir unser Frühstück auf dem Rasen neben dem Wagen zu uns nahmen, fragte ich sie neugierig aus.

»Was ist das Geile daran, wenn du geschossen hast?«, wollte ich wissen.

»Was das Geile ist?« Sie überlegte einen Moment. »Du bist frei. Frei von allem. Du hast plötzlich keine Probleme mehr, nichts tut mehr weh. Auch körperlich nicht. Alles fühlt sich wohlig an.«

»Und das Scheißgefühl danach? Wenn du runtergekommen bist und gleich wieder drücken willst?«

Wie zuvor überlegte sie kurz. Dann sagte sie nachdenklich: »Alle sagen immer, Sucht kommt über den Körper. Das glaube ich nicht. Sucht findet im Kopf statt, und ich hab das im Griff. Natürlich fühle ich mich scheiße, wenn ich wieder runter bin. Richtig scheiße sogar. Da kommen dir die schlimmsten Gedanken. Aber ich halte das aus. Ich bin leidensfähig. Umso intensiver und geiler ist es dann, wenn du dich endlich wieder wegblasen kannst.«

»Und wenn du das eines Tages vielleicht nicht mehr im Griff haben solltest?«, fragte ich zögerlich. Ich wollte sie nicht noch mehr runterziehen, aber sie hörte mir gar nicht zu.

»Apropos wegblasen«, meinte sie. »Weißt du, was richtig geil ist? Blasen und ficken, wenn du vollgepumpt bist. Das ist wirklich das Allergeilste. Und warum sollte ich mir das Allergeilste in unserem sowieso begrenzten Scheißleben vorenthalten?«

Ich musste lachen. »Stimmt«, sagte ich. »So hab ich das noch nie gesehen.«

»Keine Angst«, sagte sie frech grinsend, und ihr Blick fuhr dabei über meinen Körper. »Das war keine Anmache. Ich steh nicht auf Jungfrauen.«

Falls das ein Appell an meine Männerehre gewesen sein sollte, dann durchschaute ich das. Darauf wollte ich mich nicht einlassen.

»Na, Gott sei Dank«, antwortete ich lachend. »Ich hatte schon richtig Angst.«

Wir gingen gemeinsam zu meinen Sachen, die bei den Schweden im Park lagen.

»Meintest du das ernst?«, fragte ich sie. »Kann ich ein paar Tage bei euch wohnen?«

»Klar«, antwortete sie. »Auf einen mehr oder weniger kommt es auch nicht mehr an. Bei uns pennen fast täglich andere Leute. Der Hauptmieter ist Cox. Das ist sein Nachname. Alle nennen ihn so. Er ist Engländer und lebt vom Dealen. Er drückt viel zu viel und findet es geil, wenn immer neue Leute kommen. Denen kann er dann vielleicht was verticken. Und dass der heute Nacht so rumkrakeelt hat, war nur, weil er voll auf Turkey war. Er will das Fixen kontrollieren, aber das wird er nie hinkriegen. Der drückt jetzt schon viermal am Tag. Das ist Wahnsinn. Daran kann der wirklich krepieren, und genau davor hab ich Schiss.«

»Und womit dealt er?«, fragte ich. »Wenn er Dealer ist, dann hat er doch genug Stoff, um sich zuzudröhnen. Warum hat der denn so ein Geschrei letzte Nacht gemacht?«

»Er dealt mit Pillen, also LSD, Meskalin, auch Shit und Gras auf Bestellung. Aber an Heroin zum Dealen kommt er nicht ran. Das machen die Afrikaner. Die haben das Monopol und sind extrem gefährlich. Das hast du ja selbst erlebt, als du mir neulich geholfen hast. Aber wir haben jetzt andere Quellen und kaufen nicht mehr bei denen. Darum ist der Typ so ausgeflippt und hat mir das Messer an den Hals gesetzt. Die akzeptieren das nicht, wenn man woanders kauft, und schrecken vor nichts zurück.«

Das Hippieparadies hat auch ganz schöne Schattenseiten, dachte ich. Alles schreit nach Peace and Love, und dann fallen solche Gangs ins Paradies ein und verbreiten Angst und Schrecken.

Wir spazierten gemeinsam durch die Stadt. Meine Sachen hatte ich komplett mitgenommen. Ich war erst mal ausgezogen aus dem Vondelpark. Nach wie vor konnte ich mich nicht sattsehen an Amsterdam. Obwohl ich inzwischen schon rund zwei Wochen hier war, faszinierten mich die Grachten, die schönen Häuser und die Atmosphäre täglich aufs Neue. Am Plaats Dam zog ich meine Flöte aus der Umhängetasche und spielte eine halbe Stunde lang. Weil Mary dabei war, zog ich es vor, die sicheren Varianten zu flöten und nicht wild drauflosczuimprovisieren, denn das misslang manchmal fürchterlich und klang selbst für meine Ohren schrecklich.

Meine Sorge war umsonst. Sie reckte den Daumen nach oben, und als sie sah, dass ich sogar ein paar Gulden erspielt hatte, war sie ernsthaft beeindruckt. Wir zogen weiter ziellos durch die Stadt, und ich spürte, dass es ihr wieder schlechter ging. Für vielleicht eine Stunde hatte sie ihre Sucht ausgeblendet und wirkte ganz entspannt und normal. Aber jetzt schwitzte sie wieder und fror gleichzeitig. Sie verschränkte die Arme, um sich etwas zu wärmen.

»Bist du wieder auf Turkey?«, fragte ich sie besorgt.

»Ja«, gestand sie. »Aber das macht nichts. Das muss ich nur aushalten. Das sagt mir mein Kopf.«

Wir gingen weiter. Plötzlich stoppte sie abrupt. Sie schwitzte aus allen Poren. Mit einem Lächeln, das ihr kläglich misslang und nur traurig aussah, korrigierte sie sich.

»Aber mein Kopf sagt mir auch, dass hin und wieder eine Ausnahme erlaubt ist.« Kaum ausgesprochen, begab sie sich auf direktem Weg zur Wohnung. Ich folgte ihr, und schon bald hockten wir im Wohnzimmer oder, besser gesagt, im Gemeinschaftsraum der unorthodoxen Junkiekommune auf den Matratzen, und Mary setzte sich hektisch den ersten Schuss des Tages. Die anderen Typen, die noch da waren, kümmerten sich überhaupt nicht darum. Für sie war es das Normalste der Welt.

Im Gegensatz zur letzten Nacht wurde Mary jetzt richtig aktiv. Sie beteiligte sich am Gespräch der anderen und lachte viel. In diesem Moment war sie total hübsch.

Auf dem Weg zum Klo begegnete ich Cox. Er hatte einen bis zu seinen Füßen reichenden schwarzen Wildledermantel an und einen Joint in der Hand.

»Hast du letzte Nacht hier gepennt? Ich glaub, ich kann mich an dich erinnern.«

»Ja«, antwortete ich. »Mary meinte, das sei okay. Und ich wollte dich fragen, ob ich vielleicht noch ein paar Tage hierbleiben könnte.«

»Kein Problem«, sagte er freundlich. »Du bist ein Freund von Mary. Kein Problem.«

Dann drückte er mir seinen Joint in die Hand. Ich nahm ein paar Züge, bedankte mich bei ihm, ging aufs Klo und setzte mich anschließend wieder zu den Leuten im Zimmer. Fritz war auch dabei, immer noch in seinem verschwitzten T-Shirt. Bestgelaunt war er der Spaßvogel in dieser Runde. Ich konnte es kaum glauben, dass er nachts noch komaartig abgegangen war. Er brachte einen Spruch nach dem anderen, und die ganze Runde bog sich vor Lachen. Im Gegensatz zur Nacht wirkte er nun hektisch. Viel zu große, fahrige Bewegungen mit Armen und Händen, die oft gar nicht zu dem passten, was er erzählte, und komplett arrhythmisch waren.

Cox beobachtete mich und kam zu mir rüber.

»Komm mal kurz mit raus.« Wir gingen in den Flur. »Drückst du?«, fragte er mich.

»Nein«, antwortete ich ehrlich. »Da hab ich keinen Bock drauf. Ich geh lieber öfter mal auf Trip oder kiff ohne Ende.«

»Hast du Bock, für mich zu dealen?«

»Mit was denn?«, fragte ich.

»Mit Shit und Trips. Womit denn sonst?« Verständnislos glotzte er mich an. »Du kannst am Bahnhof und auf der Piste ein paar Trips für mich verticken. Du kriegst den Gewinn und was zum Kiffen umsonst.«

Ich überlegte lange, während in mir Gewissen und Notwendigkeit kämpften.

»Du bist clean. Das ist wichtig. Dir kann ich vertrauen«, fuhr er fort.

Ich wunderte mich, dass er es als Volljunkie auf die Reihe bekam, über Geschäfte zu reden. Nach und nach begriff ich, dass der »Normalzustand« bei einem Junkie nur dann eintritt, wenn er gerade geschossen hat. Dann ist er sogar in der Lage, zu checken, was real um ihn herum passiert, und normal zu reagieren.

»Alles klar«, erwiderte ich. »Lass ich mir mal durch den Kopf gehen.«

Damit war das Thema erst mal vom Tisch. Wir gingen ins Zimmer zurück, und Cox hatte nichts Eiligeres zu tun, als sich schnell mit der Droge wegzuschießen. Es war früher Abend. Für ihn wahrscheinlich die Zeit, um sich allmählich wieder ins Koma zu flüchten, denn diesmal schaffte er es gerade noch, eine Scheibe von Amon Düül aufzulegen, sich mit seinem langen Wildledermantel zuzudecken und sich, wie gestern, unters Fenster zu rollen. Dann war er schlagartig mit einem seligen Lächeln um die Lippen weg.

Die anderen diskutierten immer noch lebhaft und wurden sofort wesentlich lauter, weil sie die Musik übertönen mussten. Ich wusste nicht, ob alle, die sich im Zimmer befanden, Fixer waren, aber die Szene war grotesk. Cox und ein anderer Typ lagen apathisch an der Wand, während sich die übrigen vier Leute quasi anbrüllten oder Lachanfälle bekamen. Ich beschloss, mich am Gespräch zu beteiligen, und erfuhr dabei eine Menge über die Fixerszene in Amsterdam. Eigentlich konnte man an jeder Ecke Heroin kaufen. Man musste nur darauf achten, dass es die Afrikaner nicht mitbekamen. Alle hatten eine Irrsinnsangst vor denen, weil sie vor zwei Monaten einen Junkie erstochen hatten. Der hatte nur den Dealer wechseln wollen. Dann hatte es, ähnlich wie bei Mary, Streit gegeben, der damit geendet hatte, dass der Junkie tot auf der Straße lag.

Fritz fing an, mich vollzulabern. Er wollte unbedingt, dass ich auch mal versuchte zu fixen. Als ich ihm erklärte, dass ich lieber auf Trip ging, war er total erstaunt und sagte:

»Wirklich? Trips? Ich hab schon seit Jahren keinen Trip mehr genommen. Damit bin ich nicht klargekommen. Da geht man ganz anders ab. Chemie und so 'ne Scheiße. H ist eine reelle Droge. Du bist wie in Watte gepackt und hast nicht diese Horrorvisionen, die du auf LSD kriegen kannst. Alles ist easy.«

Umgeben von den ganzen Freaks im Zimmer, musste ich mir eingestehen, dass ich neugierig wurde. Nicht dass ich meine Bedenken sofort über Bord warf, aber ich versuchte, meine Moral und auch meinen Schiss davor, an so einer Droge zu verrecken, ein Stück weit wegzuschieben.

345

Wieder suchte ich nach einer Ausflucht und sagte: »Okay, ich überleg mir das noch mal.«

»Ja, Alter, du musst mal drücken. Das ist das Geilste, was es gibt. Glaub nicht die ganze Scheiße, die man sich erzählt. Du wirst ja nicht gleich zum Junkie, wenn du einmal drückst. Versuch es einfach mal. Ich setz dir auch den Schuss. Umsonst! Das ist ganz ohne Risiko, Alter.«

Während er in seinem Redeschwall war, rückte er mir immer näher auf die Pelle und wurde dabei so eindringlich und fanatisch, dass es mir unangenehm wurde und ich mich ein Stück weiter von ihm wegsetzte. Schließlich unterbrach ich ihn.

»Okay, Fritz, okay, ich denk drüber nach. Kann ja sein, dass du recht hast.«

»Ja«, setzte er vehement nach. »Wenn du das nie probierst, dann …«

»Ich will jetzt pennen. Gute Nacht!«, sagte ich energisch, nahm die nächstliegende Wolldecke, rutschte weit von ihm weg und legte mich hin.

Aus den Augenwinkeln konnte ich erkennen, dass Fritz frustriert an seinen Platz zurückrutschte und Vorbereitungen traf, sich einen Schuss zu setzen.

Die Gespräche der anderen verebbten langsam, zwei von ihnen verabschiedeten sich, Mary schlief auch schon, und schließlich fielen mir die Augen zu.

In der Nacht hatte ich schreckliche Albträume. Ich sah mich als Junkie bettelnd und völlig verwahrlost am Straßenrand sitzen. Blut spritzte in einem riesigen Strahl aus meinen Venen, während ich mir eine Spritze unter die Haut jagte.

Ich schreckte hoch und drehte mich verstört nach allen Seiten um, bis ich begriff, dass alle anderen friedlich schliefen. Das beruhigte mich. Ich legte mich wieder hin und fiel endlich in einen traumlosen Tiefschlaf.

Am nächsten Morgen ging ich mit Mary zum Frühstückswagen. Ich zahlte für sie. Außer dass Mary entsetzlich dünn war, wäre ich nicht darauf gekommen, dass sie ein Junkie sein könnte. Ich konnte normal mit ihr reden. Sie bewegte sich elegant. Sie nahm alles genauso wahr wie ich.

»Cox will, dass ich für ihn deale«, verriet ich ihr. »Was meinst du? Das ist doch selbst in Amsterdam ein Riesenunterschied, ob man mit Shit oder LSD dealt, oder? Dafür geht man auch hier in den Knast.«

»Das stimmt«, antwortete sie. »Das ist in der Tat ein Unterschied. Cox muss das machen, weil er inzwischen zu viel drückt. Das ist teuer. Er braucht Kohle. Wenn sie dich schnappen, Helmut, ist er aus dem Schneider. Selbst wenn du auspackst, kann er immer noch alles abstreiten. Aber wenn du für dich Kohle brauchst, ist das Verticken von LSD immer noch eine harmlosere Nummer als H.«

»Kohle braucht man leider immer«, antwortete ich mit einem Anflug von Resignation. »Scheißsystem!«

Wir gingen wieder ziellos durch die Stadt. Schon nach kurzer Zeit merkte ich, dass Mary unruhig wurde.

»Brauchst du wieder deine Dosis?«, fragte ich sie.

»Ich halt es aus«, sagte sie energisch, als müsste sie es sich einhämmern. »Ich drück erst abends.«

Sie führte mich wieder in den Park und zeigte mir eine Ecke, in der es fast nur Junkies gab. Die hockten auf dem Rasen oder auf den Parkbänken und starrten entfremdet in die Ferne. Einer von ihnen mit einer voluminösen Hendrix-Matte knickte dauernd ein. Er stand kerzengerade, dann wurden ihm die Knie weich. Mit geradem Oberkörper sackte er in sich zusammen, und kurz bevor er auf dem Boden saß, schoss er wieder wie elektrisiert in die Höhe. Das wiederholte sich ständig.

Mary bemerkte mein erstauntes Gesicht. »Keine Sorge, der fällt nicht um. Die fallen nie um. Der ist auf Downer.«

»Was ist das?«, wollte ich wissen.

»Downer sind so was Ähnliches wie Ersatzdrogen. Beruhigungsmittel, die einen von der Sucht ablenken. Die verschreibt sogar der Doc. Der da pennt fast im Stehen ein. Der braucht dringend einen Schuss. Aber wenn er kein H hat, muss er sich eben mit was anderem vollpumpen.«

Ich sah den Typen mitleidig an.

»Keine Sorge«, sagte sie. »Dem geht's gut. Dem gefällt es auch auf Downer.«

Ich bezweifelte das, aber sie schien es besser zu wissen.

Wirklich entsetzt war ich allerdings, als ich eine Gruppe von Junkies sah, die zu viert einen anderen Junkie auf ihren Schultern Richtung Parkausgang trugen. Er hatte lange, wellige Haare, die im Liegen fast bis zum Boden reichten. Für mich sah es so aus, als würde Jesus Christus von vier Jüngern nach der Kreuzigung weggetragen werden. Plötzlich kam ein Mädchen angerannt und rief in breitestem Hessisch: »Das ist mein Mann. Was macht ihr mit dem? Ey, lasst meinen Mann los! Der muss noch was haben. Ich weiß genau, dass der noch was hat.«

Sie griff ihm, während er reglos auf den Schultern der Junkies lag, die ihn weiterschleppten, in seine Hosentaschen und suchte nach Stoff. Immer wieder rief sie: »Legt ihn ab. Ich will ihn checken. Der hat auf jeden Fall noch Stoff. Und der gehört dann mir.«

Was für ein Horror. Ich wusste nicht, ob der Typ tot war oder bloß ohnmächtig. Jedenfalls kümmerte sich die vermeintliche Witwe, ohne auch nur einen Hauch von Mitgefühl zu zeigen, energisch um ihre Erbschaft.

Eine Stunde später entdeckten wir den Typen, wie er am Fuße eines Baumes lag und wieder bei Bewusstsein war. Er glotzte mit entspanntem Gesichtsausdruck in die Gegend und stammelte auf Hessisch: »So geil. Das Koka ist echt so geil.«

Ich war froh, dass er überhaupt noch lebte, aber ich war geschockt von der Grausamkeit seiner Kumpels und seiner Frau, die so suchtkrank war, dass ihr jegliche Empathie abhandengekommen war.

Als wir zur Wohnung zurückkamen, begegnete ich Cox, der mich erwartungsvoll anschaute. Er wollte wissen, ob ich nun für ihn dealte oder nicht. Ich druckste herum und versuchte, ihn wieder zu vertrösten. Die kriminelle Ebene, auf die ich mich damit endgültig begeben würde, war mir als Bullensohn vermutlich viel klarer als den anderen.

»Hier«, sagte er. »Ich schenk dir einen.« Er griff in eine Streichholzschachtel und holte eine der winzigen Pillen heraus. »Bestes LSD. Garantiert nicht gestreckt. Was Besseres kriegst du in Amsterdam nicht.« Generös drückte er sie mir in die Hand.

Was hat er vor?, fragte ich mich. Wollte er mich anfüttern? Darauf würde ich mit Sicherheit nicht reinfallen. Über den Trip freute ich mich trotzdem und pfiff ihn mir sofort und ohne Bedenken rein.

Die darauffolgende Nacht war entspannter als die davor. Ich ging schon viel selbstverständlicher damit um, dass Fixer um mich herum waren. Die setzten sich ihren Schuss, und ich war auf Trip. So what? Wer wollte beurteilen, was schlimmer war, oder andersherum: Wer wollte beurteilen, was schöner war?

Auch auf diesem Trip merkte ich, wie wichtig geile Musik für mich dabei war. Pink Floyd waren für mich das Nonplusultra. Die Fantasien, die ihre Klänge und Harmonien in mir auslösten, ließen sich nicht steigern. Ich genoss jede Sekunde des Trips. Ich kam auf keinen Horror, sondern war glücklich. Dann legte irgendjemand die Scheibe »Crimson and Clover« von Tommy James auf. Dieser Song schoss mich dann endgültig in selige Sphären.

Darauf folgte allerdings wieder die Phase des Runterkommens. Zurück in die Realität. Das Erste, was mir auffiel, war der Dreck an den Wänden. Die Silberfolie war an vielen Stellen kaputt und gab den Blick auf eine hässliche, verdreckte Raufasertapete frei, die ursprünglich mal weiß gewesen war. Die Konturen zeigten mir, ähnlich wie die Baumrinde im Park, schreckliche Fratzen. Beängstigend. Ich realisierte einen widerlichen Nikotingeschmack im Mund. Auf diesem Trip hatte ich fast zwei Schachteln Zigaretten geraucht und fühlte mich leer und zerstört. Die Sinnfragen stellten sich wieder ein: Wozu das Ganze? Was soll ein Leben im Dreck? Wo gehöre ich hin? Ich habe keinerlei Bindung zu irgendwem. Ich bin allein. Ich bin einsam. Ich werde immer wieder verlassen. Die anderen merken, dass sich hinter meiner Fassade eine Null, ein Nichts verbirgt. Ich kann niemandem etwas bieten.

Und wieder rief mir etwas aus der Ferne zu, anfangs leise, dann immer näher und schließlich ohne Distanz, laut und eindringlich: Bring dich um! Bring dich einfach um!

Selbstmord als letzter Ausweg? Die Todessehnsucht war in mir fest verankert. Das war schon sehr früh so gewesen. Ich weiß nicht, woher es kam, aber als kleiner Junge hatte ich mir, immer wenn ich Angst vor irgendwas gehabt oder wenn etwas körperlich oder seelisch wehgetan hatte, gesagt: »Macht ja nichts. Wenn's schlimmer wird, kann ich mich immer noch umbringen.«

Bis zu meinem zehnten Lebensjahr hatte ich regelmäßig gebetet. Am Ende des Gebetes folgte noch eine ganze Batterie an Wünschen an den »lieben Gott«. Warum um Himmels willen endeten diese Wünsche immer mit der Bitte, möglichst vor meinen Eltern sterben zu dürfen? War die Angst, sie zu verlieren, möglicherweise stärker als die Angst, zu sterben? Vielleicht war ein Erlebnis, das ich mit acht oder neun Jahren gehabt hatte, ja für diese Gedanken verantwortlich. Wir wohnten damals noch in den Kögen in Dithmarschen. Meine Mutter schickte mich trotz des ekligen Wetters nach der Schule zum Bauern, um Milch zu holen. Es stürmte und regnete stark. Der Hof war etwa einen Kilometer entfernt. Ich bekam ein Regencape angezogen und fuhr mit dem Fahrrad los. Auf dem Rückweg drehte sich der Wind, und ich musste wieder gegen ihn ankämpfen. Während mir die dicken Regentropfen ins Gesicht fielen, wuchs in mir eine Scheißwut auf meine Mutter.

Als ich schließlich klitschnass und frierend mit der vollen Milchkanne vor der Haustür stand, riss meine Mutter sie auf, kniete sich lieb lächelnd vor mich hin und wollte mich an sich drücken. Sie hatte wohl selbst ein schlechtes Gewissen bekommen, mich bei dem Sauwetter losgeschickt zu haben. Ich hatte mir die letzten anstrengenden Meter bis zu meiner Ankunft aber überlegt, ihr vor lauter Wut etwas Gemeines ins Gesicht zu schleudern. Ich ließ ihre Zärtlichkeit nicht zu, sondern schubste sie weg und schrie ihr nur ein »Dafür hasse ich dich!« entgegen.

In meiner Erinnerung war es immer noch schrecklich für mich zu sehen, wie ihr lächelndes Gesicht erstarrte und ihr die Tränen in die Augen schossen. Sie ließ mich stehen, rannte die Treppe hoch und warf sich weinend aufs Ehebett. Ich begriff, dass ich übers Ziel hinausgeschossen war, und folgte ihr schnell, um sie zu trösten und mich zu entschuldigen, aber ich hörte sie schluchzend ins Kissen stammeln: »Deinetwegen lebe ich überhaupt nur noch. Sonst wäre mein Leben schon lange vorbei!« Ich fühlte mich total hilflos und wollte sie streicheln, aber es half nicht. Sie weinte eine schreckliche Ewigkeit.

War das vielleicht der Moment, in dem ich begriff, dass man die Möglichkeit hatte, seinem Leben selbst ein Ende zu setzen? Ich weiß es nicht.

Warum waren die Fixer neben mir nach dem Schuss zunächst immer gut drauf? Heroin schien ihnen besser zu bekommen als mir mein LSD. Trotzdem hätte ich auf die sechs bis acht Stunden, die so ein Trip dauerte, nicht verzichten wollen.

Die Abläufe wiederholten sich die nächsten Tage. Meine Hauptbezugsperson war Mary. Sorgenvoll nahm ich wahr, dass sie immer früher drücken musste, aber wenn ich etwas zu ihr sagte, lachte sie mich aus und zerstreute regelmäßig meine Bedenken.

Und irgendwann hatte Cox mich so weit. Er war äußerst großzügig mit seinen Drogen und beschenkte mich fast täglich. Er schien eine perfekte, nie austrocknende Quelle zu haben. Ich kann mich nicht mehr erinnern, ob ich von dem Zeitpunkt an, als ich anfing, mit LSD zu dealen, Amsterdam jemals wieder nüchtern erlebte. Mein endgültiger Abstieg war vollzogen. Ich hatte jegliche Bindung zur bürgerlichen Welt verloren.

Einmal war ich so zugedröhnt von einer Pille, die anscheinend einen ungewöhnlich großen Anteil Speed hatte, dass neben den üblichen Halluzinationen meine Motorik extrem stark beeinflusst wurde. Jedenfalls hielt ich eine kleine Streichholzschachtel mit mindestens zehn Trips und einigen Gramm Haschisch in der linken Hand. Ich lief durch die Stadt, und ohne dass es mir auffiel, knetete ich die Streichholzschachtel mit meinen Fingern durch. Plötzlich stand ich vor einem großen, hell erleuchteten Gebäude und schaute fasziniert auf lauter bunte Autos, die davor parkten. Manchmal kamen Autos mit blinkenden Lichtern auf ihren Dächern vorbei und hielten zu meiner Freude direkt vor dem Haus.

Plötzlich checkte ich, dass ich beobachtet wurde. Zwei Männer in Uniformen standen nicht weit von mir entfernt und unterhielten sich über mich.

Mein Hirn funktionierte trotz LSD in diesem Moment wieder normal. Wahnsinn, mir wurde schlagartig bewusst, dass dieses Gebäude die Hauptpolizeiwache von Amsterdam sein musste. Die blinkenden Autos waren nichts anderes als Polizeiwagen, und die beiden Bullen schienen zu diskutieren, ob sie mich filzen sollten.

Mir wurde klar, dass ich meiner Situation dringend einen unverdächtigen, banalen Anschein geben musste. Rechts von mir stand ein Baum. Ich tat so, als hätte ich ihn gerade erst entdeckt und genau danach gesucht. Dann spielte ich den Bullen vor, wie froh ich wäre, mich endlich meiner Notdurft entledigen zu können. Ich nestelte an meinem Hosenstall herum und tat so, als würde ich erlöst gegen den Baum pinkeln. Ich brachte es sogar fertig, frech zu den Bullen zu gucken und durch ein Schulterzucken zu signalisieren, dass es wirklich dringend sei.

Es half. Einer der Bullen grinste und nickte dem anderen aufmunternd zu, ihm ins Innere des Gebäudes zu folgen.

Schwein gehabt. Wie wahnsinnig! Wieso konnte man sich trotz Droge auf normales Verhalten beamen? Das hatte ich mich schon oft gefragt, aber nie eine Antwort erhalten.

Die Trips und mein Haschisch waren durchs Kneten verformt. Das LSD klebte pulverisiert an dem Haschischklumpen, die Pillenform existierte nicht mehr. Scheiße! Das ließ sich so nicht verkaufen. Das waren genau fünfzig Gulden, die ich Cox jetzt schuldete, eine Menge Geld für mich und auch für ihn.

Ich beichtete es ihm abends.

Cox war nicht gut drauf. Weder lachte er, im Gegensatz zu den anderen, über meine Geschichte, noch wollte er mir die fünfzig Gulden erlassen. Er war verschwitzt, hektisch und fahrig. Wahrscheinlich war er auf Turkey. Ich hoffte, dass er sich bald was spritzen würde, um ein bisschen entspannter über die Situation zu reden. Er aber wurde immer lauter und brüllte in der Wohnung rum. Fritz flüsterte mir zu, dass die Bullen Cox im Visier hätten. Er hatte eine Vorladung und sollte morgen auf die Wache kommen.

»Dazu muss er natürlich clean sein. Ich wette, er schafft es nicht.«

Mary versuchte, die Situation zu retten.

»Hey, lasst uns morgen doch mal alle zusammen ans Meer fahren«, rief sie optimistisch in die Runde. »Cox, du gehst in der Früh zu den Bullen, streitest alles ab, und wenn du zurückkommst, fahren wir ans Meer.«

Fritz und einige andere waren begeistert von der Idee. Ich fand es auch klasse und stimmte mit ein. Nur Cox war nicht davon angetan. Ich war derjenige, an dem er seine Wut ausließ.

»Was bist du eigentlich für 'n Typ? Hängst hier auf meine Kosten rum, zerbröselst meinen Stoff. Was willst du überhaupt hier? Ich kenn dich nicht, du Wichser.«

353

Fritz und Mary griffen ein und verteidigten mich. Sie erklärten ihm, dass ich die letzten Tage doch gut für ihn gearbeitet und am Bahnhof eine Menge Kohle gemacht hätte. Er aber beruhigte sich nicht, wurde nun richtig aggressiv und wollte auf mich losgehen. Ich bekam Schiss und rannte erst mal aus der Wohnung auf die Straße. Draußen blieb ich an der Gracht stehen und beobachtete mit hängendem Kopf die Strömung. Hermann Hesse kam mir in den Sinn. Der Fährmann. Siddhartha. Das Leben ist ein Strom. Scheißstrom, dachte ich. Im Moment strömte es mich direkt in die Gosse.

Fritz kam raus, um nach mir zu schauen.

»Er hat sich beruhigt, Helmut. So ein guter Schuss wirkt Wunder. Er liegt schon wieder zufrieden in seiner Ecke und glotzt stumpf vor sich hin.« Er nahm mich mit rein. Mary war gerade dabei, sich die Nadel zu setzen. Sie lächelte mich an.

»Na, Hero? Alles okay hier. Morgen geht's ans Meer.« Dann schoss sie sich das Heroin in die Vene. Langsam lehnte sie sich zurück. Begleitet wurde das Zeremoniell durch einen unglaublich schönen Song, den ich gar nicht kannte. Mary bemerkte, dass ich konzentriert zuhörte, und sagte:

»Geil, oder? Ein Schwarzdruck von Led Zeppelin. Gibt's noch gar nicht auf dem Markt. Das Geilste, was die je rausgebracht haben. ›Stairway to Heaven‹. Allein der Titel! So geil!«

Sie lächelte erfüllt übers ganze Gesicht. Sie sah so zerbrechlich aus und hatte trotzdem eine unglaubliche Kraft. Woher nimmt sie all ihre Energie?, fragte ich mich. Bei dem ganzen Dreck, den sie in sich reinpumpte. Vielleicht war mein Schiss dem Heroin gegenüber doch viel zu übertrieben.

Als hätte er meine Gedanken gelesen, robbte Fritz zu mir rüber und sagte: »Heute bist du dran, Helmut. Heute verpass ich dir den ersten Schuss.«

Ich schüttelte den Kopf. Ich wollte nicht.

»Guck dir Cox an, wie scheiße der vorhin drauf war«, sagte

Fritz. »Und jetzt? Was ist jetzt? Der hat dich die ganze Zeit so link angemacht. Das hat er nun vergessen. Du wirst sehen, morgen seid ihr wieder die besten Freunde.«

Ich schaute rüber zu Cox, der es sich mit seinem langen schwarzen Wildledermantel gemütlich gemacht hatte. Friedlich lag er auf der Matratze, und ich konnte nicht erkennen, ob er schlief oder einfach nur mit geschlossenen Augen die Droge genoss.

»Versuch es doch wenigstens mal«, insistierte Fritz wieder. »Wie oft soll ich dir das noch sagen? Du bist nicht gleich süchtig! Also, was willst du noch hören? Du bist bescheuert, wenn du das nicht wenigstens mal ausprobierst.«

Ehrlich gesagt hatte mich der Streit mit Cox mehr mitgenommen, als ich mir eingestehen wollte. Ich hatte Angst vor ihm. Es war meine Schuld. Ich hatte ihn enttäuscht. Dabei hatte ich nicht geahnt, wie sehr er ausrasten würde.

Alle um mich herum hatten sich schon wieder eingekriegt, so als hätte es nie einen Streit gegeben. Wenn ein Schuss wirklich nicht sofort süchtig machte und dazu führte, dass ich mich genauso gut fühlte wie die anderen, dann könnte ich es vielleicht doch einmal wagen. Die anderen drückten teilweise schon seit Jahren und lebten immer noch. Wahrscheinlich dachte ich gerade exakt wie diese Leute, die vollgestopft waren mit Vorurteilen. Ob Haschisch oder Opium, LSD oder Heroin, das war für die meisten Leute sowieso alles ein Brei. Alles machte in ihren Augen süchtig. An allem starb man. Es gab keine Unterschiede.

»Okay«, sagte ich zögerlich. »Ich probier's mal. Aber nur dieses eine Mal, um mitreden zu können. Es stimmt schon, was du sagst, Fritz.«

Es war wie eine Erlösung für ihn.

»Komm«, sagte er fürsorglich. »Setz dich hierher zu mir. Krempel mal deinen Ärmel hoch. Ich klemm dir gleich das Blut ab. Erst mal koch ich den Stoff.«

Er nahm den Löffel und hielt ihn, gefüllt mit einem Klümpchen Heroin, über die Kerze. Ich beobachtete, wie das Zeug sich verflüssigte, sodass er es bald mit der Spritze aufziehen konnte.

»Halt mal die Nadel«, sagte er. »Ich klemm dir jetzt das Blut ab, und dann gucken wir mal, ob wir 'ne gute Ader finden, in die wir stechen können.« Er schnallte den Gürtel um meinen Oberarm und rief erstaunt: »Alter, du hast perfekte Venen. Da braucht man ja fast gar nicht abzuklemmen. Die trifft man auf Anhieb.«

Trotzdem zog er den Gürtel immer enger. Ich sah deutlich, wie meine Adern in der Armbeuge anschwollen. Er tastete sie fachmännisch ab und sagte schließlich: »Die hier, die hier ist optimal.«

Er rückte noch näher an mich heran, hielt die Nadel in die Luft, drückte ein bisschen, bis sich nur noch das reine Heroin ohne jegliche Luftbläschen in der Spritze befand, und setzte sie dann ganz vorsichtig an. Ich sah, wie sich meine Haut um die Nadelspitze wölbte. Sie schob sich leicht vor. Jeden Moment würde er zustechen.

Plötzlich bekam ich Skrupel. Was machte ich hier? Hektisch entriss ich ihm meinen Arm und befreite mich von dem Gürtel.

»Sorry«, sagte ich kleinlaut. »Ich kann das nicht. Ich bin noch nicht reif dafür, Fritz.«

Enttäuscht brach er den Vorgang ab.

»Schon okay«, meinte er lakonisch. »Wer nicht will, der hat schon.«

Lässig nahm er sich den Gürtel, klemmte sich seinen Arm ab und drückte sich die frisch aufbereitete Nadel selbst in seine Venen.

Mary kommentierte unterdessen den Song von Led Zeppelin.

»So geil«, wiederholte sie zum x-ten Mal. »Und das Blut, das Blut, das rast schon wieder. So viel Kraft in mir. So viel Power. So ein geiler Song. Led Zeppelin sind so geil.«

Ich kannte das schon von den Tagen zuvor. Sie liebte es, ihre Wahrnehmungen zu kommentieren. Die anderen Junkies, die sich im Raum befanden, waren eher schweigsam und drifteten für sich weg. Mary ließ alle daran teilhaben. Ob man es hören wollte oder nicht.

Ich hatte nach den heutigen Erlebnissen mit den Bullen, mit Cox und dann mit dem Fastschuss von Fritz erst mal die Schnauze voll von harten Sachen und drehte mir lieber einen harmlosen Joint. Während ich ihn rauchte, versuchte ich, den Text von »Stairway to Heaven« zu übersetzen. Er war so kryptisch, dass ich schon bald aufgab. Ich war davon überzeugt, dass dieses Lied nur auf Trip geschrieben worden sein konnte.

Die Melodie war einmalig schön. Der Text war verrückt. Er handelte von einem Mädchen, das sich eine Treppe zum Himmel kaufen konnte. Mit diesem Bild im Kopf schlief ich ein.

# 29

## FLUCHT

Der nächste Morgen war der Horror. Ich wurde wach, weil eine Frauenstimme kreischte. Ich dachte zuerst, es sei Mary, aber es war ein anderes Mädchen, das die Nacht bei uns verbracht hatte. Ich hatte es gestern gar nicht wahrgenommen.

»Sie ist tot!«, schrie sie. »Mary ist tot.«

Ich schoss hoch und starrte in Richtung Mary. Ich konnte sie nicht sehen, weil mein Blick durch all die anderen Leute im Raum verdeckt war. Panik brach aus.

»Wir wollten doch ans Meer fahren«, rief das Mädchen weinend. »Wir wollten zusammen ans Meer.« Sie brach vor Mary zusammen.

Für einen kurzen Moment hatte ich freie Sicht auf sie. Ich hatte noch nie einen Toten gesehen und wollte es auch jetzt nicht. Ehe ich den Blick abwenden konnte, entdeckte ich, dass sie eine Spritze im Arm hatte. Sie musste sich in der Nacht noch einen Schuss gesetzt haben und lag nun einfach nur da. Ich riskierte angstvoll einen Blick auf ihre starren Augen. Sie sahen nicht friedlich oder zufrieden oder gar beseelt aus, im Gegenteil. Sie musste sich gefürchtet haben, so entsetzt wirkte ihr Gesichtsausdruck auf mich.

»Weg hier, weg hier, die Bullen kommen«, rief Fritz verzweifelt. Ich guckte zum Fenster hinaus und bemerkte, dass ein Krankenwagen und ein Polizeiwagen vor dem Haus gehalten hatten. Cox war schon gar nicht mehr zu sehen. Ich hatte keine Ahnung, ob er oder andere um Hilfe gerufen hatten. Jedenfalls raffte jeder, der in der Wohnung übernachtet hatte, seine Klamotten zusammen.

Alle sprachen durcheinander. Ich konnte nicht einmal heulen, weil mich auch die Panik ergriff. Ich wollte nur noch weg. Weg aus Amsterdam, weg von den Junkies, weg vom Tod.

Schnell hatte ich alles zusammengepackt und hastete mit meinen Sachen zur Toilette. Als die Bullen und die Sanitäter ins Zimmer stürmten, schlich ich in ihrem Rücken hinaus ins Freie und rannte nur noch. Ich rannte und rannte und rannte und hielt erst an, als der Armeesack und meine Umhängetasche so schwer wurden, dass ich sie nicht mehr weiterschleppen konnte.

Verschwitzt und komplett außer Atem setzte ich mich auf einen Bordstein. Ich versuchte, meine Gedanken zu sortieren, aber es gelang mir nicht.

Mary war tot. Ausgerechnet Mary. Sie hatte doch immer geglaubt, alles im Griff zu haben. Sie war so lieb, so offen gewesen. Sie hatte mich gemocht. Ich war ihr Hero gewesen. Immer wieder hatte sie die Geschichte von meiner Rettungsaktion erzählt, und es hatte mich jedes Mal ein bisschen stolz gemacht.

Endlich konnte ich weinen. Ich schluchzte, dass es mich durchschüttelte. Es kam mir vor, als wäre der Tod mein ständiger Begleiter. Zuerst John, der auch an einer Überdosis gestorben war. Dann Henry und Tirshata, von denen ich nicht wusste, ob sie noch lebten. Meine Vermutung war, dass sie sich das Leben genommen hatten. Und jetzt Mary, die amerikanische Freundin, die doch eigentlich so am Leben hing. Ich stellte mir die Frage, ob ich sie hätte retten können – aber wie denn?

Gelernt hatte ich von den Junkies nur eines: Wenn du erst mal an der Nadel hängst, können dich gut gemeinte Worte anderer ganz bestimmt nicht runterholen, geschweige denn heilen. Sie schaffen es niemals aus eigener Kraft. Und Hilfe wollen sie nicht annehmen. Zu heftig ist die Sucht. Sie glauben nicht daran, dass ihnen etwas zustoßen könnte, wenn sie gedrückt haben. Dann sind sie unverwundbar. Sie haben alle schon davon gehört, wie schmerzhaft und brutal ein Entzug ist. Also ziehen sie es vor, sich so lange mit der Droge vollzupumpen, bis es nicht mehr weitergeht. Dann kommen entweder Ärzte, Therapeuten oder der Tod.

Als ich mich etwas beruhigt hatte, überlegte ich, wie es denn nun für mich weitergehen sollte. Verstört, traurig und kraftlos, wie ich war, schrie es in meinem Innersten: »Scheiße, ich will endlich wieder nach Hause!«

Körperlich hatte ich die Drogenexzesse der letzten Wochen ganz gut weggesteckt. Zumindest fühlte ich mich nicht krank. Aber Marys Tod hatte mich emotional komplett umgehauen. Ich war ganz unten. Auf meiner Tour hatte es zwischendurch immer wieder mal Augenblicke gegeben, in denen ich deprimiert gewesen war und an allem gezweifelt hatte, aber so elend wie jetzt hatte ich mich noch nie gefühlt. Ich gestand mir ein, dass ich schmerzhaftes Heimweh hatte. Mir wurde deutlich, wie sehr ich doch noch an meinen Eltern hing, und ich ließ den Gedanken zu, ohne ihn sofort wieder wegzuwischen. Ich musste aufgeben. Ich musste zurück zu ihnen, um diesem Horror zu entfliehen … Aber das konnte ich nicht. Ich erschlug diese Idee mit der Keule. Ich wollte nicht nur in Schwächemomenten auf sie zugehen, dazu waren sie mir zu wertvoll. Wenn nach Hause, dann aus Liebe zu ihnen und nicht weil ich das Leben auf der Straße nicht mehr ertrug und dringend Hilfe brauchte. Die Verletzung, die sie mir durch den Rausschmiss zugefügt hatten, war mir noch nie so nichtig erschienen wie jetzt.

Nachdenklich folgte ich den Schildern stadtauswärts Richtung Autobahn.

Ich wollte definitiv weg aus Amsterdam. Das Hippieparadies hatte mächtige Risse bekommen. So schön die Idee von einer zusammenwachsenden, friedlichen Welt auch war, so deutlich erkannte ich, dass die Welt so nicht funktionieren konnte. Drogen schafften keinen Frieden, und das Geld, das aufgebracht werden musste, um sich Drogen zu kaufen, erst recht nicht. Kriege wurden nicht geführt, um der Welt Frieden zu geben. Kriege wurden geführt, um Macht und Kapital zu sichern. Das galt für die Dealerszene genauso wie für die Weltpolitik.

Ich kam an der Autobahnauffahrt an. Hier musste ich mich entscheiden, ob ich nach Süden Richtung Belgien oder nach Osten Richtung Deutschland trampen wollte.

Es standen noch eine Menge anderer Typen da, sodass die Aussicht darauf, schnell von hier wegzukommen, sank. Während ich wartete, kam ich mit einem Engländer namens Edward ins Gespräch. Er wollte nach Kopenhagen und erzählte mir, was ich schon längst wusste, nämlich die Geschichte vom autonomen Hippiestaat innerhalb Kopenhagens.

Edward hatte etwas Aristokratisches, Wohlerzogenes. Er sah nicht aus wie ein Hippie oder Möchtegernhippie. Er hatte relativ kurze Haare, trug saubere Klamotten, wirkte sehr gebildet und hatte sich in den Kopf gesetzt, Mitbegründer eines Staates innerhalb einer Stadt zu werden.

»Ich garantiere dir, es wird nicht mehr lange dauern, und die Dänen schaffen es«, sagte er begeistert. »Ich war schon vor zwei Jahren in Kopenhagen und hab da zwei Semester studiert. Wir werden einen eigenen Staat haben, mit eigenen Ideologien, die sich weit absetzen von den gängigen etablierten politischen Ansichten.«

Sein engagiertes, positives Auftreten tat mir in meiner Situation gut. Ich musste auf andere Gedanken kommen. Ich war so traurig und erschüttert über Marys Tod, dass ich immer noch nicht genau wusste, was und wohin ich eigentlich wollte. Die vage Idee mit der Rückkehr zu meinen Eltern schwirrte mir im Kopf herum. Ich war wohl in einer Art Schockzustand.

Während wir warteten und sich die Schlange derer, die weitertrampen wollten, langsam verkürzte, schüttete ich ihm mein Herz aus. Edward hörte zu. Er begriff, wie wichtig es für mich war, in diesem Moment darüber zu sprechen. Er unterbrach mich auch nicht, sondern ließ mich einfach nur reden und reden und reden.

Als ich schließlich von Mary erzählte, musste ich heulen.

Ruhig und abgeklärt unterbrach er irgendwann sein Schweigen.

»Solche Schicksale findet man überall, Helmut. Hier in Holland, in England, in Amerika, in Deutschland, auf der ganzen Welt gibt es Tausende, die ihr Leben durch Drogen verlieren, und zwar täglich. Das Traurige daran ist, dass sie ihr Leben wegschmeißen, ohne erst angefangen haben zu leben.« Er machte eine Pause und fügte dann noch ein »Scheißdrogen!« hinzu.

Dem konnte ich in diesem Moment wirklich nichts entgegensetzen.

Edward und ich verstanden uns auf Anhieb. Er gab mir den Impuls, mitzukommen. So musste es wohl sein. Überall hatte ich bisher Leute getroffen, die mir von Kopenhagen vorschwärmten, weil dort demnächst »die Post abgehen« würde. Ich käme dann natürlich auch an Lütjensee vorbei. Was würde das mit mir machen? Mein Zuhause links liegen lassen und einfach ignorieren, dass meine Familie dort lebte? Oder die Chance ergreifen, mit meinen Eltern zu reden, mich mit ihnen zu versöhnen. Mein Abi zu machen und dann einen anderen Weg zu finden?

Es war schon später Nachmittag, als uns endlich jemand bis zur deutschen Grenze mitnahm. Danach standen wir wieder für längere Zeit an der Autobahn. Irgendwann kam ein Typ mit einem getunten Opel Kadett vorbei und ließ uns einsteigen.

Beim Anblick des hellblauen Wagens schoss mir sofort der Kadett meines Vaters durch den Kopf. In der Silvesternacht vor zwei Jahren wurde er zu einem schweren Unfall auf der B 404 gerufen. Pflichtbewusst machte er sich auf den Weg und überließ es meiner Mutter, mit meiner Schwester und mir zusammen den Jahreswechsel zu feiern. Etwa zwei Stunden später kam er zurück und war schreckensbleich. Sein Kadett war ihm um die Ohren geflogen. Im wahrsten Sinne des Wortes. Er hatte vielleicht dreißig Meter vom Unfallort entfernt geparkt und war gerade dabei, den Unfall aufzunehmen, als er plötzlich einen Knall hörte. Ein anderer Autofahrer hatte seinen Kadett in der Dunkelheit übersehen und war ungebremst draufgefahren. Wie ein Pfeil schoss der Wagen in einem Abstand von zwei Metern am Kopf meines Vaters vorbei. Weder ihm noch den anderen war etwas passiert, aber mein Vater sprach seitdem immer wieder schmunzelnd von seinem zweiten Leben.

Edward setzte sich nach hinten und überließ mir den Beifahrerplatz. Der Typ, der uns mitnahm, fuhr wie ein Henker. Er raste, als nähme er an einem Rennen teil. Geschwindigkeitsbegrenzungen gab es für ihn keine. Ernst und konzentriert guckte er auf die Fahrbahn und holte alles aus der Karre raus, was sie hergab. Ich drehte mich zu Edward um. Ängstlich war er in den Sitz gerutscht und gab mir durch Handzeichen zu verstehen, dass er den Fahrer für geisteskrank hielt.

»Wenn ihr Schiss habt, könnt ihr gleich wieder aussteigen«, sagte der Typ grinsend. »Ich hab die Kiste auf über hundertfünfzig PS hochgetunt. Das ist für den Motor und die Karosserie Wahnsinn. Aber sie machen mit.«

Er lachte laut und war völlig begeistert von den Möglichkeiten, die das Auto ihm bot. Dann schwieg er wieder und versuchte anscheinend, weitere Rekorde aufzustellen. Teilweise waren die Kurven gar nicht für so ein Tempo ausgelegt, aber er ignorierte seine Bremsen. Ohne sich um irgendwas zu scheren, fuhr er mit voller Geschwindigkeit in jede Kurve. Edward und ich hatten eine Todesangst. Wir wussten nicht, ob der Typ womöglich komplett durchgeknallt und ihm sein und unsere Leben scheißegal waren. Jedenfalls kamen wir auf diese Weise in einem Affenzahn und in kürzester Zeit nach Cloppenburg. Das passt, dachte ich für mich. Hier gehörte der Typ hin, bekloppt, wie der war.

Wir stiegen aus und gestanden uns gegenseitig unsere Angst.

»Was für ein Arschloch«, sagte Edward. Er war immer noch ziemlich angespannt. »Ich will in Kopenhagen ankommen, verdammt noch mal, und nicht irgendwo an der Autobahn krepieren.«

Wir waren die einzigen Tramper hier. Das ließ hoffen, dass es bald weitergehen würde. Wir redeten nicht mehr viel. Edward steckte die Tour noch in den Knochen, und ich hatte wieder den Tod von Mary vor Augen. Außerdem wurde es dunkel, und wir konzentrierten uns auf die vorbeifahrenden Cloppenburger. Irgendeiner von denen würde uns doch vielleicht wenigstens bis Bremen mitnehmen können.

Doch hier an der Auffahrt mitten in der Pampa war der Hund begraben. Es war, als hätten die Cloppenburger beschlossen, keine Tramper zu chauffieren. Bis spät in die Nacht versuchten wir, wegzukommen, aber irgendwann begriffen wir die Aussichtslosigkeit unseres Vorhabens und suchten uns einen Schlafplatz auf einer Wiese direkt neben der Autobahn.

Es war eine sternenklare Nacht, und an Schlaf war trotz großer Müdigkeit nicht zu denken. Der Lärm der rasenden Autos, die Erinnerung an den schrecklichen Anblick von Marys starren Augen, der neue Typ an meiner Seite und der Gedanke, vielleicht morgen schon entscheiden zu müssen, ob ich nach Hause oder nach Kopenhagen fahren sollte, das alles zusammen verhinderte, dass ich einschlief. Erst als es schon hell wurde, gelang es mir dann schließlich.

Als wir uns morgens wieder an die Auffahrt stellten, hatten wir unglaublichen Kohldampf. Weder Edward noch ich hatten etwas zu essen dabei. Uns blieb nur die Hoffnung, ganz schnell mitgenommen zu werden. Ich wäre bereit gewesen, all mein verbliebenes Geld auf den Kopf zu hauen, wenn ich dafür etwas in den Magen bekäme. Edward ging es ähnlich.

Stunden um Stunden standen wir an dieser beschissenen Auffahrt. Bald fingen wir an, die Cloppenburger zu hassen. Was für ein kleinkariertes, intolerantes Drecksvolk. Einige von denen zeigten uns sogar einen Vogel.

Zwischen Edward und mir entstand die Diskussion, welches Volk das schlimmere sei, die Engländer oder die Deutschen.

Spätestens als er den Krieg erwähnte, musste ich passen. Die Deutschen waren schlimmer. Auf jeden Fall. Mir fielen noch das Mittelalter und die Hexenverbrennungen in England ein, aber er konterte, das sei auch hierzulande vorgekommen. Das wusste ich natürlich nicht, aber ich konnte es mir sehr gut vorstellen. Ich gab auf, und wir konnten das erste Mal trotz Hunger, Durst und Müdigkeit lachen. Irgendwann musste es ja weitergehen.

Doch keine Sau stoppte, um uns wenigstens bis zur nächsten Stadt zu bringen. Wir wollten uns aber auch nicht von dem Ort entfernen, um zu Fuß weiterzukommen. Die Sorge, in dem Moment ausgerechnet den einzigen Fahrer zu verpassen, der uns tatsächlich mitgenommen hätte, war zu groß. Unsere Stimmung war auf dem Nullpunkt. Wir mussten aufpassen, dass wir uns nicht gegenseitig anmachten und die Schuld zuwiesen. Selbst Galgenhumor in irgendeiner Form war uns abhandengekommen. Wir schrien all den Fahrern, die uns stehen ließen, fluchend etwas hinterher. Wir verwünschten sie. Wir hätten ihnen am liebsten den Lack zerkratzt und sie verprügelt. Bornierte Arschlöcher, die sich nicht mit diesem Hippiepack abgeben wollten. Kiesinger-Wähler, Altnazis, mir fiel nichts Gemeineres mehr ein.

Um uns ein bisschen aufzuheitern, schlug ich Edward vor, zu singen. Ihm als Engländer konnte es doch nicht schwerfallen, irgendwelche Beatles-Songs zu trällern. Es war ihm peinlich. Also fing ich an. »Hey Jude«, »Let it be«, das waren Lieder, deren Text ich einigermaßen beherrschte. Edward stimmte irgendwann mit ein, und so wurde unsere missliche Lage für einige Zeit erträglich.

Aber es half nichts.

Zwangsläufig mussten wir nachts wieder den Platz auf der Wiese einnehmen. Mit dem Gedanken, vielleicht schon morgen bei meinen Eltern aufzutauchen und im eigenen Bett schlafen zu dürfen, hoffte ich, wenigstens diesmal besser pennen zu können als die Nacht zuvor. Der Wunsch ging nicht in Erfüllung. Edward schlief, und ich hörte, dass sich jemand vorsichtig näherte. Deutlich nahm ich Schritte wahr. Ich bekam schreckliche Angst. Leise weckte ich Edward.

»Hör mal«, flüsterte ich ihm zu. »Da ist jemand.«

Er lauschte. Es war in dem Moment gerade still.

»Quatsch«, antwortete er. »Nerv nicht. Lass mich pennen.«

Sekunden später hatte auch er die Geräusche gehört. Wir saßen nebeneinander in unseren Schlafsäcken und machten uns vor Schiss fast in die Hosen.

»Wir müssen ihm Angst machen, nicht er uns«, flüsterte Edward. »Wir warten, bis er ganz nah ist, dann springen wir auf und verscheuchen ihn, okay?«

»Okay«, sagte ich, obwohl mir bei dem Gedanken, den Fremden nah an uns heranzulassen, ziemlich mulmig war. Wir stellten uns schlafend und warteten. Es war nichts mehr zu hören. Vermutlich hatte der Fremde oder das Tier oder was auch immer es gewesen war mitbekommen, dass wir gesprochen hatten. Mit etwas Glück hatte sich die Sache somit erledigt.

Ich war kurz davor, endlich wegzudösen, als ich wieder deutlich Schritte vernahm. Ich berührte Edward am Arm, aber ich musste ihn nicht wecken. Er war hellwach. Ein leises »Pssst« kam über seine Lippen. Dann mussten wir Nerven bewahren. Wir waren mucksmäuschenstill. Mein Herz schlug so laut, dass ich befürchtete, man könnte es hören. Näher und näher kamen die Schritte. Ich hatte das Gefühl, dass sich jemand unmittelbar vor uns befand, und sprang mit einem lauten »Heyyyyy« auf. Edward hatte das gleiche Timing. Zusammen standen wir auf unseren Schlafsäcken und schrien dem Wesen hinterher. Wir konnten hören, wie sich die Schritte in Panik entfernten.

»Was für ein Horror«, sagte ich erschöpft in Richtung Edward.

Er war auch völlig mit den Nerven runter und meinte: »Der kommt so schnell nicht wieder. Jetzt hat er Angst vor uns.«

»Hoffentlich«, erwiderte ich sorgenvoll.

Wir schwiegen und versuchten, endlich einzuschlafen. Beide fielen wir in einen Halbschlaf, aber waren sofort wieder hellwach, als wir die gleichen Geräusche wahrnahmen wie vorhin. Es war vielleicht eine halbe Stunde vergangen. Ich konzentrierte mich. Näher kommende Schritte. Keine Tiergeräusche. Das musste ein Mensch sein, der etwas von uns wollte. Ich bekam eine Gänsehaut vor lauter Grusel. Edward gab mir ein Zeichen, möglichst leise zu sein. Seite an Seite schlichen wir in der Dunkelheit ein paar Meter weiter. Nahezu lautlos schälte ich mich aus meinem Schlafsack. Auf allen vieren krochen wir geräuschlos durchs Wiesengras. Es klappte ganz gut. Dann verharrten wir und warteten. Der Typ hatte nichts von unserer Aktion mitbekommen. Wir konnten immer deutlicher hören, dass sich jemand an uns ranpirschte. Fußstapfen. Männerschritte. Die Spannung war unerträglich. Ich hatte gar nicht gewusst, dass meine Knie wirklich weich wurden, wenn ich Angst verspürte. Ich konnte kaum gehen. Wieder gab Edward mir ein Zeichen. Er wollte, dass wir gemeinsam auf die Stelle zurannten, von der wir die Schritte hörten und wo wir jemanden vermuteten. Ich nickte unsicher. Mit den Fingern gab er ein »Eins, zwei, drei« vor. Bei drei starteten wir. Wir schrien beide wie von Sinnen und rannten dem Kerl entgegen. Er war schneller. Diesmal konnten wir sogar sein Keuchen hören, aber dann war er weg. Wir schimpften ihm hinterher, er solle sich verpissen. Edward hatte eine ganze Batterie von englischen Schimpfwörtern drauf, die ich noch nie gehört hatte. Er war völlig außer sich.

Inzwischen war es kurz vor Sonnenaufgang. Wir waren so wach, dass es keinen Sinn mehr hatte, zu versuchen, noch etwas Schlaf zu kriegen. Also packten wir unsere Sachen zusammen und stellten uns wieder an die Auffahrt.

# 30

## NACH HAUSE

Es dauerte geschlagene fünf Stunden, bis uns endlich, endlich jemand mitnahm. Ein Mann um die vierzig mit einem gewaltigen Rauschebart stoppte und half uns, unser Gepäck in dem Kofferraum seines R4 zu verstauen. Während der Fahrt schien er seine Großzügigkeit schon bald zu bedauern. Ich merkte, wie er immer weiter von mir abzurücken versuchte, was bei der Enge im Wagen kaum möglich war. Mir war klar, warum er das tat. Ich stank wie ein Elch. Seit Tagen hatte ich mich nicht gewaschen. Mir waren in der Fixerwohngemeinschaft jegliche Form und jeder Anspruch an Hygiene abhandengekommen. Die letzten beiden Nächte auf der Wiese hatten es nicht besser gemacht. So weit ich konnte, rückte ich an die Tür, und er nahm das dankbar zur Kenntnis.

Als wir begriffen, dass er in die Bremer Innenstadt fahren wollte, baten wir ihn, uns am Hauptbahnhof rauszulassen.

Dort angekommen, war es für uns wie eine Erlösung. Wir rannten zur nächsten Pommesbude und stopften uns mit Currywurst, Pommes frites und Cola voll, bis wir fast kotzen mussten.

Edward hatte genügend Geld, um sich ein Zugticket nach Kopenhagen zu leisten. Er hatte die Schnauze voll vom Trampen. Meine Kohle reichte, als sollte es so sein, gerade mal bis Hamburg. Er bot mir an, mir das restliche Geld zu leihen. Ich könnte es ihm später zurückgeben. Ich fand das unglaublich lieb, aber ich lehnte sein Angebot dankend ab. Ich wollte nicht schon wieder auf Pump leben. Also löste ich mein Ticket tatsächlich nur bis Hamburg.

»Dann trennen sich unsere Wege in Hamburg«, sagte er enttäuscht. »Du kommst nicht mit nach Kopenhagen?«

»Nein«, antwortete ich zu meiner eigenen Überraschung. »Ich komme nicht mit. Ich verdiene erst mal ein paar Kröten in Hamburg. Dann komme ich nach.«

In dem Moment war ich wirklich überzeugt davon. Ich glaubte, ich könnte am Mönckebrunnen flöten, und in Hamburg würde ich garantiert Leute finden, bei denen ich unterkommen könnte.

Aber dann horchte ich wieder in mich hinein, und es ließ sich nicht mehr verleugnen, dass sich in mir der Wunsch durchgesetzt hatte, nach Hause zu fahren. Ich wollte es noch mal versuchen. Mehr als mich wieder rausschmeißen konnten meine Eltern ja nicht machen. Ich hatte es schon die ganze Zeit gespürt. Je näher wir Hamburg kamen, desto klarer wurde mir, dass ich endlich nach Hause wollte. Ich konnte unmöglich an Lütjensee vorbeifahren. Ich war ganz nah dran an meinen Wurzeln. Mir fiel es wie Schuppen von den Augen, dass ich mich übernommen hatte. Für eine sechzehnjährige Seele hatte ich viel zu viel erlebt. Ich dachte dabei gar nicht an die Drogenexperimente. Nein, die Todesfälle, die Konfrontation mit der Endlichkeit, die Trauer, die Einsamkeit hatten mich fertiggemacht. Ich wollte zurück. Ich wollte nur einmal in meinem Bett schlafen. Nur noch einmal am alten, verkorksten Leben naschen. Dann könnte ich alles aufs Neue in die Waagschale schmeißen und Entscheidungen treffen – vorausgesetzt, meine Eltern würden mir die Chance geben.

Wir setzten uns in den Zug. Ich wollte Edward nicht verarschen und ihn in dem Glauben lassen, ich käme hinterher, wenn ich genug Kohle hätte. Er sollte an meinen Überlegungen teilhaben. Also erzählte ich ihm von meinen Eltern. Er unterbrach mich kein einziges Mal, sondern forderte mich immer wieder durch ein Nicken auf, weiterzureden. Ich glaube, ich hatte noch nie einen Menschen getroffen, der so gut zuhören konnte.

Als ich fertig war, sagte er: »Geh nach Hause, Helmut. Du hast überhaupt noch nicht mit deinen Alten abgeschlossen. Sei froh, dass du sie noch hast. Du hast auf deiner Tour garantiert genügend Freaks kennengelernt, die weder Eltern noch ein Zuhause hatten. Freu dich doch. Nach Kopenhagen kannst du jederzeit kommen. Aber ein Zuhause hast du nur einmal. Versöhn dich. Ich kann dich verstehen.«

»Was ist mit dir?«, fragte ich ihn.

»Mir könnte es nicht besser gehen«, antwortete er lachend. »Ich habe viel Scheiße erlebt und muss sagen, Gott sei Dank habe ich meine Alten noch. Wir hatten auch unsere Krisen, aber sie hatten Geduld mit mir … und ich mit ihnen.« Wieder lachte er. »Sie wollen mich sogar in Kopenhagen besuchen, falls ich dortbleiben sollte.«

Ich war froh, dass er nicht das Gefühl hatte, von mir hängen gelassen zu werden.

Die Zugfahrt verging wie im Flug. Wir stiegen in Hamburg aus, und ich half ihm, das richtige Gleis für den Zug nach Kopenhagen zu finden. Ich kannte mich schließlich gut aus auf diesem Bahnhof.

Wir verabschiedeten uns herzlich auf dem Bahnsteig. Ich drückte ihn an mich und bedankte mich noch mal für alles.

»Wofür bedankst du dich?«, fragte er erstaunt.

»Dafür, dass du mir so gut zugehört hast«, entgegnete ich.

Er lächelte bescheiden, als er begriff, wie wichtig mir das wohl gewesen war.

Ich musste zu Gleis sechs. Da fuhr normalerweise immer der Nahverkehrszug nach Ahrensburg. Von der Brücke aus, die über alle Gleise führte, winkte ich Edward noch mal zu.

Dann zögerte ich plötzlich. War es wirklich richtig, wieder nach Hause zu gehen? War das ein Sieg oder eine Niederlage? Oder stellte sich so eine Frage überhaupt nicht? Würde ich es aushalten, einfach weiterzutrampen, ohne bei den Alten reingeschaut zu haben? Dazu hatte ich keine Kraft mehr.

Ich ging weiter und hatte Glück. Ich musste nicht einmal warten. Der Zug stand schon planmäßig abfahrbereit am Gleis. Ich stieg ein, stellte fest, dass mein Ticket ja nur bis zum Hauptbahnhof gültig war, pfiff aber drauf und war, kaum wieder in heimatlichen Regionen angekommen, gleich als Schwarzfahrer unterwegs.

In Ahrensburg stieg ich aus. Mein Herzschlag erhöhte sich rasant. Ich war meinem Zuhause jetzt ganz nah.

Es war Nachmittag. Der Bus nach Lütjensee musste jeden Moment kommen. Ich bekam einen ganz trockenen Mund vor Nervosität. Wie würden meine Eltern reagieren? Was würde ich tun, wenn sie mich gar nicht erst ins Haus ließen? Ich war jämmerlich unsicher.

Der Bus hielt, und ich stieg kaltschnäuzig ohne Fahrschein hinten ein. Wenn schon schwarzfahren, dann richtig. Der Busfahrer fixierte mich im Rückspiegel, aber er ließ mich gewähren. Wahrscheinlich erinnerte er sich an mich. Schließlich war ich jahrelang diese Strecke gefahren.

Drinnen setzte ich mich neben einen Typen mit weißer Lammfelljacke, der eine Bassgitarre zwischen den Beinen hatte. Als ich sein Gesicht sah, erkannte ich Tom Schulze. Meinen guten alten Freund Tom. Er war einer meiner engsten Freunde gewesen, bevor ich abgehauen war. Ich freute mich wahnsinnig, ihn zu sehen.

»Helmut, Alter«, rief er überrascht. »Wo hast du so lange gesteckt?« Dann betrachtete er mich erst mal von oben bis unten. »Alter, siehst du kaputt aus«, entfuhr es ihm ehrlich, und er rutschte auf seinem Sitz weiter weg von mir zum Fenster.

Ich ahnte, warum, und grinste ihn an. »Stink ich etwa? Hab mich doch erst letzte Woche extra gewaschen.«

Wir lachten beide, und zwischen uns stellte sich sofort wieder die alte Vertrautheit ein. Ich erzählte ihm mit wenigen Worten, dass ich in Belgien und Holland gewesen war.

»Und was ist mit der Schule?«, wollte er wissen. »Stimmt es, dass du geflogen bist?«

Ich hätte gern etwas dazu gesagt, aber ohne meine Antwort abzuwarten, erzählte er mir von seiner gerade verhauenen Mathearbeit und anderen Schulproblemen, die er hatte. Dabei schimpfte er wie ein Berber über all die Lehrer, die ich nur zu gut kannte.

Ich konnte es nicht fassen. Hier war die Welt stehen geblieben. Ich selbst hatte das Gefühl, seit Jahren weg gewesen zu sein. Ich hatte die wahnsinnigsten Dinge erlebt, neue Freunde, Dealer, Penner, Sessions, Drogen, Liebe und Tod, und er schimpfte über die blöden Lehrer.

Wie klein und harmlos erschienen mir solche Probleme. Tom hatte sich nicht geändert. Er war ein guter Kumpel. Man konnte mit ihm viel Spaß haben, aber er war schon immer eine unglaubliche Labertasche und auch ein Schlitzohr. Unvergessen wird mir seine Nummer in der Schulaula bleiben. Er laberte einen Mitschüler zu und wollte ihm eine Streichholzschachtel voll mit Majoran als Gras verkaufen. Dabei merkte er nicht, dass Bulli Scholz direkt hinter ihm stand und alles mitbekam. Als Tom ihn entdeckte, switchte er, ohne Luft zu holen, sofort um und erklärte dem Direktor, dass er einen Antidrogenversuch mache. Das sei Majoran. Er wollte diesem Mitschüler nur beweisen, wie einfach es sei, den Leuten irgendeinen Scheiß zu verkaufen. Und was alles passieren konnte, wenn die dann ahnungslos diesen Dreck rauchten. Gute Argumente, die einem erst mal auf die Schnelle einfallen müssen ... Trotzdem befahl Bulli Tom, ihm ins Direktorzimmer zu folgen.

Tom plauderte ohne Unterbrechung bis Lütjensee und merkte gar nicht, dass ich schon länger auf Durchzug geschaltet hatte. Nicht dass mich seine Erzählungen gelangweilt hätten, aber ich wurde mit jedem Kilometer, den wir uns Lütjensee näherten, unruhiger und war voller Anspannung. Was würde mich gleich zu Hause erwarten? Außerdem achtete ich auf die Umgebung, die Häuser, die Kreuzungen, die Alleen, die mir so vertraut waren. Es war, als würde ich alles neu entdecken.

»Wir sehen uns«, rief ich ihm noch zu, während ich an der Haltestelle Lütjensee Kreuzung ausstieg.

»Wasch dich«, rief er grinsend zurück und hielt sich die Nase zu.

Über den Fahrradweg ging ich parallel zur Königsberger Straße Richtung Polizeistation. Mein Herz fing nun an zu rasen. Ich konnte in die Gärten all der Spießer sehen, die ich jahrelang so verachtet hatte. An diesem Tag sah ich sie mit anderen Augen. Der Blick auf die gepflegten Gärten tat mir gut. Ich verspürte einen Funken Wärme und stellte fest, dass ich milder geworden war in meiner Beurteilung der Nachbarn.

Dann wurde es ernst. Ich ging die kleine Anhöhe vom Fahrradweg hinunter zur Königsberger Straße. Mich trennten nun nur mehr fünfzig Meter von zu Hause. Ich kam vorbei am Haus von Limbo, dem Bezirksbefruchter. Wir nannten ihn so, weil man über ihn munkelte, er hätte schon mehrere Mädchen geschwängert, obwohl er gerade erst einundzwanzig war. Ich passierte das Haus der Nachbarn, die uns direkt gegenüber wohnten und die mich schon ewig nicht mehr gegrüßt hatten. Mein Gang wurde schleppend. Ich hatte Angst und war aufgeregt wie schon lange nicht mehr. Aber es war auch Freude und Sehnsucht in mir, meine Mutter endlich wiederzusehen. Was meinen Vater betraf, war ich skeptischer. Er war schließlich der Entscheider. Er durfte gleich über mich richten.

Schließlich stand ich vor der Gartenpforte. Angekommen. Erst mal tief durchatmen. Ich stieß die Pforte mit meiner Hand auf und war gespannt, ob sie inzwischen geölt worden war. Das Quietschen verriet mir, dass immer noch nichts passiert war, und ich freute mich über dieses vertraute Geräusch. Nun musste ich nur mehr den kleinen Weg am Haus vorbei bis zur Ecke nehmen, dann sah ich links die Eingangstür. Ich ging zögerlich die zwei Stufen hoch. Im nächsten Moment erinnerte ich mich genau, dass ich die

Klingel so drücken musste, dass der Druckpunkt am unteren Ende lag. Dann erst kam der Klingelkontakt zustande.

Alles war wie immer. Wie merkwürdig, dachte ich. Lauter Vorgänge, die mir noch vertraut waren und die ich so gewohnheitsgemäß ausführte, als wäre ich nie weg gewesen.

In drei Monaten hatte sich hier nichts geändert. Mein Herz überschlug sich jetzt fast, und meine Knie wurden weich. Mein Mund war so trocken, dass es beim Schlucken beinahe schmerzte. Ich fühlte mich unsicher und hilflos. Was würde als Nächstes passieren? Ich hatte schon geklingelt. Ein Umkehren war nun nicht mehr möglich.

Ich hörte Schritte die Treppe herunterkommen. Am Geräusch erkannte ich sofort, dass es meine Mutter sein musste, die mir gleich die Tür öffnen würde. Die Schritte meines Vaters klangen dumpfer, weil er so viel schwerer war.

Die Tür wurde langsam geöffnet, und mein Blick fiel auf meine Mutter. Zart und klein stand sie da und konnte es kaum fassen. Ungläubig verharrte sie auf der Stelle. Ich konnte mich auch nicht bewegen. Wir schauten uns einfach nur an.

Dann plötzlich gab es kein Halten mehr. Sie riss mich in ihre Arme und drückte mich eine gefühlte Ewigkeit an sich. Nach kurzem Zögern erwiderte ich ihre Umarmung. Sie weinte. Auch ich konnte meine Tränen nicht zurückhalten. Heulend standen wir in der Tür, bis sie sich löste und vorsichtig sagte: »Ich lass dir schnell Badewasser ein, ja?«

Es war mir peinlich. Die erste Begegnung nach Monaten mit meiner Mutter, und was musste sie feststellen? Ihr Sohn stank wie ein Warzenschwein.

Sie huschte schnell nach oben ins Bad, und ich folgte ihr mit meinen Sachen, um sie in mein Zimmer zu bringen. Auch hier hatte keine Veränderung stattgefunden. Das Zimmer war zwar aufgeräumt, aber es wirkte fast so, als hätte es auf mich gewartet. Als wäre ich nie weg gewesen.

Ich badete, während meine Mutter unten in der Küche etwas für mich kochte. Es roch lecker nach brauner Soße. Danach holte ich saubere Klamotten aus dem Schrank und genoss es, gut riechend nach unten zu gehen.

Die Jeans, die ich anhatte, schlackerte um Hüften und Beine. Ich musste meinen Gürtel zwei Löcher weiter schließen, damit die Hose nicht rutschte.

Meine Mutter vermied es, mich sofort auszufragen. Sie wollte mich erst mal ankommen lassen. Sie hatte mir Gulasch gemacht. Gulasch mit Salzkartoffeln und brauner Soße. Das war genau das, was ich jetzt brauchte. Ich konnte mich nicht erinnern, wann ich das letzte Mal so etwas Gutes gegessen hatte. Meine Mutter amüsierte sich ein bisschen, als sie sah, wie heißhungrig ich das Gulasch hinunterschlang. Beseelt saß sie mir gegenüber und schaute mich einfach nur an.

Plötzlich hörten wir beide Schlüsselgeräusche aus dem Flur. Mein Vater war gekommen. Mich konspirativ anlächelnd, huschte sie schnell aus dem Wohnzimmer, um ihn abzufangen. Das war nun der entscheidende Moment. Wie würde er reagieren? Ich legte die Gabel beiseite. Auf einmal kriegte ich keinen Bissen mehr runter. Die beiden tuschelten im Flur, aber es dauerte nicht lange, bis meine Mutter wieder ins Wohnzimmer kam. Ich versuchte, an ihren Augen abzulesen, wie er reagiert hatte, aber da stand er schon in der Tür. Er sah alt aus mit seinen einundfünfzig Jahren und war blass und fahl. Ob meine monatelange Abwesenheit schuld daran war? Auch meine Mutter war gealtert. Mich beschlich ein schlechtes Gewissen.

Wortlos stand er in der Tür und sah mich ernst an. Hatte er feuchte Augen, oder bildete ich mir das nur ein? Er machte zwei zögerliche Schritte ins Wohnzimmer hinein und blieb wieder stehen.

Ich war inzwischen aufgestanden und erwiderte unsicher seinen Blick. Kein Trotz bei mir, keine Wut bei ihm. Es vergingen qualvolle Sekunden. Schließlich überwand er sich, streckte mir schlicht die Hand entgegen und sagte:

»Komm her. Geben wir uns noch 'ne Chance.«

Das schlug bei mir ein wie eine Bombe. Ich hatte genau hingehört. Er gab also nicht mir allein die Schuld, er bezog sich mit ein. Die Hand hatte er mir immer noch auffordernd entgegengestreckt. Jetzt stürzte ich hinter dem Tisch hervor und ergriff sie fest. Ich genoss den väterlichen, männlichen Händedruck. Am liebsten wäre ich ihm um den Hals gefallen, aber ich wusste, dass er körperliche Nähe nicht mochte, und das respektierte ich. Ein Blick verriet mir, dass er wirklich Tränen in den Augen hatte, und mir ging es genauso. Dann drehte er sich abrupt um und machte sich auf den Weg ins Dienstzimmer. Ich glaube, er wollte einfach nicht, dass ich mitbekomme, wie er weinte. Meine Mutter und ich sahen uns erleichtert an. Ich ging auf sie zu und riss sie noch mal spontan in meine Arme. Ich heulte wieder, aber diesmal nicht aus Verzweiflung, sondern vor Glück. Es war geklärt. Ich durfte bleiben. Ich hatte mein Zuhause wieder. Ein Neuanfang war möglich …

# INHALT & PLAYLIST

# NACHWORT

Ich erzähle diese Geschichte, obwohl sie fast fünfzig Jahre zurückliegt. Es war das Jahr 1971.

Ich war erst sechzehn, aber nie wieder in meinem Leben habe ich mich so frei gefühlt wie damals, als ich zu Hause rausflog. Drei Monate trampen, Sinnsuche und voller Lebensgier. Die Liebe, die Musik, neue Freunde und Drogen waren meine ständigen Begleiter – aber leider auch der Tod.

Die Erlebnisse dieser Reise haben mich nie mehr losgelassen, kaum ein Tag, an dem mir nicht ein Bild von damals durch den Kopf geht. Ich brauchte an die zehn Jahre, um dieses Buch zu schreiben. Immer wieder ließ ich es liegen, konnte nicht mehr weiterschreiben, hinterfragte meine Motivation und wollte mich dem Schmerz entziehen, den mir die Erinnerungen zufügten: an das Sterben von Illusionen, die Abschiede und die Verluste. Oft hatte ich mit den Tränen zu kämpfen, weil es mich, trotz der vielen Jahre, die inzwischen vergangen waren, zutiefst berührte. Zwangsläufig musste ich mich zurückversetzen in die Situationen von damals, musste all die kleinen und großen Momente noch einmal nachempfinden, die Bruchstücke aus meiner Erinnerung wieder zusammenfügen. Das war kein leichter Prozess. Ich hatte in menschliche Abgründe geschaut und war Zeuge geworden, wie Menschen, die mir etwas bedeuteten, an sich und der Gesellschaft zerbrachen.

Es gibt starke Gefühle in unserer Jugend, die nicht mehr vergehen, die verknüpft sind in unserer Seele mit Musik, Liebe, Re-

ligion, Begegnungen, Sinnsuche, Sehnsüchten, Drogen, Sex ...
und viel Sonne.

Mitgenommen habe ich von meiner Reise Werte für mein ganzes Leben:

Respekt, Demut, Toleranz – und Akzeptanz.

Ich konnte es selbst kaum glauben, dass ich mich vierzehn Monate nach meiner Rückkehr auf einer Hamburger Schauspielschule wiederfand. Aus der Not heraus hatte ich mich beworben. Mit siebzehn Jahren hatte ich plötzlich den roten Faden fürs Leben gefunden. Völlig unerwartet, mit viel Glück und wieder durch überraschende, schicksalhafte Begegnungen ...

Danach folgten unzählige Theaterengagements, Fernseh- und Kinofilme, Synchronisationen, Hörspiele und -bücher, Lesungen. Fünfundvierzig Jahre harter Arbeit, die ich mit viel Spaß und Freude verrichtet habe. Ich liebe meinen Beruf bis heute. Ich bin mir sicher, dass ich die Energie, die Disziplin und den Fleiß, den er erfordert, meiner damaligen Reise zu verdanken habe: weil ich erfahren durfte, wie es sich anfühlt, ganz unten zu sein und sich dann nach oben durchzukämpfen. Diese Reise hat mich entscheidend geprägt. Es war tatsächlich der Sommer meines Lebens.

## Peter Maffays Plädoyer für eine bessere Zukunft

Peter Maffay
HIER UND JETZT
Mein Bild von einer
besseren Zukunft
DEU
272 Seiten
mit Abbildungen
ISBN 978-3-431-05004-2

Viele Menschen klagen über soziale Kälte, Stress und die Ökonomisierung aller Lebensbereiche. Peter Maffay hat einen Ort geschaffen, der frei davon ist: Gut Dietlhofen, ein Idyll mit Hofladen, Fischteich, Tieren, Café und Kirche sowie einem Ferienhaus für benachteiligte Kinder. Der Musiker gewährt persönliche Einblicke in sein Leben, erzählt über Bio-Landwirtschaft, Umweltschutz und seinen Glauben an Gott. Und wie ein neues Verständnis von Natur und Schöpfung uns Sinn und Orientierung gibt.

Lübbe